Michael Th. Greven · Hans-Gerd Schumann (Hrsg.)
40 Jahre Hessische Verfassung — 40 Jahre Politik in Hessen

Michael Th. Greven · Hans-Gerd Schumann (Hrsg.)

40 Jahre Hessische Verfassung – 40 Jahre Politik in Hessen

Westdeutscher Verlag

Der Westdeutsche Verlag ist ein Unternehmen der Verlagsgruppe Bertelsmann.

Alle Rechte vorbehalten
© 1989 Westdeutscher Verlag GmbH, Opladen

Das Werk einschließlich aller seiner Teile ist urheberrechtlich geschützt. Jede Verwertung außerhalb der engen Grenzen des Urheberrechtsgesetzes ist ohne Zustimmung des Verlags unzulässig und strafbar. Das gilt insbesondere für Vervielfältigungen, Übersetzungen, Mikroverfilmungen und die Einspeicherung und Verarbeitung in elektronischen Systemen.

Umschlaggestaltung: Horst Dieter Bürkle, Darmstadt
Druck und buchbinderische Verarbeitung: Lengericher Handelsdruckerei, Lengerich
Printed in Germany

ISBN 3-531-12047-6

Inhalt

Einleitung (Greven/Schumann) 7

Erhard Denninger
40 Jahre Hessische Verfassung – 40 Jahre Politik in Hessen 9

Historische Anfänge

Jörg Kammler
Zwischen Widerstand, Verweigerung und Integration – zum Verhältnis
von Arbeiterschaft und NS-Regime im Raum Kassel 25

Eike Hennig
„Ohne Zellenleiter und Blockwart": Die Staatsgründung
des Landes Hessen (1945–1954) 47

Dieter Emig
„We were expected to have the wisdom of Solomon, the strength
of Samson, and the patience of Job!" 71

Einzelaspekte Hessischer Politik

Ingrid Langer
„Wir hatten den Vorteil, daß wir am Nullpunkt waren; es war alles
kaputt, was wir gehaßt hatten." – Politische Aktivität von Frauen
in Hessen nach 1945 103

Theo Schiller
Die hessische Landes- und Regionalplanung und ihre Grenzen 119

Frank Deppe
Die Entwicklung der hessischen Gewerkschaften 1946–1986 135

Otto Ernst Kempen
Hessische Sozialstaatspolitik: Soziale Verfassung und politische
Verfassungswirklichkeit 1946–1986 149

Ernst-Ulrich Huster
Die Sozialpolitik des Landes Hessen. Zur Sozialpolitik der Länder
als Scharnier zwischen kommunalem und zentralem Sozialstaat 163

Wilhelm Frenz
Bildungspolitik und politische Bildung in Hessen im Zeichen
der Reform 187

Arno Mohr
Entstehung und Entwicklung der Politikwissenschaft in Hessen 211

Gert Krell
Friedensforschung in Hessen – Zur Geschichte und Entwicklung
der HSFK 233

Über die Autoren 267

Einleitung

Das Jubiläum der Hessischen Verfassung am 11. Dezember 1986 bot der Landesgruppe Hessen der „Deutschen Vereinigung für Politische Wissenschaft" den willkommenen Anlaß, zu einer Konferenz „40 Jahre Hessische Verfassung – 40 Jahre Politik in Hessen" vom 13. bis 14. November 1986 in die Gesamthochschule/Universität Kassel des Landes Hessen einzuladen. In Erinnerung an Wolfgang Abendroth, Arcadius R.L. Gurland und Eugen Kogon knüpfte die Landesgruppe damit bewußt wieder an jene Treffen hessischer Politologen an, die von ihren ehemaligen Mitgliedern und von deren Mitarbeitern an den Lehrstühlen in Darmstadt und Marburg in der ersten Hälfte der sechziger Jahre durchgeführt wurden.

Die Kasseler Konferenz, an der etwa 45 Kolleginnen und Kollegen teilnahmen, bezog über Vorträge und Spezialreferate auch die Öffentlichkeit in die Fachdiskussionen ein. Ohne die Unterstützung seitens der Hessischen Landesregierung und der Gesamthochschule Kassel hätte die Konferenz nicht in dieser Form stattfinden können. Den Kollegen in Kassel sind wir für ihr organisatorisches Engagement zu besonderem Dank verpflichtet.

Der vorliegende Band präsentiert die Referate in überarbeiteter Fassung. Die Herausgeber danken allen an der Veranstaltung Beteiligten und den Referenten zusätzlich für ihre Geduld, mit der sie Überarbeitungsvorschläge berücksichtigt haben. Leider fehlt ein Beitrag von Franz Neumann über die Entwicklung des hessischen Parteisystems, den dieser wegen seiner Belastungen als Präsident der Gesamthochschule Kassel nicht ausarbeiten konnte.

Über die Diskussion der Vorträge hinaus gab es rege Gespräche über die Geschichte und aktuelle Lage der Politikwissenschaft in Hessen, ihre Situation in Forschung und Lehre. Es wurde allgemein bedauert, daß bisher die Kontakte untereinander zu gering waren. Wir hoffen nun, daß trotz des etwas verspäteten Erscheinens die kollegialen und fachwissenschaftlichen Diskussionen durch diese Publikation angeregt werden, zumal ja gerade die Forschungsdefizite deutlich machen, daß die Analyse regionaler Politik in der Disziplin insgesamt mehr Beachtung finden muß.

Michael Th. Greven
Hans-Gerd Schumann

Erhard Denninger

40 Jahre Hessische Verfassung – 40 Jahre Politik in Hessen*

Vor vierzig Jahren, mit dem Volksentscheid am 1. Dezember 1946, hat das hessische Volk mit großer Mehrheit die neue Verfassung angenommen, die damit in Kraft trat.[1] Weit mehr als die Hälfte der heute lebenden Hessen war damals noch nicht geboren oder noch im zarten Kindesalter. Sie alle haben aus eigener Anschauung und Erfahrung keine Vorstellung von den aus heutiger Sicht unvorstellbaren Schwierigkeiten der Situation, auch nicht von den politischen Ideen und Problemen, welche die Verfassungsväter und -mütter bewegten. Allein schon der große historische Abstand, die Schwäche des menschlichen Gedächtnisses und zumal die schlecht entwickelte Fähigkeit der Deutschen, aus der eigenen Geschichte zu lernen, rechtfertigen es, nach vierzig Jahren, aber auch in kürzeren Intervallen, „Gedenk-Tage" einzurichten. Das heißt, die Generation der aktiv Handelnden soll sich Rechenschaft geben über den zurückgelegten Weg, über die noch zu bewältigenden Aufgaben, über die Verfassung insgesamt, in der sie selbst und die res publica, das Gemeinwesen, sich befinden. In diesem Sinne will ich versuchen, einige tragende Ideen der Verfassung exemplarisch vorzustellen und daran die Frage zu knüpfen, ob und wie sie sich in der politischen und rechtlichen Entwicklung des Landes durchsetzen konnten.

I.

Wenn hier von ‚Verfassung' schlechthin die Rede ist, so ist die Verfassung des Landes Hessen gemeint und nicht das Grundgesetz. Daß ein Staatsrechtslehrer 1986 glaubt, dies klarstellen zu müssen, deutet bereits auf eines der zentralen Probleme, vielleicht auf das wichtigste überhaupt: Hessen als Gliedstaat, überhaupt als „Staat" in der Bundesrepublik Deutschland. Der stetige Übergang staatlicher Funktionen, besonders der Gesetzgebung und damit der inhaltlichen Politikgestaltung auf den Bund, aber auch der Trend zur institutionalisierten Länderkoordination wurden bei den früheren Verfassungsjubiläen[2] unter Stichwörtern wie „Funktionsverlust des Landesparlaments" oder „Einbuße an Eigenstaatlichkeit" überwiegend beklagt. Dazu nur zwei ganz vorläufige Bemerkungen: Der Vorgang ist allem Anschein nach irreversibel – übrigens nicht nur in der Bundesrepublik – und: mit formalbegrifflichen Kategorien wie „Souveränität", „geteilte Souveränität", „Essentiale der Staatlichkeit" o.ä. ist er weder angemessen zu beschreiben noch normativ zu bewältigen. Es gibt auch

---

* Vortrag auf der Jahrestagung der DVPW/Sektion Hessen am 13. November 1986. Die Vortragsform wurde beibehalten.

keinen absoluten, vorgegebenen, „idealen" Begriff von Bundesstaatlichkeit. Wollte man etwa die noch 1976 vom amerikanischen Supreme Court entwickelten Maßstäbe hierher übertragen,[3] dann hätten die deutschen Bundesländer spätestens 1971 mit der Einführung des Art. 74a ins Grundgesetz (betreffend Besoldung und Versorgung des öffentlichen Dienstes) ihre Staatlichkeit verloren. Wie keine andere Landesverfassung betont die hessische die Integration des Landes in einen deutschen Gesamtstaat, ist sie bemüht, die Rechtseinheit zu wahren.[4] Während z.B. die nur einen Tag jüngere bayerische Verfassung[5] mit den Aussagen beginnt: „Bayern ist ein Freistaat" (Art. 1), „Bayern ist ein Volksstaat" (Art. 2), „Bayern ist ein Rechts-, Kultur- und Sozialstaat" (Art. 3), während „ein künftiger deutscher demokratischer Bundesstaat" erst in den Schluß- und Übergangsbestimmungen (Art. 178) erwähnt wird, beginnt der entsprechende Hauptteil der Hessischen Verfassung (Art. 64) mit dem Satz: „Hessen ist ein Glied der deutschen Republik" — die es damals ja nur als Hoffnung, keineswegs schon als rechtliche oder politische Realität gab. Die loyale Einfügung in die neu zu errichtende deutsche Demokratie gehörte zur gemeinsamen politischen Basis der vier in der Verfassungsberatenden Landesversammlung vertretenen Parteien SPD, CDU, KPD und LDP. Dieser Wille zur Integration bildet ab 1949, nun auf die Bundesrepublik bezogen, einen verläßlichen Fixpunkt hessischer Politik. Er wird durch mehrere große, schließlich auch verfassungsgerichtlich ausgetragene Auseinandersetzungen mit dem Bund nicht geschwächt oder in Frage gestellt, sondern vielmehr zum Ausdruck gebracht. In der sogenannten „Hessenklage" gegen den Bund auf ein territoriales Neugliederungsgesetz, zu dessen Erlaß der Bund gemäß der damals geltenden Fassung des Art. 29 Abs. 1 GG verpflichtet war, beansprucht Hessen ausdrücklich für alle Länder, nicht allein für sich, „Hüter der Bundesverfassung" auch gegenüber dem Bund zu sein und also den Bund an die Einhaltung der gemeinsamen Bundesverfassung erinnern zu dürfen.

Der Vorwurf einer Verletzung des Grundsatzes der Bundestreue, der ja für beide Partner gilt, wurde zwischen Hessen und dem Bund mehrfach wechselseitig erhoben, teils erfolgreich, teils erfolglos. Im ersten Fernsehstreit (Urteil 1961) gegen die „Deutschland Fernsehen GmbH" gab das Bundesverfassungsgericht der hessischen Rüge statt,[6] in der erwähnten Hessenklage scheiterte der Angriff.[7] Der Bund seinerseits obsiegte mit der Bundestreue-Verletzungsrüge 1958 im Verfahren über die kommunalen Volksbefragungen zur atomaren Bewaffnung bzw. zur Stationierung von Atomwaffen in der Bundesrepublik; das Land habe seine ihm auch gegenüber dem Bund obliegende Pflicht verletzt, durch Wahrnehmung der Rechtsaufsicht über die Kommunen für die Einhaltung der auch bundesstaatlich relevanten Kompetenzordnung zu sorgen.[8] Der Bund scheiterte jedoch mit dem Bundestreue-Argument 1972 bei seiner im übrigen erfolgreichen Attacke gegen die aus Bundesperspektive allzu lehrerfreundliche Neuregelung der hessischen Lehrerbesoldung.[9] Nur für Nichtjuristen sei hier angemerkt, was auch das Bundesverfassungsgericht zu betonen für nötig hielt, daß die Feststellung einer Verletzung der Bundestreue keinerlei „Treulosigkeit" oder gar „Böswilligkeit" des Landes oder des Bundes, überhaupt keinerlei „moralischen" Vorwurf voraussetzt. Charakteristischer für die Haltung Hessens zum Bund[10] als dieses Juristengeplänkel im Umkreis eines unscharfen

Begriffs sind die „großen", d.h. zu gesamtstaatlich wichtigen Themen ausgetragenen Verfassungsstreitverfahren, bei denen die Hessische Landesregierung initiativ wurde. Davon später.

Wer von dem besonderen Charakter der Hessischen Verfassung redet, meint für gewöhnlich ihre Vorschriften über Arbeit, Eigentum und Wirtschaft, ihre Ausrichtung auf eine sozial gerechte Arbeits- und Wirtschaftsordnung (Art. 27ff.) Die Stichwörter „Sofortsozialisierung" (Art. 41) oder Aussperrungsverbot (Art. 29 Abs. 5) oder einheitliches Arbeitsrecht für alle Arbeiter, Angestellten und Beamten (Art. 29 Abs. 1) fallen auch dem mit hessischen Verhältnissen nur oberflächlich Vertrauten – und gerade diesem und nicht selten in polemischer Absicht – ein. Die historische, aber auch rechtspolitische Bedeutung dieser durch das Grundgesetz weitgehend überlagerten oder verdrängten Bestimmungen soll hier wahrlich nicht geschmälert werden. Aber man erfaßt mit ihnen nur einen Teil der Originalität dieser Verfassungsschöpfung, nur einen Ausschnitt aus dieser – blickt man auf die konkreten Bedingungen ihrer Entstehung[11] – ganz erstaunlichen politischen und rechtsschöpferischen Leistung. Also sollte man nicht nur eines, sondern, abgesehen von der bereits angedeuteten Verpflichtung auf den Gesamtstaat, jedenfalls die *drei* großen Leitmotive der Verfassung hören, die ich vorläufig 1. als Wiederherstellung eines freiheitlichen menschenwürdigen Rechtsstaates, 2. als Gründung und Sicherung einer auf Vertrauen und Bereitschaft der Bürger zum Engagement beruhenden Demokratie und 3. als einen umfassenden Versuch zur Verwirklichung sozialer Gerechtigkeit in allen Bereichen des Zusammenlebens charakterisieren möchte.

II.

Die Verankerung elementarer und wirksamer Garantien zum Schutze der individuellen Freiheit war die erste, nächstliegende Lektion, welche die Verfassungsgeber als Überlebende des „Tausendjährigen Reiches" gelernt hatten und die ihr Handeln bestimmte. Die Grundrechte sollten – anders als in der Weimarer Reichsverfassung – den ersten Hauptteil der Verfassung bilden; sie werden teils als solche, in den Überschriften aber auch als „*Menschenrechte*" bezeichnet: das Bewußtsein, daß der Schutz der physischen und geistigen Existenz jedes einzelnen und aller Menschen die Basis aller staatlichen Ordnung bilden muß, ist wach. Die Normierung dieser Menschenrechte ist nicht gestanztes Ritual; einige Formulierungen spiegeln unmittelbar die konkrete Erfahrung der Unfreiheit wider. Das erklärt z.B., warum die Informationsfreiheit neben der Meinungsäußerungsfreiheit in einem gesonderten Artikel genannt und dabei das freie „Abhören von Rundfunksendern" hervorgehoben wird. Vielleicht wissen einige jüngere Zeitgenossen gar nicht mehr, welche Strafen man riskierte, wenn man vor dem 8. Mai 1945 andere Sender, andere Stimmen aus dem Radio hören wollte als das Propagandageplärr der Nazis. Den Grenzen und der Sicherung der Menschenrechte ist ein besonderer Abschnitt gewidmet: die in Art. 26 angeordnete unmittelbare rechtliche Bindung aller drei Staatsgewalten an die Grundrechte wird ebenso vorbildlich für einen der rechtsstaatlichen Stützpfeiler im 2 1/2 Jahre später in Kraft getretenen Grundgesetz wie die „Wesensgehaltgarantie" des Art. 63 Abs. 1, vgl. Art. 19 Abs. 2 GG. Es kommt hier nicht darauf an, ob diese und andere Vorschriften im Sinne juristischer Präzision und Praktikabilität mehr oder weniger geglückt sind, wichtig ist ihre verfassungspolitische Intention, ist der „Geist", den sie bezeugen. Für den Rechtsstaat, der sich auf die Handlungs- und Verantwortungsfähigkeit der Person gründet, genügt eine noch so umfassende und sorgfältige Selbstkontrolle der staatlichen Organe nicht: Der *Einzelne* muß *selbst* die Möglichkeit haben, unabhängige Gerichte zum Schutze seiner Rechte anzurufen. Nicht zu Unrecht hat man darum die individuelle Rechtsschutzgarantie des Art. 19 Abs. 4 GG als einen ‚rocher de bronze', ja, als Krönung, als „Schlußstein im Gewölbe" des Rechtsstaats oder als „Gravitationspunkt für die Rechtsentwicklung" gefeiert.[12] Aber wann und wo wäre dabei jemals auch nur ein Widerschein dieses Glanzes auf den hessischen Art. 2 Abs. 3 (HV) gefallen, das inhaltliche, wenn nicht gar auch entstehungsgeschichtliche Vorbild[13] dieser gelungenen Erfindung?: „Glaubt jemand, durch die öffentliche Gewalt in seinen Rechten verletzt zu sein, so steht ihm der Rechtsweg offen."

Die Gewährleistung umfassenden lückenlosen individuellen Rechtsschutzes, sei es durch Bundesrecht, sei es durch Landesrecht, als Kernstück des freiheitlichen Rechtsstaates: Das blieb auch in den folgenden Jahrzehnten kein bloßes Lippenbekenntnis. Es bildete vielmehr eine kraftvolle Maxime hessischer Rechtspolitik und Gerichtspraxis. Dazu zwei Beispiele: Auf einen Antrag der hessischen Landesregierung vom September 1969 hin[14] wurden das G 10 vom 13. August 1968, das sogenannte Abhörgesetz und die ihm zugrundeliegenden Grundgesetz-Änderungen in den Art. 10 und 19 Abs. 4 der verfassungsgerichtlichen Überprüfung unterzogen. Die im Zuge der Notstandsgesetzgebung getroffene Regelung sollte Maßnahmen der Brief-, Post- und Telefonüberwachung ermöglichen, die dem Betroffenen auch nachträglich nicht mitgeteilt zu werden brauchten und gegen die an Stelle des „Rechtswegs" also der gerichtlichen Kontrolle, eine Überprüfung durch ein parlamentarisches Hilfsorgan vorgesehen war. Zum ersten Mal sollte der Grundsatz des lückenlosen Rechtsschutzes durch unabhängige Gerichte durchbrochen werden und zwar im Hinblick auf ein den Kernbereich der Persönlichkeitssphäre schützendes Grundrecht. Die Landesregierung, gestützt auf Gutachten von *Dürig* und *Evers*, betrachtete die Rechtsschutzgarantie als Essentiale des Rechtsstaatsprinzips und dieses als einen der in Art. 20 GG verankerten und damit der Unabänderlichkeitsgarantie des Art. 79 Abs. 3 GG unterfallenden Grundsätze (obschon freilich, anders als in Art. 28 Abs. 1, das Wort „Rechtsstaat" in Art. 20 nicht vorkommt). Drei der acht Richter teilten im wesentlichen diese Auffassung. Die Mehrheit des Gerichts „rettete" das G 10-Gesetz mit einer einschränkenden „grundgesetzkonformen" Auslegung.[15] Folgt man einer engen, strengen, formal „positivistischen", Wortlaut und Systematik in den Vordergrund stellenden Interpretationsmethode, so wird man die Auslegung des Art. 20 durch die Senatsmehrheit akzeptieren, hält man Sinn und Zweck der Normen und den „Geist der Verfassung" für ausschlaggebend, so behält das Minderheitsvotum recht. Über das methodologische Interesse des theoretischen Verfassungsjuristen hinaus bezeichnet diese Abhörentscheidung einen janusköpfigen Markstein – wenn es so etwas geben kann – in der Rechtsstaatsentwicklung der Republik: Fortan gewinnt die „Staatsraison" ein sogar verfassungsfortbildendes Eigengewicht; es gibt auch, so wird sich hinfort immer wieder zeigen, keine „absoluten", unantastbaren Grundrechte des Bürgers.[16] „Abwägung" und Verhältnismäßigkeitsprinzip als Universalwerkzeuge bestimmen den Arbeitsrhythmus in der Reparaturwerkstatt Karlsruhe. Die Regierung des Landes hatte aus dem Geist der hessischen Verfassung gehandelt, indem sie dort den Gedanken des lückenlosen Rechtsschutzes verteidigte.

Das zweite Beispiel zu diesem Thema betrifft das Begnadigungsrecht, Art. 109 HV. Genau betrachtet bringt schon die Bezeichnung dieser Kompetenz des Staatsoberhauptes als *Recht* den wesentlichen Gesichtspunkt zum Ausdruck, daß auch der Erlaß positiver wie negativer, also ablehnender Gnadenakte sich nicht außerhalb der Rechts- und Verfassungsordnung und auch nicht als Praxis einer nur religiös gebundenen charismatischen Herrschergewalt vollziehen kann. Gleichwohl hatte das Bundesverfassungsgericht 1969 in einer denkbar knappen 4:4-Entscheidung die Justitiabilität ablehnender Gnadenentscheidungen gemäß Art. 19 Abs. 4 GG verneint. Die die Entscheidung tragende Hälfte des Senats (vgl. § 15 Abs. 2 Satz 4 BVerfGG) befand, das Grundgesetz habe das Gnadenrecht des Bundespräsidenten in Art. 60 Abs. 2 GG „in dem geschichtlich überkommenen Sinne übernommen" und daher außerhalb des für alle anderen Staatsakte geltenden Systems der Gewaltenbalance und -kontrolle gestellt. Ganz anders vier Jahre später, 1973, der Hessische Staatsgerichtshof in einem Urteil zu den entsprechenden Bestimmungen der Landesverfassung.[17] Ein Raubmörder hatte nach 17 Jahren einer lebenslänglichen Zuchthausstrafe Grundrechtsklage gegen die Ablehnung seines Gnadengesuchs erhoben. Der StGH bejahte die Zulässigkeit der Klage und damit die richterliche Überprüfbarkeit von Gnadenakten. Die Gnadenkompetenz des Ministerpräsidenten sei nicht im rechtsfreien, verfassungsfreien oder gerichtsfreien Raum angesiedelt. „Denn die Verfassung eines demokratischen Rechtsstaates würde sich selbst aufheben oder zumindest in Frage stellen, wenn sie ein Staatsorgan mit der Befugnis zu willkürlichem oder gar menschenrechtswidrigem Handeln ausstattete." Daher habe der Staatsgerichtshof wie bei anderen Akten der vollziehenden Gewalt individuellen Grundrechtsschutz zu gewähren. Die Entscheidung ist in Teilen der Begründung zu kritisieren; in dem wesentlichen Punkt einer verfassungsgerichtlichen Willkür-Kontrolle der Gnadenpraxis, und beschränkt hierauf, halte ich die Entscheidung für zutreffend und richtungsweisend – obwohl dieser Standpunkt zwar im Schrifttum überwiegend Zustimmung, in der Rechtsprechung jedoch durchweg, zuletzt durch das BVerwG, Ablehnung erfahren hat.[18]

„Nicht allein der Teufel, auch die Rechtsstaatlichkeit steckt im Detail".[19] So wichtig prägnante Grundrechtskataloge und verfassungstheoretisch eindeutige Grundsatz-Aussagen eines Verfassungsgerichtshofs auch sein mögen, die reale Entwicklung der Rechtsstaatlichkeit in einem Lande, d.h. Wachstum oder Verfall der alltäglichen konkreten Freiheit des vielfältig verwalteten Bürgers messen sich nicht an ihnen, sondern an tausenderlei unscheinbaren, oft versteckten Regelungen, nicht zuletzt auch über Zuständigkeiten und Verfahren. Auch soll man die materiellrechtlichen Spielräume nicht unterschätzen, welche die Generalklauseltechnik und die vielen „unbestimmten Rechtsbegriffe" in den Bundesgesetzen der ausführenden Landesgesetz- und Verordnungsgebung da und dort eröffnen. Dies alles kann hier nicht dargestellt werden. Die Tatsache, daß der „Fuhr-Pfeil", die gängige Loseblatt-Ausgabe hessischer Verwaltungsgesetze, ebenso dick ist wie der „Sartorius", der die öffentlichrechtlichen Gesetze und Verordnungen des Bundes zusammenfaßt, mag als Beleg für die ungebrochene Normzeugungskraft des Landesgesetzgebers und der Regierung ausreichen. Die strenge, vom Rechtsstaat- wie vom Demokratieprinzip inspirierte Haltung des Staatsgerichtshofes, aber auch des Verwaltungsgerichtshof in der Frage des Rechtssatz- bzw. Parlamentsvorbehalts hat vor allem seit den siebziger Jahren, dem allgemeinen Verrechtlichungstrend nachhaltigen Auftrieb verliehen. Auch Organisations- und Zuständigkeitsregelungen bedürfen nach neuerem Verständnis einer *gesetzlichen* Ermächtigung und die inhaltlich besten Rechtsnormen sind praktisch nichts wert, wenn Bürger und Behörden sie nicht erkennen, ja, nicht einmal auffinden können. Der Gesetzgeber hat versucht, beidem mit dem „Gesetz über die Verkündung von Rechtsverordnungen, Organisationsanordnungen und Anstaltsordnungen" vom 2. November 1971 gerecht zu werden; § 5 Abs. 2 des Gesetzes enthält die vielfach gebrauchte Ermächtigung an die Landesregierung zum Erlaß von Zuständigkeitsvorschriften.[20]

Es soll hier andererseits nicht der Eindruck entstehen, als sei das kontinuierliche Gedeihen des Rechtsstaates im wesentlichen der unpolitischen Verwaltungspedanterie oder, freundlicher gesagt, einer zweckrationalen und „bürgernahen" Bürokratie zu verdanken. Dies werden Sie einem, der in den „heißesten" Jahren der heute sogenannten „Studentenunruhen" – übrigens ein verfehlter Terminus aus dem Biedermeier der Metternich-Ära – in der Hochschulselbstverwaltung und danach in der Hochschulverwaltung des Landes aktiv war, hoffentlich nicht unterstellen wollen. Nein, die Verwirklichung des Grundrechtsstaates bedarf fortgesetzter bewußter politischer Weichenstellungen. Das beginnt mit der Verstaatlichung der Polizei und der Frage ihrer Bewaffnung – Maschinengewehre, Granatwerfer, Handgranaten, CS-Gas, Hartgummigeschosse oder nicht? –, das geht über die Frage der Rezeption des Musterentwurfs der Innenministerkonferenz „eines einheitlichen Polizeigesetzes des Bundes und der Länder" (vom 25. November 1977), in welchem z.B. der berüchtigte „Todesschuß" geregelt wird,[21] das geht über Nuancen in der Handhabung des sog. Radikalen-Erlasses bei der Verfassungstreueprüfung von Lehramts- und Rechtsreferendaren bis hin zum Datenschutzgesetz und neuerdings zur rechtsstaatlichen Umsetzung der Maximen des Volkszählungs-Urteils des Bundesverfassungsgerichts, vor allem bei den Sicherheitsbehörden des Landes. Rücksichtnahmen auf den und Abstimmungen mit dem Bund und anderen Bundesländern verwehren hier allemal „reine", radikale Lösungen, die auch von der Sache her nicht immer unbedingt die vernünftigsten sind. Wenn ein Land sich dauerhaft die Chance erhalten will, im Bundesrat Stimmen für seine Politik zu finden, also sein Gewicht auf Bundesebene zu wahren, dann darf es sich auch bei der hauseigenen, „souveränen" Landesgesetzgebung, etwa im Bereich der inneren Sicherheit oder der Schulpolitik, nicht in der Rolle eines „Rambo" gefallen. Obliegt ihm doch auch die Last der Verwaltungsausführung der Bundesgesetze. Im großen und ganzen wird man sagen dürfen, daß die hessische Rechts- und Kulturpolitik auf der einen Seite durch konsequentes Festhalten der für richtig erkannten, freiheitsbewahrenden oder -entwickelnden Grundsätze, auf der anderen Seite aber von der Fähigkeit zum vernünftigen Kompromiß geprägt ist, wie auch schon ein pragmatischer Kompromiß zwischen beiden großen Parteien damals vor 40 Jahren an der Wiege der Verfassung stand.[22] Daneben gibt es Bereiche, in denen man den Slogan „Hessen vorn" ohne jeden ironischen Unterton und ohne Schamröte in Anspruch nehmen darf; aus jüngerer Zeit ist vor allem an den Datenschutz zu denken. Das hessische Datenschutzgesetz, zugleich das erste in der Bundesrepublik überhaupt, stammt aus dem Jahr 1970, das des Bundes erst aus 1977. 1970 beginnt auch im Ausland die Datenschutzgesetzgebung mit dem Fair Credit Reporting Act in den USA.

III.

Wie steht es nun mit dem zweiten der drei genannten Leitmotive, mit der Ausprägung des *demokratischen Prinzips* in der hessischen Verfassung? Kann man sagen, die Verfassungsgeber hätten sich in einem Maße, das über das in den Nachkriegsverfassungen deutscher Länder übliche hinausging, am Leitbild des politisch aktiven, engagierten Demokraten orientiert? Die verfassungsvergleichende Betrachtung ergibt ein differenziertes Bild: An der Präambel ist außer ihrer Kürze bemerkenswert, daß sie im Unterschied zu den Präambeln anderer Landesverfassungen – etwa Bayerns, Baden-Württembergs, Nordrhein-Westfalens und von Rheinland-Pfalz – weder Frieden und (soziale) Gerechtigkeit noch wirtschaftlichen Fortschritt oder Wohlstand für alle erwähnt sondern ein einziges Staatsziel: Deutschland als demokratisches Gemeinwesen, zu welchem Hessen sich als Gliedstaat bekennt.

Die *Gleichheit aller Menschen* vor dem Gesetz, ein demokratisches Grundprinzip, eröffnet den Verfassungstext in Art. 1; wie in der Erklärung der Menschen- und Bürgerrechte vom 24. Juni 1793 wird die Gleichheit *vor* der Freiheit genannt. Aber auch die Verfassungen Berlins von 1950 und der Freien Hansestadt Bremens von 1947 nennen das Gleichheitsrecht unter den Grundrechten an erster Stelle, Berlin übrigens mit einer umfassenden Gleichstellungsklausel zugunsten der Frau.

Die Hessische Verfassung ist, ähnlich wie das Grundgesetz, die Verfassung einer „wehrhaften", „abwehrbereiten" Demokratie. Wer den verfassungsmäßigen Zustand angreift oder gefährdet, soll sich auf die Grundrechte der Kommunikation wie Meinungs- oder Versammlungsfreiheit nicht berufen können, Art. 17. Welche konkreten Rechtsfolgen damit gemeint sind, mag hier im Dunkeln bleiben. Charakteristischer als die entschiedene Abwehr verfassungsfeindlicher Aktivitäten ist die positive *Inpflichtnahme des Bürgers für den Staat*, ein Gedanke, der, abgesehen von der blassen Gemeinwohlbindung des Eigentums (Art. 14 Abs. 2 GG), im Grundgesetz keinen Ausdruck gefunden hat. Jeder Bürger Hessens hingegen hat „mit allen ihm zu Gebote stehenden Kräften" für den Bestand der Verfassung einzutreten; Widerstand zu leisten gegen verfassungswidrig ausgeübte öffentliche Gewalt, ist nicht nur sein Recht, sondern sogar seine Pflicht, Art. 146, 147 HV. Nach vierzig Jahren leidlich gut funktionierender Rechtsstaatlichkeit kann man ob soviel tatbestandlicher Unbestimmtheit leicht die paragraphenverwöhnte Juristennase rümpfen, zu Unrecht, wie ich meine. Zuerst sollte man versuchen, sich in das Ambiente und in die geistige Verfassung der Verfassungsschöpfer von 1946 zurückzuversetzen. Als die Verfassungsberatende Landesversammlung (am 15. 7. 1946) ihre Arbeit begann, lag der 20. Juli 1944 gerade zwei Jahre zurück. Etliche Mitglieder der Versammlung wußten aus eigener Erfahrung, was Widerstand gegen ein totalitäres Regime bedeutete. Mehrere Landesverfassungen (Bayern, Bremen, Rheinland-Pfalz) jener ersten Nachkriegsjahre statuieren eine ausdrückliche Treuepflicht der Bürger, am stärksten wohl die bayerische Verfassung, die von der „Treuepflicht gegenüber Volk und Verfassung, Staat und Gesetzen" spricht und, dieses erläuternd, von allen fordert, „an den öffentlichen Angelegenheiten Anteil zu nehmen und ihre körperlichen und geistigen Kräfte so zu betätigen, wie es das Wohl der Gesamtheit erfordert." (Art. 117 BayV). Selbst die *Pflicht* zur Widerstandsleistung ist keine hessische Spezialität; sie findet sich auch in der Bremischen Verfassung, Art. 19.

Das heute unter Staatsrechtlern vorherrschende Verfassungsverständnis neigt dazu, nur das als juristisch relevant überhaupt wahrzunehmen und zu diskutieren, was als Kompetenz oder Anspruch notfalls vor Gericht eingeklagt werden oder was als Grundlage eines Verwaltungsakts für oder gegen den Bürgern dienen kann. Dieser verengte Verfassungspositivismus weiß mit einer allgemeinen Verfassungstreuepflicht des Bürgers, die sich nicht in bestimmten einzelnen Handlungspflichten auskonkretisiert, nichts anzufangen. Widerstandsrecht und -pflicht bleiben ihm Deklamation und Dekoration. Ich kann hier nicht im einzelnen begründen,[23] weshalb die Reduktion eines Verfassungstextes auf Organisations-, Kompetenz-, Anspruchs- und Pflichtnormen nicht nur aller historischen Erfahrung, sondern auch den Anforderungen widerspricht, die an eine zukunftsgerichtete Verfassung zu stellen sind. In der Situation des Jahres 1946 gesehen, war der normative Sinn der Formulierungen den Artikeln 146/147 klar: Dem Verfassungsgeber war jedes gesetzessprachliche Mittel recht, das seiner Auffassung nach zur Verhinderung eines Rückfalls in einen Unrechtsstaat, in Diktatur und Barbarei beitragen konnte. Deshalb sollte dem Bürger vor Augen geführt werden, daß die Chance und die Fortdauer des Zusammenlebens in einem demokratischen Rechtsstaat weder einem Geschenk des Himmels noch einem CARE-Paket entstammten, sondern wesentlich vom Verhalten jedes einzelnen Bürgers abhingen. Dieser Grundgedanke, daß „der Schutz der Verfassung" – so nämlich lautet die Abschnittsüberschrift zu den Artikeln 146 ff. HV – in erster Linie den Bürgern selbst anvertraut ist, ihrer Verteidigung von Recht und Gerechtigkeit, ihrer Bereitschaft zu demokratischem politischen Handeln, kurzum: ihrem „Willen zur Verfassung",[24] dieser Kerngedanke muß auch 1986 ff. noch Geltung beanspruchen.

Die neu konstituierte Demokratie sollte eine repräsentative, nicht eine plebiszitäre sein. Wie zwei Jahre später im Parlamentarischen Rat herrschten auch in der Verfassungsberatenden Landesversammlung aufgrund der Erfahrungen in der Weimarer und in der NS-Zeit starke Vorbehalte gegen jede Form plebiszitärer Staatswillensbildung. Zwar nennt die Verfassung das Volk als Gesetzgebungsorgan an erster Stelle, noch vor dem Landtag (Art. 116), doch die Optik täuscht: Art. 124 setzt die Hürde für das Volksbegehren, das dem Volksentscheid vorangehen muß, mit einem Fünftel der Stimmberechtigten bewußt hoch an, doppelt so hoch wie die entsprechende Vorschrift der Weimarer Reichsverfassung.[25] Auch eine Verfassungsänderung im Wege des Volksbegehrens mit Volksentscheid schließt die Verfassung ausdrücklich aus (Art. 123 Abs. 2). Immerhin bedarf es zu einer Verfassungsänderung der Zustimmung des Volkes zu einem mit qualifizierter Mehrheit gefaßten Beschluß des Landtags. Die beiden einzigen bisher vorgenommenen Verfassungsänderungen betrafen das Wahlrecht: Durch Gesetz vom 22. Juli 1950 wurden die strenge Bindung des Landtagswahlrechts an die Grundsätze der Verhältniswahl und die Bindung des Kommunalwahlrechts an die Grundsätze des Landtagswahlrechts aufgehoben. Mit der zweiten Verfassungsänderung durch Gesetz vom 23. März 1970 wurden die aktive und passive Wahlmündigkeit von 21 auf 18 und von 25 auf 21 Jahre herabgesetzt; damit liegt das Mindestalter für einen hessischen Landtagsabgeordneten nun 3 Jahre über dem für einen Bundestagsabgeordneten, vgl. Art. 38 Abs. 2 GG, § 2 BGB, Art. 75 Abs. 2 HV.

In der 40jährigen Geschichte der Verfassung sind bisher auch nur zwei Versuche einer Gesetzgebung durch Plebiszit unternommen worden, beide scheiterten. 1966 ging es um die Einführung der Briefwahl; das Begehren wurde statt von den erforderlichen 20.v.H. nur von 6,87% der Stimmberechtigten getragen. Das 1981 gegen den Bau der Startbahn 18 West auf dem Frankfurter Flughafen unternommene Begehren konnte sich zwar auf 220249 Stimmen für den Zulassungsantrag stützen, doch lehnte die Landesregierung – hierbei durch den Landtag einstimmig unterstützt – bereits die Durchführung des Volksbegehrens ab, weil dieses mit seinem Gesetzentwurf in Gesetzgebungs- und Verwaltungskompetenzen des Bundes eingreife. Der daraufhin angerufene Staatsgerichtshof gründete seine Entscheidung – m.E. zutreffend – auf die bundesstaatliche Verteilung der Gesetzgebungskompetenzen. Der Hof begriff diese aber nicht nur als ein Föderalismusproblem, sondern wesentlich als Ausgestaltung des „Demokratiegebots", indem sie bestimme, „auf welchen Abstimmungsebenen die Willensbildung der Staatsorgane einschließlich der des Staatsvolkes zu einer bestimmten Rechtsmaterie erfolgen muß, um nach der Verfassung demokratisch legitim zu sein."[26] Landesgesetzgebung, ganz gleich in welcher Form und durch welches Organ, kann im Bundesstaat nur die dem Land überlassenen Materien erfassen; hierüber befindet die Bundesverfassung, welche damit insoweit zugleich ein Stück materielles Landesverfassungsrecht setzt. Ähnlich, aber doch anders war die Situation 1958, als die Bundesregierung die Landesregierung einer Verletzung ihrer Aufsichtspflicht gegenüber den Gemeinden, z.B. Darmstadt, Frankfurt und Kassel, zieh, weil die Landesregierung nicht willens war, rechtsaufsichtlich gegen die von den Gemeinden beschlossenen Volksbefragungen zur Atombewaffnung vorzugehen. Diese Befragungen, so das Argument der Landesregierung, seien Teil der Bildung der öffentlichen Meinung, als solcher aber auch grundsätzlich geschützt.[27] Wie erinnerlich, qualifizierte das Bundesverfassungsgericht die Teilnahme an einer amtlich durchgeführten Volksbefragung jedoch nicht als Grundrechtsausübung der Einzelnen, sondern als organschaftliches Handeln des Volkes, das deshalb den kompetenzrechtlichen Bindungen unterworfen sei.[28] Im Falle des Volksbegehrens gegen die Startbahn 18 West konnte an der Qualität des Handelns als organschaftliches kein Zweifel bestehen.

Nicht nur der Verfassungstext betont den Charakter der Demokatie als einer repräsentativen, indem dem Landtag de iure eine starke Position auch gegenüber der Landesregierung eingeräumt wird — de facto liegen die Dinge freilich anders —, sondern auch die Staatsorganisation im übrigen folgt dem Prinzip der Repräsentation. In der kommunalen Selbstverwaltung wurden erst durch die Novelle zur Hessischen Gemeindeordnung vom 30. August 1976 mit der Einfügung von Bürgerversammlung und Bürgerbegehren (§§ 8a, 8b HGO) einige partizipatorisch-plebiszitäre Elemente rezipiert — wohl mehr ein Trostpflaster für den Verlust an Bürgernähe der Verwaltung durch die kommunale Gebietsreform. Das 1946 berechtigte Mißtrauen gegen alle Arten von plebiszitären Strukturen hat nach vierzig Jahren demokratischer Praxis an Überzeugungskraft verloren. In speziellen Bereichen — Elternmitbestimmung, betrieblicher oder studentischer Mitbestimmung — hat sich der hessische Gesetzgeber ja sonst auch keineswegs als mitbestimmungsfeindlich gezeigt. Wenn man Überlegungen zu einer Verfassungsreform überhaupt für sinnvoll hält, dann sollte man sie auch der Frage widmen, wie die unverzichtbare und trotz bekannter Mängel unersetzliche repräsentative Grundstruktur der demokratischen Willensbildung durch stärkere Bürgerpartizipation ergänzt werden kann, ohne jedoch einem verhängnisvollen Konkurrenzdualismus der Legitimationsstränge à la Weimar anheimzufallen.

Soll die repräsentative Demokratie das leisten, was ihr Name sagt, nämlich die ständige Umsetzung politischer Impulse aus allen Teilen des Volkes in eine Gemeinwillens-Bildung als „Staatswillensbildung" durch ein volksgewähltes, repräsentatives Organ, so ist es eine Daueraufgabe der zuständigen Organe, rechtlich und politisch über die Gewährleistung der notwendigen Voraussetzungen jenes Prozesses zu wachen. Konkreter: Die offene Pluralität im politischen Meinungsbildungsprozeß muß ebenso gepflegt und geschützt werden wie die Chancengleichheit der Parteien innerhalb und außerhalb des Wahlakts, wie die elementaren Grundsätze der gleichen, allgemeinen, unmittelbaren und geheimen Wahl[29] oder die Abgeordnetenfreiheit.[30] Die Grenzen dieser Schutzpflicht können nicht durch die Grenzen des Landes bestimmt werden; eine freiheitliche Demokratie in Hessen hätte keine Überlebenschance in einem autoritären Bundesstaat.

Aus diesen schlichten Erwägungen ergeben sich Programm und Rechtfertigung für eine nunmehr fast drei Jahrzehnte umspannende *Wächterfunktion der hessischen Landesregierung:* ich meine ihre Initiative und ihr Engagement in Sachen Parteifinanzierung und steuerliche Behandlung von Parteispenden sowie in Sachen Rundfunkfreiheit und Privatfernsehen. Während diese Problem- und Streitfelder die Landesgrenzen notwendig überschreiten, hat „im eigenen Haus", wenn es notwendig erschien, der Staatsgerichtshof den Besen geführt und das demokratische Forum sauber gehalten. In diesem letzteren Bereich ist vor allem an die Entscheidung zu Ruhen und Wiederaufnahme des Mandats durch Minister-Abgeordnete zu erinnern. § 40a des LTWahlG i.d.F. vom 28. Januar 1975 verstieß u.a. gegen den Grundsatz der Unmittelbarkeit der Wahl, weil der Minister, der auf seinen Abgeordneten-Sitz zurückkehren wollte, und nicht der Wähler letztendlich entschied, wer als Volksvertreter bis zum Ende der Legislaturperiode amtieren würde. Die Regelung verletzte überdies die Freiheit und die Gleichheit der Abgeordneten. Die Absicht des Gesetzgebers, die Funktionsfähigkeit des Parlaments zu erhöhen, mag lobenswert gewesen sein, sie durfte aber nicht mit einer Denaturierung des Repräsentationsprinzips erkauft werden.[31]

Für die demokratische Entwicklung in der ganzen Bundesrepublik wie für die Klärung und Fortbildung der staatsrechtlichen Grundbegriffe sind die beiden ersten Verfahren zur *Parteienfinanzierung* von nicht zu unterschätzender Bedeutung. Die hessische Regierung hatte sie 1957 und 1965 gegen Vorschriften des Einkommen- bzw. Körperschaftssteuergesetzes zur Abzugsfähigkeit von Parteispenden sowie gegen das Bundeshaushaltsfeststellungsgesetz 1965 wegen der staatlichen Subventionierung der politischen Parteien vor dem Bundesverfassungsgericht angestrengt.[32] Nicht der in beiden Fällen für die Antragstellerin günstige Ausgang des Prozesses ist bemerkenswert, sondern der fortwirkende Beitrag, den diese Verfahren zur Klärung der Rolle der politischen Parteien zwischen Volk und staatlicher Herrschaftsorganisation, zum Verständnis der politischen Gleichheit der Stimmbürger und zur Chancengleichheit der Parteien untereinander erbracht haben. Die weiteren einschlägigen Urteile des höchsten Gerichts zur Parteienfinanzierung aus 1968 und 1979 sind im wesentlichen Fortschreibungen der damals entwickelten Grundsätze und noch das einstweilen letzte Urteil zum Thema vom 14. Juli dieses Jahres übernimmt die tragenden Passagen wörtlich aus dem Urteil von 1958.[33]

Nicht minder nachdrücklich und beständig hat sich die hessische Sorge um die Aufrechterhaltung eines unverfälschten pluralistischen öffentlichen Meinungsbildungsprozesses, um die Informationsfreiheit der Bürger als einer elementaren Demokratiebedingung geäußert. An allen vier Verfassungsprozessen um die *Rundfunkfreiheit* war Hessen – bisher erfolgreich – beteiligt, teils als Antragsteller wie 1965 im Streit um die Deutschland-Fernsehen-GmbH oder 1971 im Umsatzsteuerverfahren, teils als Äußerungsberechtigter wie 1981 im Streit um das saarländische und jüngst (1986) im Streit um das niedersächsische Rundfunkgesetz.[34]

Stets hat die hessische Regierung die Aufgabe und die ihr entsprechende Stellung des öffentlichrechtlichen Rundfunks verteidigt, einfach, weil ihr die Form einer staatsfreien, binnen-pluralistisch organisierten Anstalt des öffentlichen Rechts unter den obwaltenden technischen und ökonomischen Bedingungen am geeignetsten erschien, die Rundfunkaufgabe, Medium und Faktor des öffentlichen Meinungsbildungsprozesses zu sein, in umfassender, vielfältiger und sachlicher Weise zu erfüllen. Wer die Entwicklung des privat organisierten und finanzierten Fernsehens in der Bundesrepublik (und nicht allein hier) unvoreingenommen betrachtet, wird zugeben müssen, daß jener Standpunkt nicht unrealistisch erscheint. Allerdings gilt für Seher wie für Sender – öffentlichrechtliche inbegriffen –, daß unter Blinden der Einäugige König ist. Und allerdings wird man gerade in diesem politisch wie technologisch überaus sensiblen Bereich sorgfältig darüber wachen müssen, daß das Festhalten am bisher Bewährten nicht eines Tages unversehens in starren, freiheitsschädlichen Doktrinarismus umschlägt.

IV.

Lassen Sie mich ein letztes Kapitel hessischer Verfassungs-Eigenart und ihr folgender Landespolitik aufschlagen. Es ist so komplex und bis heute so unabgeschlossen, daß ich hier eigentlich nur die Kapitelüberschrift mitteilen kann. Sie könnte lauten: Die Hessische Verfassung als *umfassender Entwurf eines freiheitlichen Weges zu sozialer Gerechtigkeit.* Hier wäre zu reden über die Ordnung von Wirtschaft und Arbeit, über Privateigentum und Gemeineigentum, über das System der Krankheitsvorsorge und der sozialen Sicherung, schließlich auch über die Neuordnung des Bildungswesens im Zeichen technologisch-arbeitsstruktureller Umwälzungen und realer Chancengleichheit. Jedem dieser drei oder vier Untertitel wäre mindestens ein besonderer Vortrag zu widmen; einige der Themen waren oder sind Gegenstand vertiefter Betrachtung auf dieser Tagung.

In den Bereichen von *Eigentum, Arbeit, Wirtschaft und sozialer Sicherheit* hat sich schon mit Rücksicht auf die konkurrierende Gesetzgebungskompetenz des Bundes (s. nur Art. 74 Nr. 11, 12 u.a. GG) eine eigenständige hessische Gesetzgebung nicht entwickeln können. Das Experiment der sogenannten „Sofortsozialisierung" des Art. 41 HV kann rechtlich und politisch nicht als geglückt bezeichnet werden. Ein Gesetzentwurf über die „Sozialgemeinschaften", die als Träger des Gemeineigentums fungieren sollten, scheiterte am 25. Oktober 1950 im Landtag mit 41 : 41 Stimmen; eine Abgeordnete, die für das Gesetz gestimmt hätte, war, so heißt es, auf Hochzeitsreise.[35] Ein Abschlußgesetz vom 6. Juli 1954 (GVBL. S. 126) regelte die noch offenen Fragen für die wenigen verbliebenen, unter Art. 41 HV fallenden Großbetriebe. Trotz oder gerade wegen der Dominanz des Bundesrechts – erinnert sei nur an das Stichwort „Aussperrungsverbot" (Art. 29 Abs. 5 HV) – wäre es eine reizvolle, bisher nicht befriedigend gelöste Aufgabe, den gemäß Art. 142 GG fortbestehenden normativen Gehalt der hessischen Grundrechtsartikel im Bereich von Arbeit und Wirtschaft auszuloten.[36] Auch qualifizierte Gesetzgebungsaufträge, wie etwa der in Art. 38 HV formulierte, um „jedermann einen gerechten Anteil an dem wirtschaftlichen Ergebnis aller Arbeit zu sichern und ihn vor Ausbeutung zu schützen", sind rechtlich nicht einfach untergegangen, sondern wären auf verbleibende und möglicherweise zu aktivierende Bedeutungen hin zu untersuchen.

Anders verhält es sich in der *Bildungspolitik,* für die dem Land die Gesetzgebungshoheit, teilweise durch bundesrechtliche Rahmen beschränkt (vgl. HRG), im wesentlichen zusteht. Mittelpunktschule, Gesamtschule, Förderstufe, Reform der gymnasialen Oberstufe, Rahmenrichtlinien für den Deutsch- und Gesellschaftslehreunterricht, Fachhochschul-, Universitäts- und Lehrerbildungsreform, Gesamthochschule: jedes dieser Stichwörter erinnert an heftige politische Auseinandersetzungen, gerichtliche Verfahren, zahllose Detailkonflikte und an ein außergewöhnliches Maß an Verwaltungsarbeit. Soll damit das Verdammungsurteil über all diese Reformbemühungen vorweggenommen sein? Keineswegs! – Für eine Einzelkritik ist hier nicht der Raum und ein summarisches Urteil über die ganz unterschiedlichen Bildungsprozesse der verschiedenen Stufen wäre wenig aussagekräftig, übrigens auch nicht zu verantworten, wo die Reformen noch in vollem Gange sind. Mit der gebotenen Vorsicht kann man jedoch heute schon feststellen: Die hessische Bildungspolitik der letzten Jahrzehnte hat zwei entscheidende Grunddaten begriffen und konsequent zum Motiv ihrer Maßnahmen gemacht, mögen diese zum Teil auch übertrieben und forciert gewesen sein: 1. Die Explosion des theoretischen Wissens, die entsprechend hohe Obsoleszenzrate, der dementsprechend rasche Wandel der technischen Prozesse, die Veränderungen der Arbeitsplatzstrukturen und Berufsfelder erfordern neue Methoden des Lernens, fordern andere Lernziele und andere berufliche Qualifikationen als sie die vergleichsweise statischen tradierten Bildungsinhalte von der Schnittstelle eines nachidealistischen Bildungshumanismus mit dem Ingenieurwissen des vorelektronischen Zeitalters vermitteln konnten. Aus dieser Erkenntnis war zum ersten Mal eine Bildungspolitik gefordert, die bewußt und kritisch Bildungs- und Ausbildungsgänge zu konzipieren und inhaltlich auszufüllen hatte. Die hessische Schul- und Hochschulpolitik hat sich dieser Aufgabe gestellt. Und 2.: Die Neugestaltung der Inhalte war (und ist) mit neuen Organisationsformen und pädagogischen Maßnahmen zu verknüpfen, die ein Höchstmaß an individueller Bildungsgerechtigkeit und damit Entfaltungsmöglichkeit gewährleisten. Traditionelle soziokulturelle Bildungsgefälle wie Stadt/Land oder Akademikerkind/Arbeiterkind sind nicht mehr als von Gott oder Kaiser gewollt hinzunehmen, sondern zu überwinden. Auch die damit gegebenen Probleme wurden bewußt aufgegriffen. Da und dort wurden Fehler gemacht, doch das Grundkonzept verdient Beifall. Vielleicht hat man bisher den strukturell-organisatorischen Fragen verhältnismäßig viel Aufmerksamkeit geschenkt, die bildungsinhaltlichen darüber zu wenig bedacht. Und wer die engen Grenzen zuverlässigen Planens überzeugend und ernüchternd kennenlernen will, der braucht sich nur in die Kultusverwaltung zu begeben. Menschen, und zumal junge, um die es hier geht, sind eben keine Güter, Produkte, die man nach Plan so oder anders herstellen könnte. Das ist gut so; so soll es auch bleiben.

40 Jahre Politik in Hessen: je nach dem politischen Standort des Urteilenden wird die Bilanz positiv oder negativ ausfallen. Doch daß der normative Rahmen für diese Politik, daß ihr institutionelles und wertmäßiges Fundament, daß also die Hessische *Verfassung* ihre Bewährungsprobe längst bestanden hat, darüber darf man weithin Konsens erwarten.

Anmerkungen

1 Die Wahl- und Abstimmungsbeteiligung (zugleich fand die Wahl zum ersten Landtag statt) betrug 73,2 v.H.; 76,8% der gültigen Stimmen (= 1 161 773) waren Ja-Stimmen. Vgl. dazu Zinn-Stein, Komm. Erl. 5 zu Art. 160,; W. Rupp-v.Brünneck, Die Verfassung des Landes Hessen vom 1. Dezember 1946, JÖR N.F. Bd. 3 (1954), S. 213 ff.
2 Erwin Stein, 20 Jahre Hessische Verfassung, 1966, S. 20; Hans Wagner, Grußwort, in: 30 Jahre Hessische Verfassung, Schriftenreihe „Hessen-Information" der Hessischen Landesregierung, 1977, S. 7
3 Vgl. National League of Cities v. Usery, 426 U.S. 833, 96 S.Ct. 2465. Die neueste Recht-

sprechung des Supreme Court räumt, ähnlich wie das BVerfG, dem Bund größeren Spielraum ein.
4 Art. 151, 152, 153 HV
5 Vgl. Verf. des Freistaates Bayern vom 2. Dezember 1946, Art. 1, 2, 3, 178
6 BVerfGE 12, 205, 218, 258
7 BVerfGE 13, 54, 60
8 BVerfGE 8, 122, 138, 140
9 BVerfGE 34, 9, 44
10 Im Doppelsinn von Verhältnis und Halten zum Bund
11 Darüber ausführlich W. Mühlhausen, Hessen 1945–1950, 1985, S. 231 ff.
12 Vgl. E. Schmidt-Assmann in Maunz/Dürig/Herzog, GG, Art. 19 Abs. 4 Rnr. 1, 16, m.w.N.
13 Vgl. v. Doemming/Füsslein/Matz, in JÖR N.F. 1, 1951, S. 183 ff.
14 Er wurde mit mehreren Verfassungsbeschwerden zusammen zu einem Verfahren verbunden, BVerfGE 30, 1 ff.
15 Zu den Bedenken gegen diese Methode vgl. Denninger, Verfassung und Gesetz, in KritV 4/1986, S. 291 ff., 302. Zur Kritik der Abhörentscheidung insgesamt P. Häberle, Kommentierte Verfassungsrechtsprechung, 1979, S. 91 ff.
16 Zum Asylrecht insoweit BVerwGE 49, 202, 209; ferner BVerfGE 49, 24, 55 ff.
17 BVerfGE 25, 352 ff.; HessStGH, Urteil vom 28. 11. 1973, DÖV 1974, 128 ff. m Anm. v. Evers
18 Zum Problemstand heute Schmidt-Assmann a.a.O., (Fn. 12) Rnr. 80. O. Bachof, Über Fragwürdigkeiten der Gnadenpraxis und der Gnadenkompetenz, JZ 1983, 469 ff. S. ferner BVerwG, JZ 1983, 495, 496
19 Denninger in Denninger/Lüderssen, Polizei und Strafprozeß im demokratischen Rechtsstaat 1978, S. 309
20 GVBl. S. 258
21 § 41 Abs. 2 MEPolG. Auch der Alternativentwurf PolG, 1979, hat, wenngleich modifiziert, die Regelung übernommen, § 64 Abs. 3. Ebenso das Polizeiaufgabengesetz Bayerns vom 24. 8. 1978 (PAG § 45 Abs. 2), nicht jedoch das Polizeigesetz Nordrhein-Westfalen vom 25. 3. 1980
22 Einzelheiten bei Mühlhausen, a.a.O., S. 257 ff. (o.Fn.11)
23 S. dazu Denninger, a.a.O. (Fn. 15)
24 Dazu näher K. Hesse, Grundzüge des Verfassungsrechts der Bundesrepublik Deutschland, 15. Aufl. 1985, Rnr. 44 m.w.N.
25 Art. 73 Abs. 3 WRV
26 Urteil des HessStGH vom 15. 1. 1982, P.St.947, DVBl. 1982, 491, 492 m. Anm. v. Ernst. Zum Ganzen vor allem F.K. Schonebohm in Zinn/Stein, Komm. z. HV, Art. 124 Erl. V 4
27 BVerfGE 8, 122, 127
28 Ebenda 133 und BVerfGE 8, 104, 115
29 Art. 73 Abs. 2 HV
30 Art. 76, 77 HV
31 Vgl. HessStGH, Urteil vom 7. 7. 1977 – P.St. 783 –, ESVGH 27 (1978), S. 193 ff.
32 Die Entscheidungen ergingen 1958 und 1966: BVerfGE 8, 51 und 20, 56
33 Vgl. BVerfGE 24, 300; 52, 63; 73, 40
34 Vgl. BVerfGE 12, 205; 31, 314; 57, 295; sowie Urteil vom 4. November 1986, BVerfGE 73, 118
35 Vgl. Rupp-v. Brünneck, a.a.O., (o.Fn. 1); E. Kogon, Hessen nach dem Zusammenbruch, in: E. Stein, Hrsg., 30 Jahre Hessische Verfassung 1946–1976, 1976, S. 29 ff., 41
36 Ansätze hierzu bei Th. Ramm, Die soziale Ordnung in der Hessischen Verfassung, in: Stein, a.a.O. (o. Fn. 34), S. 204 ff.

Historische Anfänge

Jörg Kammler

Zwischen Widerstand, Verweigerung und Integration – zum Verhältnis von Arbeiterschaft und NS-Regime im Raum Kassel

1. Vorbemerkung

In der Widerstandsforschung ist in den letzten Jahren das Verhältnis der Bevölkerung zum NS-Regime unter verschiedenen Aspekten genauer untersucht worden.[1] Der folgende Beitrag konzentriert sich in diesem Kontext auf die Arbeiterschaft, weil sich hier die Frage nach dem Verhältnis von Verweigerung und Integration besonders zuspitzt: Genügt hier nicht – so könnte man fragen – der Verweis auf den von Anfang an wirksamen organisierten Widerstand, auf die politische Entrechtung der Arbeiterklasse, auf die vielfältigen Anzeichen von Arbeiteropposition und die besonders gegen sie gerichtete Repression, um sehr schnell zumindest Distanz und Abwehrhaltung als vorherrschende Grundeinstellung in der Arbeiterschaft zu bestimmen? Bei genauerem Hinsehen spricht vieles dafür, daß sich die Ausgangsfrage so leichthin nicht beantworten läßt, sondern daß es sich lohnt, die Frage aufzuschlüsseln: Wie stand es mit Umfang und Reichweite des organisierten Arbeiterwiderstandes? Welche Formen der „Arbeiteropposition" – der Verweigerung, des Protests, der Gegenwehr – lassen sich beobachten? Wie kam es zur schnellen Isolation des Arbeiterwiderstandes und warum sprang der Funke nicht über? Warum kam es nicht in größerem Umfang zu Formen kollektiver Gegenwehr unter den Arbeitern und welche Rolle spielten Repressionen einerseits, Methoden der Vereinnahmung und Integration andererseits?

Diesen Fragen soll im Blick auf die regionale Geschichte von Arbeiterwiderstand und -opposition in Kassel und Nordhessen nachgegangen werden.[2] Dies geschieht auf der Grundlage der Auswertung eines relativ breiten Quellenspektrums. Einbezogen wurden neben einer größeren Zahl von Zeitzeugenberichten die Akten der politischen Justiz[3], die politischen Stimmungs- und Lageberichte der Gestapo und anderer NS-Instanzen[4], sonstige Akten zur Verfolgungspraxis der Gestapo[5] sowie aus der Nachkriegszeit der große Bestand an Wiedergutmachungsakten[6], der sehr interessantes Material zu den Bereichen Widerstand und Opposition und vor allem natürlich zur Geschichte der Verfolgung enthält. Die im folgenden angedeuteten Ergebnisse stehen auch mit anderen Arbeiten zur Regionalgeschichte des Nationalsozialismus in Nordhessen im Zusammenhang, deren Untersuchungen sich unter anderem auf das regionale KZ und Arbeitserziehungslager Breitenau, auf die Organisation und Praxis der Gestapostelle Kassel, auf die politischen Strafverfahren des OLG Kassel, auf Entnazifizierung und Wiedergutmachung beziehen.[7] Auf die hessische Nachkriegsentwicklung ist der folgende Beitrag nur mittelbar bezogen. Er könnte für die Diskussion über die Ausgangslage 1945, über die Folgen und Spuren der NS-Herrschaft im politischen Bewußtsein der Bevölkerung von Nutzen sein. Die abschließenden Bemerkungen zu diesen Komplex verstehen sich jedoch nur als Anregung, nicht als Ergebnis empirisch fundierter Analyse der Nachkriegsentwicklung.

2. Probleme der Materialbasis und Quelleninterpretation

Die Erforschung des Gegenstandes ist nicht nur beiläufig durch Defizite der Materialgrundlage und Probleme der Quelleninterpretation bestimmt. Sie betreffen sowohl das Spektrum von Widerstand, Verweigerung und Dissens, als auch in besonderem Maße Aspekte der „Zähmung", Befriedung und Integration der Arbeiterschaft. Ungeachtet der in den letzten Jahren relativ breiten Erforschung der regionalen Geschichte von Widerstand und „Resistenz" reicht das verfügbar gemachte Wissen für eine präzise Darstellung der Geschichte von Widerstand und Verweigerung häufig nicht aus. Auch für Nordhessen erweist sich die erschlossene Materialgrundlage in vielfacher Hinsicht als lückenhaft und punktuell sowie anderweitig problematisch. Dies gilt zunächst für Umfang und Reichweite der überlieferten Bestände der NS-Überwachungs- und Verfolgungsinstanzen. So sind die Ereignismeldungen und Lageberichte der Gestapostelle Kassel nur bis Anfang 1936 relativ zusammenhängend zugänglich, für die Zeit danach nur in Bruchstücken. Der in jeder Gestapostelle angehäufte riesige Bestand an Personen- und Geschäftsakten sowie an systematisch geführten Überwachungskarteien zum Beispiel ist für die Gestapostelle Kassel nur in Splittern bzw. gar nicht erhalten – ein großes Manko gerade für die Analyse der alltäglichen Repression und der Routinepraxis der Gestapo.[8] Ähnliches gilt für die politische Strafjustiz, deren Umfang sich besonders im Bereich der für unsere Fragestellung wichtigen politischen Meinungsdelikte („Heimtücke", Wehrkraftzersetzung" etc.) nur grob schätzen läßt.[9]

Ungleich schlechter noch ist die Materialgrundlage für die Analyse der Situation in den Betrieben sowie der Entwicklung der einschlägigen NS-Organisationen. Betriebsarchive waren uns grundsätzlich verschlossen. Die für die Kriegsjahre erhaltenen Berichte der Kasseler Rüstungsinspektion können diese Lücke nur zu einem kleinen Teil schließen.[10] Eine genauere Analyse der Stimmung in den Betrieben, der innerbetrieblichen Repression und Überwachung, der Rolle von Werkschutz und Gestapo etc. ist auf dieser Grundlage kaum möglich. Quellen zur organisatorischen Entwicklung und Praxis der „Deutschen Arbeitsfront" und ihrer Unterorganisationen – für die Untersuchung integrativer Tendenzen besonders wichtig – sind für Nordhessen so gut wie gar nicht überliefert.[11]

Zur Bruchstückhaftigkeit der Überlieferung kommt das Problem der Interpretation der überlieferten Quellen. Die Auswertung der Akten von Überwachungs- und Verfolgungsinstanzen hat in jedem Fall spezifische Verzerrungen in den Wahrnehmungs- und Bearbeitungsmustern der NS-Behörden in Rechnung zu stellen, handele es sich um die Rekonstruktion und Bewertung illegaler Aktivitäten von Kommunisten und Sozialisten, um die Wiedergabe und Einordnung vereinzelter oppositioneller Meinungsäußerungen oder um die Beurteilung der Einstellung zum Regime in der Arbeiterschaft insgesamt.[12] Bei dem aktenkundig gewordenen Widerstand bleibt zu bedenken, daß es sich lediglich um den von der Gestapo erfaßten Teil des Widerstandes handelt, wobei der in den ersten Jahren der Diktatur auf unmittelbare öffentliche Wirkung zielende kommunistische Widerstand allerdings auch relativ weitgehend erfaßt worden sein dürfte. Notwendigerweise wesentlich größer ist die Dunkelziffer etwa bei den sogenannten Heimtücke-Vergehen, beim Abhören ausländischer Sender und anderen als staatsfeindlich eingestuften Formen sporadischen nichtkonformen Verhaltens.[13] Hier konnte es dem Regime gar nicht um vollständige, sondern lediglich um selektive Erfassung und exemplarische Bestrafung zum Zwekke der Einschüchterung gehen. Sowohl bei den von Gestapo und Justiz verfolgten Meinungsdelikten als auch bei den in den Stimmungsberichten kolportierten Tendenzen von Unmut und Protest ist die Gefahr einer Überinterpretation des oppositionellen Potentials und der Unterschätzung gleichzeitiger konformistischer Haltungen zu vermeiden.[14] Verläßliche Hinweise auf die quantitativen Dimensionen von politischen Meinungen in der Bevölkerung und auf die qualitative Gewichtung von Zustimmung und Ablehnung gegenüber dem Regime enthalten die Stimmungs- und Lageberichte nicht. Eine retrospektive historische Meinungsforschung stößt hier sehr schnell auf unüberwindbare Schranken. Die in diesen Berichten enthaltenen – zweifelsohne wichtigen – Hinweise auf die Situation des Widerstandes und auf oppositionelle oder loyale Stimmungslagen in der Arbeiterschaft sind also mit Vorsicht zu interpretieren.

Kritischer Umgang ist auch mit den Berichten von Zeitzeugen geboten. So wertvoll und unersetzbar sie für die Vermittlung von Erfahrungen, Eindrücken, Beurteilungen, Motiven und Stimmungslagen, insbesondere für die Rekonstruktion von Handlungszusammenhängen und atmosphärischen Situationsbedingungen sind, so sehr ist das Problem der nachträglichen Bearbeitung und Harmonisierung des Erinnerten zu beachten. Hinzu kommt der auch in unserem Fall wichtige Umstand, daß die Bereitschaft zu Interviews sozusagen direkt mit der Eindeutigkeit politischer Gegnerschaft korrespondierte, daß also das Heer der zwischen Kritik und Konsens Schwankenden, der Mitläufer oder gar der aktiven Anhänger des Regimes zumeist stumm bleibt.

3. Der organisierte Widerstand aus den Reihen der geschlagenen Arbeiterbewegung

Will man das Verhältnis der Arbeiterschaft zum Regime kennzeichnen, ist zunächst ein Blick auf den organisierten Arbeiterwiderstand notwendig. Die Rede vom „Arbeiterwiderstand" ist dabei insofern irreführend, als sie die Einheit oder zumindest die Kooperation der illegalen Organisationen, die aus der zerschlagenen Arbeiterbewegung hervorgingen, unterstellt. Für Nordhessen läßt sich sagen, daß eine solche Kooperation kaum existiert hat. Die illegale KPD, die Ansätze sozialdemokratischen Widerstandes und die kleinen Gruppen des „Internationalen Sozialistischen Kampfbundes" und der Anarcho-Syndikalisten arbeiteten – ungeachtet des Austauschs von illegaler Literatur und gelegentlicher wechselseitiger Unterstützung an der Basis – nebeneinander. Dort, wo engere Kooperation verabredet war – wie 1933 zwischen Mitgliedern der Sozialistischen Arbeiterjugend und des Kommunistischen Jugendverbandes oder 1935 zwischen ISK und illegaler KPD – kam sie wegen folgender Verhaftungen nicht mehr zum Tragen.

Von organisiertem Widerstand aus den Reihen der unterdrückten regionalen Arbeiterbewegung kann man im engeren Sinn nur für die Jahre bis etwa 1936 sprechen. Er wurde, wie fast überall im Reich, weit überwiegend von den Kommunisten getragen. Entsprechenden Aufschluß vermittelt schon die summarische Verfolgungsstatistik für Stadt und Landkreis Kassel. Von den insgesamt 1170 Personen aus der Stadt Kassel, die nach den vorliegenden Informationen in der NS-Zeit aus politischen oder weltanschaulichen Gründen von Verfolgungsmaßnahmen betroffen waren, waren 422 (36,1%) Kommunisten; für den Landkreis Kassel betrug ihr Anteil 105 (55,3%) von 190 Verfolgten. Wesentlich aussagekräftiger für den Bereich des organisierten Widerstandes sind die Daten über die gerichtlichen Verurteilungen wegen „Vorbereitung zum Hochverrat". Von den insgesamt 414 Personen aus Kassel, die aus diesem Grund vor Gericht gestellt und bestraft wurden, waren 334 (80,1%) Kommunisten (Landkreis Kassel: 81 von 98 oder 82,6%); im Vergleich dazu wurden aus diesem Grund lediglich 40 (9,7%) Angehörige der SPD und der Freien Gewerkschaften und 21 (5,1%) Angehörige von sonstigen Organisationen der Arbeiterbewegung verurteilt (Landkreis Kassel: SPD/Freie Gewerkschaften 16,3%, sonstige Arbeiterbewegung 1%).[15]

Negativ schlug für den KPD-Widerstand zu Buche, daß es sich bei dem nordhessischen KPD-Bezirk 22 um einen der schwächsten Bezirke im Reich handelte, was sich sowohl in der relativ geringen Mitgliederzahl als auch in den bis zuletzt unter dem Reichsdurchschnitt liegenden und erheblich hinter der SPD zurückbleibenden Wahlergebnissen niederschlug. Die Analyse der Mitgliederstruktur der Kasseler KPD ergibt, daß 1932 mehr als 55% zur jüngeren Generation der bis zu 30jährigen zählten (SPD Hessen-Kassel: 24,3%); der Anteil der mittleren Generation (35–50 Jahre) betrug lediglich 22% (SPD Hessen-Kassel: mehr als 40%). Was die Dauer der Parteizugehörigkeit betrifft, waren bei den Kommunisten 1932 34,6% nicht länger als ein Jahr in der Partei organisiert (SPD Hessen-Kassel: 16%); der Anteil der Mitglieder, die der Partei fünf Jahre und länger angehörten, betrug knapp 34% (SPD Hessen-Kassel: ca. 47%). Etwa 90% der Mitglieder waren 1932 arbeitslos.[16]

Immerhin gelang es der illegalen KPD in den ersten Jahren der Diktatur, von den ca. 3000 Mitgliedern (Stadt Kassel: ca. 600, Kreis Kassel: ca. 750), die der Bezirk Ende 1932 zählte, eine nicht unerhebliche Zahl zu mobilisieren. Nach einem Tiefstand Ende 1933, als die Zahl der durch gelegentliche Beitragskassierung erreichen Mitglieder im gesamten Bezirk unter 200 abgesunken war, stützte sich die nordhessische KPD auf dem Höhepunkt der illegalen Organisation im Jahre 1935 auf etwa 1000 Mitglieder – wobei zu betonen ist, daß es sich hier in ihrer großen Mehrheit nicht um aktive Illegale, sondern um vormals kommunistisch organisierte Arbeiter handelte, die nach wie vor bereit waren, illegale Zeitungen etc. entgegenzunehmen und dafür einen Solidaritätsbeitrag zu entrichten.

Tabelle 1: Widerstand/Opposition und Verfolgung – NS-Verfolgte aus Stadt und Landkreis Kassel nach politischen und weltanschaulichen Gruppen und Geschlecht[1]

Verfolgtengruppe	Stadt Kassel			Landkreis Kassel		
	Verfolgte	M	W	Verfolgte	M	W
KPD und Umfeldorganisationen	422	382	40	105	104	1
SPD und Umfeldorganisationen Freie Gewerkschaften	320[2]	315	5	43	42	1
Arbeiterbewegung – Org.-zugehörigkeit unbekannt	76	72	4	18	17	1
kleine Linksgruppen (FAUD-AS, ISK)	18	15	3	–	–	–
Alltagsopposition[3]	155	108	47	15	11	4
Bibelforscher	38	24	14	1	1	–
Soldaten/Wehrmachtsangehörige[4]	95	95	–	8	8	–
Konserv.-nationale Opposition	22	21	1	–	–	–
Kirchl. Opposition	9	9	–	–	–	–
NSDAP-Opposition[5]	15	13	2	–	–	–
Summe	1170	1054	116	190	183	7

[1] Ohne die aus rassistischen Gründen Verfolgten.
[2] In dieser Zahl ist die große Gruppe (223 Personen) derjenigen enthalten, die 1933 von Behörden und Betrieben „wegen staatsfeindlicher Gesinnung" entlassen wurden.
[3] Verfolgung wegen politischer Meinungsäußerungen ohne erkennbaren organisatorischen Hintergrund; Dunkelziffer angesichts der bruchstückhaften Überlieferung der Justizakten besonders hoch.
[4] Die aus politischen Gründen verhängten Strafen gegen Soldaten und Wehrmachtsangehörige, die wegen Widerstand und Verweigerung in der Wehrmacht belangt wurden, werden hier gesondert ausgewiesen.
[5] Zu dieser Gruppe zählen einige frühere SPD- oder KPD-Mitglieder, die zeitweilig Mitglieder von NS-Organisationen waren.

(Quellen zur Statistik: siehe Anm. 15)

Tabelle 2: Gerichtliche Verurteilungen (1933–1945) von NS-Verfolgten aus Kassel (Stadt) nach politischen/weltanschaulichen Gruppen und politischen Straftatbeständen[1]

polit. Delikte Verfolgtengruppe	Insgesamt	Zahl der Verurteilten	Zahl der Verurteilungen	VzH[1]	Heimtücke	RuV[2]	ZdW[3]	Verbotener Umgang[4]	Fahnenflucht, unerl. Entf.	sonstige pol. Militärdelikte	Zugehörigkeit zur IBV[5]
KPD u. Umfeldorgan.	422	345	370	334	24	6	5	1	–	–	–
SPD u. Umfeldorgan., Freie Gewerksch.	320	70	74	40	26	4	4	–	–	–	–
Arbeiterbewegung-Org.zugehör. unbekannt	76	7	8	8	–	–	–	–	–	–	–
kleine Linksgruppen (ISK; FAUD-AS)	18	13	14	13	1	–	–	–	–	–	–
Alltagsopposition	155	119	119	3	86	5	11	14	–	–	–
Bibelforscher	38	29	30	–	2	1	–	–	–	–	27
Soldaten, Wehrmachtsangehör.	95	89	107	–	5	–	33	2	50	17	–
Konserv.-nationale Opposition	22	18	18	15	1	–	2	–	–	–	–
Kirchl. Opposition	9	3	4	1	2	–	1	–	–	–	–
NSDAP-Opposition	15	1	1	–	1	–	–	–	–	–	–
Summe	1170	694	745	414	148	16	56	17	50	17	27

Quellen: siehe Anm. 15

[1] „Vorbereitung zum Hochverrat", [2] „Rundfunkverbrechen", [3] „Zersetzung der Wehrkraft", [4] „Verbotener Umgang mit Kriegsgefangenen", Zwangsarbeitern, [5] „Internationale Bibelforscher-Vereinigung".

Tabelle 3: Gerichtliche Verurteilungen (1933–1945) von NS-Verfolgten aus dem Landkreis Kassel nach politischen/weltanschaulichen Gruppen und politischen Straftatbeständen[1]

polit. Delikte / Verfolgtengruppe	Verfolgte insgesamt	Zahl der Verurteilten	Zahl der Verurteilungen	VzH	Heimtücke	RuV	ZdW	Verbotener Umgang	Fahnenflucht, unerl. Ent.	sonstige pol. Militär-Delikte	Zugehörigkeit zur IBV
KPD u. Umfeldorgan.	105	81	86	81	4	–	1	–	–	–	–
SPD u. Umfeldorgan., Freie Gewerksch.	43	19	19	16	2	–	1	–	–	–	–
Arbeiterbewegung-Org.zugehör. unbekannt	18	1	1	1	–	–	–	–	–	–	–
Alltagsopposition	15	15	15	–	11	–	3	1	–	–	–
Bibelforscher	1	–	–	–	–	–	–	–	–	–	–
Soldaten, Wehrmachtsangehör.	8	8	11	–	–	–	3	–	7	1	–
Summe	190	124	132	98	17	–	8	1	7	1	–

Quellen: siehe Anm. 15
[1] Zur Aufschlüsselung der Deliktgruppen siehe Erläuterungen zu Tabelle 2

Tabelle 4: NS-Verfolgte aus Kassel (Stadt) nach politischen/weltanschaulichen Gruppen, Haftdauer 1933–1945 (in Jahren) u. Haftart

Haftdauer in Jahren	Polzei-, Gestapohaft, U-Haft, Gefgs., Zuchth.			AEL[1]/KZ			Strafeinheit			Haftdauer insgesamt 1933–1945		
Verfolgtengruppe	Zahl der inhaft. Personen	Kumul. Haftzeit	Haftzeit pro Person	Zahl der inhaft. Personen	Kumul. Haftzeit	Haftzeit pro Person	Zahl der inhaft. Personen	Kumul. Haftzeit	Haftzeit pro Person	Zahl der inhaft. Personen	Kumul. Haftzeit	Haftzeit pro Person
KPD u. Umfeldorg.	416	796,60	1,92	194	433,34	2,20	47	82,08	1,75	416	1312,02	3,15
SPD u. Umfeldorg., Freie Gewerksch.	155	101,16	0,65	53	51,18	0,97	3	7,50	2,50	155	159,84	1,03
Arbeiterbewegung-Org.zugehör. unbek.	60	29,16	0,49	47	31,64	0,67	–	–	–	60	60,80	1,01
kleine Linksgruppen (ISK; FAUD)	18	32,38	1,80	10	18,78	1,88	2	3,33	1,67	18	54,49	3,03
Alltagsopposition	137	132,79	0,97	17	25,51	1,50	2	2,83	1,42	137	161,13	1,18
Bibelforscher	35	59,51	1,70	7	22,61	3,23	1	0,01	0,01	35	82,13	2,35
Soldaten, Wehrmachtsangehör.	95	68,53	0,72	21	22,38	1,07	12	12,25	1,02	95	103,16	1,09
Konserv.-nation. Opposition	19	4,39	0,23	–	–	–	–	–	–	19	4,39	0,23
Kirchliche Opposition	4	3,21	0,80	–	–	–	–	–	–	4	3,21	0,80
NSDAP-Opposition	4	1,18	0,30	2	0,28	0,14	–	–	–	4	1,46	0,37
Summe	943	1228,91	1,30	351	605,72	1,73	67	108,00	1,61	943	1942,63	2,07

Quellen: siehe Anm. 15
[1] „Arbeitserziehungslager"

Tabelle 5: NS-Verfolgte aus dem Landkreis Kassel nach politischen/weltanschaul. Gruppen, Haftdauer 1933–1945 (in Jahren) u. Haftart

Haftdauer in Jahren / Verfolgtengruppe	Polizei-, Gestapohaft, U-Haft, Gefängnis, Zuchthaus			AEL¹/KZ			Strafeinheit			Haftdauer insgesamt 1933–1945		
	Zahl der inhaft. Personen	Kumul. Haftzeit	Haftzeit pro Person	Zahl der inhaft. Personen	Kumul. Haftzeit	Haftzeit pro Person	Zahl der inhaft. Personen	Kumul. Haftzeit	Haftzeit pro Person	Zahl der inhaft. Personen	Kumul. Haftzeit	Haftzeit pro Person
KPD u. Umfeldorg.,	103	153,47	1,49	32	137,23	4,29	11	19,51	1,77	103	310,21	3,01
SPD u. Umfeldorg., Freie Gewerksch.	28	61,67	2,20	10	6,25	0,63	4	8,75	2,19	28	76,67	2,74
Arbeiterbewegung-Org.zugehör. unbek.	15	2,25	0,15	12	1,58	0,13	–	–	–	15	3,83	0,26
Alltagsopposition	15	12,25	0,82	1	0,33	0,33	1	0,11	0,11	15	12,69	0,85
Bibelforscher	–	–	–	–	–	–	–	–	–	–	–	–
Soldaten, Wehrmachtsangehör.	8	16,84	2,11	2	4,33	2,17	1	0,67	0,67	8	21,84	2,73
Summe	169	246,48	1,46	57	149,72	2,63	17	29,04	1,71	169	425,24	2,52

Quellen: siehe Anm. 15

¹ „Arbeitserziehungslager"

Versucht man, Organisation, Praxis und Ausstrahlung des organisierten kommunistischen Widerstandes in der Region grob zu kennzeichnen, gelangt man zu folgenden Ergebnissen:

1) Es gelang dem Verfolgungsapparat sehr schnell, die illegale Reorganisation der Partei schon im Ansatz zu stören und zu verhindern, die in den Jahren bis 1936 neu entstehenden Gruppen vor allem durch eingeschleuste Spitzel unter Kontrolle zu halten und schließlich durch groß angelegte Verhaftungsaktionen entscheidend zu treffen.[17]
2) Trotz außerordentlicher Anstrengungen blieb die illegale Organisation auf einen – wenn auch beachtlichen – Teil der früheren Mitglieder beschränkt. Anhänger und Sympathisanten konnten ebenso wie frühere Sozialdemokraten nur in sehr geringem Umfang für die illegale Arbeit und ihre Unterstützung gewonnen werden.
3) Eine Verbindung und Austauschbeziehung zwischen illegaler Organisation und dem Umfeld von Dissens, Kritik und Protest in den Betrieben und in der Arbeiterschaft insgesamt kam so gut wie gar nicht zustande. Aus den größeren Betrieben, besonders aus den großen Kasseler Rüstungsbetrieben, blieben die Kommunisten bis etwa 1937 so gut wie ausgeschlossen. Einen gewissen Einfluß besaßen sie in diesen Jahren lediglich unter den zwangsverpflichteten Fürsorgearbeitern auf den Autobahnbaustellen und den übrigen Bauprojekten, die der Schaffung einer militärischen Infrastruktur in der Region dienten. Hier sammelten sich nicht zuletzt aus der Haft entlassene Kommunisten und Sozialisten. Die Kasseler Gestapo nahm diese Entwicklung nicht nur in Kauf, sondern betrieb geradezu eine Politik der Konzentration des Unzufriedenen-Potentials, eine Situation, die sich erst im Zuge der Hochrüstungskonjunktur nach 1936 veränderte.
4) Die Gegenöffentlichkeit, die der KPD-Widerstand mit der illegalen Presse zu schaffen suchte, war unter dem Druck der harten Verfolgungsmaßnahmen schon bald auf den engeren Kreis der regelmäßig oder gelegentlich aktivierten Kommunisten und Sympathisanten eingeschränkt. Selbst viele der nach kürzerer Haft entlassenen Kommunisten wurden nicht mehr erreicht und sahen sich von jeder Verbindung zum organisierten Widerstand abgeschnitten.
5) Nach 1936 bestimmten Vereinzelung und sehr vorsichtige Formen des Zusammenhalts die Situation der noch in Freiheit befindlichen Kommunisten. In den Betrieben unterlagen sie besonders scharfer Überwachung. Fortbestehende Kontakte bezogen sich auf jene Formen der Solidargemeinschaft, wie sie für den in Distanz zum Regime verharrenden Teil des sozialdemokratischen Lagers seit 1933 charakteristisch waren.

Organisierten Widerstand aus den Reihen des in Nordhessen dominierenden sozialdemokratisch-freigewerkschaftlichen Lagers hat es nur in Ansätzen gegeben. In beschränktem Umfang gelangten illegale Schriften der Emigrationsorganisation nach Kassel. Das einzige Beispiel für die illegale Weiterarbeit einer geschlossenen Gruppe von Sozialdemokraten bezieht sich auf eine Nachbarschaftsgruppe in einer Kasseler Arbeitersiedlung, die völlig eigenständig und ohne Kontakt zu anderen illegalen Organisationen sporadisch Flugblätter herstellte und verteilte. Verbindungen zu überregionalen sozialistischen Widerstandsorganisationen lassen sich besonders für eine Gruppe militanter Reichsbanner-Angehöriger nachweisen, die festere Kontakte zum „Roten Stoßtrupp" in Berlin unterhielt. Lediglich periphere Beziehungen einiger weniger Kasseler Vertrauensleute bestanden zur „Sozialistischen Front" in Hannover und zur gewerkschaftlichen Widerstandsorganisation um Hans Jahn.

Die maßgebliche Form, in der sich Gegnerschaft und Distanz gegenüber dem Regime unter den nordhessischen Sozialdemokraten äußerten, bildete jedoch die Bewahrung des Zusammenhalts in kleinen Gemeinschaften von zuverlässigen Gleichgesinnten.[18] Man traf sich in den von früheren SPD- und Gewerkschaftsfunktionären betriebenen Ladengeschäften, zu Stammtischen und Spielrunden in Gaststätten und Wohnungen, zum gemeinsamen Abhören ausländischer Sender oder zu sonntäglichen Wanderungen. Diese informellen sozialdemokratischen Solidargemeinschaften dienten dem Austausch politischer Informationen, der Organisation wechselseitiger Unterstützung und der Bewahrung der politischen Identität. In erste Linie Schutzraum und Überlebenshilfe, waren diese Zirkel, die nur einen kleinen Teil der früheren Mitgliedschaft erfaßten, zwar nicht dem aktiven Widerstand zuzurechnen, sie ermöglichten es jedoch, eine Haltung grundsätzlicher Distanz und latenter Opposition zu bewahren. Diese Form des Rückzugs auf die durch enge Vertrautheit und gemeinsame Gesinnung geschützte informelle Gruppe verband nach der Zerschlagung des kommunistischen und linkssozialistischen Widerstandes alle NS-Gegner aus der früheren Arbeiterbewegung.

*4. Arbeiterschaft zwischen Verweigerung und Integration –
zur Praxis und Relevanz von Arbeiteropposition*

Die Feststellung, daß der organisierte Arbeiterwiderstand die Sache einer kleinen, zunehmend isolierten Minderheit war und seit Beginn der Aufrüstungshochkonjunktur auch in den Augen des Verfolgungsapparates keine Rolle mehr spielte, wirft die Frage nach der Relevanz des oppositionellen Potentials in der Arbeiterschaft insgesamt auf. Die Untersuchung der „kleineren" Formen und Vorstufen des Widerstandes – der Anzeichen für Unzufriedenheit, Kritik, Verweigerung, Protest und punktuelle Gegenwehr – hat in den letzten zehn Jahren die Widerstandsforschung in der Bundesrepublik in wachsendem Maße beschäftigt. Die Versuche, gerade im Rahmen von Lokal- und Regionalstudien zu einer differenzierten Sozialgeschichte des Widerstandes und seines Umfeldes zu gelangen, waren und sind verbunden mit einer lebhaften Debatte um einen angemessenen Widerstandsbegriff. Kernpunkt der Diskussion ist dabei die Forderung nach einem gleichsam mehrdimensionalen Widerstandsbegriff, der neben den „klassischen" Formen grundsätzlicher, aktiver und organisierter Gegnerschaft auch die genannten Dissensformen geringerer Reichweite umschließt.[19] In dieser Perspektive wurden typologische Modelle entworfen, die von Formen begrenzter Nonkonformität bis zum konspirativen, auf den Sturz des Regimes gerichteten Widerstand reichen.[20]

Diese Öffnung der Forschungsperspektive hat sich als außerordentlich nützlich und fruchtbar erwiesen, hat aber auch die Notwendigkeit grundlegender begrifflicher und konzeptioneller Klärungen deutlich gemacht. *Erstens* gilt es dem Mißverständnis vorzubeugen, daß eine solche typologische Reihung eine innere Dynamik des Aufsteigens von den „kleinen" zu den „großen" Formen des Widerstandes kennzeichne, so als treibe eine begrenzte nonkonforme Handlung mit einer gewissen Zwangsläufigkeit zu stärker politischen Formen der Gegenwehr.[21] *Zweitens* ist nicht nur für den organisierten Widerstand, sondern mit gleicher Schärfe auch für die „kleinen" Formen der Resistenz danach zu fragen, wie weit sie überhaupt den Bestand der Diktatur gefährdeten. *Drittens* muß vermieden werden, daß der Widerstandsbegriff so überdehnt wird, „daß er fast jedes Verhalten außer ausgesprochener Begeisterung für das Regime mit einschließt".[22] Der Kernbereich des Widerstandes – die grundsätzliche, aktive Gegnerschaft – muß deutlich abgegrenzt werden. Bei der Untersuchung des breiten Vorfeldes der Resistenz darf andererseits die vielfältige Mischung von Kritik und Konsens im Verhältnis zum Regime nicht übersehen werden.

Der Blick in die regionalen Quellen zeigt, wie notwendig, aber auch wie schwierig es ist, die angedeuteten Unterscheidungen in der Analyse zu realisieren. In den Akten der politischen Strafjustiz, vor allem aber in den politischen Stimmungs- und Lageberichten der Gestapo finden sich erstaunlich zahlreiche Hinweise auf Unzufriedenheit, Kritik und gelegentliches Aufbegehren, die dem NS-Propaganda-Bild von der geschlossenen „Volksgemeinschaft" klar widersprechen und eher die Annahme zu stützen scheinen, daß das Regime kaum über eine sichere Basis in der Bevölkerung verfügt habe. Zu erklären wäre dann allerdings, warum der Widerstand so isoliert blieb und warum selbst in der aussichtslosen Situation der letzten Kriegsjahre nicht nur keinerlei Anzeichen einer Massenbewegung gegen die Diktatur zu beobachten waren, sondern die übergroße Mehrheit der Bevölkerung dem Regime bis zu seiner endgültigen Niederlage gehorsam folgte.

Die Aufgabe der Lageberichterstattung und der in ihr betriebenen politischen Stimmungserforschung war es, die Machthaber über regimegefährdende Potentiale in der Einstellung der Bevölkerung zu informieren und damit die Defizite einer propagandistisch gelenkten und terroristisch abgeschotteten Scheinöffentlichkeit nach Möglichkeit auszugleichen. Die besondere Aufmerksamkeit des Herrschaftsapparates galt von Anfang an und für die gesamte Dauer der Diktatur der Haltung der Arbeiterschaft. Die entscheidende Frage war, wie sie auf die Zerschlagung ihrer Organisationen, auf den massiven Terror des Jahres 1933 und auf ihre 1934 besiegelte Entrechtung in den Betrieben reagieren würde und ob sie lediglich durch Repression „befriedet" oder positiv in das NS-System integriert werden könnte.

Daß von einer schnellen Integration nicht die Rede sein konnte, zeigen die Quellen zur Haltung der nordhessischen Arbeiter in den ersten Jahren der Diktatur überdeutlich. Sie verweisen darauf, wie wesentlich permanente Verfolgungsdrohung und selektiver Terror für das Niederhalten oppositioneller Stimmungen und Aktivitäten blieben und daß vor allem die über Jahre hinweg unverändert schlechte materielle Lage der Arbeiterschaft Ausgangspunkt vielfältiger Spannungen blieb und die Vertrauenswerbung des Regimes weitgehend ins Leere laufen ließ.

Unzufriedenheit, die sich immer wieder in scharfer Kritik an den Maßnahmen der Machthaber Luft machte und die sich gelegentlich in öffentlichem Protest von einzelnen und in kollektiven Akten der Verweigerung verdichtete, herrschte besonders bei den zunächst noch zahlreichen Arbeitslosen, den zwangsvermittelten Wohlfahrtsunterstützungsempfängern und öffentlichen Notstandsarbeitern. Ihre Stimmung wird bis ins Jahr 1936 immer wieder als oppositionell und rebellisch geschildert. In einigen Fällen kam es zur offenen Arbeitsniederlegung einer größeren Zahl von Fürsorgearbeitern.[23] Die nur langsam zurückgehende Arbeitslosigkeit, die außerordentlich niedrigen Löhne, die gleichzeitig stark ansteigenden Lebenshaltungskosten und die Versorgungsmängel bei Grundnahrungsmitteln ließen zusammen mit dem Fehlen jeder öffentlichen Möglichkeit der Interessenartikulation aber auch in weiten Teilen der Arbeiterschaft insgesamt in den Jahren 1935/36 eine für das Regime höchst brisante Stimmung entstehen. So jedenfalls kennzeichnete die Kasseler Gestapo wiederholt die Lage. Sie plädierte im übrigen keineswegs lediglich für Repression, sondern beschwor gelegentlich geradezu die Notwendigkeit, durch geeignete politische Maßnahmen die Ursachen der Mißstimmung unter den Arbeitern zu beseitigen. Besonders irritierend für die NS-Instanzen war es in dieser Phase, daß die Kritik der Arbeiter an der Wirtschaftspolitik und an anderen politischen Maßnahmen und Erscheinungsformen der Diktatur wieder aggressiver und selbstbewußter wurde und sich zum Teil offen in die Tradition der unterdrückten Arbeiterbewegung stellte.[24] Neben den zahlreichen Beispielen öffentlich geäußerter Kritik lassen sich weitere Indizien für die weite Verbreitung einer kritisch-distanzierten bis gelegentlich aggressiven Abwehrhaltung in der Arbeiterschaft für die Jahre bis 1936 benennen: Die Bildung von politischen Diskussionsrunden (die Gestapo sprach von „Debattierklubs") auf den Straßen und Plätzen der Arbeiterviertel; gelegentliche demonstrative Zeichen der Verbundenheit mit der unterdrückten Arbeiterbewegung; Tumulte auf den Kasseler Wochenmärkten; vereinzelte Arbeitsniederlegungen; das verstärkte Auftauchen regimekritischer Parolen in den Betrieben und die weitgehende Blockierung der Nachforschung der Unternehmer, weil sich – wie die DAF feststellte – niemand meldete, „um nicht als ‚unkameradschaftlich' oder ‚Arbeiterverräter' zu gelten"[25]; schließlich und nicht zuletzt die Ergebnisse der Vertrauensrätewahlen 1934 und 1935. Diese besonders belegten das Scheitern der Integrationspolitik des Regimes. Die Tatsache, daß 1934 nicht einmal gefälschte Ergebnisse, sondern schlichtweg gar keine veröffentlicht wurden – das einzige Beispiel dieser Art im „Dritten Reich" – und daß die hohen Zustimmungsraten der Wahlen von 1935 für jeden offenkundig manipuliert waren, wirkte geradezu kontraproduktiv und bewog das Regime, diesen Loyalitätstest auf Dauer abzusetzen.[26]

Die hier angedeutete Grundströmung von Kritik, Verweigerung und Protest ist in ihrer Reichweite nur schwer zu bestimmen. Falsch wäre es jedenfalls, von einer geschlossenen Oppositionshaltung der Arbeiterschaft zu sprechen. Positiv für das Regime schlug zu Buche, daß schon bis 1934 eine größere Zahl qualifizierter Facharbeiter in den großen Kasseler metallverarbeitenden Betrieben wieder Arbeit fand, begannen doch einzelne Unternehmen im Zuge der angelaufenen Aufrüstung schon sehr früh, Rüstungskapazitäten aufzubauen.[27] Aus

Zeitzeugenberichten ist zu entnehmen, daß die Forcierung der Rüstungsproduktion unter den Arbeitern kaum Kritik auslöste und die diesbezüglichen Warnungen des organisierten Widerstandes keine Resonanz fanden. Zu berücksichtigen ist auch, daß die NSDAP und ihre Formationen nach 1933 ohne Zweifel ihren Anhang in den Betrieben erheblich ausweiteten. Die neue politische Struktur der Belegschaften zeigte sich zum Beispiel ganz augenfällig darin, daß nicht wenige Arbeiter in NS-Uniformen am Arbeitsplatz erschienen. Partei- und SA-Mitglieder schufen zusammen mit den Funktionären der DAF vor allem in den großen Betrieben ein Klima permanenter Überwachung, das die oppositionellen Arbeiter zu äußerster Vorsicht nötigte.

Viele Indizien verweisen darauf, daß neben dem Anwachsen der Nazi-Anhängerschaft in den Betrieben vor allem die ökonomische Aufspaltung der Arbeiterschaft von den besser bezahlten Facharbeitern der rüstungsnahen Branchen bis zu den mit Niedrigstlöhnen abgespeisten ungelernten Pflichtarbeitern von Bedeutung war. In der Kernschicht der industriellen Facharbeiter der Großbetriebe wuchs die Gruppe derjenigen, die sich auf gute fachmännische Arbeit konzentrierten und sich im übrigen in den privaten Bereich zurückzogen. In dieser Perspektive gab es schon in den ersten Jahren der Diktatur deutliche Anzeichen dafür, daß die Reaktion der Arbeiterschaft auf das Regime in sich uneinheitlich und zersplittert war.[28] Auch von den in Distanz verharrenden Arbeitern wurde das NS-Herrschaftssystem keineswegs als Einheit wahrgenommen und politisch beurteilt. Während sich Kritik und offene Verachtung vor allem gegen die unteren und mittleren Chargen der Diktatur und bestimmte Sektoren der Politik richteten, wurde die Person Hitlers ebenso weitgehend davon ausgenommen, wie zum Beispiel zunächst der Bereich der Außenpolitik. Die Wirkung des „Führermythos" auch in großen Teilen der Arbeiterschaft verweist darauf, daß selbst viele frühere Anhänger der verbotenen Arbeiterbewegung eine geschlossene Ablehnung des Regimes nicht durchzuhalten vermochten. Gewichtiger als die durchaus vorhandenen Tendenzen des Überwechselns ins andere Lager dürfte das Bedürfnis gewesen sein, einen Ausgleich für die Erfahrung von Feindseligkeit, Ohnmacht und Isolation zu finden.

Zu einer Aufspaltung des politischen Bewußtseins vieler Arbeiter trugen sicherlich auch die scheinegalitäre Propaganda, einzelne sie begleitende Maßnahmen und sozialpolitische Bemühungen des Regimes bei. Die Parolen der NS-Organisationen in den Mobilisierungskampagnen zu den Aktionstagen und Volksabstimmungen setzten diese Strategie in populistische und pseudosozialistische Appelle um. Wenn auch angesichts von materieller Misere, Unterdrückung und verschärfter Ausbeutung die substanzielle Verlogenheit dieser Propaganda für viele Arbeiter offenkundig war, so ist doch anzunehmen, daß sie ihre Wirkung auf die Dauer nicht ganz verfehlte und die Wahrnehmung der NS-Herrschaft beeinflußte. Dadurch, daß vieles kritisiert, manches aber akzeptiert oder begrüßt wurde, war ein für den Bestand der Diktatur wichtiger Neutralisierungseffekt erreicht. Es konnte so verhindert werden, daß sich oppositionelle Stimmungen zu bedingungsloser Gegnerschaft verdichteten und möglicherweise in kollektiven Aktionen sich entluden.

Dieses Nebeneinander sehr unterschiedlicher Reaktionsweisen, die die zwischen Repression und Integrationsbemühung sich bewegende Arbeiterpolitik der Diktatur widerspiegelten, kann auch für die Jahre nach 1936 als charakteristisch für die Einstellung der Arbeiter zum Regime angenommen werden, obwohl die Basis für eine Beurteilung der Entwicklung in den folgenden Jahren sehr viel schmaler ist. Einige Aspekte dieser Entwicklung sollen kurz skizziert werden. Von Bedeutung war zum Beispiel die Rückkehr vieler früherer Gewerkschaftsfunktionäre, Betriebsräte und Vertrauensleute in die großen Kasseler Rüstungsbetriebe. Nach dem Urteil der Gestapo fungierten sie nicht selten als die heimlichen Vertrauensräte der Arbeiter. Das gestärkte Selbstbewußtsein der Arbeiter schlug sich allerdings vorwiegend im individuellen Aushandeln höherer Löhne und im schnellen Wechsel zu besser bezahlten Arbeitsplätzen nieder.

Vor diesem Hintergrund sind auch die erheblichen materiellen Konzessionen an die Arbeiterschaft in der ersten Kriegsphase zu interpretieren, zu denen sich das Regime im Gegensatz zu seinen Planungen aufgrund der Unruhe in den Betrieben genötigt sah. Die Kasseler Rüstungsinspektion mußte schon im Frühjahr 1940 feststellen, daß der Versuch, niedrige Kriegslöhne und den Fortfall von Zuschlägen aller Art durchzusetzen, „in sich zusammengefallen" sei.[29] Das hier sichtbar werdende ökonomische Interessenbewußtsein war jedoch in keiner Weise mit einem umfassenden regimekritischen Bewußtsein verbunden. Wie sowohl die Akten der Verfolgungsbehörden als auch der Tenor der Zeitzeugenberichte zeigen, kann von einer wachsenden, für das Regime bedrohlichen Oppositions- oder Verweigerungshaltung der Arbeiter in den Kriegsjahren keine Rede sein. Übereinstimmend wurde in Interviews darauf hingewiesen, daß man sich nur mit sehr wenigen Kollegen politisch habe austauschen können und daß die übergroße Mehrheit der Arbeiter bereitwillig den Anforderungen des Regimes nachgekommen sei und sich mit seinem Schicksal identifiziert habe. So sei zum Beispiel die Zahl der Denunziationen in der Schlußphase des Krieges erheblich angestiegen.

Die während des Krieges insgesamt hochschnellende Zahl der Anzeigen und Verurteilungen wegen „Heimtücke", „Wehrkraftzersetzung", „Rundfunkverbrechen" etc. spricht denn auch eher für eine drastische Verschärfung der Überwachung und Repression, als für ein regimegefährdendes Anwachsen von Verweigerung und Gegenwehr. Planmäßige Sabotage kam unter den einheimischen Stammarbeitern der Rüstungsbetriebe ebenso selten vor, wie direkte Arbeitsniederlegung oder -verweigerung.[29]

Die Gründe für das weitgehend regimekonforme Verhalten der Arbeiter in den Kriegsjahren und das Fehlen einer breiteren Widerstands- und Verweigerungsströmung sind schwer abzuschätzen. Relevant in diesem Zusammenhang war eine Reihe von Bedingungen:

— Eine erhebliche Ausweitung des Anteils der aktiven Anhänger des Regimes in den Belegschaften. Partei-, SA-, SS-Uniformen prägten häufig deren Erscheinungsbild.
— Eine grundlegende Veränderung der Struktur der Belegschaften. Neben Jugendlichen und Frauen waren die Heerscharen ausländischer Zwangsarbeiter und Kriegsgefangener in die Rüstungsbetriebe eingezogen. Gewachsene Beziehungen unter den einheimischen Arbeitern wurden zudem durch Einberufungen und die reichsweite Anwerbung von Arbeitern für den großen

und wachsenden Komplex der Kasseler Rüstungswirtschaft auseinandergerissen.
- Die Privilegierung der deutschen Stammarbeiter in der Betriebshierarchie und ihre Einbindung in die Herrschaftspraxis des Regimes. Viele deutsche Facharbeiter übernahmen Leitungspositionen auf der unteren und mittleren Ebene der Betriebshierarchie und erhielten sehr weitgehende Verfügungsrechte über die ihnen unterstellten ausländischen Arbeiter. Diese Herrschaftspartizipation dürfte nicht wenige korrumpiert und enger an das Regime gebunden haben. Solidarisch-kollegiales Verhalten gegenüber den ausländischen Parias wurde in der Regel denunziert und erfolgreich unterbunden.
- Schließlich: die Verschärfung von Überwachung und Repression. Sie betraf – abgesehen von der allgemeinen Verschärfung der Verfolgungspraxis des Regimes – vor allem den systematischen Ausbau des Werkschutzes, der 1943 direkt der Gestapo unterstellt wurde, die Ausweitung des Systems innerbetrieblicher Disziplinierungs- und Strafmaßnahmen sowie die Einrichtung sogenannter Arbeitserziehungslager, die als Vorstufen des KZ-Systems fungierten.[31]

Vergegenwärtigt man sich diese Bedingungen, dann erscheint das Ausbleiben weiterer kollektiver Gegenwehr aus der Arbeiterschaft selbst in der Phase der absehbaren Niederlage der Diktatur zumindest plausibler. Eine analytisch befriedigende Bestimmung der Gründe, die das Scheitern des organisierten Arbeiterwiderstandes, die ohnmächtige Heterogenität oppositioneller Stimmungen in der Arbeiterschaft und ihre Durchmischung mit Elementen des Arrangements und des Konsenses bedingten, enthalten sie nicht. Die erfolgreiche „Bändigung" der Arbeiterklasse durch das Naziregime und die Tatsache, daß Widerstand, Verweigerung und Protest aus den Reihen der Arbeiterschaft in keiner Phase den Bestand der Diktatur zu gefährden vermochten, sind durch den Verweis auf das Zusammenspiel repressiver und integrativer Strategien in der NS-Arbeiterpolitik erst unzulänglich erklärt. Es erscheint daher vor allem notwendig, Struktur und Funktion der Repression genauer zu betrachten, um den angedeuteten Wirkungszusammenhang und sein Ergebnis zu verstehen.

Die Analyse der Verfolgungsmaßnahmen, des Verfolgungsapparates und seines Instrumentariums im regionalen Maßstab verdeutlicht die außerordentliche Effizienz der zunächst schockartig-umfassenden, später selektiv gezielten Repression. Von entscheidender Bedeutung war zunächst der massive und koordinierte Terror von SA, SS, Polizei und Justiz gegen Angehörige der Arbeiterbewegung im ersten Jahr der Diktatur, der die rasche Zerschlagung der Arbeiterorganisationen begleitete. Standen bis in den Frühsommer 1983 die Übergriffe und „wilden" Terroraktionen von SA und SS im Vordergrund, so überwog von diesem Zeitpunkt an die systematisch gelenkte Verfolgung durch die staatlichen Instanzen, deren Druck und Unkalkulierbarkeit aber nicht zuletzt aus dem Zusammenwirken mit den militanten Schocktruppen der NS-Bewegung resultierten, die zum Teil in den staatlichen Verfolgungsapparat integriert wurden, ihn personell zu durchsetzen begannen und im übrigen als Verfolgungsinstanzen eigener Machtvollkommenheit staatlicherseits geduldet und genutzt wurden. Der Terror der Anfangsphase der Diktatur traf allein in der Stadt Kassel mehrere hundert Aktivisten und Funktionäre der Arbeiterparteien und der Gewerkschaften, politische Mandatsträger (besonders Bürgermeister, Stadtverordnete, Gemeindevertreter), Behördenangestellte und Angestellte der Genossenschaftseinrichtungen der Arbeiterbewegung.[32] Das große Ausmaß, die außerordentliche Brutalität und die demonstrative Öffentlichkeit des Terrors verbreiteten im gesamten Umfeld der Arbeiterbewegung lähmenden Schrecken. Die Erfahrung von Ohnmacht und Wehrlosigkeit gegenüber terroristischem Zugriff, systematischer Verfolgung und öffentlicher Demütigung löste in der Arbeiterschaft einen Schock aus, dessen Langzeitwirkung nicht unterschätzt werden darf. Die zahlreichen Verhaftungen und schweren Mißhandlungen, das demütigende öffentliche Herumführen Verhafteter, überraschende Großrazzien in den Arbeitervierteln und -dörfern, permanente Hausdurchsuchungen, massenhafte fristlose Entlassungen aus Behörden und Betrieben, die Blockierung bei der Arbeitsplatzsuche, die Verfügung schikanöser Polizeiaufsicht und die ständige Wiedervorladung von Betroffenen, ihren Angehörigen, Bekannten oder Kollegen durch Polizei und Gestapo, die Einleitung von Justizverfahren und zahlreiche, vor allem die Familien von Verhafteten treffende Schikanen von Behörden und fanatisierten „Volksgenossen" trafen nicht nur zahllose Angehörige der Arbeiterbewegung direkt, sondern versetzten nahezu jede Familie der organisierten Arbeiterschaft in Angst und Schrecken. Der Nazi-Terror zerschlug binnen kurzer Zeit mehr als nur die Organisationen der Arbeiterbewegung; er betraf auch den solidarischen Zusammenhalt in den Arbeitervierteln mit ihrem von der Arbeiterbewegung geprägten politisch-kulturellen „Milieu". Die wesentliche Wirkung des Verfolgungsschocks von 1933 war, daß sich im weiten Umfeld der Arbeiterbewegung bis in die Kreise der früheren Aktivisten hinein Isolation, Vereinzelung und Resignation breit machten.

Die von der regionalen Gestapo gelenkte Verfolgungspraxis der folgenden Jahre war durch zwei Strategien geprägt: die massive, aber selektive Verfolgung des militanten Kerns der Arbeiterbewegung, der realen und potentiellen Organisatoren des Widerstandes einerseits, die Demonstration der Allgegenwärtigkeit der Gestapo und ein ausgeklügeltes System der Verfolgungsandrohung andererseits. Die Analyse der Verfolgungsstatistik verdeutlicht die Massivität der Repression gegenüber dem radikalen Flügel der Arbeiterbewegung. Von den ca. 600 Kasseler Kommunisten des Jahres 1932 wurden mehr als 400 zumindest einmal, etwa 130 jedoch zwei- oder dreimal im Verlauf der Diktatur inhaftiert. Eine nicht unerhebliche Zahl der militanten Kommunisten und Sozialisten verschwand nahezu für die gesamte Dauer der Diktatur in den Zuchthäusern und Konzentrationslagern.[33] Aufgrund fehlender Darstellungen des regionalen Verfolgungsapparates bislang sehr viel weniger beachtet wurde die Bedeutung der zweiten Verfolgungsstrategie, die sich vor allem an der Routinepraxis der Gestapo und der von ihr ausgehenden alltäglichen Repression aufweisen läßt. Ihre Instrumente waren die Organisation eines engmaschigen Netzes der Polizeiaufsicht über die entlassenen politischen Häftlinge, die versuchte Anwerbung von Informanten aus diesem Kreis, gelegentliche Vorladungen und präventive Verwarnungen, Interventionen am Arbeitsplatz oder bei der Arbeitsplatzsuche, Einschüchterung von Familienangehörigen, Freunden etc., Beaufsichtigung der Mitarbeit in NS-Organisationen und vieles mehr. Die Wirkung dieses Systems der Überwachung, Kontrolle und abgestuften Verfolgungsandrohung muß –

dies legt die Analyse der nordhessischen Entwicklung nahe – angesichts der Realität des direkten Terrors sehr hoch veranschlagt werden; sie verstärkte sich mit der Dauer der Diktatur.

Stellt man diesen Wirkungszusammenhang der Repression in Rechnung, so spricht vieles dafür, daß die auf Integration und Einbindung der Arbeiterschaft zielenden Strategien des Regimes ihre Wirkung erst auf der Basis des aufrechterhaltenen Repressionsdrucks entfalten konnten. Auf die Tragfähigkeit eigenständiger Loyalität hat sich das Regime gegenüber der Arbeiterschaft niemals verlassen. Den Rahmen bestimmten Zwangsmaßnahmen, die Verbreitung von Angst und Ungewißheit. Erst vor diesem Hintergrund entfalteten partielle Konzessionen im ökonomischen Bereich, die propagandistische Überhöhung sozialpolitischer Maßnahmen oder die begrenzte Herrschaftspartizipation im Rahmen der Kriegswirtschaft ihre Wirkung. Die Auswirkungen auf das politische Bewußtsein und das gesellschaftliche Handeln der Arbeiterschaft waren dennoch fatal genug. Zerstört wurden nicht nur die Ansätze des organisierten Widerstandes, sondern schließlich vor allem die Strukturen zusammenhängender kritischer Wahrnehmung der Politik des Regimes und der kollektiven Verständigung darüber. Damit war es dem Regime gelungen, die Fähigkeit und Bereitschaft zur kollektiven Gegenwehr im Ansatz zu treffen und zu neutralisieren.

Die Folgen der Erfahrungen der NS-Herrschaft für das politisch-gesellschaftliche Bewußtsein der Arbeiterschaft in der Nachkriegszeit sind bislang für die hier im Mittelpunkt stehende Region nicht genauer untersucht.[34] Abschließend sollen daher nur einige mögliche Fragestellungen und Aspekte des Problems benannt werden. Ungeachtet der schnellen Reorganisation 1945 ist vor allem nach den Auswirkungen der grundlegenden Erschütterung des politisch-historischen Selbstbewußtseins der Arbeiterbewegung durch die katastrophale Niederlage und die folgende Unterdrückung zu fragen. Eine besonders schwerwiegende Folge war sicherlich die dauerhafte Zerstörung des breiten politisch-kulturellen Organisations- und Praxismilieus der Arbeiterbewegung. Viele Arbeitervereine wurden nicht mehr neu gegründet; es blieb häufig bei den von den Nazis zwangsvereinigten Vereinen – mit der weitreichenden Folge der Entpolitisierung des Freizeitbereichs. Ein anderes Problem für den Neuaufbau der Arbeiterbewegung lag im Fehlen einer ganzen Zwischengeneration. Die Kontinuität selbstverständlicher Organisationsbereitschaft war in vielen Arbeiterfamilien durch die NS-Herrschaft gebrochen worden. Von grundsätzlicher Bedeutung ist die Frage nach der Bearbeitung der Ursachen und vor allem der Folgen der Niederlage der Arbeiterbewegung in den 1945 neu entstehenden Organisationen. Die relativ glatten Formeln von SPD und KPD signalisierten auch im Lager der Arbeiterbewegung ein erhebliches Maß an Verdrängung, die sich nicht allein aus der drückenden Fülle der Tagesaufgaben oder den schon bald sich abzeichnenden Strukturen des kalten Krieges erklären läßt.

Das Wahlverhalten der Arbeiterschaft und die relativ große Organisationsbereitschaft entsprechend den alten politischen Loyalitäten stützen die These, daß es vor allem die Repression war, die das Handeln der Arbeiter in der NS-Zeit bestimmt hatte. Es bleibt jedoch die Frage nach den subtileren Spuren der NS-Herrschaft für politisches Bewußtsein und gesellschaftliches Handeln: zum Beispiel nach den Folgen des erfahrenen Zusammenbruchs solidarischer kollektiver Beziehungen, des privatistischen Rückzugs auf Familie und Freizeitbereich, der Zerstörung des Informations- und Bildungszusammenhangs der Arbeiterbewegung und den Auswirkungen suggestiver Desinformation.[35]

Anmerkungen

1 Unter den neueren Überblicksdarstellungen und Sammelbänden siehe besonders Klaus-Jürgen Müller (Hrsg.): Der deutsche Widerstand 1933–1945, Paderborn–München––Wien–Zürich 1986; Der Widerstand gegen den Nationalsozialismus. Die deutsche Gesellschaft und der Widerstand gegen Hitler. Hrsg. v. Jürgen Schmädeke und Peter Steinbach, München–Zürich 1985, dort vor allem die Beiträge von Klaus Tenfelde: Soziale Grundlagen von Resistenz und Widerstand (S. 799–812), Ian Kershaw: „Widerstand ohne Volk?" Dissens und Widerstand im Dritten Reich (S. 779–798). – Zu Struktur und Verankerung von Arbeiterwiderstand und -opposition siehe besonders Timothy W. Mason: Die Bändigung der Arbeiterklasse im nationalsozialistischen Deutschland, in: Carola Sachse / Tilla Siegel / Hasso Spode / Wolfgang Spohn: Angst, Belohnung, Zucht und Ordnung. Herrschaftsmechanismen im Nationalsozialismus, Opladen 1982, S. 11–53; Detlev J. K. Peukert: Der deutsche Arbeiterwiderstand 1933–1945, in: K.-J. Müller (Hrsg.): a.a. O., S. 157–181.
2 Vgl. zum folgenden ausführlicher Jörg Kammler: Widerstand und Verfolgung – Illegale Arbeiterbewegung, sozialistische Solidargemeinschaft und das Verhältnis der Arbeiterschaft zum NS-Regime, in: Wilhelm Frenz / Jörg Kammler / Dietfrid Krause-Vilmar (Hrsg): Volksgemeinschaft und Volksfeinde. Kassel 1933–1945, Bd. II: Studien, Fuldabrück 1987, S. 325–387; ders.: Zur historischen Ausgangslage des Arbeiterwiderstandes: Die Kasseler Arbeiterbewegung vor 1933, in: ebd., S. 291–324. Siehe weiter: den aus der Sicht des am Widerstand beteiligten Kommunisten verfaßten Bericht von Willi Belz: Die Standhaften. Über den Widerstand in Kassel und im Bezirk Hessen-Waldeck 1933–1945, 2. Aufl., Kassel 1978; die vor allem die Organisationsgeschichte der illegalen KPD betonende Darstellung von Christine Fischer-Defoy: Arbeiterwiderstand in der Provinz. Arbeiterbewegung und Faschismus in Kassel und Nordhessen 1933–1945. Eine Fallstudie, Berlin 1982; Die Zerschlagung der Freien Gewerkschaften in Kassel 1933. Bilder – Dokumente – Kommentare, hrsg. von der Forschungsstelle „Kassel in der Zeit des Nationalsozialismus", Gesamthochschule Kassel, Kassel 1983; Hessische Gewerkschafter im Widerstand 1933–1945. Hrsg. vom DGB-Bildungswerk Hessen und dem Studienkreis zur Erforschung und Vermittlung der Geschichte des deutschen Widerstandes 1933–1945, Gießen 1983; Gerhard Beier: Arbeiterbewegung in Hessen. Zur Geschichte der hessischen Arbeiterbewegung durch 150 Jahre (1834–1984), Frankfurt a.M. 1984.
3 Aus Justiz-, Staats- und privaten Archiven sowie aus den Akten der Wiedergutmachungsbehörden wurde eine Sammlung von mehreren hundert Urteilen und Anklageschriften des OLG Kassel und des Kasseler Sondergerichts zusammengetragen. Die wichtigsten Hochverratsverfahren gegen Angehörige des Widerstandes aus dem Raum Kassel sind aufgeführt bei J. Kammler: Widerstand und Verfolgung, a.a.O., S. 361.
4 Siehe besonders die politischen Lageberichte und Ereignismeldungen der Gestapostelle Kassel für die Jahre 1934 und 1935 (StA Marburg, 165/3949 und 3965), die Berichte des Kasseler Oberbürgermeisters für die Jahre 1934 bis 1936 (Stadtarchiv Kassel, A1.01.1), die Lageberichte des Kasseler Regierungspräsidenten 1934–1936 (StA Marburg, 165/3820, 3824, 3939) sowie für die Jahre 1940–1944 die Lageberichte des Präsidenten und des Generalstaatsanwalts des OLG Kassel (BA Koblenz, R 22/3371). Von der regionalen SD-Berichterstattung sind nur Splitter überliefert.

5 Zahlreiche Aktenvorgänge der Kasseler Gestapo befinden sich in den Beständen des ehemaligen Konzentrations- und Arbeitserziehungslagers Breitenau (Personalakten der Schutzhaftgefangenen. Archiv der Gedenkstätte Breitenau, Guxhagen/Krs. Melsungen), in den Akten des Kasseler Regierungspräsidenten und der nordhessischen Landratsämter (StA Marburg, Bestand 180) sowie in Justizakten.

6 Die Entschädigungsanträge der Betreuungsstelle Kassel (Stadtarchiv Kassel, A5.55, Nr. 67) und die Personalakten der zentralen hessischen Wiedergutmachungsbehörde beim RP Darmstadt wurden für den Kreis der Verfolgten aus Stadt und Landkreis Kassel vollständig ausgewertet.

7 Vgl. u.a. J. Kammler / D. Krause-Vilmar (Hrsg.): Volksgemeinschaft und Volksfeinde. Kassel 1933–1945. Eine Dokumentation, Fuldabrück 1984; D. Krause-Vilmar: Das Konzentrationslager Breitenau 1933/34, in: Eike Hennig (Hrsg.): Hessen unterm Hakenkreuz. Studien zur Durchsetzung der NSDAP in Hessen, Frankfurt a.M. 1983, S. 469–489; Hanne Wiltsch / D. Krause-Vilmar: Das Arbeitserziehungs- und Konzentrationssammellager Breitenau 1940–1945, in: Die Grünen in Hessen / Lothar Bembenek / Frank Schwalba-Hoth (Hrsg.): Hessen hinter Stacheldraht, Frankfurt a.M. 1984, S. 96–106; J. Kammler: Nationalsozialistische Machtergreifung und Gestapo – am Beispiel der Staatspolizeistelle für den Regierungsbezirk Kassel, in: E. Hennig (Hrsg.): Hessen unterm Hakenkreuz, a.a.O., S. 506–535; Michael Jäger: Gestapomord in Kassel-Wehlheiden – Karfreitag 1945. Erinnerung an ein vergessenes Verbrechen aus den letzten Tagen der NS-Herrschaft, Kassel 1987; Jürgen Relke: Justiz als politische Verfolgung. Rechtsprechung des Landgerichts und des Sondergerichts Kassel bei „Heimtücke"-Vergehen und in „Rassenschande"-Prozessen gegen Werner Holländer, unveröff. Staatsexamensarbeit, Gesamthochschule Kassel 1983.

8 Dieses Defizit kann zum Teil durch die vor allem in den Wiedergutmachungsakten enthaltenen Berichte und Dokumente zur Verfolgung ausgeglichen werden. Einen gewissen Einblick in die Routinepraxis der Gestapo vermittelt z.B. das Geschäftstagebuch des Landratsamts Hersfeld für Eingänge von der Gestapostelle Kassel für die Jahre 1937–1940 (StA Marburg, 180/9699).

9 Vor dem Kasseler Sondergericht wurden zwischen 1933 und 1944 ungefähr 4 000 Personen, unter ihnen etwa 1 300 aus Kassel, wegen „Heimtücke"-Vergehen angeklagt. Über den großen Umfang der Strafverfolgung wegen „Heimtücke", „Wehrkraftzersetzung", „Rundfunkverbrechen" etc. in den Kriegsjahren informieren z.B. die in den Lageberichten des OLG Kassel enthaltenen Quartalsstatistiken (BA Koblenz, R 223/3371).

10 Sie enthalten immerhin eine zusammenhängende Folge wenn auch zumeist nur punktueller Informationen über die Stimmung und die Lage der Arbeiter in den großen Rüstungsbetrieben Kassels und Nordhessens (Kriegstagebücher des Rüstungskommandos Kassel und der Rüstungsinspektion IX – BA-MA Freiburg, RW 20 und RW 21).

11 Vgl. Wilhelm Frenz: NS-Wirtschaftspolitik und die soziale Lage der arbeitenden Bevölkerung (1933–1939), in: W. Frenz / J. Kammler / D. Krause-Vilmar (Hrsg.): a.a.O., S. 255–288.

12 Dies wird z.B. in der gerichtlichen Stilisierung und Verzeichnung von Widerstandsaktivitäten ebenso deutlich, wie in den schwankenden und widersprüchlichen Globalurteilen der Gestapo über Umfang und Reichweite des organisierten Widerstandes oder der Unmutpotentiale in der Bevölkerung.

13 Vgl. auch Reinhard Mann: Was wissen wir vom Widerstand? Datenqualität, Dunkelfeld und Forschungsartefakte, in: Christoph Kleßmann / Falk Pingel (Hrsg.): Gegner des Nationalsozialismus. Wissenschaftler und Widerstandskämpfer auf der Suche nach historischer Wirklichkeit, Frankfurt/New York 1980, S. 35ff.

14 Vgl. I. Kershaw: a.a.O., S. 786ff.

15 Die Daten sind aus einer Verfolgten-Kartei für Stadt und Landkreis Kassel gewonnen, die zusammen mit Hannelore Kessler und Martina Scholle im Rahmen der Forschungsgruppe „Hessen in der Zeit des Nationalsozialismus" an der Gesamthochschule Kassel erstellt wurde. Hannelore Kessler übernahm die Auszählung und Zusammenstellung der Tabellen. – Die Angaben der nach Verfolgten-Gruppen und Verfolgungssachverhalten (Haftzeiten, -arten, etc.) differenziert gegliederten Kartei entstammen der systematischen Auswertung der überlieferten Bestände der NS-Verfolgungsbehörden sowie vor allem des vollständigen Bestandes der Wiedergutmachungsakten. Die erfaßten Verfolgungssachverhalte wurden in der Regel entsprechend dem Wiedergutmachungsrecht bestimmt, umfassen also z.B. auch aus politischen Gründen verfügte Entlassungen und Berufsverbote, reichen aber zum Teil darüberhinaus – so etwa bei den aus politischen Gründen verfügten Strafen gegen Soldaten und Wehrmachtsangehörige (vgl. dazu J. Kammler: „Ich habe die Metzelei satt und laufe über . . ." Kasseler Soldaten zwischen Verweigerung und Widerstand (1939–1945. Eine Dokumentation, Fuldabrück 1985) Die Ergebnisse der verfolgungsstatistischen Analyse von Widerstand und Opposition im Raum Kassel werden demnächst veröffentlicht.

16 Diese Daten ergeben sich aus der Auswertung der Verfolgten-Kartei für Stadt und Landkreis Kassel (siehe Anm. 15).

17 Dies spiegelt sich auch in der Verhaftungsstatistik wieder: von den insgesamt 416 Kasseler Kommunisten, die zwischen 1933 und 1945 inhaftiert wurden, wurden 194 (46,6%) bereits im Jahre 1933 erstmalig in Haft genommen, in den Jahren 1934 bis 1936 wurden 207 (49,8%) erstmals oder erneut verhaftet. Die durchschnittliche Haftdauer betrug bei den 416 Komunisten 3,2 Jahre (Sozialdemokraten/Gewerkschafter: 1 Jahr). 47% von ihnen waren einmal oder mehrfach in KZ-Haft (durchschnittliche Haftdauer: 2,2 Jahre), darunter jeder Vierte für einen Zeitraum zwischen 4 und 10 Jahren. Die Vergleichszahlen für die verfolgten Kasseler Sozialdemokraten/Gewerkschafter: 155 zwischen 1933 und 1945 einmal oder mehrfach inhaftiert, davon 53 (34%) in KZ-Haft (durchschnittliche Dauer: 1 Jahr; lediglich 4 länger als 4 Jahre in KZ-Haft). (Auswertung Verfolgten-Kartei Stadt und Landkreis Kassel – siehe Anm. 15).

18 Diese Solidargemeinschaften des sozialdemokratischen Lagers, die in der bisherigen Widerstandsliteratur zumeist vernachlässigt oder aber zu Formen aktiven Widerstandes stilisiert wurden, konnten für Kassel vor allem auf der Grundlage von Zeitzeugenberichten genauer dargestellt werden. Vgl. J. Kammler: Widerstand und Verfolgung, a.a.O., S. 348 ff.

19 Vgl. Peter Hüttenberger: Vorüberlegung zum „Widerstandsbegriff", in: Theorien in der Praxis des Historikers, hrsg. von Jürgen Kocka, Sonderheft 3 von „Geschichte und Gesellschaft", Göttingen 1977, S. 117 ff.; Martin Broszat: Resistenz und Widerstand. Eine Zwischenbilanz des Forschungsprojekts, in: Bayern in der NS-Zeit, Band IV: Herrschaft und Gesellschaft im Konflikt, Teil C, hrsg. v. Martin Broszat, Elke Fröhlich und Anton Grossmann, München–Wien 1981, S. 692 ff.; I. Kershaw: „Widerstand ohne Volk?", a.a.O., K. Tenfelde: Soziale Grundlagen von Resistenz und Widerstand, a.a.O.

20 Vgl. etwa Gerhard Botz: Methoden- und Theorieprobleme der historischen Widerstandsforschung, in: Helmut Konrad / Wolfgang Neugebauer (Hrsg.): Arbeiterbewegung – Faschismus – Nationalbewußtsein, Wien–München–Zürich 1983, S. 137–151; Detlev Peukert: Volksgenossen und Gemeinschaftsfremde. Anpassung, Ausmerze und Aufbegehren unter dem Nationalsozialismus, Köln 1982, S. 96 ff.

21 Diese Dynamik ist gelegentlich beobachtbar, stellt jedoch – wie zahlreiche Beispiele aus der nordhessischen Region zeigen – keinesfalls die Regel dar.

22 I. Kershaw: a.a.O., S. 783.

23 Herausragendes Beispiel: Die kollektive Arbeitsverweigerung von 122 Kasseler Fürsorgearbeitern auf der Flugplatzbaustelle in Hessisch Lichtenau im Sommer 1936. Dazu näher J. Kammler: a.a.O., S. 376 f.

24 Vgl. a.a.O., S. 378f. sowie die Dokumentenauszüge in J. Kammler: Gewerkschafter, Arbeiterwiderstand und Arbeiteropposition in Kassel 1933–1945, in: Prisma. Zeitschrift der Gesamthochschule Kassel, 29/1982, S. 51 ff.
25 Aktennotiz zum Schreiben der DAF-Gauwaltung Kurhessen an das Amt Information vom 30. 9. 1936 betr. „Kommunistische Umtriebe im Henschelwerk Kassel-R." (IML/ ZPA, St3/849).
26 Vgl. auch Wolfgang Spohn: Betriebsgemeinschaft und innerbetriebliche Herrschaft, in: C. Sachse u.a.: Angst, Belohnung, Zucht und Ordnung, a.a.O., S. 182ff.
27 Vgl. Ralf Kulla: Rüstungsproduktion in den Kasseler Henschel-Werken – unter besonderer Berücksichtigung der NS-Zeit und der Nachkriegsentwicklung, unveröff. Staatsexamensarbeit, Gesamthochschule Kassel 1986; Thomas Vollmer: Historische Entwicklung und sozialgeschichtliche Rahmenbedingungen der Rüstungsproduktion der Kasseler Firma Wegmann und Co., unveröff. Staatsexamensarbeit, Gesamthochschule Kassel 1985. Ergebnisse dieser Untersuchungen werden in diesem Jahr im Rahmen einer Darstellung der Geschichte der Kasseler Rüstungswirtschaft veröffentlicht.
28 Vgl. dazu allgemein T.W. Mason: Die Bändigung der Arbeiterklasse im nationalsozialistischen Deutschland, a.a.O., S. 42 f.; I. Kershaw: Der Hitler-Mythos. Volksmeinung und Propaganda im Dritten Reich, Stuttgart 1980.
29 Lagebericht der Rüstungsinspektion IX, Kassel, hier: Anlage 41 zum Schreiben vom 27. 3. 1940 (BA/MA Freiburg, RW 21–30/16).
30 Siehe z.B. die Untersuchung angeblicher Sabotage bei der Panzerproduktion in den Kasseler Henschel-Werken 1943 durch die Gestapo (BA Koblenz, R 58/1049). – Wegen Arbeitsniederlegungen und -verweigerungen wurden von der Kasseler Gestapo im gesamten Bezirk der Gestapostelle 1941 etwa 6, 1943 etwa 14 Arbeiter pro Monat festgenommen. Ungleich höher waren die Vergleichszahlen für die Verhaftungen von Zwangsarbeitern: allein im Oktober 1941 nahm die Kasseler Gestapo 87 Ausländer fest, im August 1943 schnellte die Zahl auf 446 hoch. Siehe die Zusammenstellungen der von den Staatspolizeistellen gemeldeten Festnahmen für die Monate Juni, Oktober und Dezember 1941 sowie Juni und August 1943 (BA Koblenz, R 2/12164, R 58/200, 211, 358).
31 Vgl. H. Wiltsch / D. Krause-Vilmar: Das Arbeitserziehungs- und Konzentrationssammellager Breitenau 1940 bis 1945, a.a.O.; zur Praxis der innerbetrieblichen Repression auch T. Vollmer: a.a.O.
32 Allein in der Stadt Kassel wurden 1933 319 Mitglieder und Funktionäre der Arbeiterbewegung (oder 49,2% der insgesamt 1933–1945 verhafteten Angehörigen dieser Gruppe) einmal oder mehrfach inhaftiert und viele von ihnen brutal mißhandelt. Siehe Verfolgtenkartei für Stadt und Landkreis Kassel (Anm. 15).
33 Siehe Verfolgten-Kartei für Stadt und Landkreis Kassel (Anm. 15) sowie Anm. 17.
34 Vgl. Wilhelm Frenz: Zusammenbruch – Stunde Null?, in: W. Frenz / J. Kammler / D. Krause-Vilmar: Volksgemeinschaft und Volksfeinde. Kassel 1933–1945, Bd. II, a.a.O., S. 407ff.; ders.: Die politische Entwicklung in Kassel von 1945–1969. Eine wahlsoziologische Untersuchung, Meisenheim am Glan 1974; Artur Sittig: Freiheit, Gerechtigkeit, Solidarität. Die Wiedergründung der Kasseler SPD nach 1945, Kassel 1985; Anne Weiß-Hartmann: Der Freie Gewerkschaftsbund Hessen 1945–1949, Marburg 1977.
35 Hinweise auf derartige Wirkungen enthalten sowohl die Entnazifizierungs- als auch die Wiedergutmachungsakten. Sie betreffen im ersten Fall die häufig sehr weitgehende Anerkennung von Entlastungsgründen auch durch Zeugen oder Vertreter aus der Arbeiterbewegung, selbst aus dem Kreis der Verfolgten. Im zweiten Fall fällt die Geringschätzung auf, mit der auch ehemalige verfolgte Angehörige der Arbeiterbewegung in den Wiedergutmachungsbehörden jene Verfolgtengruppen (z.B. „Alltagsopposition", „Asoziale", kriegsgerichtlich verurteilte Soldaten) beurteilten, deren Schicksal sich dem Raster eindeutig ausgewiesener politischer oder weltanschaulicher Gegnerschaft nicht fügte.

Eike Hennig

„Ohne Zellenleiter und Blockwart": Die Staatsgründung des Landes Hessen (1945—1954)[1]

Der von der US-Militärregierung berufene (parteilose) Ministerpräsident (vom 15. 10. 1945 bis 5. 1. 1947) des Staates Groß Hessen, Professor Dr. Karl Geiler, eröffnet am 26. 2. 1946 die Sitzung des „Beratenden Landesausschusses", dem je 12 durch den Ministerpräsidenten berufene Mitglieder von CDU, LDP[2], KPD und SPD angehören (der ein Wahlgesetz und eine parlamentarische Regierung vorbereitet). Ministerpräsident Geiler erläutert dem beratenden Gremium die politischen Tagesaufgaben, nämlich den Rechtsgedanken durchzusetzen und die soziale Umgestaltung vorzunehmen. Diese Ziele sollen ohne „autoritäre Methode" und „ohne Zellenleiter und Blockwart" auf demokratischem Weg verwirklicht werden. Geiler beschwört somit Symbole der alltäglichen Wirkung des nationalsozialistischen Maßnahmestaates und seines allgegenwärtigen Kontrollsystems, um den neuen Weg hin zu einer rechtsstaatlich verfaßten Demokratie zu charakterisieren.

Auf schmalem Datengrund und mit durchaus begrenzter Aussagenreichweite soll ein Forschungsdesign vorgestellt und näherungsweise erprobt werden, um am Beispiel Hessens nachzuspüren, ob der von Karl Geiler im Zusammenspiel mit der Militärregierung beschworene Bruch mit dem politisch-sozialen System des Nationalsozialismus nach 1945 primär als ein von Eliten (im Zusammenspiel mit der Militärregierung) getragener Prozeß ohne breite demokratische Basis zu charakterisieren ist. – Die Beschränkung auf eine Forschungsskizze ergibt sich notwendigerweise aus dem für Hessen unzureichenden Forschungsstand (vor allem mangelt es – neben den Überblicksdarstellungen von Mühlhausen und Beyer[3] an lokal- wie regionalanalytischen und organisationsbezogenen Primärstudien, besonders über die SPD, LDP, die Entnazifizierung und die Wahlentwicklung).

Staats- und Demokratiegründung: Ein Untersuchungskonzept

Die Frage nach dem Zusammenspiel von Eliten, Institutionen und Normen (i.s. *formelle* Betrachtungsdimensionen) und von Mitgliedern, Sozialpsychologie, Alltagsverhalten und Deutungsmustern (i.s. *informelle* Betrachtungsdimensionen) schließt sich der Unterscheidung der Forschungslinien einer „Staats-" und „Demokratiegründung" durch Karlheinz Niclauß[4] an. Allerdings wird kritisch gegenüber Niclauß Begriffen nach den „Grundsätzen des demokratischen Wiederaufbaus" gefragt:

Staatsgründung bezeichnet die Begründung von Normen und Institutionen, was am Beispiel der Verfassungsdiskussion betrachtet wird. – Dies ist die „formelle" Untersuchungsdimension.

Demokratiegründung fragt nach der Fundierung und Verankerung demokratischer Normen in verschiedenen Organisationen und auf verschiedenen Ebenen des Alltags, was politisch am Beispiel der Integrationsleistung der CDU bei Wahlen und sozial am Beispiel der Konzeption eines „guten Lebens" nach den Schrecken und Entbehrungen des Krieges und der Nachkriegswirren analysiert wird. – Dies ist die „informelle" Untersuchungsdimension.

Staats- und Demokratiegründung stehen somit im Spannungsverhältnis und können auch auseinanderfallen (was Niclauß nicht untersucht), ja, geradezu gegenläufig verlaufen. Zu unterscheiden ist, ob sich der institutionelle und normative Staatsgründungsprozeß „nur" auf die Position politischer, sozialer und kultureller Eliten (und auf die Macht des Besatzungsregimes!) stützt oder ob er in weiten Bereichen (insbesondere bezüglich kollektiver Deutungen des Politischen und der biographischen Lebensentwürfe apolitischer Karrieren) einer alltäglichen Demokratiegründung entbehrt. Besondere Bedeutung kommt – stichwortartig angedeutet – folgenden Themen und Widersprüchen zu:

- Begründung und Verabschiedung einer demokratischen Verfassung
- Verbot des Faschismus als System
- Konstanz „des" Types „der" autoritären Persönlichkeit
- Dominanz apathisch-privatistischer Verhaltensweisen, die die neuen Teilhaberrechte nicht ausnutzen und demokratisch-alltäglich ausgestalten

Um diesen „Claim" abzustecken, wird zunächst auf die politisch-sozialen Strukturmerkmale des Nationalsozialismus in Hessen hingewiesen, um danach Kontinuitätsbezüge in der Nachkriegszeit aufzuzeigen (wobei diese Bezüge in der Sehnsucht nach dem „normalen Leben", im Bild vom Nationalsozialismus und im Konzept der Staatsleistung gesehen werden); anschließend wird mittels wahlanalytischer *Vor*überlegungen die politische Diskontinuität als Begründung einer autoritär partizipativ durchmischten „Civic Culture" skizziert. In einem wesentlich reduzierten Sinn (nicht bezüglich des „freien Sozialismus") wird Alexander Mitscherlichs Warnung vor einer Diktatur als Spätfolge der NS-Diktatur somit nochmals aufgegriffen:

„Das Abaissement du niveau mental, das mit einem so allgemeinen Freiheitsverlust wie dem unsrigen einhergeht, kann . . . niemals in einer Restauration wieder gehoben werden. Was uns nottut, ist deshalb nicht Rückkehr, nicht irgendeine bloß abgeschaute Demokratie, die historisch . . . anderswo erstritten wurde, sondern eine Sozialform, die aus der gegenwärtigen Not eine Tugend zu machen versteht. Die also nicht mehr und nicht weniger versucht, als das Bestehende mit neuem Sinn zu durchdringen . . ."[5]

Der Neuanfang bürgerlicher Eliten und Parteien erscheint aus dieser Perspektive „progressiver" als die Wiederaufnahme Weimarer Transformationskonzepte durch die Arbeiterorganisationen (?).

Weimarer Demokratie und Faschisierung in Hessen – einige verallgemeinerungsfähige Thesen

Ohne die vielfältigen Möglichkeiten der Themenstrukturierung ausschöpfen zu wollen, können gerade hessische Beispiele die Bedeutung politischer und sozialer Faktoren für den Wahlerfolg der NSDAP belegen.

Der Wahlkreisverband X (Hessen) liegt wegen der Ergebnisse im Wahlkreis 19 (Hessen Nassau) und seit 1932 auch wegen der Resultate im Wahlkreis 33 (Hessen-Darmstadt) insgesamt seit 1928 und besonders deutlich ab 1932 über dem Durchschnitt der Reichstagswahlergebnisse der NSDAP. Bezüglich seiner Sozialstruktur, Konfessionsverteilung und Urbanisierung entspricht der Raum Hessen im „groben" Durchschnitt dem Reich[6]. Hessen (als Addition des Volksstaates Hessen und der preußischen Provinz Hessen-Nassau) ermöglicht somit eine „gute" Beobachtung derjenigen makro- und mikrostrukturellen Eigenschaften und Prozesse, die den Wahlerfolg der NSDAP begründen (während die Interessen und Optionen der Eliten, die 1933 zuerst auf Reichsebene und nach dem 5. März verfassungswidrig auch auf der Ebene der süddeutschen Länder die Einsetzung der NSDAP in die Regierung bestimmen, von Hessen aus nicht zu verfolgen sind).

Folgende Prozesse und Eigenschaften sollen (ohne systematischen Anspruch) besonders hervorgehoben werden, um einige evident und verallgemeinerungsfähig erscheinende organisatorische wie informelle Erfolgsvoraussetzungen der NSDAP (in Hessen) anzusprechen:

Das zeitliche Auseinanderfallen politischer und ökonomischer Modernisierungsprozesse und die aufhaltende Dynamik der sozialen Wandlungsprozesse von der „moral economy" zur „politischen Ökonomie" in ländlich-mittelstädtischen Bereichen begünstigt die NSDAP. Angesichts fehlender und fragmentierter bürgerlicher Organisationsstrukturen und einer fehlenden Mobilität und horizontalen Kooperation wie Vernetzung der SPD, gelingt es der NSDAP, in „Stadt" und „Land" Erfolge zu erringen sowie die sozialdemokratischen Zentren (die zudem durch kommunistische Binnenradikalisierung geschwächt werden) zu lähmen und ab 1932 auch zurückzudrängen.

Die Wahlen des Jahres 1932 bzw. die Landtagswahl vom 15. 11. 1931 in Hessen-Darmstadt werden insbesondere durch folgende Prozesse geprägt:

Die faktische Auflösung der auf lokaler Ebene organisatorisch kaum präsenten, lokal und regional politisch vielfach durch freie Wählergemeinschaften ersetzten und schon seit 1928 auf der Ebene der Reichstagswahlen stark an Einfluß verlierenden „bürgerlichen" Parteien (DDP/Staatspartei, DVP, DNVP)

und die Auflösung der „bürgerlich-agrarischen" Einpunkt- und Splitterparteien (Wirtschaftspartei, Landvolk, CSVD) in den Wahlen des Jahres 1932 begünstigten die NSDAP.

Die „Politisierung" bisheriger Nichtwähler in einem apokalyptisch-dichothomischen Meinungsklima gemäß der Gegensätze „Hakenkreuz oder Sowjetstern" und Krise, Elend, Arbeitslosigkeit, Hunger oder Aufstieg wird erfolgreich von der NSDAP betrieben.

Die Eingrenzung der in sich antagonistisch gespaltenen Arbeiterparteien lähmt und verringert das antinazistische Widerstandspotential und die demokratische Attraktivität des Arbeiterlagers.

Der politische Katholizismus (Zentrum) ist überwiegend konservativ und spielt aufgrund der insularen Ballung der katholischen Religionsgemeinden landesweit keine bedeutende Rolle.

Durch ihren *expressiven* nationalistischen Stil, den sie als Massenbewegung und mittels moderner Propagandamittel öffentlichkeitswirksam entfaltet, kann die NSDAP 1932 diese Fragmentierungen, Orientierungs- und Organisationsdefizite der Weimarer Demokratie und politischen Kultur ausbeuten und teilweise sogar überwinden. Es gelingt ihr, erfolgreich im „agenda setting" die Entscheidungsfrage: „Deutschland – so oder so?" zu prägen, zu besetzen und zu organisieren. Offenkundig wird ihr von einer in sich heterogenen Wählerschaft *und* von einflußreichen Teilen oder politischen, industriellen, agrarischen, militärischen und kulturellen Eliten die „issue"-Kompetenz zugesprochen, diese Krise (in politischer Kooperation mit autoritär-konservativen Kräften) erfolgreich zu bewältigen.

Dabei stellt die NSDAP in einem eine politische Sekte (SA, SS) und eine Massenpartei dar. Die Partei beansprucht (wenn auch unter Konflikten) und behauptet das politische Primat über die Bewegung und die Parteiarmee und verleiht somit den Gewaltaktionen von SA und SS die Legitimation der politischen Zielsetzung und Notwendigkeit. Vor allem aber existiert die NSDAP (ab Ende 1930) in Form des Dualismus eines integrierenden Organisationskerns (mit starker Mitgliederfluktuation, aber festen autoritär-hierarchischen Strukturen und eingebundener Sonderinteressen) und einer wachsenden Sammlung heterogener Wählerbewegungen.

Während die konkurrierenden Parteien (SPD, KPD, Zentrum) entlang der konfessionellen und sozialen Bruchlinien der Gesellschaft, entsprechend der „cleavages", klar identifizierbare Schwer- und Schwachpunkte in Industriegebieten (Rhein-Main-Gebiet) und katholischen Gebieten (Limburg, Fritzlar, Fulda) aufweisen, muß die NSDAP nirgends überdurchschnittlich starke Verluste kompensieren, so daß ihre ländlichen, mittelstädtischen und großstädtischen Gewinne im Verbund mit ihrem allgemein durchschnittlichen Abschneiden landesweit für überdurchschnittliche Wahlerfolge sorgen.

Die Wahlerfolge der NSDAP und die integrativen Anteile des Faschismus an der Macht verdeutlichen, daß „Toleranz" und „Akzeptanz" gegenüber dem militanten und expressiven Stil der NSDAP bzw. des NS-Herrschaftssystems zu den Charakteristika der (negativen) Aufhebung der Weimarer Demokratie gehören. Als „absolutistische Integrationspartei" (S. Neumann) hat die NSDAP „breite" Kreise „der" Bevölkerung im Sinn ihrer gewaltbejahenden, rassistischen und imperialistischen Zielsetzungen, ihres entsprechend expressiven Stils und ihrer öffentlichen Auftritte „politisiert".

„Politisierung" – als Pendant zum sozial-egalitären Anspruch der „Volksgemeinschaft" – meint die massenhafte Teilnahme und die minoritäre Teilhabe an dieser Politik und Öffentlichkeit, meint aber auch die Hinnahme des (gewaltsamen, teilweise rassistisch begründeten) Ausschlusses aller „Gemeinschaftsfremden" vom politisch-sozialen Leben. Private Probleme und Hoffnungen werden (bis 1938) positiv an das politische System gekoppelt und dann (ab 1939) wieder abgetrennt bzw. zurückgestellt, bis „der Krieg" „vorbei" ist. Gleichzeitig treibt diese „Politisierung" die in der Weimarer Republik einsetzende politische Modernisierung ebenso wie das Abschleifen sichtbarer Klassen- und Standesschranken in „verkehrter Form" weiter voran.[7] Demokratisierung ist eben keineswegs ein geradliniger Prozeß hin zu aufgeklärten Verhältnissen.

Ein „schwarzer Sonderweg" (H. Grebing) besteht darin, daß – parallel zur *Konzeption* von „Wirtschaftsdemokratie" und sozialer Rechtsstaatlichkeit – demokratische *Formen* (wie: Öffentlichkeit, Massenintegration und -demonstration, Teilnahme und Teilhabe) faschistisch enteignet und entfremdet worden sind. Diese Verkehrung schreitet über die demokratischen und sozialistischen Ansätze der Weimarer Demokratie hinweg und entlarvt, daß der Eigenwert dieser politischen Formen ständig gefährdet ist und der alltäglichen Verankerung bedarf. Gleichzeitig gehört es zu dieser Verkehrung, daß die Formen durch den „Umweg" über faschistische, populistische und plebejische Zielsetzungen und expressive Politik „eingebürgert" werden. („Notwendigerweise" führt diese unbegriffene „Politisierung" *nach* der Niederlage des Faschismus, angesichts der alliierten Sanktionen („Entnazifizierung") und der vordringlichen Reproduktionsprobleme zum privatistischen Rückzug der „Ohne-mich"-Haltung.)

Zu fragen ist, ob dieses „Meinungsklima" und diese autoritären Tradierungen die politisch-militärischen Zäsuren des Jahres 1945 in Kontinuität überdauern bzw. welchen Veränderungen diese Deutungen unter dem Erfahrungs-/Lernschock und Orientierungszwang von Faschismus, Weltkrieg, Nachkriegselend und angesichts der Sanktionen wie Reglementierungen durch die Besatzungsregierung und die zugelassene demokratische deutsche Politik unterliegen.[8]

Nach Faschismus und Krieg – „andere Zeiten" und ein „normales Leben":
„Lebensmut trotz schwerster Arbeit"[9]

Im Mai 1946 stellt Kurt Schumacher fest, die „Frage des Brotes und des Mehles und der Kartoffeln (sei) eine Frage von erster politischer Wichtigkeit in Deutschland"; und, schärfer noch, am 31. 10. 1945 unterstreicht der sozialdemokratische Darmstädter Regierungspräsident Ludwig Bergstrasser in einem Rundfunkvortrag, daß es „unmöglich ist, friedliche Zustände herbeizuführen, wenn die Regierung nicht in der Lage ist, dem Volk Arbeit und Nahrung zu geben."[10]

Die Wende zum Sozialstaat und zur Daseinsfürsorge leistenden Verwaltung ergibt sich aus der Elendssituation der Hinterbliebenen in einer Trümmerlandschaft, wobei Flüchtlinge, Vertriebene und Heimkehrer die Not noch verschärfen. Die Beseitigung der Misere wird einmal zur Sache privater Überlebensfähigkeit und Improvisationskünste (trainiert durch Erfahrungen seit der Weltwirtschaftskrise und durch Opferappelle des Nationalsozialismus), strukturell wird sie an die primär als Verwaltung aufgefaßte Politik (der Amerikaner und der Deutschen) delegiert.

Von der Notlage bis zur drohenden Jugendverwahrlosung wird vor allem auf die naheliegende Kommunalpolitik gesetzt. In seinem für die Besatzungsregierung bestimmten Wochenbericht zum 24. 6. 1946 hält der Frankfurter Oberbürgermeister Kurt Blaum über die „kommunalen Dinge" fest:

„Es wird betont, daß sie in der jetzigen allgemeinen Notlage die Bevölkerung stärker berührten, als die Angelegenheiten der Landesverfassung und der Gestaltung Deutschlands. Dieses mehr lokale Interesse entsteht vor allem durch den Hunger und den Kampf um die Nahrungsmittel . . ."[11]

In seinen Wochenberichten zur Stimmungslage hebt der parteilose (früher der DDP angehörende) Frankfurter Oberbürgermeister (von Juni 1945 bis Juli 1946) hervor, die Bevölkerung sei wegen der Entnazifizierung beunruhigt und an allgemeiner Politik gänzlich uninteressiert. „Es interessiert fast nur die Ernährung, Kleidungs- und Haushaltsbedürfnisse und die Sorge für Brennmaterial im Winter", faßt Blaum den Aufmerksamkeits- und zugleich Aktivitätskatalog zusammen. Unter Verwendung einer in Weimar von Zentrum, SPD, KPD und NSDAP gleichermaßen benutzten Formel für den gerechten Tausch im Rahmen einer absolut antihedonistischen Leistungsorientierung bzw. einer auf das elementar-existentielle Minimum reduzierten Reproduktionsformel („Arbeit und Brot") notiert Ludwig Bergsträsser am 9. 11. 1945 in seinem Tagebuch: „Keine Demokratie ohne Arbeit und Brot".

Angesichts des „Trümmerhaufens sittlicher und materieller Werte" propagiert auch die Berliner Christlich-Demokratische Union Deutschlands im Juni 1945 ein „Notprogramm für Brot, Obdach und Arbeit"; das Fuldaer CDU-Sekretariat tritt im Oktober/November 1945 für die „Sicherstellung von Arbeit, Obdach und Brot" ein. Das Leben wird auf elementare Güter, Tugenden und Motive reduziert – „in der schwersten Katastrophe, die je über ein Land gekommen ist" (so die CDU aus Fulda).

Die „Gier des Mangels" – wie eine Notiz Bergsträssers zum 15. 12. 1945 lautet – setzt die Prioritäten und bestimmt in Verbindung mit nazistischen und vornazistischen Kontinuitätsbezügen die „Unfähigkeit zu Trauern". Dieser Entlastung entspricht ein Lernverhalten, das sich demokratischer Maximen und partiell wahrgenommener Realität so bedient, daß z.B. Kommunisten und „Emigrantenpflegel" (L. Bergsträsser) zurückgewiesen werden, daß sich z.B. die Bevölkerung über die Inhaftierung vormaliger Nazis beschwert und dies mit Nazimethoden vergleicht (so Bergsträssers Tagebucheintrag vom 16. 4. 1946). Der Entlastungsmechanismus besteht darin, die Apathie zu überwinden, gleichzeitig an die Vergangenheit und an die Zukunft zu denken und in der Gegenwart für die bessere Zukunft eines „normalen Lebens" zu arbeiten.

Ludwig Bergsträsser veranschaulicht diese Deutung mit seiner Rede „Der Weg ins neue Deutschland" vom 4. 12. 1945 anläßlich einer sozialdemokratischen Veranstaltung zu den Gemeindewahlen im Januar 1946. Die zentralen Schlußworte dieses Vortrags erinnern an die großen deutschen Kulturleistungen (nicht aber z.B. an die doppelt promovierten KZ-Ärzte) und beschwören – direkt nach Hitler – ein „friedliches Bild", nämlich „Wunsch" und „Wille", „das deutsche Volk wieder einzugliedern in die Welt und mitzuarbeiten an dem Neuaufbau und an der Kultur der Welt." Die „Überheblichkeit" des „Hitlerismus" muß man abstreifen, um eine Zukunft auf Grundlage neuer Leistungen denken zu können. Ohne eine politische Analyse des Nationalsozialismus vertritt Bergsträsser eine zukunftsorientierte Arbeitstherapie. Die Schlußsätze seines Vortrages lauten:

„Wir müssen den Glauben daran bewahren, daß die Anstrengungen und die Arbeit, die wir in unser Leben setzen, etwas sind, was sich für uns selbst gutschreibt. Im heutigen Zustand Deutschlands brauchen wir ein wenig Hoffnung und den Optimismus, aus dieser Situation wieder herauszukommen. Wir brauchen aber auch den Glauben, daran, daß es für ein Volk, das Großes geleistet hat, wieder einmal eine Zukunft großer Leistungen gibt!"[12]

1945 lenken materielle Not, die psychosozialen NS- und Kriegsfolgen (also die „Unfähigkeit zu Trauern") und die sozialstrukturelle Schwerpunktsetzung der „Nie-wieder-Faschismus"-Diskussion von den naheliegenden Kontinuitätsbezügen des Jahres 1933 ab. Ein Paradoxon: Die zahlenmäßig sowieso kleine Gruppe politisch-antifaschistischer Aktivbürger behindert mit ihrem „bias" geradezu die Aufhebung der politischen Kontinuität. Es ist eine Minderheit, die 1945 zumeist da ansetzt, wo sie in Weimar (erfolglos!) gestanden bzw. aufgehört hat. Im Rückblick schildert Walter Dirks die politischen Akteure als rückwärtsgewandt und ungleichzeitig, was vor allem für die Vertreter der Arbeiterorganisationen zutrifft (glauben diese doch bereits vor 1933, die Mittel zur Überwindung der kapitalistischen Krise und der Rechtstendenzen zu kennen).

Staatsleistungen und Daseinsvorsorge

1954 erschienen die Aufsätze von Wolfgang Abendroth („Zum Begriff des demokratischen und sozialen Rechtsstaates im Grundgesetz der Bundesrepublik Deutschland") und von Ernst Forsthoff („Begriff und Wesen des sozialen Rechtsstaates"), die die radikale Kontroverse um den republikanischen, demokratischen und sozialen Rechtsstaat (Art. 20, 28 (1) GG) als den Streit um ein „Strukturprinzip der verfassungsrechtlichen Ordnung" (W. Abendroth) oder um einen außerhalb der Verfassung stehenden „Verteiler größten Stils" (E. Forsthoff) bestimmen. Die Kontroverse kreist um die Befugnis zur rechtsstaatlichen Intervention in sozioökonomische Strukturen und um den Charakter sozialstaatlicher Gewährleistungen; stützen sie sich als Verfassungsgrundsatz auf die Dignität der Verfassung oder sind sie situative, auf Gesetz oder gar nur auf Ausführungsverordnungen gegründete Akte der leistenden Verwaltung, die bei Änderung der ökonomischen Rahmenbedingungen und der Mehrheiten zurückgenommen werden (eben weil ihnen keine grundsätzliche Maxime unterliegt).[13]

Obwohl dieser Disput über die Zuordnung der Sozialstaatlichkeit zur Verfasssung oder zur Verwaltung 1954 geführt wird, ist es befremdend, daß beide Autoren (beide Anhänger einer historischen Interpretation) ihre Position lediglich eklektisch und punktuell durch historische Argumente untermauern. Beide Autoren verzichten auf einen stringenten historischen Exkurs zur Verfassungsgeschichte und Verfassungspolitik der Jahre ab 1945, und beide haben ihren verfassungspolitischen Grund für diesen Verzicht.

Eine historische Betrachtung unterminiert die Gegensätze und wirft ein Schlaglicht darauf, warum sich die Faktizität für die von Forsthoff vertretene Interpretation auswirkt. Abendroths Anschluß an Hermann Heller und seine „innere Verflechtung der Momente der Demokratie und der Sozialstaatlichkeit" ist eine politische Reduktion der ambivalenten Genese interventionistischer Staatlichkeit und Leistungsverwaltung nach 1945. Gerade die materiellen Ursprünge des Konzepts aktiver Politik werden von dieser materiellbedürfnisorientierten Verfassungsinterpretation übersehen und historisch ausgeblendet.

Die staatstheoretisch und verfassungspolitisch als Norm herausgekehrte und sozialtransformatorisch interpretierte Betonung der sozialstaatlichen Intervention nach 1945 ist materiell Ausdruck der bereits beschriebenen Konzentration auf die Arbeit im Notstand und auf die entsprechende Entpolitisierung und Materialisierung der Aufmerksamkeitshaltung. Die aktive Leistungsverwaltung und die interventionistisch-verteilende Politik entsprechen dieser Ausgangslage; gesellschaftliche Reproduktionszusammenhänge (die die private Mühsal mindern) sollen politisch rekonstituiert werden.

Dieses Politik- und Verwaltungsverständnis entlastet die Individuen materiell und wird – wie z.B. Ludwig Bergsträsser verdeutlicht – durch immaterielle Verdrängungen arrondiert. So betont der Frankfurter Oberbürgermeister Blaum im November und Dezember 1945 das geringe Interesse an den Nürnberger Prozessen gegen die Hauptkriegsverbrecher (vom 14. 11. 1945 bis zum 1. 10. 1946) und notiert als eine Abwehrhaltung, gegenüber „allem politischen Geschehen" den Hinweis darauf, „daß z.Zt. in der Welt überall politisches Unrecht festzustellen sei . . ."

Diese politische Realitätsbewältigung beobachtet Hannah Arendt noch 1949/50, als sie „verschiedene Tricks" beschreibt, derer sich „die Deutschen" bedienen, „um den schockierenden Auswirkungen aus dem Weg zu gehen." Entpolitisierung bei gleichzeitiger politisch-philosophischer Entspezifizierung des Bösen und bei gleichzeitiger Forderung einer aktiven und elendssteuernden Staats- und Kommunalpolitik ist ein wesentlicher (politischer) „Trick", um selbstkritischer Reflexität, politischer Analyse und der Praxis der sozialen wie politischen Trauerarbeit (geschäftig) zu entgehen. Trauerarbeit wird durch Aufbauarbeit ersetzt, wobei die augenscheinliche Notwendigkeit des Wiederaufbaus die Evidenz dieser Verdrängung stützt.

Ebenso wie die Entnazifizierung an der Zurückstellung der Hauptbeschuldigten der Klasse I leidet (in Hessen werden 1947 bis 1954 von 3,7 Millionen Betroffenen nur 1500 [i.s. 0,04%] in die Klasse I eingestuft), wie also die Konzentration auf die „Kardinalfrage" (CDU) zeitlich zur Vertagung und Milderung und faktisch zu einer verkehrten „Wiedergutmachung" führt, so führt auch die offensichtliche Neubestätigung der „moral economy" des Tauschs von „Arbeit und Brot" zum offenkundigen Übergewicht der Tagesaufgaben und zur Ablehnung kritischen Überdenkens eigener Praxis.

Den Luxus politischer Analysen, moralischer Gewissenbefragungen und der Abkehr von alltäglich befolgten Sekundärtugenden und praktizierten Rollen kann man sich nicht gönnen, da die Alltagsprobleme so sehr dominieren. Die Normativität des Faktischen begünstigt eindeutig eine autoritär-zupackende Illiberalität und praktische Pragmatik. So kann sich z.B. der sozialdemokratische Regierungspräsident Bergsträsser (obgleich er promovierter und habilitierter Historiker ist) mit „Praktikern" von der CDU, wie Heinrich v. Brentano und Erich Köhler, leicht arrangieren, während ihm „lange geschichtliche Ausführungen" und „wildes Gerede" von Kommunisten und einzelnen Sozialdemokraten, z.B. von Viktor Agatz und Wille Knothe, dem Fraktionsvorsitzenden der SPD in der Verfassungsberatenden Landesversammlung, zuwider sind. Selbst „politische Theorien", vorgetragen im Rahmen von christ- und sozialdemokratischen Verhandlungen über Verfassungsfragen, sind Bergsträsser „ziemlich gleichgültig". Schlimmer noch verurteilt er „das üble Benehmen kommunistischer Investigatoren", diese „Agitationshydra" müsse bekämpft werden (ebenso wie die Einheitsfrontbündnisse), da sonst Weimarer Verhältnisse wiedererstehen. Der Wunsch nach „praktischen Ergebnissen" und nach Kooperation möglichst mit allen Parteien (vor allem aber mit der CDU) bestimmt die „Verfassungsmacherei" (L. Bergsträsser).

Die materielle und psychische Notlage drängt nach Entscheidungen; „ein unpraktisches, theoretisches Volk" (L. Bergsträsser) erscheint in diesen Tagen fehl am Platz. Diesen Strukturbedingungen materieller und (sozial)psychologischer Art entspricht die Wende zur Staatsintervention, zum Sozial-Staat und zur „leistenden Verwaltung der modernen Daseinsvorsorge" (E. Forsthoff).

Diese Wende kann, was zusätzlich legitimiert, zudem als eine Rückwende zu sozialdemokratischen und gewerkschaftlichen Staatskonzepten und Analysen des „organisierten Kapitalismus" aus der Weimarer Republik dargestellt werden. Diese antiliberalen und antifaschistischen Konzepte gehen von der „Ausdehnung des materiellen Rechtsstaatsgedanken auf die Arbeits- und Güterordnung" (H. Heller) aus bzw. verfolgen die wirtschaftsdemokratisch-reformistische Vorstellung, daß „der Kapitalismus, bevor er gebrochen wird, auch gebogen werden kann" (F. Naphtali).

Ein Konzept aktiv-interventionistischer Staatlichkeit wird nach 1945 aus einer sehr heterogenen Stoß- und Wunschrichtung belebt und institutionalisiert:

- Einmal entspricht es den transformatorischen und reformistischen Optionen um Sozialdemokratie und Gewerkschaften und verspricht die Weiterführung der vom Nationalsozialismus zerschlagenen Positionen und Konzepte;
- im Rahmen der Programmvorstellungen der KPD (11. 6. 1945) zum „Aufbau eines antifaschistischen, demokratischen Regimes", „einer parlamentarisch-demokratischen Republik mit allen demokratischen Rechten und Freiheiten für das Volk", verspricht diese Maxime der hessischen Verfassungspolitik unter den gegebenen Macht- und Mehrheitsverhältnissen eine optimale Annäherung an eine „sozialistische Verfassung" (die die hessische Verfassung laut Einsicht und Aussage von Leopold Bauer, dem kommunistischen Fraktionsvorsitzenden in der Verfassungsversammlung, am 20. 8. 1946 nicht werden kann);
- bezogen auf die bürgerlichen Bevölkerungsanteile und die hessische CDU (nicht aber die wirtschaftsliberale LDP) entspricht die Vorstellung des politisch-administrativen Interventionismus dem Bedürfnis nach politischer Rekonstruktion von Produktion und Reproduktion, nach politischer Verwaltung und Hilfestellung bei den existentiellen Nachkriegsproblemen;
- diese Motivation entspricht auch Überlegungen in der amerikanischen Besatzungsregierung, die eine Leistungsverwaltung als notwendiges Mittel gegen politische Radikalisierung und zur Entlastung von eigenen Unterstützungsmaßnahmen und Hilfeleistungen erachtet;

– schließlich knüpft ein Konzept aktiver Staatlichkeit auch an die Erfahrungen der Bevölkerung mit der nationalsozialistischen Politik an, die nicht nur politischer Maßnahmestaat, sondern auch soziale Interventionsstaatlichkeit und Leistungsverwaltung gewesen ist (gerade in den Bereichen der Arbeits-/ Sozialgesetzgebung und der staatlichen wie organisiert-parteilichen „Armenfürsorge").

Die verschiedensten Wege führen somit zu einem vielschichtig gestalteten Konzept der Staatsleistung und treffen sich in einem Verfassungsverständnis, das durch „Gemeinwohlvorbehalte" (Th. Ramm) – wie dem Allgemeinwohl und der Bedarfsbefriedigung (Art. 38 (1), 45 (2) HV) – die Wirtschaftsfreiheit bindet.[14] Wie Thilo Tamm betont, stellt die hessische Verfassung in ihrem dritten Abschnitt den „arbeitenden Menschen" in den Vordergrund (Art. 27 HV). Gewerkschaften und Unternehmer werden ebenso anerkannt wie Angestellte, Arbeiter und Beamte wie Klein- und Mittelbetriebe in Landwirtschaft, Gewerbe, Handwerk und Handel wie Genossenschaften sowie „die menschliche Arbeitskraft" an sich (Art. 28, 29, 36, 38, 43, 44 HV); ordnend wird gegenüber diesem Pluralismus bezüglich *aller* gewachsenen Wirtschaftsformen der „besondere Schutz des Staates" als Rahmen der Wirtschafts- und Arbeitsbedingungen reklamiert (Art. 29–37, 39, 41–44, 47 HV). „Freiheitsprinzip und Sozialismus" werden, worauf Ramm hinweist über den Staat miteinander verbunden.

Diese durchaus ambivalente, soziale, liberale, laizistische und sozialistische Sichtweise sozialgestalterischer Staatlichkeit korreliert mit den alltäglichen Sorgen um Nahrung, vermißte Angehörige und Kriegsgefangene, Geld, Kleider und Schuhe, die allesamt – wenn Individuen, Familien und Nachbarschaftsbeziehungen entlastet werden sollen – den Aufbau von Verteilungs-, Kommunikations- und Produktionssystemen notwendig machen. Die Atomisierung sozialer Beziehungen und Austausch-/Marktprozesse begründet angesichts der physischen wie psychischen Problemtiefe und Notlage die Dienstleistungen politischer Daseinsfürsorge.

Dieser materielle Ausgangspunkt verbindet auch weite Teile „des Bürgertums" mit dem Konzept aktiver Staatlichkeit und Politik (erleichtert wird dies durch die Kontinuitätsbezüge zum Interventionismus des Nationalsozialismus), sekundär erst wird diese soziale Politik von den wenigen politischen Akteuren entweder als Daseinsvorsorge und Elendsverwaltung/-minimierung oder als transformatorische Sozialstaatlichkeit interpretiert. Wichtiger ist die materielle Entsprechung und Entlastung von Individuen und Gruppen durch die politische Rekonstruktion gesellschaftliche Produktions- und Austauschprozesse als deren politische-terminologische Etikettierung.

Dieses Deutungsmuster wirkt sich dahingehend aus, daß das ambivalente Konzept sozialer Staatlichkeit mehrheitsfähig wird. Es ist aber eine ex post Stilisierung, diese heterogene Zustimmung zu einem mehrdeutigen Konzept als eindeutiges Votum für die demokratische oder gar sozialistische Transformation kapitalistischer Herrschaftsverhältnisse und obrigkeitsstaatlicher wie auch autoritärer Haltungen zu interpretieren.

1945 existiert kein zeitgemäßes politisch-soziales Konzept, das die „subjektiven" und „objektiven" Dimensionen von Faschisierung und Nachkriegsnöten sowie von Demokratisierung und Existenzsicherung so miteinander verbindet, daß eine gleichermaßen sozial und individuell, politisch, informell und institutionell verankerte und rückgekoppelte Implementation von Demokratie realisiert werden könnte.

Bestimmend sind die kurzfristigen Alltagsinteressen, die mit den längerfristigen Transformationskonzeptionen (die einige Akteure und Interpreten durchaus mit dieser Politik verbinden) nicht verknüpft werden. Auch vermitteln primär nicht die Transformationstheorien die aktive Politik; diese ist vielmehr Reaktion auf die Bedingungen von Besatzung und Not, auf den Wunsch, möglichst schnell und ertragreich ein „Vakuum" oder „Chaos" wieder zu normalisieren, Individuen und soziale Gruppen zu entlasten.[15] Die Verfassungsdiskussion wird mit den Tagesnöten, der Existenzpolitik und den alltäglichen Verdrängungsleistungen des Faschismuserlebnisses nicht verknüpft. Die Ebene der staats- und wirtschaftstheoretischen Strukturfragen ist von derjenigen der alltäglichen Reproduktion und der Erfahrung des 8. Mai 1945 abgekoppelt und vermittelt deshalb eine entfremdet-abstrakte Strukturdiskussion. Auch fehlt das Bindeglied einer alltagsorientierten Demokratietheorie mit einem Demokratiebegriff, der umfassender ist als parlamentarische Diskussion, repräsentative Vertretungskörperschaften und intermediäre Organisationen (Parteien, Verbände, Gewerkschaften), der vielmehr den umfassenden Rückhalt demokratischer Verkehrsformen in der Organisation (innerparteiliche Demokratie), in Betrieben (Mitbestimmung), gegenüber Bürokratien und im autoritäts- und vorurteilsfernen Alltag von Familie, Schule und Gemeinde mit beinhaltet.

Was wurde anders?
Die politische Kultur einer repräsentativ-parlamentarischen „Civic Society"
oder Die formaldemokratisierende Funktion von CDU und SPD

Bislang sind vorwiegend mentale Kontinuitätsbezüge als Verbindungsstränge zwischen der Weimarer Republik, der Faschisierungsphase, dem Faschismus an der Macht und der Staatsgründungsphase nach 1945 betont worden. Es ist aber evident, daß nach 1945 im Kontext von deutschen und amerikanischen Anstrengungen bei der „Entnazifizierung", „Umerziehung" und beim „demokratischen Wiederaufbau" auch Änderungen – also: Kontinuitätsbrüche – herbeigeführt worden sind. Wesentlich betreffen sie den formaldemokratischen Integrationsprozeß der heterogenen NSDAP-Wählerpopulation und die Aufhebung des Antagonismus zwischen SPD und KPD durch Minimierung des KPD-Einflusses; beide Änderungen lassen sich dahingehend zusammenfassen, daß das (in sich antagonistisch gespaltene und gerade auch deshalb das staatliche Gewaltmonopol so effektiv aushöhlende) „Lager" „,des' politischen Extremismus" nach 1945 entscheidend sistiert und ausgezehrt worden ist.

Mittels einiger wahlanalytisch begründeter Hinweise auf 12 Wahlen in Hessen bis zur Landtagswahl vom 28. 11. 1954 (darunter 6 Wahlgänge vom Januar bis zum Dezember 1946)[16] sollen diese Änderungsprozesse näher beleuchtet werden. Mangels empirisch gehaltvoller Vorarbeiten und Dokumentationen[17] ist die empirische Grundlage dieser Ausführungen schmal; es handelt sich mehr um eine Problemskizze als um eine gehaltvolle Beweisführung. Es soll angedeutet werden, daß sich im Zusammenspiel von politischem System und Parteiensystem nach 1945 eine „Civic Culture", also eine Ordnung staatsbürgerlichen Verhaltens und Meinens, herausgebildet, die die Kontinuitätsbezüge des Autoritarismus und der Verdrängung überlagert, und die (durchaus im Zusammenspiel mit den politischen Sanktionen und ökonomischen Gratifikationen der US-Besatzungsregierung, unter deren Schirmherrschaft dieser Prozeß abläuft) die latent antidemokratischen Gehalte des Meinungsklimas und des Privatismus weitgehend von politisch-systembezogenen Manifestationen fernhält.

Geringes Interesse am parteipolitischen Leben:

Hierauf weist der Frankfurter Oberbürgermeister Kurt Blaum durchgängig in seinen Wochenberichten für die amerikanische Besatzungsregierung hin, und das Argument wird von ihm dadurch noch bekräftigt, daß sich das vorhandene geringe Interesse bevorzugt mit lokaler und regionaler Politik befaßt. Dieses Urteil entspricht einem zusammenfassenden Rückblick des „Office of Research and Intelligence" (ORI) vom 25. 6. 1946 über die politische Lage ein Jahr nach der Niederlage bzw. unter der US-Besatzung. Dieser Bericht (Report No. 3736)[18] liest aus den Wahlen in der amerikanischen Besatzungszone heraus, daß das Wahlverhalten „ungefähr" zur Vorgabe des Jahres 1928 zurückgekehrt ist. Trotz der Schwäche der KPD wird damit gerechnet, daß sich die Konflikte zwischen Kommunisten und Sozial- wie Christdemokraten „ganz sicher" verschärfen werden. Diese Furcht vor der Neuauflage extremistischer Konflikte (die dieser Phantasie zufolge nach 1945 von links her initiiert werden) ist für das Resümee Mitte 1946 — nach 5 Wahlgängen, am Vorabend der Wahl zur Verfassungsgebenden Landesversammlung — nicht maßgeblich. Viel grundsätzlicher wird von ORI darauf hingewiesen, daß „politische Betätigung . . . noch keine Basis" gefunden hat. Trotz der hohen Wahlbeteiligungen von 76 oder 85% bei den Wahlen vom 20. 1. bis 26. 5. 1956 haftet, so ORI, „dem politischen Leben im gegenwärtigen Deutschland eine Element des Künstlichen, ja beinahe des Irrealen an." Der Bericht nennt folgende Faktoren, die diesen Eindruck begründen:

(1) In großen Teilen der Bevölkerung hat sich „eine neonazistische oder nazistisch beeinflußte Mentalität" erhalten;
(2) „die Masse des Volkes" ist nur begrenzt an Politik interessiert";
(3) „die traditionellen politischen Parteien" blicken phantasielos in die Zukunft;
(4) entscheidenden Einfluß „auf die deutsche Situation" üben „weiterhin" die Besatzungsmächte, nicht aber die Deutschen selbst aus.

Die zusammenfassende Frage nach der „demokratischen Rekonstruktion Deutschlands" läßt dieses Beratungs- und Forschergremium deshalb ein Jahr nach Zerschlagung des Faschismus offen:

„Auf diese Frage wird es keine abschließende Antwort geben, bevor die Alliierten die Bedingungen nicht endgültig fixiert haben, unter denen das politische Leben in Deutschland in Zukunft stattfinden wird . . . Bis dahin bleibt das politische Leben in Deutschland vorläufig und provisorisch. Ob es sich um den Beginn einer Periode relativer Stabilität auf demokratischer Basis oder aber um ein bloßes Intermezzo zwischen zwei Phasen des Extremismus und harter internationaler Konflikte handelt — das wird letztlich von der politischen Interaktion der Supermächte abhängen."

Zu recht betonen diese Experten den Einfluß der Alliierten — schließlich wird die Demokratie nach 1945 wieder implantiert —, aber gegenüber dieser Sichtweite (die bis zur Restaurationsthese vorherrscht) betonen neuere Studien (z.B. von Walter Mühlhausen) doch stärker die deutschen Anteile und Gestaltungsspielräume. Die Neuerungen des Parteisystems durch den langsamen Aufbau klassenspezifischer „Volksparteien", durch Abschleifen der traditionellen sozialen „cleavages" und durch die nicht-extremistische Sammlung bürgerlich-bäuerlicher Wähler in der CDU und entsprechend der Arbeiter in der SPD — also die Begründung einer partizipativ-autoritär vermischten „Civic Culture" — übersehen die zeitgenössischen Experten, die somit auch die entscheidende Neuorientierung gerade der vormaligen NS-Wählerpopulation nicht adäquat bewertet.

Umrisse eines neuen Parteiensystems:
Bereits die Wahlen des Jahres 1946 zeigen die organisatorischen Grundlagen der neuen (gemäßigt-formaldemokratischen) „Civic Culture" auf und belegen somit, daß die Bewertungsperspektive des ORI-Jahresrückblicks vom Juni 1946 falsch gewählt worden ist.

Hessische Wahlen 1946: Parteienkorrelationen[19]

	CDU	LDP	KPD
SPD			
r	.397	−.853	−.875
R^2	.158	.728	.766
CDU			
r		.772	−.322
R^2		.596	.104
LPD			
r			.76
R^2			.578

(Auf dem 0,1-Niveau liegt die Signifikanz bei ± .805).

Die Zusammenhänge von SPD und LPD bzw. KPD werden durch die partiellen Korrelationen bei Konstanthaltung von LPD oder KPD bestätigt ($r_{(SPD, KPD)/LDP}$ = −.668 und $r_{(SPD, LDP/KPD)}$ = −.598): die SPD erzielt also dort gute Ergebnisse, wo LDP und KPD schlecht abschneiden. LDP und KPD wiederum werden kaum von der SPD beeinflußt ($r_{LDP, KPD)/SPD}$ = .054), während beide dort Wahlerfolge verzeichnen, wo die CDU eine geringe Rolle spielt ($r_{(LDP, KPD)/CDU}$ = .85). Letzteres bestätigen auch die multiplen Korrelationen, die die Abhängigkeit der KPD von LDP und SPD bzw. von LDP und CDU zeigen ($r_{KPD(LDP, SPD)}$ = .039 und $r_{KPD(LDP, CDU)}$ = .828).

Weitere multiple Korrelationen belegen bereits bekannte Zusammenhänge: Die LDP wird besonders vom Ergebnis der beiden großen Parteien beeinflußt ($r_{LDP(CDU, SPD)}$ = .95); die SPD hängt stark von dem Wechselspiel von CDU und LDP ab, während die kleine KPD ihr Ergebnis weniger beeinflußt ($r_{SPD(CDU, LDP)} = .947$ und $r_{SPD(KPD, LDP)} = .922$).

Insgesamt zeichnet sich 1946 das Bild einer politisch-ökologischen Landschaft, in der sich die Parteien nach Schwerpunkten getrennt entwickeln:

LDP und KPD wachsen in solchen Gebieten als Minderheiten an, die keine Schwerpunkte der SPD sind, in denen die beiden kleinen Parteien aber dennoch mit der SPD konkurrieren. Dort wo die CDU stark repräsentiert ist, da ist die LDP schwach vertreten. CDU und LDP schließen sich aus und entwickeln sich gegenläufig. SPD und CDU konkurrieren miteinander, aber der wechselseitige Zusammenhang der Stimmergebnisse ist vergleichsweise gering, weil die christdemokratischen Hochburgen eine zu bedeutende Rolle an den weniger landesweit gleich verteilten CDU-Ergebnissen spielen.

Dieses Konkurrenzmuster von SPD und KPD sowie von CDU und LDP, in den die jeweils erstgenannten Parteien eine dominierende Rolle spielen, und die politische Kooperation von SPD und CDU, deren regionale Schwerpunktbildungen sich zunächst wenig behindern, zeichnen eine politische Landschaft, die anti-extremistisch und integrativ geprägt ist; denn beide großen Parteien sind bewußt auf die Staatsform der demokratischen und parlamentarischen Republik (Art. 65 HV) festgelegt.

Das Ziel der sozialistischen Demokratie und der sozialistischen Wirtschaft ohne Eigentumsgarantie (so die Artikel 1, 32 und 38 des Verfassungsentwurfs von Georg-August Zinn und Adolf Arndt vom Juli 1946) wird seitens der SPD lediglich als Verhandlungspunkt in solch einer ausschließlichen Form vorgestellt. Die reale politische Praxis ist die des Kompromisses und der Kooperation (von 1947 bis 1951 mit der CDU, von 1955 bis 1967 mit dem BHE), dem wahlsoziologisch die „demokratische" Integration der Wähler durch SPD und CDU, verbunden mit sozialräumlicher Segregation, entspricht; beides schließlich „korreliert" positiv mit der „Civic Culture", die sich unter der Besatzungsregierung herausbildet als „Anpassung" an die implantierte Demokratie, als „Wiederaufbau" der Demokratie nach deren „Zerschlagung" durch die Nationalsozialisten und als alltagsaktionistische Überlebensstrategie (einschließlich der politisch-psychologischen Verdrängungen).[20]

Das Aufbrechen sozialstruktureller Milieus:

Eine neueren methodischen Standards entsprechende Longitudinalanalyse der hessischen Wahlentwicklung liegt ebenso wenig vor wie eine Untersuchung über die Zusammenhänge zwischen Sozialmilieu und Parteientwicklung. Alle Aussagen über die von M. Rainer Lepsius festgestellte makrostrukturelle Konstanz der Wählerblöcke stehen somit auf den tönernen Füßen einer unzureichenden Datengrundlage. Dieses grundsätzliche Manko kann hier nicht beseitigt werden; wenngleich ein erster „Pretest" die Fruchtbarkeit einer derartigen Aufmerksamkeitshaltung für die empirisch gehaltvolle Diskussion von Kontinuitäten und Brüchen sowie für die demokratietheoretische Bewertung der 1945 erfolgten „Staatsgründung" (auf dem Boden einer „Staatsbürgerkultur", ökonomischer Leistungsorientierung und eines konsumtiven Privatismus) anzeigen mag.

Die langfristige Betrachtungsperspektive zeigt, daß der 1946 vom ORI übersehene Aufbau einer „Civic Culture" (deren „Existenz" bereits die Wahlen des

Jahres 1946 anzeigen) eine grundsätzliche *Neu*orientierung der politischen Ökologie *und* des Parteiensystems darstellt. Es sind Kontinuitäten wie Diskontinuitäten, Prozesse des politischen Wandels wie der normativen Stabilisierung, die es in ihrer langfristigen Ausformung zu betrachten gilt. Für die verfassungs- und parteipolitische „Innovation" ab 1946 ergibt sich daraus folgende These:

Die strukturpolitische Schwerpunktsetzung in der Situation existentieller Nöte begünstigt zwar die Fortexistenz undemokratischer autoritärer Potentiale, gleichzeitig zerbricht diese Diskussion aber die Kontinität der nichtkatholischen bürgerlichen und bäuerlichen Wähler. Das autoritäre Potential wirkt sich nicht mehr demokratiegefährdend aus, sondern wird weitestgehend in den politischen Konsens für die politische Demokratie einer parlamentarischen Republik eingebunden. Über den Verfassungskompromiß wird auf Grundlage einer „subjektiv" nicht geführten Faschismusdiskussion die Kontinität des Parteiensystems und der Wähleraggregate durchbrochen. Ein sozialintegratives Konzept zur „Teilnahme der Arbeitnehmerschaft" und zur demokratischen Sammlung von „Bürgern" und „Bauern" kann sich bereits ab 1946 durchsetzen. Der Verfassungskonsens von CDU, SPD und KPD beendet den „Klassenkampf" und schon gar die politische Gewaltpraxis der letzten Jahre der Weimarer Republik. Dies ist eine wesentliche politische Diskontinuität, die nach 1945 auf Grundlage gerade alltäglicher Kontinität errungen wird.

„Nur" die Kombination von gemäßigter Teilnahme mit systempolitischen wirkungslosen autoritären Komponenten, also die Mischverfassung einer „Civic Culture", scheint in der Lage zu sein, nach der Zerschlagung des Faschismus politische Demokratisierungsprozesse einzuleiten. Neben dieser politischen Kultur realisieren die alltagspolitischen Deutungen der identifizierenden Totalitarismustheorie und die leistungsmotivierte Anpassung an eine durch „Staatsleistungen" entschärfte kapitalistische Ökonomie (im Aufwind des „Kalten Krieges") die Grenzen (bzw. Ausgrenzungen) dieser Integration. Die Beschränkung des Konsenses auf SPD und CDU (wobei letztere mit der LDP bzw. FDP um die vormaligen Nazis und die marktwirtschaftlich eingestellten Wählersegmente konkurriert) wird durch die geringe wahlpolitische Resonanz der KPD erleichtert. Mit durchschnittlich 10,2% der gültigen Stimmen vermag die KPD 1946 noch nicht einmal an ihr Ergebnis von 1932 (mit 12,2% im Durchschnitt beider Wahlen) anzuschließen, auch nach 1945 kann sie in Hessen ihre strukturpolitische Schwäche nicht durchbrechen oder gar aufheben.

Die „Civic Culture" im Lichte der Wahlentwicklung:

Ein Blick auf die langfristige Entwicklung der Stimmabgabe in Hessen soll diese These weiter entfalten. (Um die politische Bedeutung zu betrachten, beziehen sich die Angaben auf die gültigen Stimmen, also auf diejenigen Stimmanteile, die die Verteilung der Mandate beeinflussen.) Für das Kaiserreich und die Weimarer Republik handelt es sich insofern um fiktive Angaben, als es keine hessische Gebietseinheit gegeben hat. Die Angaben beziehen sich auf die Territorien der preußischen Provinz Hessen-Nassau mit den Regierungsbezirken Kassel und Wiesbaden und auf das Großherzogtum Hessen-Darmstadt bzw. auf den Volksstaat Hessen mit den Provinzen Ober- und Rheinhessen sowie Starkenburg.

Reichstagswahlen in Hessen zur Zeit des Kaiserreiches (1871–1912)[21]
(in % der gültigen Stimmen)

	National-liberale	Fortschritts-partei	Zentrum	Freikons. Partei	Kons. Partei	SPD	Dt. Reform-Partei	Sonst.
1871	40,8	14,6	14,4	12,2	6,7	1,6	–	9,7
1877	41,3	14,9	18,7	5,9	6,5	10,1	–	2,6
1881	28,0	24,3	14,7	5,1	19,3	8,4	–	0,2
1887	33,5	23,6	7,4	6,2	13,5	12,3	3,4	0,1
1893	22,5	11,6	12,4	3,0	6,3	23,9	16,9	3,5
1903	23,6	6,7	16,1	0,9	2,4	34,2	12,3	3,8
1912	17,1	15,8	8,1	0,7	2,6	37,7	6,0	12,0

Hessen tritt in das moderne politische Leben mit einer national-liberal-konservativen Hegemonie. Die Gruppen der „Linksliberalen" um die Fortschrittspartei reagiert stark auf den ab 1893 – parallel zur späten Industrialisierung – einsetzenden Anstieg der SPD, die 1893 in Hessen zur stärksten Partei wird und die Nationalliberalen von der Spitzenposition verdrängt. Ferner erfolgt ein Austausch zwischen bürgerlich-konservativen und antisemitisch-rechtsextremen Parteien sowohl im Kaiserreich, zwischen Nationalliberalen und der Reformpartei, wie auch, deutlicher noch, in der Weimarer Republik. 1893 überflügelt die antisemitische Reformpartei die Konservativen und Liberalen. Unter dem Eindruck der sozial-demokratischen Wahlerfolge findet eine Neuorientierung der alten liberal-konservativen Kräfte statt, und es bilden sich konservative, evangelisch-christliche sowie antisemitische Parteien. Auf dem flachen Land wird vor allem die „Nationalliberale Partei" durch diese Uneinigkeiten ausgezehrt.

Reichstagswahlen in Hessen zur Zeit der Weimarer Republik (1920–1933)[22]
(in % der gültigen Stimmen)

	DNVP	DVP	DDP/StaatsP.	Zentrum	SPD	KPD	NSDAP	Sonst.
1920	17,1	15,5	10,2	13,9	42,0	1,3	–	–
1924/I	16,6	11,6	7,0	13,9	28,1	9,9	5,2	7,7
1924/II	16,2	12,4	8,3	14,3	34,0	5,9	2,3	6,6
1928	8,6	10,8	5,7	13,0	33,3	8,8	3,1	16,7
1930	2,8	6,0	4,2	12,0	27,9	10,9	20,4	15,8
1932/I	3,3	1,6	0,6	13,0	24,6	10,6	44,1	2,2
1932/II	4,4	3,0	0,8	12,1	21,6	13,9	41,5	2,4
1933	4,1	1,8	1,0	11,9	20,5	9,9	49,5	1,3

An den rechtskonservativen „bias" seit der Jahrhundertwende kann die NSDAP seit 1924 bzw. 1930 anknüpfen, bis sie 1932 dieses „Lager" versammelt hat. Zur gleichen Zeit (ab 1928) wird die SPD durch Abwanderungen zur KPD deutlich geschwächt, nachdem sie zuvor schon (1924) ihren Antrittserfolg (1919/20) nicht konsolidieren kann.

Der NSDAP kommen die Zersplitterung des bürgerlichen Parteispektrums vor 1928 und die Schwächen der Konservativen und Liberalen seit 1924 zugute. Organisatorisch existieren die bürgerlichen Parteien kaum; auf der lokalen und regionalen Ebene werden sie bei Kommunalwahlen durch Bürgerlisten ersetzt. Landesweit treten nur NSDAP (ab 1928/29) und SPD organisiert als Apparat auf; in Städten und Industrieregionen ist auch die KPD organisatorisch vertreten.

Trotz ihrer starken Rückgänge (1920–1924 und ab 1928) erzielt die SPD – ebenso wie die NSDAP – in Hessen immer überdurchschnittliche Wahlergebnisse. Die KPD-Stimmenanteile liegen dagegen immer unter dem Reichsdurchschnitt.

Wahlen in Hessen (1946–1954)[23]
(in % der gültigen Stimmen)

	SPD	CDU	LDP/FDP	KPD	GDP/BHE	Sonst.
1946 (Landesvers.)	44,3	37,3	8,1	9,8	–	0,4
LT 1946	42,7	30,9	15,7	10,7	–	–
1948 (Gemeinde)	32,8	22,9	12,9	7,0	–	24,5
1948 (Kreis)	36,3	30,8	21,6	7,1	–	4,9
BT 1949	32,1	21,3	28,1	6,7	–	11,8
LT 1950	44,4	18,8	31,8	4,7	–	0,3
1952 (Gemeinde)	31,6	12,9	8,4	3,3	5,5	38,8
1952 (Kreis)	37,7	17,3	13,0	4,0	10,5	17,5
BT 1953	33,7	33,2	19,7	2,5	6,4	4,5
LT 1954	42,6	24,1	20,5	3,4	7,7	1,7

Sozialstrukturelle Wandlungen beeinflussen die Nachkriegswahlen weniger als die organisatorisch-institutionellen Änderungen und die Bevölkerungsmobilität.

Bezogen auf die Stichjahre 1925, 1939 und 1950 setzen sich sozioökonomisch längerfristige Wandlungsprozesse fort: Die Land- und Forstwirtschaft verliert an Bedeutung; der Dienstleistungsbereich schwankt stark und beschäftigt durchschnittlich 17% der Erwerbspersonen; Handel und Verkehr werden besonders von 1939 auf 1950 wichtiger, mit durchschnittlich 15,9% der Erwerbspersonen spielt dieser Sektor aber noch keine herausragende Rolle; dagegen sind durchschnittlich 41% im produzierenden Gewerbe beschäftigt, wobei der Anteil von 40,2% (1939) auf 43,1% (1950) ansteigt. Erst 1961 beginnt der Anstieg des „tertiären Sektors", während der Erwerbstätigenanteil im produzierenden Gewerbe erst ab 1965 zurückgeht (und 1982 wieder das Niveau des Jahres 1950 erreicht).

Von den politischen Faktoren, die die Wahlergebnisse beeinflussen, ist der erste der politisch begründete Ausschluß hauptschuldiger und belasteter vormaliger NS-Mitglieder von den Wahlen. 1946 schwankt die Zahl absolut von

111 648 bis zu 152 440 Personen bzw. von 4,4% bis zu 6,5% der Wahlberechtigten. Diese Zahlen nehmen im Zug der Entnazifizierung immer mehr ab; zur Kreistagswahl am 25. 4. 1948 sind nurmehr 59 516 (2,1%) und zur ersten Bundestagswahl bloß noch 13 108 (0,4%) aus politischen Gründen vom Wahlrecht ausgeschlossen.

Ebenso wie der Flüchtlingsanteil (der in einigen nordhessischen Wahlkreisen und Mittelstädten ein Drittel beträgt) und der Anteil der Evakuierten, die vom Wahlrecht ausgeschlossen sind, wenn sie nicht sechs Monate ununterbrochen in der Gemeinde wohnen, ist auch die Zahl der politisch motivierten Aberkennungen des Wahlrechts regional und lokal sehr unterschiedlich. In einer Landkreisgemeinde beläuft sich dieser Personenkreis im Januar 1946 z.B. auf 15% der Wahlberechtigten, ähnlich unterschiedlich fallen die politisch motivierten Wahlenthaltungen und die entsprechende Abgabe ungültiger Stimmen aus.

Aus der privatistischen Konzentration auf das Naheliegende ergibt sich eine weitere politische Besonderheit, die zugleich eine Umkehr und eine Fortsetzung von Trends der Weimarer Republik darstellt. Gemeint ist (bis 1949) die hohe Wahlbeteiligung auf lokaler Ebene (1946 = 82%, 1948 = 81,2%), die zum Landtag hin abnimmt (1946 = 73,2%, 1950 = 64,9%) und selbst bei der ersten Bundestagswahl (77,3%) niedriger bleibt. Verbunden hiermit ist die starke Position lokaler Wählergemeinschaften.[24]

Hinter der SPD (32,4%) rücken die Wählergemeinschaften bei der Kommunalwahl 1948 mit 29,7% auf den zweiten Platz vor und überrunden CDU (22,3%) und LDP (9,2%) deutlich. Bei den Gemeindewahlen 1952 versammeln die parteifreien Listen 51,7% der Stimmen und gewinnen fast 70% der Mandate. Sie sind damit mit weitem Abstand zur „stärksten Partei" geworden vor SPD (28,1%), CDU (10,4%), FDP (4%) und BHE (5,5%). Nachdem diese Wählergemeinschaften 1948 nur in Kreisen mit einem hohen Flüchtlingsanteil besonders erfolgreich abschneiden, ziehen sie 1952 sogar in die Stadtverordnetenversammlung einiger kreisfreier Städte ein.

Im Unterschied zur Weimarer Republik entspricht dieser politischen Zersplitterung auf lokaler und regionaler Ebene aber nicht die anschließende Wählersammlung durch eine rechtsextremistische Bewegung. Auf der Ebene des Landtages bildet sich ein Vierparteiensystem heraus, wobei der BHE nach dem Niedergang der KPD (1950) die Rolle der vierten Partei übernimmt. Gegenüber 1946 ändert sich, wie die Korrelationsanalyse andeutet, die politische Ökologie auf der Ebene der Landtags- und Bundestagswahlen nicht.

Mit der angesichts der geringen Datenzahl gebotenen Zurückhaltung kann auf die Konkurrenz von CDU und FDP sowie auf die unterschiedlichen Stützpunkte von LDP/FDP und KPD hingewiesen werden. Dies belegen auch die partiellen Korrelationskoeffizienten und die Bestimmtheitsmaße, die sich aus den multiplen Korrelationen ergeben. So sind die SPD-Ergebnisse weitgehend unbeeinflußt von CDU, LDP/FDP und KPD, während die CDU-Ergebnisse zu 29,1% durch die Unterschiede der liberalen Stimmenzahlen „erklärt" werden (und umgekehrt).

Nach dem Zweiten Weltkrieg ändert sich das Parteienspektrum. Zwar knüpft die SPD an die alte Stärke an, die KPD verliert an Gewicht, aber erst die starke Konkurrenz zwischen CDU und LDP/FDP ändert das bürgerliche Parteilager. 1950 endet die Episode der KPD, die nur in Hanau eine stärkere Bastion entwickelt hat. Die CDU als christlich-sozialistische bzw. sozialintegrative und sozialliberale Partei sammelt den größeren Anteil, nämlich ein Viertel der bürgerlichen Wähler, während die FDP, die sozialstrukturell und regional an die NSDAP-Strukturfaktoren anknüpft, ein Fünftel versammelt. Zwischen beiden Konkurrenten kommt es unter dem Eindruck der hessischen Sozialisierungs- und Mitbestimmungsdiskussion von 1949 bis 1953 zu einem vehementen Wähleraustausch (vor allem die Landtagswahl vom 19. 11. 1950 kehrt das Stärkeverhältnis um und bringt der CDU 18,8%, der FDP aber 31,8% der Stimmen). Erst 1954 wächst die CDU mit 24,1% wieder zur zweitstärksten Partei (gegenüber der FDP, auf die 20,5% der gültigen Stimmen entfallen). Auffällig ist, bezogen auf SPD und CDU und auf die Wahlen der Jahre 1953 und 1954, die starke Differenzierung zwischen einer sozialdemokratischen Landes- und einer christdemokratischen Bundesebene, demgegenüber entfällt auf die FDP nach 1950 ein konstanter Stimmenanteil. Ab 1953/54 schwächt sich die Konkurrenz der beiden bürgerlichen Parteien ab. Die SPD kann zunächst ihre Spitzenposition bei durchschnittlich 40% stabilisieren (berücksichtigt man alle Bundes- und Landtagswahlen von 1946 bis 1957). Im Land entfällt die „politische Prämie" eines erfolgreichen Machtbesitzes auf die SPD, die von 1946 bis 1958 einen durchschnittlichen Wähleranteil von 44% sammelt (wohingegen es bei den Bundestagswahlen von 1949 bis 1957 nur 35% sind).

Zur Rolle der bürgerlichen Parteien[27]: Integration in einer „Civic Culture"

Ein Chiquadrat-Test zeigt, daß bei der Bundestagswahl 1949 der Unterschied der Ergebnisse von CDU, FDP und SPD im Bundesdurchschnitt und in Hessen signifikant ist ($X^2 = 13,8$, das 0,1% Signifikanzniveau [df = 2] liegt bei 13,8). Diese signifikante Besonderheit Hessens ist wesentlich ein Resultat der Wahlergebnisse von CDU und FDP. Demgegenüber ergibt derselbe Test, daß sich die Bundestagswahl 1953 auf Bundes- und Landesebene für diese drei Parteien nicht besonders unterscheidet. ($X^2 = 5,0$, was selbst auf dem 5%-Niveau von 5,991 nicht signifikant ist.) 1953 unterscheiden sich nur noch die FDP-Ergebnisse in einem nennenswerten Umfang (mit 9,9% gegenüber 19,7% der gültigen Stimmen oder 7,9% zu 16,3% der Wahlberechtigten), während die CDU in Hessen zwar deutlich hinter dem Bundesdurchschnitt bleibt, dennoch aber – erstmals nach der Wahl zur Verfassungsgebenden Landesversammlung (1946) – die Drittelmarke erreicht und mit 13,5 Prozentpunkten vor der FDP zur deutlich zweitstärksten Partei avanciert (während sie 1949 um 6,7 Punkte von der FDP übertroffen worden ist).

Diese Überlegungen zur Besonderheit der hessischen Bundestagswahlergebnisse weisen auf die besondere Rolle der beiden großen bürgerlichen Parteien hin. Nach 1945 gelingt es – allerdings nach der militärischen Zerschlagung des Faschismus und bei Souveränität der Besatzungsregierung – die „bürgerlichen Wähler" jenseits ihrer traditionellen „Rechtsorientierung" an die parlamentarisch-repräsentative Demokratie heranzuführen. Die hessische Besonderheit ist das Ausmaß der Konkurrenz zwischen LDP/FDP und CDU, das 1949 und 1950 zum Austausch zugunsten der FDP führt, der 1953 und 1954 dann von der CDU wieder rückgängig gemacht wird.

Gegenüber der Weimarer Republik und den Kontinuitätsbezügen zum Kaiserreich bildet sich — unter Konflikten — ein neues Parteiensystem heraus, das sich durch die „antiextremistischen" Sammlungstendenzen von CDU (gegenüber der FDP) und SPD (gegenüber der KPD) auszeichnet. Die CDU konsolidiert dabei zunächst ihren christlichen und mittelständischen Wählerbestand, so daß die SPD in „säkularisierte" und an staatlicher Daseinsvorsorge interessierte bürgerliche Wählersegmente eindringen kann, und die LDP bzw. FDP — seit der Verfassungsabstimmung und der Landtagswahl vom Dezember 1946 — als einzige antimarxistische Partei auftreten kann.

Die CDU bereitet (unter Werner Hilpert, der in Gegnerschaft zu Konrad Adenauer steht) die Große Koalition und ein pluralistisches Parteiensystem vor, während die FDP dies zum zeitweiligen Anstieg und zur Sammlung von „rechteren" (traditionellen) bürgerlich-bäuerlichen Wähler ausnutzt. Auch dieser strukturelle Anschluß an die Weimarer Republik ist aber am neuen Parlamentarismus orientiert. Dennoch erscheint die CDU als die wichtigere bürgerliche Partei für die Durchsetzung der „Civic Culture", denn ihre Integrationsleistung und ihre Überschreitung der traditionellen „cleavages" bezüglich des sozialen Status und der Religion leiten das neue (pluralistische) Parteiensystem ein. Diese Leistung korrespondiert mit derjenigen der SPD. Dabei ist der Konflikt zwischen CDU und FDP aber gewichtiger als der zwischen SPD und KPD, weil die KPD an die sozialstrukturell bedingte Unterbilanz der Weimarer Republik anschließt und nach 1945 sogar auf einer noch schwächeren Ausgangsstufe beginnt. (Innersozialdemokratische Konflikte bei Durchsetzung der Distanz zur „sozialistischen Republik" bedürfen noch der Analyse.)

Die hessische CDU ist 1945 bis 1952 an sozialer Integration und an der Pazifizierung klassenkämpferischer Konflikte interessiert. Ihre Position des christlichen Sozialismus unterscheidet sich durch Befürwortung struktureller Lösungen (wie Mitbestimmung und Gemeineigentum zur Verhinderung von Eigentumsmißbrauch) von der Mehrheitslinie der CDU, die — wie Adenauer am 24. März 1946 ausführt — „aufwärts" will durch „Selbstbewußtsein und Verantwortungsgefühl".

In Hessen öffnet erst der Rücktritt Hilperts (5. 7. 1952) die Möglichkeit eines teilweisen Rückzugs und einer „Radikalisierung" der CDU, die dann — nach der Zwischenperiode unter Wilhelm Fay (1952–1967) — aufgrund der Intervention jüngerer Kreisvorsitzender (wie Walter Wallman und Christian Schwarz-Schilling) von Alfred Dregger (1967–1982) vorangetrieben wird. Nach dem Rückzug der CDU übernimmt die SPD die Vorreiterrolle der „Civic Culture", indem sie z.B. 1955 bzw. 1970 eine jeweils zwölfjährige Koalition mit dem BHE und anschließend mit der FDP eingeht. Auch hierin setzt sich die „Staatsgründung" nach 1945 noch fort (so daß die hessische Nachkriegszeit erst 1982 geendet haben dürfte).

Anmerkungen

1 Dieser Beitrag vertieft eine ausführliche Darstellung: „Der Nationalsozialismus als Vorgeschichte der Nachkriegszeit – dargestellt am Beispiel Hessen", ersch. 1988 in dem von Hans-Gerd Schumann herausgegebenen Sammelband „Deutschland 1945–1949" in der Schriftenreihe „Wissenschaft und Technik" der TH Darmstadt. Dort finden sich auch Belege bes. zum Forschungsstand und zur NS-Vorgeschichte der Staatsgründung.
2 LDP = „Liberal-Demokratische Partei". Dies ist die Bezeichnung der hessischen „Liberalen", gültig bis zum Zusammenschluß der liberalen Landesparteien zur „Freien Demokratischen Partei" (FDP), im Dezember 1948 in Heppenheim.
3 Als überblickhafte Darstellung der Verfassungsdiskussion vgl. Hans-Christoffer Beyer, Die verfassungspolitischen Auseinandersetzungen um die Sozialisierung in Hessen, Diss. phil., Marburg 1977; als zuverlässigen allgemeinen Überblick vgl. die lesens- und lobenswerte Arbeit von Walter Mühlhausen, Hessen 1945–1950, Frankfurt 1985.
4 Karlheinz Niclauß, Demokratiegründung in Westdeutschland, München 1974, hier bes. S. 15, 27f.
5 Alexander Mitscherlich, Endlose Diktatur? Heidelberg 1947, S. 42.
6 Abweichungen gegenüber dem Reichsdurchschnitt betreffen vor allem den geringen Arbeiter- und höheren Landwirtschaftsanteil, die geringere Zahl der Katholiken und die höhere der evangelischen Christen, den höheren Bevölkerungsanteil, der in Landgemeinden und in Großstädten wohnt. Im Durchschnitt weichen diese Indikatoren um 12,6% von den Reichswerten ab; am größten (21,3%) ist die Differenz bezüglich der Katholiken. – Vgl. Eike Hennig, Hessen unterm Hakenkreuz, Frankfurt 1983, S. 45ff., bes. S. 49f., Hrsg. in Zusammenarbeit mit Herbert Bauch, Martin Loiperdinger, Klaus Schönekäs.
7 Dazu äußern sich die Vertreter des Modernisierungsansatzes. Vgl. Ralf Dahrendorf, Gesellschaft und Demokratie in Deutschland, München 1968; Charles E. Frye, The Third Reich and the Second Republic. National Socialism's Impact upon German Democracy, in: Western Political Quarterly, 21 (1968), S. 668–680; David Schoenbaum, Die braune Revolution, Köln/Berlin 1968; Richard Grundberger, A Social History of the Third Reich, London 1971; kritisch dazu Eike Hennig, Thesen zur deutschen Sozial- und Wirtschaftsgeschichte 1933 bis 1938, Frankfurt 1973, bes. S. 28ff., 30ff., 85ff.
8 Für Hessen liegen keine Analysen entsprechender politischer Lernprozesse und Dispositionen vor. Beispielhaft sei hingewiesen auf die dreibändige Studie von Harold Hurwitz, Demokratie und Antikommunismus in Berlin 1945, Köln 1983 und 1984; vgl. ferner Rolf Schörken, Luftwaffenhelfer und Drittes Reich, Stuttgart 1984, bes. S. 165ff., 218ff.; ein Verzeichnis der US-Untersuchungen findet sich in: Anna J. Merritt, Richard L. Merritt, Public Opinion in Occupied Germany, Urbana/Chicago/London 1970 (betr. OMGUS, 1945–1949); dies., Public Opinion in Semisovereign Germany, Urbana/Chicago/London 1980 (betr. HICOG, 1949–1955); vgl. auch Heinz H. Fischer, Trends in German Public Opinion, in: ZA-Information 16, Mai 1985, hier bes. S. 77, wo für die Zeitspanne vom Oktober 1945 bis zum Februar 1949 die Antworten auf die Frage nach den größten Sorgen mitgeteilt werden.
9 Die Zwischenüberschrift lehnt sich an den Beitrag von Werner Fuchs (Der Wiederaufbau in Arbeiterbiographien) in: Lutz Niethammer (Hrsg.), „Wir kriegen jetzt andere Zeiten", Berlin/Bonn 1985, S. 347–360, und an die Unterschrift zu einem Bild tanzender Trümmerfrauen vor Ruinen an. Zu dem Bild vgl. Hannah Arendt, Arbeit macht frei oder Wie Deutschland vergaß und genas, 1950, abgedr. in: FR v. 16. 8. 1986, S. ZB 3. Der Aufs. ist 1950 unter dem neutralen Titel „The Aftermath of Nazi-Rule" publiziert worden.
10 Walter Mühlhausen (Hrsg.), Ludwig Bergsträsser. Befreiung, Besatzung, Neubeginn, München 1987, S. 51.
11 Rebecca Boehling, Die politischen Lageberichte des Frankfurter Oberbürgermeisters Blaum an die amerikanische Militärregierung 1945/1946, in: Archiv für Frankfurts Geschichte und Kunst, H. 59, 1985, S. 485–537, S. 537.

12 Bergsträsser, Befreiung (Anm. 10), S. 340.
13 Die Aufsätze von Abendroth und Forsthoff sind abgedr. in: Ernst Forsthoff (Hrsg.), Rechtsstaatlichkeit und Sozialstaatlichkeit, Darmstadt 1968, S. 114ff., 145ff., 165ff.; zu Abendroth vgl. den vorsichtig-kritischen Hinweis durch Helmut Ridder, Die soziale Ordnung des Grundgesetzes, Opladen 1975, S. 44f., bes. S. 45, 48, 99; Ridder bezeichnet Abendroths Position „als die tendenziell richtige; sie bedarf jedoch noch schärferer juristischer Stringenz." Zur hessischen Verfassung vgl. Ridder z.B. S. 94, 101, 114.
14 Thilo Ramm, Die soziale Ordnung in der Hessischen Verfassung, in: Erwin Stein (Hrsg.), 30 Jahre hessische Verfassung 1946–1976, Wiesbaden 1976, S. 204–229; abgedr. in: Jakob Schissler (Hrsg.) Politische Kultur und politisches System in Hessen, Frankfurt 1981, S. 126–150.

In „30 Jahre" (Anm. 14, S. 183ff.) vgl. auch den Beitrag von Stein; ähnlich wie Ramm 1976 zieht Erwin Stein 1986 nochmals Bilanz, in: FR Nr. 279 v. 2. 12. 1986, S. 10.

15 Dies ist ein Motivbündel, das bereits mit der Machteinsetzung der NSDAP verbunden ist. Vgl. Hennig, Hessen unterm Hakenkreuz (Anm. 6), S. 18ff., 393ff.; Joachim Schumacher, Die Angst vor dem Chaos, Frankfurt 1978 (1937¹); wie im Brennglas zeigt Münkler die Wirksamkeit dieser Option am Beispiel der Zeit vom Januar bis zum Sommer 1945 in Friedberg. (Herfried Münkler, Machtzerfall, Berlin 1985; dazu Eike Hennig, Rez. in: betrifft: erziehung, Apr. 1986, S. 64/65.)
16 Im einzelnen handelt es sich um folgende Wahlgänge:
 (1) 20./27. 1. 1946 = Gemeindewahlen (in Gemeinden bis zu 20000 Einwohnern)
 (2) 28. 4. 1946 = Kreistagswahlen (und Gemeindewahlen in Bad Hersfeld, Bad Homburg, Wetzlar)
 (3) 26. 5. 1946 = Stadtverordnetenwahlen (in 9 kreisfreien Städten: Darmstadt, Gießen, Offenbach, Fulda, Kassel, Marburg, Frankfurt, Hanau, Wiesbaden)
 (4) 30. 6. 1946 = Wahl zur verfassungsberatenden Landesversammlung
 (5) 1. 12. 1946 = Volksentscheide über die Landesverfassung und (gesondert) über die Aufnahme von Art. 41 HV in die Verfassung
 (6) 1. 12. 1946 = Landtagswahl (LTW)
 (7) 25. 4. 1948 = Kommunalwahl (KW)
 (8) 14. 8. 1948 = Bundestagswahl (BTW)
 (9) 19. 11. 1950 = LTW
 (10) 4. 5. 1952 = KW
 (11) 6. 9. 1953 = BTW
 (12) 28. 11. 1954 = LTW

Bei der Wahl des Untersuchungszeitraums folge ich Jürgen W. Falter, Kontinuität und Neubeginn. Die Bundestagswahl 1949 zwischen Weimar und Bonn, in: PVS, 22 (1981), S. 236–263; Falter zeigt, daß die „Neustrukturierung des westdeutschen Parteiensystems" erst 1953 einsetzt, wegen der hessischen Besonderheit im Verhältnis von CDU und FDP wird die LTW 1954 noch berücksichtigt, denn mit ihr setzt in Hessen die Stabilisierung der CDU im bürgerlichen Spektrum ein.

17 Aus dem bisherigen Forschungsstand ergibt sich lediglich eine Negativbilanz der weißen Flecken im hessischen Wahlatlas bes. nach dem Abbruch der von Wolfgang Abendroth angeregten lokalen/regionalen Wahlforschungen. – Modernen methodisch-theoretischen Ansprüchen genügt lediglich die (schwerpunktmäßig jedoch erst 1977 und 1981 einsetzende) Untersuchung Frankfurts durch Konrad Schacht, Wahlentscheidung im Dienstleistungszentrum. Analysen zur Frankfurter Kommunalwahl vom 22. März 1981, Opladen 1986.

Zur Dokumentation hessischer Wahlergebnisse vgl. als Großüberblick: Gerhard A. Ritter (unter Mitarb. v. Merith Niehuss), Wahlgeschichtliches Arbeitsbuch. Materialien zur Statistik des Kaiserreichs 1871–1918, München 1980, S. 78f., 110, 90; Jürgen Falter u.a.,

Wahlen und Abstimmungen in der Weimarer Republik, München 1986, S. 65–80, 95, 103, 106; Gerhard A. Ritter, Merith Niehuss, Wahlen in der Bundesrepublik Deutschland, München 1987, S. 95, 120f., 125, 129, 133, 135f., 143. Spezieller informieren folgende Arbeiten: Helmut Berding, Gründung und Anfänge des Landes Hessen, in: Walter Heinemeyer (Hrsg.), Das Werden Hessens, Marburg 1986, S. 767–809, bes. S. 779ff.; Herbert Lilge, Hessen in Geschichte und Gegenwart, Wiesbaden 1979, S. 17ff., bes. S. 20; HICOM, Elections and Political Parties in Germany 1945–1952, o.O. 1952, bes. Tab. 3; Alfred Behr u.a., Wahlatlas Hessen. 1946 bis 1985, Braunschweig 1986, S. 5–15, 47, 49–59, 93, 99f., 101–104, 113f. (Trotz des Titels ist die Form der Datendokumentation enttäuschend, da noch nicht einmal alle absoluten Grunddaten der Wahlen zusammengestellt worden sind.); Hessisches Statistisches Landesamt (Hrsg.), Hessen im Wandel, Wiesbaden 1986, S. 120–128 (ausführlicher noch ist die teilweise identische Fassung in: Hessen im Wandel der letzten hundert Jahre 1860–1960, Wiesbaden 1960).

18 Zit. in: Alfons Söllner (Hrsg.), Zur Archäologie der Demokratie in Deutschland, Bd 2, Frankfurt 1986, S. 67–101, hier bes. S. 98f., 100f. (auch für die folgenden Zitate).

19 N = 5 (vgl. Anm. 16). Die beiden Wahlgänge vom 20. und 27. 1. 1946 werden zu einer Gemeindewahl zusammengefaßt. Vgl. die Karten: Behr, Wahlatlas (Anm. 17), S. 7, 51.
Die Symbole bedeuten:
r = Korrelationskoeffizient nach Bravais-Pearson
$R^2 = r^2$ = Determinationskoeffizient, der auf die ungeklärte Varianz des Zusammenhangs der entsprechenden Parteien prozentual hinweist.
Alle bivariaten Korrelationen beziehen sich auf Parteianteile, die in Prozent der Wahlberechtigten (nicht der gültigen Stimmen) ausgedrückt werden.

20 Vgl. Gabriel A. Almond, Sidney Verba, The Civic Culture, Princeton 1963, bes. S. 261ff., 402ff., 473ff.; Almond, The Intellectual History of the Civic Culture Concept, in: Almond/Verba (Hrsg.), Civic Culture Revisited, Boston/Toronto 1980, hier bes. S. 16ff.

21 Zit. n.: Hessen im Wandel (Anm. 17). S. 122.

22 Ebda, S. 123.

23 Ebda, S. 124f., 127; Behr, Wahlatlas (Anm. 17), S. 5–17, 47, 49–59, 93, 99f., 101–104, 114.

24 Vgl. Behr, Wahlatlas (Anm. 17), S. 11, 47 (dort finden sich z.T. abweichende Daten); Vera Rüdiger, Die kommunalen Wahlvereinigungen in Hessen, Meisenheim a.G. 1966; Thomas Möller, Die kommunalen Wählergemeinschaften in der Bundesrepublik Deutschland, München 1985[2], S. 83ff.

25 Berücksichtigt werden die LT-Wahlen 1946, 1950 und 1954 sowie die BT-Wahlen 1949 und 1953. – Zur Korrelationsmatrix vgl. Anm. 19 und die Karten in Behr, Wahlatlas (Anm. 17), S. 51, 53, 57, 102.

26 Einige partielle bzw. multiple Koeffizienten lauten:

Partielle Korrelationen
$r_{(LDP, KPD)/CDU} = -.744$
$r_{(LDP, KPD)/SPD} = -.772$
$r_{(CDU, LDP)/SPD} = -.493$
$r_{(SPD, LDP)/CDU} = -.163$
$r_{(SPD, KPD)/CDU} = -.25$

Multiple Korrelationen
$r_{SPD(KPD, CDU)} = .349$
$r_{SPD(LDP, CDU)} = .297$
$r_{CDU(SPD, LDP)} = .54$
$r_{LDP(SPD, CDU)} = .614$

27 Zur traditionellen Sichtweise vgl. Hans-Ulrich Huster u.a., Determinanten der westdeutschen Restauration 1945−1949, Frankfurt 1972, hier S. 47f., 220; Manfred Dörr, Restauration oder Demokratisierung? Zur Verfassungspolitik in Hessen 1945/1946, in: Zeitschrift für Parlamentsfragen, 2 (1971), S. 99−122, zur Sozialisierung s. S. 115ff., zur CDU s. S. 122; vgl. dagegen Mühlhausen, Hessen (Anm. 3), bes. S. 267f., 271ff.; Stein in: ders., 30 Jahre (Anm. 14), S. 195ff. In seinem 1954 abgeschlossenen Manuskript diskutiert A.R.L. Gurland die hessische CDU als eine „CDU mit sozialistischem Vorzeichen": Die CDU/CSU (hrsg. v. Dieter Emig), Frankfurt 1980, S. 40ff. 109, 182f., 343ff.; dazu jetzt die Monographie von Heinrich Rüschenschmidt, Gründung und Anfänge der CDU in Hessen, Darmstadt u. Marburg 1981, bes. S. 199f., 300ff., 312, 452ff., 473ff., 505ff.; vgl. als Kurzfassung: Gründung und erste Jahre − Mitgestaltung und Rückschlag, in: Werner Wolf (Hrsg.), CDU Hessen 1945−1985, Köln 1986, S. 13−35, S. 18ff., 24ff., 28f.; zu Rüschenschmidt 1981 vgl. Dieter Emig in: NPL, 28 (1983), S. 521/522.

Zur LDP/FDP vgl. (unzureichend) Ludwig Luckemeyer, Liberale in Hessen 1848−1980, Melsungen 1980, S. 117ff., 124ff., 145ff.; Jörg Michael Gutscher, Die Entwicklung der FDP von ihren Anfängen bis 1961, Königstein 1984, S. 17f., 23ff. Zur Charakterisierung dieser Partei vgl. Gutscher, S. 18; Luckemeyer, bes. S. 180, 182f., 184, vgl. auch die Aussagen über die LDP/FDP-Abgeordneten: S. 147f., 157, 180ff., und zur Verbindung von Bauernverband und FDP: S. 171ff., 176, 178f. − Luckemeyer verfügt offensichtlich über „eine sichere politische Witterung" (S. 139), denn lediglich in Verbindung mit Leuchtgens (S. 183f.) und dem Bauernverband liefert er erklärende Hinweise, während ansonsten unkritische und begriffslose Deskription überwiegt. − Eine wissenschaftlichen Ansprüchen genügende Analyse der „Liberalen" im Hessen der Nachkriegszeit verspricht wichtige Erkenntnisse über bürgerliche Kontinuitäten, über die Integration des rechten Wählerpotentials in das politische System der Bundesrepublik und über liberalisierende Einwirkungen der Bundespartei auf die hessische FDP.

Dieter Emig

„We were expected to have the wisdom of Solomon, the strength of Samson, and the patience of Job!"

Zur Geschichte der amerikanischen Militärregierung in Hessen

Bevor ich zum eigentlichen Thema komme, seien einige einleitende aber auch einschränkende Bemerkungen erlaubt:

1. Meine Ausführungen beruhen auf einer umfangreichen Studie über die Struktur, die Aufgabenverteilung und die Organisation des „Office of Military Government for Hesse" (so die offizielle Bezeichnung), die Alfred Georg Frei und ich verfaßt haben.
2. Diese Studie ist der Hessen betreffende Teil des Handbuches über die amerikanische Militärregierung in Deutschland, das vom Institut für Zeitgeschichte, München, betreut wird. Gegliedert nach OMGUS-Zentrale und Ländermilitärregierungen soll es in erster Linie ein Nachschlagewerk und ein notwendiges Hilfsmittel bei der Bearbeitung der Akten der amerikanischen Militärregierung sein.
3. Daraus resultiert, daß diese Ausführungen über die Militärregierung sehr stark darstellenden Charakter haben. Sie sind zu begreifen als notwendige Vorarbeiten, um dem Problemzusammenhang von amerikanischer Einflußnahme und dem zweifellos vorhandenen Handlungsspielraum auf deutscher Seite auf die Spur zu kommen.

Anders als noch in früheren Studien, die den Besatzungsmächten die alleinige Befugnis über die deutsche Nachkriegspolitik zugeschrieben haben, müssen deutsche Handlungsmöglichkeiten und praktische amerikanische Besatzungspolitik heute als „komplizierter Interaktionsprozeß zwischen sehr verschiedenartigen Interessen und Konzeptionen sowohl auf der Seite der Besatzungsmächte wie auf der der Deutschen wie auch zwischen ihnen gefaßt werden". Dazu ist „eine am Beispiel konkret ins einzelne gehende Untersuchung dieser Kräfte und ihres Zusammenwirkens"[1] notwendig. Es liegt auf der Hand, daß die komplexen Strukturen im Nachkriegsdeutschland zuerst einmal die Konzentration auf überschaubare regionale Einheiten nahelegen. Die inzwischen breit gefächerte Diskussion über den Stellenwert von Regional- und Lokalstudien, die sich auch der theoretischen Implikationen der Regionalgeschichte angenommen hat, kann und soll hier nicht entfaltet werden. Es ist jedoch wichtig festzuhalten, daß die traditionell häufig peinlich heimattümelnde und deshalb auch mitleidig belächelte Lokal- und Regionalgeschichtsforschung als überholt gelten kann und heute ihren Beitrag zur kritischen Gesellschaftsanalyse zu leisten imstande ist.

Vor diesem Hintergrund, der hier nur sehr grob skizziert werden konnte, sollen im folgenden einige überblicksartige Bemerkungen über

- die Vorgeschichte von OMGH,
- die Entwicklung vom Regionaldetachment zur Landesmilitärregierung,
- den Aufbau von OMGH und hessischer Landesregierung,
- die Organisation und Entwicklung der amerikanischen Militärregierung in Hessen bis zu ihrer Auflösung im September 1949,
- die lokale und regionale Verwaltung der Militärregierung

gemacht werden. Die einzelnen Fachabteilungen der amerikanischen Militärregierung, ihre Organisation und Entwicklung und vor allen Dingen die von ihnen betriebene Politik können hier nicht behandelt werden.

Vorgeschichte

Nachdem General Dwight D. Eisenhower durch die Proklamation Nr. 2 vom 19. September 1945 die Gründung des Landes Groß-Hessen verkündet hatte, übernahm das Detachment E−5 der amerikanischen Militärregierung für Deutschland am 8. Oktober 1945 in Wiesbaden die Kontrolle über den gesamten Landesbereich.[2] Dieses Detachment war am 15. September 1944 in Rochefort en Yveline (Frankreich) im Rahmen der European Civil Affairs Division aufgestellt worden.[3] Es trug die Bezeichnung E1 A2 und war ursprünglich als Regionaldetachment für den Bereich Saar-Pfalz-Rheinhessen vorgesehen. Sowohl während des Aufenthalts in Frankreich als auch beim Vormarsch war der Kommandierende Offizier von E1 A2 gleichzeitig für alle anderen Detachments, die in seinem regionalen Bereich arbeiten sollten, verantwortlich.

Vor Erreichen der „statischen Phase" − so bezeichneten die Amerikaner die Zeit nach dem Sieg über die Armeen der Nationalsozialisten − waren jedoch die meisten dieser Detachments taktischen Truppen zugeordnet.[4] Eindrucksvoll schildert ein Tagesbericht des Detachments diese Situation:

> „Die Rolle, die das Regional Detachment während der Kampfphase spielte, unterschied sich ... sehr von dem, was sich viele Military Government Officers vorgestellt hatten. Mangelndes Verständnis für die Aufgabenstellung dieser Art von Detachment und das Fehlen einer klaren Direktive von höherer Ebene waren zwei Faktoren, die echte Hindernisse für eine erfolgreiche Organisation der Militärregierung darstellten und zu Verwirrung, Frustration und Unzufriedenheit beitrugen, die sich wie ansteckende Krankheiten unter den Mitarbeitern des Detachments immer weiter verbreiteten. Trotz der langen Wartezeit und der ermüdenden Unterrichtsstunden, die Offiziere und Mannschaften zuvor hinter sich gebracht hatten, waren die Erwartungen in den Wochen nach Aufstellung des Detachments groß. Aber die unzureichende Klärung der Aufgaben und Tätigkeiten des Teams bedrohte ernsthaft seine Moral und Leistungsfähigkeit.
> Der tagtägliche Ärger, fehlende eigene Unterkünfte, unzureichende Verpflegungs- und Versorgungseinrichtungen, der ergebnislose und sich ständig wiederholende Ausbildungsplan, das moralische und geistige „Abschlaffen" von Offizieren und Mannschaften, die nichts anderes zu tun hatten, als sich mit ihrem persönlichen Wohlergehen und ihren eigenen Launen zu beschäftigen − all dies trug im Laufe der Zeit viel dazu bei, den Zusam-

menhalt und den Enthusiasmus zu zerstören, der die meisten Mitarbeiter des Detachments in den ersten Wochen ihrer Arbeit beseelt hatte."[5]

Kommandierender Offizier des Detachments E1 A2 war Lt. Col. Donat M. Wilson. Als Stellvertreter fungierte bis zum 25. 9. Lt. Col. Frank Seydal, später dann Lt. Col. Norman E. Routzohn. Am 28. 10. 1944 übernahm Lt. Col. Eugene Bond dieses Amt. Routzohn wurde zum Property Control Officer bestimmt. Diese Ablösung stand vermutlich im Zusammenhang mit den großen Disziplinproblemen, mit denen E1 A2 und die untergeordneten Detachments in jener Zeit zu kämpfen hatten. So waren bereits am 20. 10. 1944 durch eine Razzia Unregelmäßigkeiten in der Messe der Company A festgestellt worden. Daraufhin wurde Capt. Hudson als kommandierender Offizier abgelöst und Lt. Peterson zu seinem Nachfolger ernannt. Eines der wichtigsten Probleme während der in Etain fortgesetzten Ausbildung war die Frage der zukünftigen Behandlung der Displaces Persons (DPs). Während die Unterrichtung der Detachment Officers durch Spezialisten von E1 A2 ihren Fortgang nahm, blieb diese Frage weithin ungeklärt. Trotzdem wurden die Detachments nach dem 20. 11. 1944 – sie waren inzwischen über Joudreville bis Maxeville bei Nancy vorgerückt – zunehmend für Aufgaben im DP-Bereich herangezogen. Am 25. 11. 1944 vermeldete der Chronist von E1 A2 das Ende des offiziellen Ausbildungsprogramms.

Die Stärke des Regional Detachments E1 A2 betrug nach verschiedenen Zugängen am 17. 12. 1944 118 Offiziere und 173 Mannschaften. Von den Offizieren waren zu diesem Zeitpunkt 51 in Maxeville stationiert, 67 befanden sich im Feld.[6] Nach einer Zwischenstation in Esch (Luxemburg) erreichte das Detachment E1 A2 am 28. 4. 1945 Neustadt in der Pfalz. Kurz zuvor, am 26. April, hatte Colonel James R. Newman, geboren 1903, das Kommando von E1 A2 übertragen bekommen. Im Zivilberuf an führender Stelle in einer Schulaufsichtsbehörde tätig und promovierter Erziehungswissenschaftler, konnte er auf eine erfolgreiche militärische Karriere zurückblicken. Als Absolvent der Militärakademie in West-Point hatte er sich bereits 1934 freiwillig gemeldet und war schließlich 1941 in den aktiven Dienst berufen worden. Seine militärischen Sporen verdiente er sich als kommandierender Offizier in verschiedenen Einheiten der Küstenwache und der Luftabwehr. Später wurde er aufgrund seiner beruflichen Erfahrung zum ersten Militärregierungs-Regiment versetzt und brachte es nach einer Zwischenstation in England bis zum kommandierenden Offizier in der Vorhut der European Civil Affairs Division in Frankreich. Von dort wurde er 1944 nach England zurückberufen, um die Organisation der Militärregierung für Württemberg zu übernehmen. Aus welchen Gründen schließlich das Kommando von E1 A2 an Col. James R. Newman übergeben worden war, konnte nicht geklärt werden.[7] Jedenfalls blieb es ihm vorbehalten, am 18. Mai 1945 die erste deutsche Zivilregierung nach Kriegsende in ihr Amt einzuführen. An ihrer Spitze stand Hermann Heimerich. Weitere Mitglieder dieser nach amerikanischen Angaben quasi handverlesenen Regierung waren Dr. Wilhelm Zutt, Dr. Hans Anschütz, Dr. Alexander Mitscherlich, Adolf Rausch und Emil Henk.[8] Diese Regierung war zuständig für die späteren Bezirke Trier, Koblenz, Saarland (Saarbrücken), Pfalz (Neustadt) und Rheinhessen (Mainz).[9] Nachdem klar war, daß die linksrheinischen Gebiete von den Franzosen beansprucht wurden, bereitete sich das Detachment in den ersten Julitagen 1945 auf den Umzug von Neustadt nach Wiesbaden vor. In Besprechungen mit Vertretern der französischen Militärregierung (Col. Bonne, Maj. Gen. Bouley) wurde die Übergabe des Gebiets vorbereitet, die am 10. 7. feierlich vollzogen wurde. Im Tagesbericht heißt es, daß „die meisten Deutschen den Abzug der Amerikaner nicht gern sahen".[10]

Vom Regionaldetachment zur Landesmilitärregierung

Am 16. 7. übernahm Detachment E1 A2 die offizielle Befehlsgewalt über den Regierungsbezirk Wiesbaden und bezog sein Hauptquartier im Landeshaus. Capt. Landin, der zuständige Offizier für die Zivilverwaltung, reiste sogleich nach Mannheim, Heidelberg und Konstanz, um geeignete Mitglieder für eine deutsche Zivilregierung zu suchen. Die ersten Tage in Wiesbaden waren bestimmt durch Kompetenzabgrenzungen gegenüber dem für die Stadt Wiesbaden zuständigen Detachment F1 D2, ersten Säuberungsmaßnahmen in deutschen Behörden sowie Informationsbeschaffung über den Regierungsbezirk. Im Mittelpunkt standen weiterhin Ernährung-, Gesundheits-, Sicherheits- und DP-Probleme.

Am 26. 7. legte das Hauptquartier von E1 A2 mit der Organizational Directive No. 2 die Aufgaben und Verantwortlichkeiten des Regierungspräsidiums fest. Die personelle Besetzung regelten die Personnel Directions No. 1 – No. 5.[11] Organizational Directive No. 3 vom selben Tage sprach dem Regierungspräsidenten zum 1. August unter der Kontrolle der Militärregierung die Zuständigkeit für folgende Bereiche zu.

– Landwirtschaft, Gewässer und Forsten;
– Sozial- und Gesundheitswesen;
– Post;
– Erziehung und Kultus;
– Arbeit und Sozialversicherung;
– Wohnungswesen.

Auf einem Treffen der stellvertretenden Kommandeure von Detachment E1 A2 Lt. Col. Cress und von E1 D2 (ehemals SHAEF Area Frankfurt), Lt. Col. Stone, am 31. 7. 1945, an dem auch die Wirtschaftsfachleute der beiden Detachments teilnahmen, einigte man sich auf folgende Punkte:

> „Der Wirtschaftsabteilung (Department of Economics) des Regierungsbezirks Wiesbaden obliegt die zivile Überwachung der Industrie- und Handelskammern, der Handwerkskammern, des Landwirtschaftsamts und der Preisbildungs- und Preiskontrollbehörden. Unter Aufsicht des Wiesbadener Regierungspräsidiums standen früher der Stadtkreis Frankfurt sowie die Landkreise Main-Taunus, Offenbach, Obertaunus, Friedberg und Hanau. Sie gehörten damals wie heute in die gewachsene Wirtschaftsstruktur des Regierungsbezirks Wiesbaden und sollten deshalb auch weiterhin im Zuständigkeitsbereich dieses Regierungsbezirks bleiben. Die Offiziere von Detachment E1 A2 stimmen der Empfehlung zu, daß dieser Beschluß – soweit sie davon betroffen sind – angenommen wird. Die endgültige Entscheidung obliegt der Abteilung G–5 (Stabsabteilung: Civil Affairs-Military Government Section) bei der 7. Armee."[12]

Diese Beschlüsse sind vor dem Hintergrund der Auflösung von SHAEF in der zweiten Juli-Hälfte zu sehen. Damit hatte auch die „curious creation" SHAEF Encalve Frankfurt ihr Ende gefunden.[13]

Weitere wichtige Aufgaben, denen sich das Detachment bereits im Juli widmete, waren das Transport- und Erziehungswesen sowie der städtische Wiederaufbau. Unklarheiten bestanden im Bereich der Property Control (Vermögenskontrolle).[14] Mitte August wurden die ursprünglichen Detachment-Bezeichnungen, die Größe und Truppenzugehörigkeit angegeben hatten, geändert. E1 A2 wurde nun E−5.[15] Im August beschäftigte sich E−5 schwerpunktmäßig mit der Reorganisation und Zentralisierung der deutschen Zivilverwaltung. Dazu ist dem Historical Report von August 1945 zu entnehmen, daß die Militärregierung im „Kindergarten-Stadium" ansetzen mußte was die deutschen Fähigkeiten zu einer eigenständigen Verwaltung betraf. Weiter heißt es: „Preußische Bürokratie und Organisationspläne der Militärregierung waren nicht miteinander vereinbar". Wenig optimistisch schließt der Report: „. . . das Verrücken eines Schreibtisches brachte Kalamitäten mit sich und der Umzug eines Büros war eine Katastrophe". Die Verwaltung unter der Leitung des Regierungspräsidenten wurde mit der Organizational Directive No. 10 vom 31. 8. 1945 in zehn Abteilungen gegliedert.[16] 600 Bedienstete des Regierungspräsidiums waren wegen Nazi-Aktivitäten entlassen worden. Die Militärregierung setzte ein Ausbildungsprogramm für die einzelnen Abteilungen in Gang, auch um die von den Entlassungen bedingten Lücken zu schließen.

Über die Arbeit der lokalen beratenden Ausschüsse (Advisory Councils) äußert sich der Bericht unzufrieden. Die Mitglieder dieser Ausschüsse hätten ihre Positionen oft dazu benutzt, sich und ihren Bekannten persönliche Vorteile zu verschaffen.

Den lokalen Militärregierungen und deutschen Verwaltungseinheiten sollte die Notwendigkeit einer zentralen Kontrolle über verschiedene Wirtschaftsbereiche vermittelt werden. In dringenden Fällen konnten auch die örtlichen Militärregierungen Anordnungen des Regierungspräsidenten aufheben oder beim Chef der Militärregierung des Regierungsbezirks, dem Senior Military Government Officer, verlangen, daß dieser den Regierungspräsidenten zur Änderung seiner Anweisungen auffordert. Ein Veto-Recht hatten sie jedoch nicht.

Eines der schwierigsten Probleme der Militärregierung war es, die Machtbefugnisse des Regierungspräsidenten gegenüber den Landräten und Oberbürgermeistern durchzusetzen, ohne dabei in Konflikt mit der Verantwortlichkeit der Kreis-Militärregierungen zu geraten, die diese in ihre Ämter eingesetzt hatten.[17] Beide Instanzen hatten sich vor Ort inzwischen weitgehend aneinander gewöhnt und betrachteten die Einführung einer höheren Verwaltungsebene oft als Eingriff in ihr Orts- und Kreis-Fürsten-Dasein. Diesem Dilemma versuchte man dadurch zu begegnen, daß bei lokalen Ernennungen und anderen wichtigen personellen Veränderungen das Einverständnis des Senior Military Government Officers vorgeschrieben wurde. Der Militärregierungschef konsultierte dazu seinerseits den Regierungspräsidenten.[18] Die Entscheidungsgewalt lag jedoch beim Senior Military Government Officer und der lokalen Militärregierung, wobei der Regierungspräsident ermächtigt war, über Fälle unzureichender Kooperation und mangelnder Leistungsfähigkeit Bericht zu erstatten.

Der Monatsbericht vom August 1945 läßt darauf schließen, daß E−5 zu diesem Zeitpunkt über spezialisierte Offiziere für alle wesentlichen Aufgabenbereiche verfügte. Nach und nach folgte die Einteilung in Divisions (Fachabteilungen). Was die praktische Durchführung von Maßnahmen in den zentralen Problembereichen wie POL (Petrol, Oil, Lubrificants) oder Transport betraf, vertraute E−5 in der Anfangsphase zumeist eher auf die Unterstützung der 7. Armee als auf die eigene Leistungsfähigkeit.

Die Militärregierung verbuchte positiv, daß die politisch „indifferente Haltung" der Deutschen „aufzutauen begann". Ihr Bericht vom August informiert sachlich und ohne eigene Meinungsäußerung über die Bestrebungen, drei Parteien im Regierungsbezirk wieder aufzubauen (SPD, KPD und Liberale). Mit der Ablösung des Regierungspräsidenten Hans C.A.F. Bredow und der Ernennung seines Nachfolgers Martin Nischalke am 4. 8. 1945 setzte die Militärregierung nach eigener Einschätzung dem Einfluß „einiger Industrieller und Kirchenleute" ein Ende, die zudem gemeint hätte, „den Amerikanern den rechten Weg und die richtigen Leute zeigen zu müssen".[19]

Am 30. August versammelte der Senior Military Government Officer, Col. Newman, die Detachment Commanders im Wiesbadener Landeshaus. Er referierte über die Verantwortlichkeit der Militärregierungs-Offiziere gegenüber dem Senior Military Government Officer und informierte über die wichtigsten Ergebnisse eines gerade zu Ende gegangenen Treffens von Militärregierungs-Offizieren in Frankfurt. Wie auch Newman's Vortragsthema zeigte, mußten sich die regionalen Militärregierungen offensichtlich in den ersten Wochen ihrer Tätigkeit erheblich darum bemühen, ihre Macht gegenüber den örtlichen Detachments durchzusetzen, die gemeinsam mit den neuernannten deutschen Amtsinhabern ein Gegengewicht zu den amerikanischen und deutschen Zentralstellen in Wiesbaden bildeten.[20]

Am 8. 10. − so vermerkt der Monatsbericht der Militärregierung in militärischer Kürze − wurde aus den Regierungsbezirken Wiesbaden, Hessen (Darmstadt) und Kassel das Land "Groß-Hessen" gebildet. Demgegenüber notierten die Historiographen der Militärregierung nicht ohne Pathos:

> „Diese Aufgabe, an der sich schon früher deutsche Regierungen ohne Erfolg versucht hatten, wurde nun von einer siegreichen Macht vollbracht, die jenseits des Atlantiks lag und zu deren Gestade jenes Land einst seine hessischen Soldaten geschickt hatte, um im Unabhängigkeitskrieg zu kämpfen."[21]

E−5 unter Col. Newman wurde nun zum landesweit verantwortlichen Detachment, zum „Office of Military Government for Greater Hesse" (OMGGH).[22] Damit war faktisch das für den Regierungsbezirk Wiesbaden zuständige Detachment in OMGGH aufgegangen; formal blieb es aber neben den beiden anderen Regierungsbezirks-Detachments in Kassel und Darmstadt weiter bestehen. Gleichzeitig wurde Wiesbaden zur hessischen Landeshauptstadt bestimmt.[23]

Das im Juli in Marburg eingesetzte Detachment E−2, das als regionale Militärregierung für das Land Hessen-Nassau hatte arbeiten sollen, wurde wegen seiner wenig erfolgversprechenden Entwicklung unter seinem Kommandierenden Offizier Col. Johnson zum gleichen Zeitpunkt offiziell dem Kommando von E−5 unter Col. Newman unterstellt.[24] In der Praxis waren bereits im September die Zuständigkeiten von E−2 an E−5 übergegangen. Im Laufe des Monats war auch schon die Ausrüstung von E−2 nach Wiesbaden gebracht worden.

Der Aufbau von OMGH und deutscher Landesregierung

Im Laufe des Monats Oktober kam es zu verschiedenen organisatorischen Veränderungen innerhalb der Militärregierung. So wurde Detachment E−6 (Frankfurt) zu einem Stadtkreis-Detachment im Regierungsbezirk Wiesbaden.[25] Folgende Detachments wurden aufgelöst und mit anderen Detachments zusammengelegt:

- im Regierungsbezirk Wiesbaden: H−82 (Weilburg), H−84 (Schlüchtern), H−85 (Idstein/Bad Schwalbach), I−145 (Bad Orb), I−146 (Hadamar), I−147 (Flörsheim) und I−149 (Usingen);
- im Regierungsbezirk Darmstadt: G−37 (Sprendlingen), H−64 (Ober-Ramstadt), I−140 (Beerfelden), I−141 (kein Nachweis);
- im Regierungsbezirk Kassel: H−66 (Frankenberg), H−74 (Ziegenhain), H−76 (Biedenkopf), I−144 (Wolfhagen).

Schon im September war ebenfalls die Zusammenlegung einiger Kreisdetachments für November und Dezember 1945 festgelegt worden: H−81 Hofheim (Kreis Maintaunus) und H−78 Bad Homburg (Kreis Obertaunus und Usingen), H−79 Hanau (Kreis Hanau) und H−78 Gelnhausen (Kreis Gelnhausen und Schlüchtern), H−80 Weilburg (Kreis Limburg und Oberlahn) und G−41 Wetzlar (Kreis Wetzlar). E−5 sollte zum Januar 1946 die Verantwortung für die Kreise Rüdesheim, Untertaunus, Maintaunus, Obertaunus, Usingen, Limburg, Oberlahn, Wetzlar und zum Februar für die Kreise Wiesbaden, Hanau, Gelnhausen, Schlüchtern, Dillkreis und Biedenkopf übernehmen.[26] Es erwies sich in zahlreichen Fällen als notwendig, trotz Auflösungen und Zusammenlegungen kleinere Büros (Sub-Offices) an den betreffenden Orten aufrechtzuerhalten. Je zwei oder drei Offiziere und einige Mannschaften nahmen von Ort zu Ort unterschiedliche Aufgaben wahr, die nicht auf Kreisebene zentralisiert werden konnten. Parallel zur Verkleinerung der Kreis- und Regierungsbezirks-Detachments stieg die Personalstärke von E−5 von 61 Offizieren am 1. 10. 1945 auf 99 am Ende des Monats.

Vor fast unlösbare Probleme wurde die Militärregierung durch das Military Government Law No. 8 vom 26. 9. 1945 gestellt. Mit diesem juristisch dürftig formulierten, für die Entnazifizierung aber folgenreichen Gesetz war eine drastische Erweiterung des von Entnazifizierungsmaßnahmen betroffenen Personenkreises vorgenommen worden. Auf allen Ebenen sowohl der Militärregierung als auch der deutschen Verwaltungsstellen herrschte Unklarheit und Verwirrung. Eines jedoch war sicher: Entnazifizierung war zum „big business", zur „top-to-bottom affair" geworden, wie ein zeitgenössischer Beobachter vermerkte.[27] Die Offiziere waren − selbst überfordert − kaum mehr in der Lage, die von der Bevölkerung gestellten Fragen nach der korrekten Anwendung des Gesetzes zu beantworten.

Andere wichtige Aufgaben konnten dabei ebenfalls nicht aufgeschoben werden: Geeignete Mitarbeiter für die neugeschaffene hessische Regierung mußten gefunden werden. Daneben setzen die Offiziere der Militärregierung ihre bisherigen Tätigkeiten fort: Property Control (Vermögenskontrolle) meldete ebenfalls Probleme: Die Aufnahme nationalsozialistischen Eigentums sei noch nicht sehr weit fortgeschritten, da es in vielen Detachments an Engagement in diesem Bereich mangele. Weiter seien die Property Control Officers zu sehr mit anderen Aufgaben beschäftigt und müßten sich überdies beim Aufspüren von Vermögen, das der Kontrolle der Militärregierung zu unterwerfen sei, zu sehr auf Informationen deutscher Zivilangestellter stützen.

Die MFA & A (Museum, Fine Arts and Archives) Section (Economics Division) begann indessen mit dem Aufbau einer Landesorganisation für ihren Bereich. Auch einige andere Abteilungen (DPs, Public Safety u.a.) bezogen bereits statistisches Material aus ganz Hessen in ihren Bericht ein, allerdings ohne diese Kompetenzerweiterung zu thematisieren. Im Informationsbereich spielte DISCC (District Information Services Control Command) als ausführendes Organ eine wichtige Rolle.[28]

Im Laufe des November 1945 trafen in Wiesbaden immer mehr Militärregierungsoffiziere und deutsche Beamte ein. Das markierte die gestiegene Bedeutung sowohl der amerikanischen als auch der zivilen Zentralregierung. Bereits im Oktober waren die Spitzenpositionen in der deutschen Regierung besetzt worden. Mit den Organizational Directions N. 1 vom 12. 10. 1945 bis No. 8 vom 26. 10. 1945 waren die Hessische Landesregierung eingesetzt sowie die Erlaubnis zur Errichtung der wichtigsten Ministerien erteilt worden. Durch die parallel dazu erlassenen Personnel Directions wurde die personelle Besetzung der Ministerien vollzogen.[29]

Der Monatsbericht vom November zog eine Bilanz des bisher Erreichten. Dabei werden „Fortschritte" festgestellt:

> „Das beinhaltet den erfolgreichen Aufbau der Landesregierung, den praktischen Abschluß der Entnazifizierung in den Regierungsbehörden, keinen aktiven Widerstand gegen die Besetzung, die Beachtung von Recht und Gesetz durch die Deutschen, das Eintreffen einer bis jetzt nur kleinen Zahl von Flüchtlingen, die zügige Wiederingangsetzung des Kommunikationswesens, die Wiedereinsetzung fast aller Gerichte, die Zulassung von Parteiaktivitäten auf Landesebene mit drei bereits sehr starken und aktiven Parteien, den Abschluß des Wiederaufbaus einer effektiven Landwirtschafts- und Ernährungsbehörde, das Ausbleiben von Epidemien und das Verhindern eines Zusammenbruchs im Gesundheitswesen, die Wiedereröffnung fast aller Grundschulen sowie Fortschritte bei der Wiedereröffnung weiterführender Schulen."[30]

Schlechter sah die Bilanz auf dem Gebiet der Wirtschaft aus: Nur wenige industrielle Aktivitäten, mangelhafte Versorgung, fehlende Ausrüstung, Konsumgüter- und Baumaterialknappheit bestimmten das Dasein der deutschen Bevölkerung. Dazu versprach der Bericht, daß man sich von seiten der Militärregierung – so gut es die bestehenden Verhältnisse zuließen – mit den Schlüsseln zur Lösung dieser Probleme beschäftigte, nämlich mit der Kohleversorgung und dem Transportwesen.

Schlaglichtartig seien im folgenden weitere Entwicklungen skizziert. Mit den Information Control Instructions No. 2 wurde den Parteien im November erlaubt, publizistisch tätig zu werden. Insgesamt bestanden im November 1945 bereits 133 Kreis-Parteiorganisationen (in 39 von 41 Kreisen); SPD und KPD waren in je 39 Kreisen organisiert. Die Gerichte der Militärregierung gingen hart gegen Waffenbesitz, Manipulationen an Fragebogen sowie widerrechtlichen Besitz amerikanischer Güter vor (z.B. in Frankfurt: 6 Jahre Haft wegen unberechtigten Besitzes eines Gewehres). Im Sicherheitsbereich ergaben sich zunehmend Probleme durch bewaffnete Banden von DPs. Die Verstärkung der deutschen Polizeikräfte sollte hier Abhilfe schaffen. Der interzonale Postverkehr, im Oktober in die Wege geleitet, stieg sprunghaft an.[31]

Am 15. 11. 1945 wurde das 2nd Military Government Battalion (Separate) aufgestellt. Kommandeur dieser Einheit war in Personalunion der Direktor von OMGH, der gleichzeitig noch als Direktor der Militärregierung im Regierungsbezirk Wiesbaden fungierte.[32] Das Bataillon hatte für die MG-Detachments Verwaltungs- und Versorgungsaufgaben wahrzunehmen. Zum 30. 11. gehörten ihm und seinen untergeordneten Einheiten 622 Offiziere und 920 Mannschaftsdienstgrade an. Seine Büros hatte das Bataillon im Wiesbadener Landeshaus bezogen.

Im November wurden die Detachments G−36 (Groß-Gerau), H−59 (Alsfeld), H−60 (Erbach), H−69 (Hünfeld), H−70 (Melsungen), H− 71 (Rotenburg) und H−73 (Witzenhausen) aufgelöst. Im Regierungsbezirk Kassel fand eine umfassende Neuordnung des Detachments-Systems statt. Mit Ausnahme von G−39 (Marburg) kontrollierten dort jetzt alle Detachments je 2 Kreise.

Auch der letzte Monat des Jahres 1945 brachte „grundlegende Veränderungen in der Organisation der Militärregierung in Groß-Hessen mit sich. Fast alle Aufgaben, für die zuvor die Kreis- und Regierungsbezirks-Detachments zuständig gewesen waren, wurden auf die deutsche Zivilregierung übertragen".[33] Mit der Organizational Direction No. 10 vom 15. 12. 1945 wurden den Regierungsbezirks-Detachments auf Grundlage einer Anweisung von USFET[34] wesentliche Befugnisse im Finanz-, Justiz- und Sozialbereich entzogen. Parallel dazu ermächtigte die Direction No. 11 vom 23. 12. 1945 den Ministerpräsidenten, die entsprechenden Abteilungen der Bezirksregierungen aufzulösen und deren Aufgaben an Landesbehörden zu übertragen. Weitere Directions (12, 13, 14, 16) entzogen den Kreis- und Regierungsbezirksdetachments neben vielen anderen Aufgaben ihre Ernennungsbefugnisse und übertrugen sie auf den Ministerpräsidenten. Die Direction No. 19 vom 20. 6. 1946 gab diese Rechte an die inzwischen gewählten Orts- und Kreisparlamente weiter.[35] Vor diesen Zentralisierungs- und Demokratisierungsmaßnahmen hatte sich „jeder Chef einer örtlichen Dienststelle als omnipotenter Besitzer eines politischen Schrebergartens" betrachtet, wie Samuel L. Wahrhaftig in seinen Erinnerungen an die Besatzungszeit in Hessen festhielt.[36]

Mit General Order (Allgemeine Anordnung) No. 337 vom 14. 12. 1945 des Hauptquartiers der US Forces, European Theater (USFET, US-Streitkräfte auf dem europäischen Kriegsschauplatz), wurde dem Western Military District und seinen Armeen die Kontrolle über die Landesmilitärregierung entzogen. Die Militärverwaltung behielt die Kriegsgerichtsbarkeit (General court martial jurisdiction) und die Hoheit in einigen militärischen und Sicherheitsfragen. Die Landesmilitärregierung war jetzt USFET gegenüber direkt verantwortlich. Sie konnte jedoch auch Anweisungen vom Office of Military Government for Germany, United States (OMGUS), in Berlin und vom Office of Military Government for Germany, US-Zone (OMGUSZ), in Frankfurt erhalten.[37] Die dadurch geschaffene unklare Befehlssituation, die Kompetenzstreitigkeiten innerhalb der amerikanischen Regierung zum Ausdruck brachte[38], beendete USFET mit General Order No. 61 vom 7. 3. 1946. Diese Anordnung löste OMGUSZ auf und übertrug seine Aufgaben an OMGUS. Die Ländermilitärregierungen wurden unter Aufsicht des für OMGUS verantwortlichen stellvertretenden Militärgouverneurs der Vereinigten Staaten in Deutschland gestellt. Die von General Order No. 337 festgelegte Hoheit der Armee in juristischen und militärischen Fragen blieb erhalten. Armee und Militärregierung wurden darin weiter zu einer engen Zusammenarbeit in der Nachrichtenbeschaffung, technischen Hilfe u.a. verpflichtet.[39]

Entwicklung der Befehlskette zwischen der amerikanischen Militärregierung in Hessen und ihren vorgesetzten Dienststellen vom Oktober 1945 bis April 1946.[40]

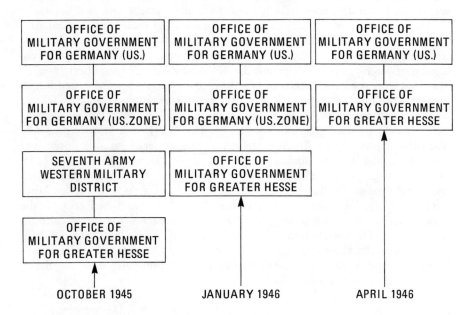

CHAIN OF COMMAND

Eine entscheidende Veränderung in Struktur und Organisation der Militärregierung markierte die Auflösung aller Detachments durch General Order No. 14 vom 28. 5. 1946. An die Stelle der Detachments traten Liaison & Security Offices (LSOs, Verbindungs- und Sicherheitsbüros), in allen Land- und Stadtkreisen, die bereits mit General Order No. 13 vom 21. 5. 1946 eingerichtet worden waren. Neben ihren „Verbindungs"-Aufgaben hatten sich die LSOs um die öffentliche Sicherheit, die Entnazifizierung und die Militärgerichtsbarkeit zu kümmern. Auf Landesebene trat mit General Order No. 15 vom 29. 5. 1946 das Office of Military Government for Greater Hesse (OMGGH), das zum 3. 6. 1946 innerhalb des 2nd MG Battalion (Sep) gebildet wurde, offiziell an die Stelle des Detachments E-5.[41] Am 8. 4. 1947 wurde die Bezeichnung dann in „Office of Military Government for Hesse" (OMGH) umgeändert. Diese organisatorischen Veränderungen, die Col. Newman bereits am 11. 2. 1946 in einer Denkschrift an den Stellvertretenden Militärgouverneur Lucius D. Clay in Grundzügen formuliert hatte, brachten den Funktionswandel der Militärregierung zum Ausdruck: An die Stelle direkter Eingriffe und eigener Mitwirkung traten Aufsicht und Kontrolle der deutschen Exekutivorgane. Diese deutschen Verwaltungseinrichtungen konnten seit der Durchführung von Wahlen (Gemeindewahlen am 20./27. 1. 1946, Kreistagswahlen am 28. 4. 1946, Wahlen in den Stadtkreisen am 26. 5. 1946) demokratische Legitimation beanspruchen.

Auf Landesebene erfolgten die Wahlen zur Verfassungsberatenden Landesversammlung am 30. 6. 1946. In der Versammlung verfügten die SPD über 42, die CDU über 35, die KPD über 7 und die LDP über 6 Abgeordnete. Die Landtagswahlen am 1. 12. 1946 brachten der SPD 38, der CDU 28, der LDP 14 und der KPD 10 Sitze. An die Stelle der von dem parteilosen Karl Geiler geführten Landesregierung trat am 3. 1. 1947 eine Koalitionsregierung aus SPD und CDU unter dem Ministerpräsidenten Christian Stock (SPD). Obwohl die Militärregierung Präferenzen für den von ihr ausgewählten und eingesetzten Geiler hatte, mußte sie den Personalvorschlägen der durch demokratische Wahlen legitimierten Parteien zustimmen, wollte sie ihren eigenen Grundsätzen nicht untreu werden.[42]

Der Verfassungskompromiß von CDU und SPD fand nach einigen Veränderungen die Zustimmung von OMGUS und OMGH. Auf Verlangen von OMGUS mußte der Artikel 41 einer gesonderten Volksabstimmung unterworfen werden. Dieser Artikel sah die Sofortsozialisierung von Bergbau-, Energieversorgungs-, eisen- und stahlerzeugenden Unternehmen sowie von bestimmten Verkehrsbetrieben vor. Im Volksentscheid vom 1. 12. 1946 wurde der Artikel mit 72 Prozent der Stimmen angenommen. Die Landesregierung setzte daraufhin die Besitzer der somit „sozialisierten" Betriebe als Treuhänder ein. Die praktische Umsetzung der von SPD und Teilen der CDU entwickelten Sozialisierungsmodelle scheiterte schließlich an Unstimmigkeiten innerhalb der SPD/CDU-Koalition, am hinhaltenden Widerstand der Militärregierung und an juristischen Schritten, die die oppositionelle LDP/FDP einleitete.[43]

Zur Entspannung des Verhältnisses zwischen Militärregierung und deutscher Bevölkerung trug die Aufhebung des Ausgehverbots im April 1946 bei.[44] Mit USFET Circular No. 71 vom 25. 5. 1946 wurden Resource Boards errichtet und deren Aufgaben definiert. Angesichts der enormen Versorgungsprobleme auf allen Ebenen sollten die Boards als Koordinationsgremien zwischen Armee und Militärregierung für beide Seiten zufriedenstellende Lösungen finden. In Hessen wurde 1947 ein Land Resource Board ins Leben gerufen, das von sechs Local Resource Boards unterstützt wurde. Die Boards waren bei den Military Posts (amerikanische Militärstandorte) angesiedelt und bestanden aus je einem Vertreter der Militärregierung und der Armee.[45]

Organisation und Entwicklung der amerikanischen Militärregierung in Hessen

Für personelle Kontinuität in der hessischen Militärregierung sorgte James R. Newman, ein „früherer West Pointer" und Kenner der Army, der OMGH von Beginn an bis zur Auflösung als Director vorstand. In Command & Executive (Kommando und Exekutive: Stabsabteilung) wurde der Director von Anfang an von einem Deputy Director (Stellvertretender Direktor) unterstützt, der als Deputy Director for Operations bis Juni 1946 für die Kontrolle der LSOs zuständig war. Nach der Eingliederung der früheren SHAEF Enclave Frankfurt im September 1945 war der im November dieses Jahres eingesetzte zweite Deputy Director for Frankfurt zuständig. Diese Stelle entfiel jedoch am 13. 10. 1947, als der Stelleninhaber (Robert K. Phelps) zum Bipartite Control Office versetzt wurde.[46]

Eine wichtige Rolle im Verwaltungsgang spielten der Executive Officer und der Assistant Executive Officer. Beide waren auf dem internen Befehlsweg zeichnungsberechtigt (wie auch der Deputy Director).[47] Zunächst hatten diese beiden Offiziere an der Spitze der Befehlspyramide im 2nd MG Battalion (Sep) gestanden, wurden aber mit dem Aufbau von OMGH auch den Divisions übergeordnet. Nach der Umstrukturierung in der ersten Jahreshälfte 1947 erhielt das Battalion im Juli einen Director of Administrative Services, was auch die geringer werdende Bedeutung militärischer Elemente in der Militärregierung andeutet. Für Personalangelegenheiten hatte bis März 1946 (Einrichtung einer eigenen Personnel Division) der Adjutant im 2nd MG Battalion (Sep) die Hauptzuständigkeit. Er verfügte über ein eigenes Büro, das bis zu zehn Mitarbeiter umfaßte.

Am Tag der Aufstellung (15. 9. 1944) gehörten dem späteren Regierungsdetachment E–5 35 Offiziere und 36 Mannschaften an.[48] Ein Jahr später, am 15. 11. 1945, waren es bereits 114 Offiziere und 52 Mannschaften.[49] Im Juni 1946 betrug die Zahl des US-Personals (Offiziere, Zivilisten, Mannschaften) in der Militärregierung für Hessen 618.[50] Diese Zahl sank kontinuierlich, während sich die Zahl der deutschen Mitarbeiter der Militärregierung zunächst deutlich erhöhte. So arbeiteten im August 1946 609 Amerikaner und 2196 Deutsche in OMGGH.[51] Bis zum Dezember war der Personalstand der Deutschen weiter auf 2997 angewachsen, während die Zahl der Amerikaner nur noch 545 betrug.[52] Diese Verschiebungen sind Ausdruck des „ever current personnel Problem" (dauerndes Personalproblem), von dem im zweiten großen Historical Report die Rede ist.[53] Das Personalproblem zeigte sich einerseits in der starken Fluktuation und andererseits im ständigen Mangel an qualifiziertem Personal.

Die übliche „Überseedienstzeit" für US-Soldaten dauerte 30 Monate. Nur wenige Mitarbeiter der Militärregierung verlängerten ihre Dienstzeit auf 36 Monate. Diesen Schwierigkeiten versuchte OMGUS mit einem Civilianization Programm zu begegnen: Durch zivile Arbeitsverträge sollten qualifizierte Mitarbeiter zum längeren Verbleib in Deutschland gebracht werden.[54]

Im Juni 1947 startete OMGH ein Ausbildungsprogramm, das amerikanische Universitätsabsolventen auf eine Tätigkeit in der Militärregierung vorbereiten sollte.[55] Trotz dieser Maßnahmen blieb der Personalmangel bestehen, so daß oft nicht alle ausgewiesenen Stellen besetzt werden konnten. In einzelnen Fällen versuchte die Militärregierung durch Anträge auf Höhergruppierung von Stellen in besonders wichtigen Bereichen (z.B. Press Branch) besser qualifiziertes Personal zu bekommen.[56] Regelmäßig gab es Unstimmigkeiten zwischen OMGUS und OMGH, wenn die Personalzuweisung durch die vorgesetzte Dienststelle nicht den Wünschen von OMGH entsprach.[57] Diese Probleme führen dazu, daß in den OMGUS-Akten widersprüchliche Angaben über Personalstärke und -ausstattung keine Seltenheit sind. Weitere Ursachen sind in der starken internen Fluktuation in OMGH und in Unklarheiten im Verhältnis zwischen OMGH und dem 2nd MG Battalion (Sep) zu suchen.[58] So geben die folgenden Balkendiagramme zwar durchaus richtige Tendenzen der Personalentwicklung wieder, stimmen aber nicht genau mit den an anderen Stellen genannten Zahlen überein:

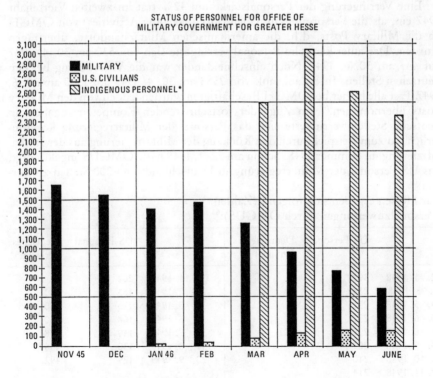

* NO RECORDS AVAILABLE BEFORE MARCH 46

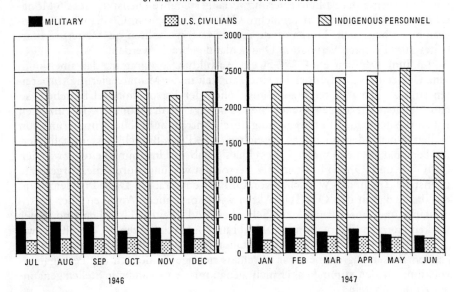

Eine Verringerung der Personalstärke um 42% trat im zweiten Vierteljahr 1947 ein, als die Versorgungsaufgaben (Housekeeping Activities) von OMGH an die Military Posts, d.h. die amerikanischen Militärstandorte, übertragen wurden. Das amerikanische Personal verringerte sich von 530 am 30. 4. 1947 auf 443 am 30. 6. 1947. Noch einschneidender war die Veränderung bei den deutschen Stellen. Ihre Zahl sank von 2583 am 30. 4. 1947 auf 1360 am 30. 6. 1947. Fast alle bisher bei OMGH Beschäftigten wurden jedoch von den Military Posts übernommen.[61] Im Zuge der fortschreitenden Kompetenzabgaben an deutsche Stellen verringerte sich das Personal der Militärregierung kontinuierlich, so zum Beispiel durch den Rückzug der Militärregierung aus der Entnazifizierung im Sommer 1948. Schon am 22. 1. 1948 hatte OMGUS angekündigt, das US-Personal der Militärregierung in Deutschland um 4000 Stellen zu kürzen.[62]

Für Hessen ergaben sich folgende Zahlen
(Personalzuweisungen durch OMGUS):[63]

	US-Personal	Deutsches Personal		US-Personal	Deutsches Personal
22. 1. 1948	392		15. 11. 1949	202	
5. 3. 1948	234		28. 2. 1949	183	460
14. 5. 1948	231		31. 5. 1949	175	460
5. 6. 1948	232		30. 6. 1949	168	460
23. 8. 1948	229	872	31. 7. 1949	140	488
24. 9. 1948	202	801	31. 8. 1949	130	488
4. 10. 1948	210		20. 9. 1949	129	492
23. 11. 1948	214				

Organisation von OMGH im Juni 1946:[64]

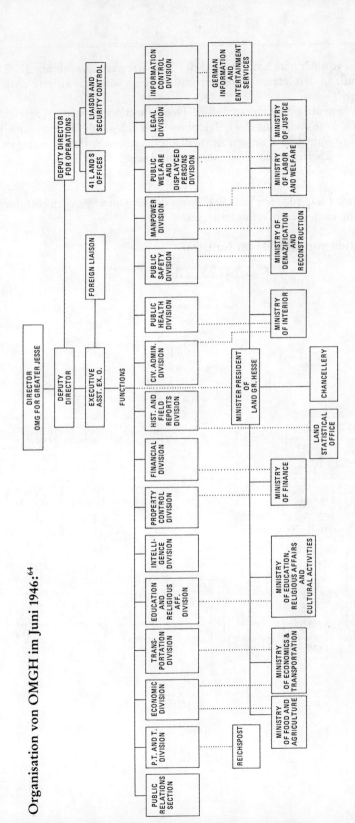

Der Anteil von Militärs am Personal der Militärregierung sank am 31. 7. 1949 bis auf Null. In den letzten Monaten amtierte eine völlig zivilisierte „Militär"-Regierung.
Im Juli 1946 wurde eine eigenständige Denazification Division eingerichtet.[65] Zum 31. 12. 1946 stellte die Post, Telephone and Telegraph Division ihre Tätigkeit ein. Ihre Aufgaben – sofern sie nicht auf die deutsche Post übertragen worden waren – übernahm die Communication Branch, OMGUS.[66]

Die folgende Graphik vom Juni 1947 zeigt die Organisationsstruktur der Militärregierung nach diesen Veränderungen.

Organisation von OMGH im Juni 1947[67]

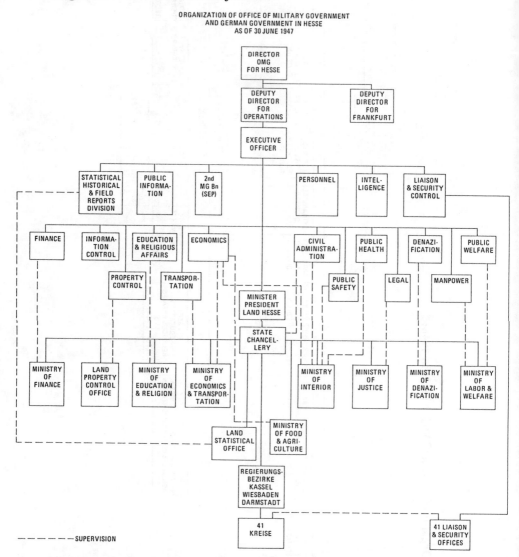

Ende 1947 entfiel die Stelle des Deputy Directors for Frankfurt. Für Administrative Services und Foreign Liaison wurden jetzt eigene Abteilungen eingerichtet. Die Administrative Services übernahmen gemeinsam mit der Personnel Division von dem in Auflösung begriffenen 2nd MG Battalion (Sep) die Verwaltungsaufgaben. In der inneren Verwaltung von OMGH stellten sie keine eigenständige Einheit dar. Foreign Liaison faßte die Offiziere, die für den Kontakt mit anderen Staaten und deren DPs zuständig waren, zusammen.[68] Dadurch ergab sich zum 1. 1. 1948 folgende Organisationsstruktur:

Organisation von OMGH im Januar 1948[69]

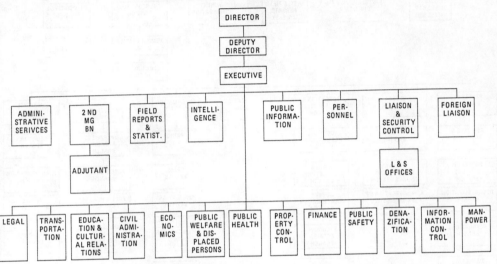

Mit General Order No. 4 vom 1. 3. 1948 benannte die Militärregierung ihre Education and Religious Affairs Division in Education and Cultural Relations Division um.[70] Im April 1948 kam es zu einer deutlichen Straffung des Organisationsaufbaus. General Order No. 5 vom 20. 4. 1948[71] löste folgende Division auf: Civil Administration, Public Health, Public Safety, Public Welfare & Displaces Persons. Ihre Aufgaben wurden der neugebildeten Civil Administration Division übertragen, die sich nun aus den Branches Government Affairs, Public Health, Public Safety und Public Welfare & DPs zusammensetzte. Weiter löste General Order No. 5 auch die Economics, Transportation, Manpower, Finance und Property Control Divisions auf. Die Aufgaben der Transportation, der Manpower und der Finance Division sowie der Food and Agriculture Branch – einer Abteilung der aufgelösten Economics Division – wurden auf die entsprechenden Branches der neueingerichteten Bizonal Liaison Division übertragen, die bis auf die Bereiche Decartelization, Reparation, Restitutions und Monuments, Fine Arts & Archives auch alle anderen Aufgaben der Economics Division übernahm. Die verbliebenen Aufgabenfelder übernahm die neugeschaffene Property Division, die darüber hinaus für Auditing und Accounts und die Aufgaben der Property Control zuständig war. Diese Straffung war einerseits durch die Übertragung von Aufgaben an deutsche Behörden ermöglicht worden und war andererseits Folge der Errichtung der Bizone, die die USA und Großbritannien am 2. 12. 1946 beschlossen hatte.

Organisation von OMGH Ende April 1948[72]

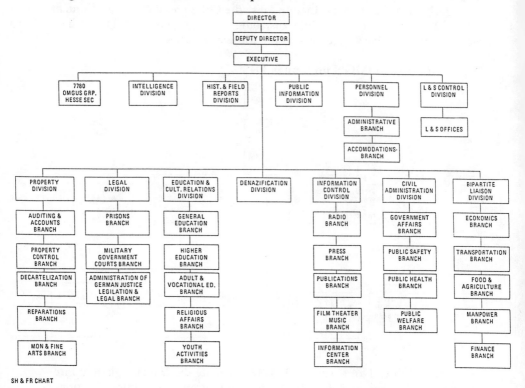

Mit General Order No. 9 (OMGH) vom 6. 8. 1948 wurde die Information Control Division in Information Services Division umbenannt[73] – ein kleiner Hinweis auf das veränderte Selbstverständnis der Militärregierung. Der Rückzug der Militärregierung aus der Entnazifizierung führte zur Herabstufung der Entnazifizierungsabteilung von dem Status einer eigenständigen Division zu einer Branch der Civil Administration Division.[74] Die Enforcement Branch der Denazification Division hingegen wurde mit General Order No. 13 vom 23. 8. 1945 zur Investigation Division umgebildet. Sie hatte im Auftrag des OMGH Director kriminalistische sowie Kontrollaufgaben durchzuführen und außerdem Beschwerden und Klagen nachzugehen.[75]

Diese Organisationsstruktur blieb bis 30. 6. 1949 unverändert.[77] Im Juli wurde die Property Division als Property Branch in die Economic Affairs Division (bisher: Bipartite Liaison Division) eingegliedert. Die Information Services Division wurde aufgelöst. Der Executive Officer wurde durch einen Administrative Assistent ersetzt.

Zur Geschichte der amerikanischen Militärregierung in Hessen

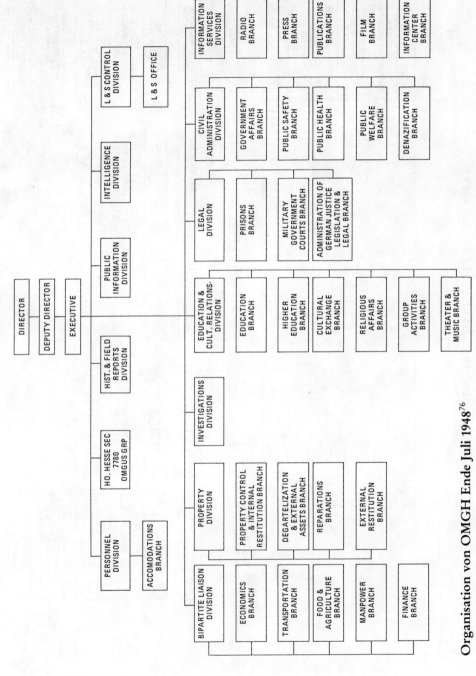

Organisation von OMGH Ende Juli 1948[76]

Organisation von OMGH Ende Juli 1949[78]

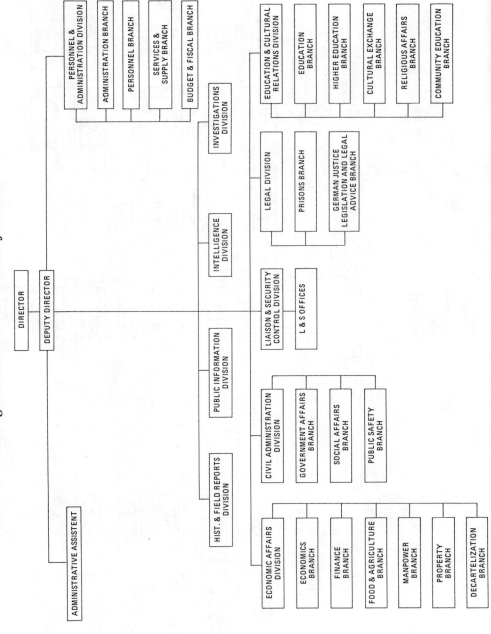

In dieser Form blieb die Organisationsstruktur der amerikanischen Militärregierung in Hessen bis zu ihrer Auflösung am 20. 9. 1949 bestehen.[79] An ihre Stelle trat nach der Charter of the Allied High Commission for Germany vom 6. 7. 1949[80] ein U.S. Land Commissioner, der von Kreis Resident Officers unterstützt wurde.[81]

Die lokale und regionale Verwaltung der Militärregierung
Die Detachments

Ende März, Anfang April – meist direkt hinter der kämpfenden Truppe – bezogen die meisten Militärregierungs-Detachments ihre Standorte und begannen mit der Arbeit. Diese Arbeit schien schier unerschöpflich, umfaßte sie doch nicht weniger als den Aufbau und die Kontrolle aller Bereiche öffentlicher Verwaltung. Bis zur Konsolidierung einer Landesmilitärregierung hatten die Detachments in ihrem Zuständigkeitsbereich so die alleinige Verantwortung, aber auch die Hauptlast der Arbeit zu tragen.

Je nach Aufgabe und Größe waren die Detachments als E, F, G, H oder I-Detachments klassifiziert. Die E-Detachments waren die größten und am meisten spezialisierten. Sie waren zuständig für einzelne Länder, Provinzen oder sehr große Stadtkreise. Ursprüngliche mit einer Personalausstattung von ungefähr 30 Offizieren und ca. 50 Mannschaften geplant, erreichten einige von ihnen vorübergehend wesentlich größere Ausmaße. Die F-Detachments unterschieden sich nur geringfügig von den E-Detachments. Zuständig für Regierungsbezirke und Stadtkreise waren sie mit ca. 25 Offizieren und etwa doppelt soviel Mannschaften ausgestattet. Die G-Detachments waren vorgesehen für Städte, kleinere Regierungsbezirke und größere Landkreise. Ihre personelle Ausstattung lag in der Planung bei ca. 12 Offizieren und ca. 20 Mannschaften. Die H- und I-Detachments schließlich waren die kleinsten Einheiten und sollten mit ca. 4–6 Offizieren und ca. 10 Mannschaften für kleinere Städte und kleine und weniger wichtige Landkreise zuständig sein. Die personelle Ausstattung der Detachments stieg im Sommer 1945 in vielen Fällen auf das Doppelte der Soll-Zahlen an, sank dann aber kontinuierlich, so daß oft die angegebenen Sollstärken unterschritten wurden. Die Spezialisierung des Personals entsprach der Größe der Detachments. Hatten die E-Detachments für fast alle Aufgaben einen Spezialisten, so mußte in den I-Detachments häufig ein Offizier vier oder fünf Funktionen wahrnehmen.

Zunächst hatten die Detachment-Bezeichnungen aus zwei Buchstaben/Zahlen-Kombinationen, die Größe, Nummer und Truppenzugehörigkeit angaben, bestanden – z.B. E1 A2 = 1. E-Detachment. Company A, 2nd ECA Regiment. Diese Bezeichnungen wurden zum 15. August 1945 durch Anweisung des Hauptquartiers des 2nd ECA Regiments so geändert, daß mit dem ersten Buchstaben die Größe des Detachments angegeben wurde und eine laufende Nummer angefügt wurde. (E1 A2 wird E–5).

In Übereinstimmung mit den ursprünglichen Plänen der Amerikaner, zwei Länder auf dem Gebiet des heutigen Landes Hessen zu errichten, hatten für das geplante Land Hessen-Nassau (bestehend aus den Provinzen Kurhessen und

Nassau) in Marburg (E−2/E1G2) und für das Land Hessen in Darmstadt (E−3/E1B2) zunächst zwei Länder-Detachments ihre Arbeit aufgenommen. Als Provinzial-Detachments agierten E−4 (E1C2) in Kassel (Provinz Kurhessen), E−5 (E1A2) in Wiesbaden (Provinz Nassau) und E−6 (E1D2) in Frankfurt (SHAEF Enclave). Mit der Schaffung des Landes Greater Hesse (Groß-Hessen) durch die Proclamation No. 2 war diese Zuständigkeitsverteilung überholt. Das Detachment E−2 in Marburg unter seinem nicht sehr geschickten Kommandanten Col. Charles T. Johnson wurde aufgelöst und seine Ausrüstung dem nun landesweit verantwortlichen Detachment E−5 in Wiesbaden überstellt.[82] E−4 übernahm die Zuständigkeit für den Regierungsbezirk Kassel und E−3 in Darmstadt kontrollierte nun den Regierungsbezirk Hessen (später Regierungsbezirk Darmstadt). Parallel zur Errichtung des Landes Groß-Hessen und mit Übernahme der Zuständigkeit für den gesamten Landesbereich durch E−5 in Wiesbaden wurde auch die SHAEF Enclave aufgelöst, E−6 zum Stadtkreis-Detachment für Frankfurt erklärt und das Gebiet der SHAEF Enclave dem gleichzeitig für den Regierungsbezirk Wiesbaden zuständigen Detachment E−5 unterstellt.

So blieben ab Oktober 1945 noch drei Regierungsbezirks-Detachments bestehen und zwar E−3 in Darmstadt, E−4 in Kassel und E−5 in Wiesbaden. Das Darmstädter Detachment E1B2 war am 16. September 1944 unter seinem kommandierenden Offizier Major Charles J. Gregg bei Rochefort in Frankreich aufgestellt und auf seine Aufgaben vorbereitet worden. Nachdem Ende Oktober 1944 Lt. Col. Clare R. Davis das Kommando über das Detachment übernommen hatte, führte sein Weg über Verdun, Jourdreville, St. Avoid (Frankreich) und Rumelange nach Esch in Luxemburg (Februar 1945). Als eine der Spearhead Units (Speerspitzen-Einheiten) erreichte E1B2 schließlich am 26. März 1945 seinen Einsatzort Darmstadt.[83] Die Personenstärke von E−3 (E1B2) wird bei der Aufstellung mit 11 Offizieren und 6 Mannschaften angegeben. Im Sommer und Herbst 1945 überschritt das Detachment seine Sollstärke teilweise erheblich und erreichte Zahlen von weit über 70 Offizieren und mehr als das Doppelte an Mannschaften. Von Ende des Jahres 1945 bis zur Auflösung der Regierungsbezirks-Detachments Anfang Juni 1946 pendelte die Zahl des Personals, überstieg aber nie die Größenordnung von 10−15 Offizieren und 20−25 Mannschaften.[84] Die kommandierenden Offiziere von E−3 (E1B2) waren Lt. Col. Clare R. Davis, Lt. Col. William T. Burt (ab November 1945), Lt. Col. R.W. Copeland (ab Januar 1946) und Lt. Col. William R. Swarm (ab Ende Februar 1946).

Das Regionaldetachment E1C2, das am 18. April 1945 an seinem Einsatzort Kassel eingetroffen war, hatte vorher dem Military Government Training Center der 9. US-Army angehört und dort sowohl Amerikaner als auch Briten auf ihre Aufgaben im Rahmen der Militärregierung vorbereitet.[85] Die 41 Offiziere und 48 Mannschaften, die von Tirlemont (Belgien) über Lintfort und Bielefeld nach Kassel gekommen waren, unterstanden der 9. US-Armee (ab Mai der 7. US-Armee) und waren zuständig für den Regierungsbezirk Kassel und als Provinzial-Detachment gleichzeitig für die Provinz Kurhessen und die hessischen Landkreise Alsfeld, Lauterbach und Gießen.[86] Der kommandierende Offizier von E−4 (E1C2) war von April 1945 bis zur Auflösung des Detachments im

Juni 1946 Lt. Col. Arthur Skarry.

Für das Berichtswesen der Regierungsbezirks-Detachments sollen zwei Beispiele genügen. Bis zur Übernahme der landesweiten Verantwortlichkeit durch E−5 im Oktober 1945 waren die Detachments den jeweiligen G−5-Abteilungen der entsprechenden Armee gegenüber berichtspflichtig, danach gegenüber E−5. Die Berichte folgen mit geringen Abweichungen einem Raster und werden mit abnehmenden Kompetenzen der Regierungsbezirks-Detachments weiter standardisiert. Raster eines Berichts des Detachments E−4 (E1 C2) vom Spätfrühjahr 1945[87]

1) Military Government Staffs
2) Civil Administration
3) Political
4) Press and Information Services
5) Public Safety
6) Courts
7) Education
8) Fiscal
9) Property Control
10) Monuments, Fine Arts and Archives
11) Natural Resource
12) Agriculture, Fisheries and Forestry
13) Trade and Industrie
14) Labor
15) Civilian Supply
16) Public Works and Utilities
17) Public Health and Welfare
18) Displaced Persons and Refugees

Raster eines Berichts des Detachments E-3 (E1B2) vom Frühjahr 1946[88]

1) Summary of the Situation
2) Special Administration
3) Civil Administration
4) Political Intelligence and Activities
5) Public Safety
6) Legal
7) Property Control

Da den Detachments in der ersten Phase der Militärregierung die Hauptlast der Arbeit zufiel, soll die folgende Aufstellung Aufschluß über Standorte und Zuständigkeitsbereiche der im Sommer 1945 lokalisierbaren Detachments auf dem Gebiet des späteren Groß-Hessen geben. Zur Vereinfachung werden die Detachment-Bezeichnungen, die bis 15. August 1945 galten, in Klammern angeführt. Der Standort wird in Versalien angegeben, dann folgt der Zuständigkeitsbereich.

(RB = Regierungsbezirk, LK = Landkreis, SK = Stadtkreis)

Regionale Detachments
E−2 (E1G2) MARBURG
Land Hessen-Nassau (Provinzen Kurhessen und Nassau)
E−3 (E1B2) DARMSTADT
Land Hessen, später RB Hessen, dann RB Darmstadt
E−4 (E1C2) KASSEL
Provinz Kurhessen, dann RB Kassel
E−5 (E1A2) WIESBADEN (vorher NEUSTADT)
Provinz Nassau, RB Wiesbaden, ab Oktober 1945 Groß-Hessen
E−6 (E1D2) FRANKFURT/M.
SHAEF-Enklave, ab Juli 1945 SK Frankfurt/M.

Lokale Detachments
F−12 (F1B2) DARMSTADT, LK Darmstadt
Für den SK Darmstadt war anfangs H5A9 zuständig, das im Juli 1945 mit dem aus Saarbrücken eintreffenden H1A2 zusammengelegt wurde. Ab 23. August 1945 wurde aus H1A2 und F1B2 das Detachment F−12 SK und LK Darmstadt gebildet. H−64 Ober-Ramstadt (ab September 1945) und G−36 LK Groß-Gerau (ab November 1945)
F−13 (F2B2) OFFENBACH
SK und LK Offenbach und G−37 Sprendlingen (ab Sept. 1945)
F−14 (H1C2) KASSEl
SK und LK Kassel, bis Frühjahr 1946 I−144 LK Wolfhagen, ab Frühjahr 1946 H−70 LK Melsungen
F−15 (F1D2) WIESBADEN
SK Wiesbaden
G−31 (I6B2) BENSHEIM/Frühjahr 1946 HEPPENHEIM
LK Bergstraße und H−60 LK Erbach (November 1945)
G−32 (I1OD2) BÜDINGEN
LK Büdingen
G−33 (H1B2) DIEBURG
LK Dieburg
G−34 (I11D2) FRIEDBERG
LK Friedberg
G−35 (H5D2) GIESSEN
SK Gießen und H−61 LK Gießen (ab September 1945)
G−36 (H3B2) GROSS-GERAU
LK Groß-Gerau, ab November 1945 zu F−12
G−37 SPRENDLINGEN, ab September 1945 zu F−13
G−38 (I4C2) FRITZLAR
LK Fritzlar-Homberg und H−74 LK Ziegenhain (ab Nov. 1945)
G−39 (F1C2) MARBURG
SK und LK Marburg

G−40	(H1D2)	FULDA
		SK und LK Fulda und H−69 LK Hünfeld (ab November 1945)
G−41	(I5D2)	WETZLAR
		LK Wetzlar
G−48	(I6C2)	KORBACH
		LK Waldeck und H−66 LK Frankenberg sowie I−142 Arolsen (Teil von LK Waldeck)
H−59	(I9D2)	ALSFELD
		LK Alsfeld, ab November 1945 zu H−62
H−60	(I8B2)	ERBACH
		LK Erbach, ab November 1945 zu G−31
H−61	(H5D2)	GRÜNBERG
		LK Gießen, ab Ende September 1945 zu G−35
H−62	(I9C2)	LAUTERBACH
		LK Lauterbach und H−59 LK Alsfeld (ab November 1945)
H−64	(I4B2)	OBER-RAMSTADT
		LK Darmstadt, ab September zu F−12
H−65	(I8C2)	ESCHWEGE
		LK Eschwege und H−73 LK Witzenhausen (ab November 1945)
H−66	(I3C2)	FRANKENBERG
		LK Frankenberg, ab November 1945 zu G−48
H−67	(I1C2)	HERSFELD
		LK Hersfeld und H−71 LK Rotenburg (ab November 1945)
H−68	(I5C2)	HOFGEISMAR
		LK Hofgeismar und I−144 LK Wolfhagen (ab Mai 1946
H−69	(H5C2)	HÜNFELD
		LK Hünfeld, ab November 1945 zu G−40
H−70	(I2C2)	MELSUNGEN
		LK Melsungen und Mai bis Oktober 1945 H−71
H−71		ROTENBURG
		LK Rotenburg, Mai bis Oktober zu H−70, ab November 1945 zu H−67
H−73	(H2C2)	WITZENHAUSEN
		LK Witzenhausen, ab November 1945 zu H−65
H−74	(E2C2)	ZIEGENHAIN
		LK Ziegenhain, ab November 1945 zu G−38
H−76	(I4G2)	BIEDENKOPF
		LK Biedenkopf, ab Oktober 1945 zu H−77
H−77	(H3D2)	DILLENBURG
		Dillkreis und H−76 LK Biedenkopf (ab Oktober 1945)
H−78	(I1D2)	GELNHAUSEN
		LK Gelnhausen und H−84 LK Schlüchtern (ab November 1945)

H−79 (H2D2)   HANAU
               LK und SK Hanau
H−80 (I6D2)   LIMBURG/WEILBURG (ab Oktober 1945)
               LK Limburg und H−82 Oberlahnkreis (ab Oktober 1945)
H−81 (I8D2)   HOFHEIM
               Main-Taunus-Kreis
H−82 (I7D2)   WEILBURG
               Oberlahnkreis, ab Oktober 1945 zu H−80
H−83 (I3G2)   RÜDESHEIM
               LK Rheingau und H−85 Untertaunuskreis (ab Oktober 1945)
H−84 (I2G2)   SCHLÜCHTERN
               LK Schlüchtern, ab Oktober 1945 zu H−78
H−85 (H6D2)   IDSTEIN/BAD SCHWALBACH
               Untertaunuskreis (I−148 Bad Schwalbach wurde H−85 zugeordnet, dessen Sitz nach Bad Schwalbach verlegt wurde), ab Oktober 1945 zu H−83
H−86 (I2D2)   BAD HOMBURG
               Obertaunuskreis und I−149 LK Usingen (ab Oktober 1945)
I−140 (I1B2)   Teile von LK Erbach und Teilfunktionen für LK Erbach, ab September 1945 zu H−60
I−142 (I5G2)   AROLSEN
               Teile von LK Waldeck, ab September 1945 zu G−48
I−143   BAD WILDUNGEN, ab November 1945 zu G−48
I−144 (I7C2)   WOLFHAGEN
               LK Wolfhagen, ab September 1945 zu F−14, ab Mai 1946 zu H−68
I−145 (I17G2) BAD ORB
               Teile von LK Gelnhausen, ab August 1945 zu H−78
I−146 (I4D2)   HADAMAR
               Teile von LK Limburg, ab September 1945 zu H−80
I−147 (I13D2) FLÖRSHEIM
               Teile des Main-Taunus-Kreises, ab September 1945 als Special Branch zu H−81
I−148 (I3D2)   BAD SCHWALBACH
               Teile des Untertaunuskreises, ab September 1945 zu H−85
I−149 (I12D2) USINGEN
               LK Usingen, ab Oktober 1945 zu H−86

Neben den lokalen Detachments bestanden einige funktionale Detachments, die hier der Vollständigkeit halber angegeben werden.

H−72   KASSEL
               Warehouse Operation, aufgelöst am 11. Januar 1946
ML−1 (SP)   KASSEL
               Liaison (zugeordnete Verbindungsoffiziere der Alliierten), aufgelöst am 25. Januar 1946

H−87   ESSEN
        US Liaison Detachment (Ruhr)
H−88   BAD EMS/SULZBACH (ab Mai 1946)
        US Liaison Detachment (Saar)

Beide Verbindungsbüros waren unter der Zuständigkeit der hessischen Militärregierung am 24. Januar 1946 aufgestellt worden, waren aber der Coal and Mining Section der Economics Division von OMGUS gegenüber verantwortlich. Nachdem die erste Auflösungsanordnung vom 28. Mai 1946 am 10. Juni 1946 widerrufen worden war, wurden sie endgültig zum 20. Oktober 1946 aufgelöst.[89] Im übrigen ist die Auflösung einzelner Detachments und die Übernahme der Zuständigkeit durch andere Detachments häufig nicht mehr genau zu datieren. In den ersten Wochen ergingen Marsch- und Aufstellungsbefehle an kleinere Detachments oft nur mündlich und wurden deshalb nur in den Daily Journals notiert, die wiederum nur lückenhaft überliefert sind. Andere Gründe sind in den häufigen Zuständigkeits- und Kompetenzverlagerungen zwischen einzelnen Abteilungen der Militärregierung zu suchen.

Mit der Konsolidierung der Militärregierung ging ab Ende 1945/Anfang 1946 eine Umbildung der Detachments einher. Nach und nach erhielten sie Liaison und Security Funktionen bis zu ihrer endgültigen Umwandlung in Liaison and Security Offices im Sommer 1946.

Abschließend sei zu den Akten der amerikanischen Militärregierung bemerkt, daß sie eine Fundgrube für die Erforschung der hessischen Nachkriegsgeschichte sind. Sie umfassen nahezu alle denkbaren Politikbereiche der unmittelbaren Nachkriegszeit: die Entwicklung der Parteien bis auf die lokale Ebene und bis zur kleinsten Splittergruppe, ökonomische und soziale Daten, die kulturelle Entwicklung, das Pressewesen, den Aufbau der Verbände etc.; kurzum: kein Thema, zu dem sich nicht − und das ist ein großer Vorteil der Akten − sowohl die amerikanischen als auch deutsche Äußerungen finden lassen.

Angesichts des Fehlens einer einheitlichen Registratur und der teilweise babylonischen Organisationsverwirrungen ist die genaue Kenntnis der organisatorischen Entwicklung von OMGH und seinen einzelnen Abteilungen unabdingbare Voraussetzung für die Arbeit mit den Akten. In dieser Richtung haben wir erste Schritte getan, und wir hoffen, mit den vorliegenden Bemerkungen konnte ein erster Eindruck vermittelt werden.

Anmerkungen

1 Lutz Niethammer, Die Mitläuferfabrik − Die Entnazifizierung Bayerns, Berlin/Bonn 1982 (zuerst Frankfurt/M. 1972), S. 654.
2 Chronology Military Government Detachment E1A2 (E−5) and Office of Military Government for Hesse 1944 − 1947 (Staatsarchiv Darmstadt), S. 5 (im folgenden zitiert als: Chronology).
3 Ebda., S. 1.
4 8/187−1/2. Diese Angaben bezeichnen die Fundstelle und beziehen sich auf die in den hessischen Staatsarchiven zur Verfügung stehenden, verfilmten Bestände der als Record-Group 260 bezeichneten Akten des „Office of Military Government for Germany, United States" (OMGUS).

5 8/187−1/2.
6 Ebda.
7 Weitere biographische Angaben zu James R. Newman in: 8/216−3/3, 8/217−1/3 und Walter L. Dorn, Inspektionsreisen in der US-Zone. Notizen, Denkschriften und Erinnerungen aus dem Nachlaß übersetzt und herausgegeben von Lutz Niethammer, Stuttgart 1973 (= Schriftenreihe der Vierteljahreshefte für Zeitgeschichte Nr. 26).
8 Kurzbiographien der Regierungsmitglieder, der Text der Antrittsrede von Heimerich und eine Beschreibung des Festaktes in: 8/217/−1/3.
9 8/187/−1/1.
10 Ebda.
11 8/216−3/5. Dort auch Operational Memorandum No. 1 und No. 2 vom 8. und 10. August 1945, die das Verhältnis zwischen Regierungsbezirk und Militärregierung regelten.
12 Historical Report (im folgenden zitiert als H.R.) July 1945.
13 Siehe die von USFET Headquarters am 27. Juli 1945 erlassene „Directive on Reassignment of Responsibilities of the USFET Restricted Area", in: 8/90−1/9 und Organizational Direction No. 11 vom 8. Oct. 1945, in: 5/41−1/20. Harold Zink, Professor für Politische Wissenschaft und selbst an prominenter Stelle in der Militärverwaltung tätig, hatte die SHAEF-Enklave schon 1947 so kommentiert: „The American commandant of SHAEF at Frankfurt decided that it would be very nice if he could have a little feudal state to play with", Harold Zink, American Military Government in Germany, New York, 1947, S. 97.
14 H.R. July 1945, Organizational Direction No. 1 vom 24. Juli 1945, No. 3 vom 26. Juli 1945 und No. 5 vom 31. Juli 1945, in: 8/189−1/5.
15 Chronology, S. 3.
16 8/216−3/5.
17 Die Beziehungen zwischen Regierungsbezirk und Kreis-Militärregierungen regelt Operational Memorandum No. 1 vom 8. August 1945, 8/81−3/21.
18 Operational Memorandum No. 3 vom 15. August 1945, 8/216−3/5.
19 Personnel Directions in: 8/216−3/5.
20 H.R. August 1945.
21 H.R. Oktober 1945, s.a. Walter Mühlhausen. Die Entscheidung der amerikanischen Besatzungsmacht zur Gründung des Landes Hessen, in: Nassauische Annalen 1985, S. 197−232.
22 Anweisung des Headquarters Seventh Army, Western Military District „Organization of Western Military District for Military Government Purposes" vom 26. 9. 1945, 5/41−1/20.
23 Ebda.
24 Chronology, S. 5.
25 Organizational Direction No. 11 vom 8. Oktober 1945, 8/81−3/21.
26 H.R. October 1945, 8/216−3/5, 8/216−4/10.
27 Hesse A New German State, Arranged for OMGH by Dexter L. Freeman, o.O., o.J., (Frankfurt/M., 1948), S. 35.
28 H.R. October 1945.
29 H.R. October 1945 − June 1946, Appendix; Organizational Directions und Personnel Directions auch in: 8/216−3/4.
30 H.R. November 1945.
31 H.R. November 1945, H.R. December 1945.
32 General Order No. 1 vom 15. November 1945.
33 H.R. December 1945.
34 H.R. October 1945 − June 1946.
35 Ebda., Appendix; Organizational Directions in: 8/216−3/5 und 8/216−3/4.

36 Samuel L. Wahrhaftig, In jenen Tagen. Marginalien zur Geschichte eines deutschen Bundeslandes, in: Frankfurter Hefte 25. Jg. (1979), S. 785–792, S. 863–870; 26. Jg. (1971), S. 93–104; hier: 25. Jg., S. 787.
37 General Order No. 377 wurde am 19. 2. 1946 durch General Order No. 43 ergänzt. Beide Orders in: 12/226–1/1–11 auch 8/179–1/8. Der mit General Order No. 188, USFET, vom 12. 8. 1945 eingerichtete Western Military District wurde mit General Order No. 1, USFET, vom 2. 1. 1946 wieder aufgelöst. An die Stelle des Hessen umfassenden District trat die 7. US-Armee. Diese beendete mit General Order No. 66, USFET, vom 13. 3. 1946 ihre Tätigkeit, 12/226–1/1–11.
38 Vgl. Earl F. Ziemke, The U.S. Army in the Occupation of Germany 1944–1946, Washington D.C., 1975, insbesondere S. 401 ff.
39 12/226–1/1–11.
40 H.R. October 1945 – June 1946, Appendix.
41 Ebda., auch 5/41–1/20.
42 Wahrhaftig, a.a.O., 26. Jg. (1971), S. 104.
43 Wolf Arno Kropat, Hessen in der Stunde Null 1945/1947. Politik, Wirtschaft und Bildungswesen in Dokumenten, Wiesbaden, 1979 (= Veröffentlichungen der Historischen Kommission für Nassau, Bd. 26), S. 121, 260 ff., s.a. Walter Mühlhausen, Hessen 1945–1950. Zur politischen Geschichte eines Landes in der Besatzungszeit, Frankfurt/M., 1985, (= Die Hessen-Bibliothek im Insel Verlag).
44 8/53–1/26.
45 H. R. April–July 1947, Appendix.
46 H.R. October–December 1947. Dort wird das „Office" noch als „Council" bezeichnet.
47 8/193–2/4.
48 8/187–1/2.
49 H.R. November 1945.
50 8/179–3/8.
51 8/179–3/6.
52 8/179–3/4.
53 H.R. July 1946–December 1946.
54 Ebda.
55 H.R. April-July 1947.
56 8/179–3/4.
57 So z.B. Legal Division 1948, Ebda.
58 H.R. October 1945-June1946.
59 5/41–1/19.
60 H.R. April–July 1947, Annex L.
61 H.R. April-July 1947, S. 3.
62 8/179–3/4.
63 Bis 23. 11. 1948: 8/179–3/4;15. 1. und 28. 2. 1949: 5/42–3/9; 31. 5. und 30. 6. 1949: 5/42–3/10; 31. 7. und 20. 9. 1949: 5/42–3/11.
64 H.R. October 1945–June 1946.
65 Chronology, S. 23.
66 H.R. July 1946-December 1946.
67 5/41–2/7.
68 H.R. October–December 1947.
69 5/41–3/10.
70 Ebda.
71 8/215–1/3, 5/41–3/10.
72 5/41–3/10.
73 Ebda.

74 Ebda. (General Order No. 13 vom 23. 8. 1948).
75 Ebda.
76 Ebda.
77 5/42−3/10.
78 8/42−3/11.
79 Ebda.
80 8/213−2/15.
81 8/189−1/9.
82 H.R. October 1945-June 1946.
83 8/190−2/8.
84 Ebda. und 8/188−3/3.
85 8/187−2/3.
86 Ebda.
87 8/11−2/2.
88 8/188−3/4.
89 5/41−2/5.

Einzelaspekte Hessischer Politik

Ingrid Langer

„Wir hatten den Vorteil, daß wir am Nullpunkt waren; es war alles kaputt, was wir gehaßt hatten." — Politische Aktivität von Frauen in Hessen nach 1945

Als meine Mitarbeiterinnen und ich uns auf die Suche machten nach den politischen Spuren von Frauen in Hessen nach 1945, fanden wir in der Sekundärliteratur ein Bild vor, das ich Ihnen aus wissenschaftlichen, aber auch aus „frauenforschungsdidaktischen" Gründen (ich weiß nicht, ob es „Frauenforschungs-Didaktik" schon gibt, nach allem scheint sie mir sehr nötig zu sein), das ich Ihnen also keinesfalls und auch nicht in seinen ermüdenden Details ersparen will. Ich könnte es mir einfach machen mit der Feststellung: Frauen und Frauen betreffende Fragen werden in der allgemeinen *politologisch-historischen Überblicks-Literatur*, die die Zeit nach 1945 in Hessen zum Gegenstand hat, nicht behandelt, nicht jedenfalls über das Gattungswesen Hausfrau, Mutter, Trümmerfrau hinaus — kaum als Wählerin, und auch als solche wird ihnen, gelinde gesagt, nur eine Randexistenz eingeräumt. Als politische Akteurinnen tauchen Frauen auch dann nicht auf, bzw. werden keiner eingehenderen Behandlung gewürdigt, wenn sie, wie Dr. Elisabeth Selbert, maßgeblich an der Hessischen Verfassung, später im Landtag und im Parlamentarischen Rat mitgearbeitet haben, oder wie Maria Sevenich, Gründungsmitglied der Darmstädter CDU, eine sehr eigenwillige und politisch durchaus einflußreiche Biographie aufweisen.[1]

Daß es direkt nach 1945 eine sehr aktive und für den demokratischen Neubeginn wichtige Bewegung von Frauen über Parteigrenzen hinweg gegeben hat, davon hat — zumindest die offizielle — Geschichtsschreibung keine Notiz genommen.[2] Noch 1981 wird festgestellt: „Nach 1945 hat es sehr lange gedauert, bis überhaupt wieder von einer Frauenbewegung die Rede sein konnte."[3] Und das, obwohl mit den Arbeiten und Erinnerungen von Dr. Gabriele Strecker,[4] aber auch anderen Zeuginnen der Zeit durchaus mögliche Zugänge zur politischen Arbeit von Frauen direkt nach 1945 vorliegen — übrigens oft Frauen, die schon in der Weimarer Zeit politisch aktiv und entschiedene Gegnerinnen des Nazi-Regimes waren. Es ist bezeichnend, daß erst in den letzten Jahren der selbstverständliche Sprachgebrauch von den „Vätern des Grundgesetzes", der die wichtige Arbeit der vier „Mütter" völlig unterschlägt, aus der Mode zu kommen beginnt. Daß der Artikel 3 Abs. 2 Grundgesetz in seiner jetzigen für viele anderen Gesetzesmaterien folgenreichen Form: „Männer und Frauen sind gleichberechtigt" nur durch den hartnäckigen Kampf Dr. Elisabeth Selberts und durch den mächtigen Druck eines von Frauen entfachten außerparlamentarischen Sturms durchgesetzt werden konnte, ist noch lange nicht so im allgemeinen Bewußtsein verankert, wie es dieser Tatsache gebührt. Die Frauen haben sich in der Bundesrepublik nicht erst Ende der 60er Jahre eigenständig zu

Wort gemeldet.⁵ — Zu fragen ist allerdings — und dem ist näher nachzugehen — weshalb diese machtvollen Anfänge versickerten, wie sie in den politischen Organisationen kanalisiert und damit stumm gemacht wurden, so daß das Bild der Frauen aus der Zeit der konservativen Wirtschaftswunder-Republiknur als Heimchen am Herd, als besorgte Mutter, bestenfalls als Zuverdienerin mit schlechtem Gewissen und als konservative Wählerin überliefert ist.⁶

Dr. Helena Futura sucht Spuren politisch aktiver Frauen in Hessen nach 1945

Stellen wir uns eine Historikerin in nur hundert Jahren vor, nennen wir sie Frau Dr. Helena Futura und beobachten wir, wie sie versucht, etwas über Frauen in der Politik nach 1945 in Hessen zu erfahren. Und zwar aus der Sekundärliteratur, die bis in die Mitte der 80er Jahre des zwanzigsten Jahrhunderts vorlag, weil sie so Zugang zum Lebensgefühl und Bewußtsein der Frauen in dieser Zeit gewinnen möchte. Sie stellt über das Bibliotheks-Network, das sie durch ihren Personal-Computer anzapfen kann, fest, daß in den 80er Jahren des zwanzigsten Jahrhunderts schon einige Veröffentlichungen über den politischen Neuanfang in Hessen nach 1945 vorlagen. Als sie sich die Arbeiten auf ihr Terminal geben läßt, drängt sich ihr als erstes der zwingende Verdacht auf, daß es sich in Hessen damals um eine weitgehend frauenlose Gesellschaft gehandelt haben muß:

— In dem Katalog zur Ausstellung der hessischen Staatsarchive zum 30. Jahrestag der Hessischen Verfassung: *Hessen in der Stunde Null 1945/46, der sehr unterschiedliche Aspekte beleuchtet von der „Entstehung des Landes Hessen" über „Die zerstörten Städte", von der „Sozialen und wirtschaftlichen Not", über den „Demokratischen Neubeginn", die „Verfassung und gewählte Regierung" bis zur „Sozialen Politik" findet Dr. Futura Frauen weder als Individuen noch als Gattungswesen erwähnt. Die Einleitung beginnt mit dem schönen Satz: „Die bitteren Jahre unter der NS-Diktatur hatte die ‚Männer der ersten Stunde' ein hohes Maß an Toleranz gelehrt." (S. 9) — Im Abschnitt der „Verfassungsgebenden Landesversammlung", der, wie sie weiß, immerhin vier Frauen angehörten, taucht Frau Dr. Elisabeth Selbert nur als Foto auf, die übrigen weiblichen Mitglieder werden ebenso wenig erwähnt, wie die interessanten Diskussionen um die Gleichberechtigungsartikel in der Hessischen Verfassung.⁷ Frau Dr. Futura wundert sich: Die Frauen hatten in Deutschland doch durch den alliierten Sieg über den Nationalsozialismus ihre aktiven politischen Mitwirkungsrechte und das passive Wahlrecht wiedererlangt, die ihnen — erst 1918 errungen — vom Nationalsozialismus aberkannt worden waren. Das sollte keine Erwähnung wert sein? — Auf der Seite 49 endlich fällt ihr das gesperrt gedruckte Wort „gleichberechtigt" ins schon vom Suchen müde Auge. Doch es bezieht sich auf den Art. 37 Abs. 2 der Hessischen Verfassung, der die Mitbestimmung in Betrieben zum Gegenstand hat.* — Ob Frauen dem ersten gewählten Landtag angehören, erfährt sie hier nicht, obwohl die Zusammensetzung des 1. Hessischen Landtages nach Parteien mitgeteilt wird (S. 52). In der ersten Regierung jedenfalls waren Frauen offenbar nicht vertreten, wie sie der Kabinettsliste (S. 53) entnehmen kann. Entnervt liest sie schließlich das Kapitel über „Soziale Politik", hier wenigstens müßte, so meint Dr. Futura, die in der Geschichte der

Frauenfragen nicht ganz so unbewandert ist, von Frauen die Rede sein — doch Fehlanzeige!

— „Den Mut nicht sinken lassen", sagt sie sich, und läßt sich die nächste Arbeit einspielen: Gerhard Baier: *Geschichte der Arbeiterbewegung in Hessen, zur Geschichte der Hessischen Arbeiterbewegung durch einhundertfünfzig Jahre (1834—1983)*, Frankfurt 1984. Die Einleitung macht ihr Mut. Hier heißt es: „Menschen machen Geschichte." Nicht Männer machen Geschichte, schon gar nicht ein Mann allein. „Männer und Frauen, Junge und Alte . . ." (S. 7). Danach müßte sie hier, so folgert Helena, von vielen politisch bedeutenden Frauen erfahren, wobei sie besonders das Kapitel: „Wiederaufbau im Sozialstaat 1945—1969" interessiert. Als Dr. Futura darin kein Wort über Frauen findet, wird sie abermals irre an ihrem Wissen: Sollten die Frauen tatsächlich den Zweiten Weltkrieg allein geführt und deshalb ausgerottet worden sein? (Aber wie hätten sich die Menschen damals weiter vermehrt? Soweit sie weiß, waren nicht mal Vorstufen des Klonens zu dieser Zeit bekannt!?!) — Auch der vielversprechende Anhang des Buches, in dem 900 Kurzbiographien von Personen aufgelistet sind, die für die Arbeiterbewegung wichtig waren, hilft nicht viel weiter: Unter den 900 Kurzbiographien findet sie ganze 69 über Frauen, also 7,6%! Kann es wirklich sein, so fragt sie sich, daß die vielen Frauen, die für die Arbeiterbewegung Flugblätter verteilt, agitiert, gearbeitet und gelitten haben, keine Spuren hinterlassen haben, daß sie keiner Erwähnung wert waren?

— Aber hier, dieser Titel: Walter Mühlhausen, *Hessen 1945—1950. Zur politischen Geschichte des Landes in der Besatzungszeit*; Frankfurt 1984, scheint einschlägig. Doch auch hier wird sie enttäuscht. In der Arbeit findet sie weder etwas wesentliches zu politisch einflußreichen Frauen noch zu politischen Frauenproblemen! Sie kann es kaum glauben, zieht das umfangreiche Personenregister zu Rate und stellt fest: Von 484 hier erwähnten Namen sind ganze 9 weiblich! Und als sie in den Text zurückgeht, stellt sie fest, fünf davon sind nur in Fußnoten, ganze vier Frauen also im Text behandelt!! — Als sie den Text recht entmutigt ausblenden will, fällt ihr die Widmung des Autors ins Auge: Sie lautet: „Für Iris und Julia"!

— Im Alltag wenigstens — so hofft Dr. Futura — müßten Frauen und ihre politischen Probleme zu finden sein. Und tatsächlich, es gibt eine einschlägige Publikation: — *Trümmer, Tränen, Zuversicht, Alltag in Hessen 1945—1949*, hrsg. v. Werner Wolf, Frankfurt 1986. Eine Sammlung und Dokumentation zeitgenössischer Zeitungsartikel, „lebendige Reportagen . . ., die die Lebensumstände der Nachkriegsjahre anschaulich vermitteln . . . Besonders zwischen den Zeilen spürt man den ‚Geist der Zeit'", wie es in der Einleitung heißt. Der Herausgeber spricht hier in der Tat von Frauen, von Hausfrauen nämlich, die „sich zum Teil auf Trockenkartoffeln" umstellen mußten (S. 13), von Prostitution (S. 17) und von „Trümmerfrauen", deren Einsatz für Hessen nicht belegt sei (S. 19). Die Kapitel 4 bis 7 sind besonderen Menschengruppen und ihren Problemen gewidmet: „Sorgenkinder", „Menschen im Lager", „Endlich wieder zuhause: Heimkehrer und Kriegsversehrte", „Mut zum Neubeginn: Vertrauen und Flüchtlinge". — Frauenfragen aber, so wundert sich Helena, gab es die damals gar nicht? Doch — noch einmal ist von Frauen die Rede: Von der „ersten deutsch-amerikanischen Hochzeit", die im April 1947 stattfindet:

„‚Deutsche Bräute' und die dazugehörigen ‚Schwiegermütter' werden mit Nylonstrümpfen, Amimehl und Bohnenkaffee versorgt." (S. 22) – Also wieder Fehlanzeige! Liegt es an der Auswahl der Dokumentation oder sollten sich die Bemühungen politischer Frauen nach 1945 in Hessen überhaupt nicht in der Presse niedergeschlagen haben? Vielleicht muß man sie im engeren regionalen Rahmen suchen, überlegt Dr. Futura!

– Doch in der schon 1964 erschienenen Untersuchung von John Gimbel: *Eine deutsche Stadt unter amerikanischer Besatzung – Marburg 1945–1952*, Köln und Berlin 1964, findet sie Frauen ebenfalls nicht erwähnt!

– Schließlich entdeckt Helena in dem Buch: *CDU Hessen 1945–1985. Politische Mitgestaltung und Kampf um die Mehrheit*; hrsg. v. Werner Wolf, Köln 1986, einen Aufsatz von Dr. Elisabeth Schwarzhaupt, hessische Bundestagsabgeordnete von 1953–1969 und von 1961–1966 Gesundheitsministerin. Die mit dem Titel: „Als Frau in der Politik. Hoffnung und Wirklichkeit" überschriebenen Erinnerungen beginnt die Politikerin mit dem resignierten Satz: „Im Alter von 84 Jahren übernehme ich wieder einmal – wie so oft in meinem Leben – die Rolle der ‚Alibi-Frau', indem ich einen Beitrag schreibe in einem Buch, das überwiegend von Männern geschrieben ist und hauptsächlich von Männern handelt." (S. 175) Immerhin erfährt Dr. Futura hier, daß die erste Ministerin der Bundesrepublik ihr Amt einem damals durchaus noch unüblichen (und noch nicht so bekannten) „Sit-in" von Frauen verdankt. Unter der Führung von Helene Weber hatten sich die Frauen der CDU-Fraktion in Adenauers Vorzimmer gesetzt und erklärt, nicht eher wegzugehen, bis er sie empfange und bereit sei, eine Frau ins Kabinett zu nehmen. Sie schlugen dafür Dr. Elisabeth Schwarzhaupt vor, die weder von dieser Nominierung noch von dem „Sit-in" wußte. Immerhin bot ihr Adenauer daraufhin das Gesundheitsministerium an. Obwohl ihr – als Juristin, Mitglied des Rechtsausschusses und durch ihre Arbeit am neuen Familienrecht dafür ausgewiesen – das Justizministerium wesentlich lieber gewesen wäre, für das sie schon einige Jahre vorher vorgeschlagen worden war, nahm sie an: „. . . ich hatte keine Wahl. Als erste Frau, der Adenauer ein Ministerium anbot, hätte ich es den um ihre Gleichberechtigung kämpfenden Frauen nicht antun können, abzulehnen und wiederum für vier Jahre die Frauen im Kabinett unvertreten zu lassen. Ich übernahm also . . . wieder die mir zugedachte Rolle der Alibifrau." (S. 178)

Offenbar, so folgert die Wissenschaftlerin des 21. Jahrhunderts, haben Männer vor hundert Jahren die Frauen und ihre politische Arbeit für ziemlich unwichtig gehalten – heute kaum vorstellbar! –

Arbeiten von Frauen helfen weiter

Aber so leicht läßt sich die Wissenschaftlerin kein X für ein U vormachen! Sie weiß, daß es gleich nach 1945 an verschiedenen Orten in Hessen überparteiliche Frauenausschüsse gegeben hat, und daß es Zeugnisse davon noch geben muß. Als sorgfältige Sozialwissenschaftlerin, als die sie sich als Historikerin des 21. Jahrhunderts versteht, läßt sie sich zuerst einen Bericht über die allgemeine soziale Lage der Frauen nach 1945 auf den Computer geben.

Es ist die Materialsammlung *Frauen und Frauenbewegung* in der Abteilung des 20. Jahrhunderts im Historischen Museum Frankfurt.[8] Hier erfährt sie, daß diese sehenswerte, von Wissenschaftlerinnen erarbeitete Ausstellung die Frauen dieser Zeit unter den Stichworten: Chaos, Vergewaltigung, Hunger, Flüchtlinge, Wohnungsnot, schwarzer Markt und – damit zusammenhängend – Prostitution, Mischlingskinder, Mißtrauen der aus Krieg und Gefangenschaft zurückkehrenden Ehemänner und Eheprobleme zeigt. Überdies wird belegt, daß das Deutschland von 1945/46 ein Land der Frauen gewesen ist: „Ein Land der Frauen, die zahlenmäßig als unbestrittene Sieger – leider – aus der biologischen Katastrophe des Krieges hervorgingen. Das statistische Amt in Wiesbaden gab am 29. 10. 1946 den Anteil der Frauen bei der Gesamtbevölkerung mit 55,6% an, für Groß-Berlin mit 60%. Es gab an diesem Stichtag rund 7 Millionen mehr Frauen. 1939 kamen auf 100 Männer 105 Frauen, 1946: 125."[9]

Dr. Gabriele Strecker, erste Leiterin des Frauenfunks von Radio Frankfurt, später Landtagsabgeordnete der CDU, knüpfte, wie viele Frauen in der damaligen Situation, an diese zahlenmäßige Überlegenheit der Frauen begründete Erwartungen: „... immer häufiger dachte ich daran, daß jetzt die ‚Stunde der Frauen' angebrochen sei, schon wegen ihrer erschreckenden Überzahl ... – war nicht die gesamte Männerwelt mit all ihrer soldatischen Pracht über Nacht zerstoben als wäre sie nie gewesen? Auch die überlebenden Männer, mit neuem kritischen Blick gesehen, schienen sie nicht kraft- und saftloser zu sein – die alte medizinische Einsicht in die in vielen Punkten biologische Überlegenheit der Frau bestätige sich gerade in den ersten Nachkriegsjahren.[10]

Wie recht sie hat!, denkt Helena, froh, endlich Quellen gefunden zu haben, die überhaupt von den Frauen dieser Zeit berichten. Besonders aufschlußreich für die politische Arbeit der Frauen scheinen ihre Berichte über die sog. *Frauenausschüsse* zu sein, die 1945 in fast allen großen Städten spontan entstehen. Ähnlich wie die antifaschistischen Arbeiterausschüsse sind sie überparteilich organisiert. Sie setzen sich für den Frieden und für die Gleichberechtigung der Geschlechter ein. – Gabriele Strecker zur Frankfurter Situation: „Schon Ende 1945 hatten sich in Frankfurt Frauen zusammengefunden, die in der Opposition gestanden hatten, Frauen, die schon in der alten Frauenbewegung tätig gewesen waren, aber auch neue, bisher unbekannte Frauen, die einfach als Menschen fühlten, daß ihnen die Zeit eine Chance bot, und daß sie etwas tun mußten. Am 25. 1. 1946 kam der Öffentlichkeit ein Aufruf zu Gesicht, der in 8 Punkten die Ziele von 14 Frauen enthielt. Sie bezeichneten sich selbst als Frankfurter Frauenausschuß, der zur Bildung einer großen Frauenorganisation aufrief, die allen Frauen aus allen Schichten und jeden Alters helfend und beratend zur Seite stehen wollte. Er forderte die Frauen aller Städte und Gemeinden auf, lokale Frauenausschüsse zu gründen, die dann später in einer einheitlichen Organisation unter Leitung des Frankfurter Frauenausschusses zusammengefaßt werden sollten mit dem Fernziel einer Vereinigung aller Frauenorganisationen in ganz Deutschland. Die acht Programmpunkte:

1. Gleichberechtigung der Frau
2. Mitwirkung in der Verwaltung
3. Gleiches Recht auf Arbeit und gleicher Lohn

4. Gerechte Beteiligung der Frau in Berufsvertretungen
5. Hinzuziehung im Rechtswesen
6. Neuordnung des Familienrechts
7. Mehr Frauen in führenden Stellen im Erziehungswesen
8. Höhere Wertschätzung der Frauenarbeit.[11]

Der Marburger Frauenausschuß

Als Dr. Futura das Stichwort „regionale Belege für Frauenausschüsse" aufruft, erscheinen auf dem Bildschirm interessante Dokumente darüber, daß in Marburg, einer mittleren hessischen Universitätsstadt, ein besonders lebendiger Frauenausschuß gearbeitet haben muß. Aus den unterschiedlichen Quellen, die sie sich auf ihr Terminal einspielen läßt, zeichnet sich ein lebendiges und wahrscheinlich typisches Bild dieses allerersten politischen Engagements von Frauen nach 1945 ab. Fasziniert vertieft sie sich

- in die Erinnerungen von Cilly Schäfer, einer Kommunistin, die schon in der Weimarer Zeit Landtagsabgeordnete des Volksstaates Hessen war, ebenso wie übrigens ihr Mann, Jacob Schäfer. Beide wurden von den Nationalsozialisten verfolgt und im KZ interniert;[12]
- in den Rückblick von Luise Berthold, der ersten und für zweiundzwanzig Jahre einzigen, habilitierten Dozentin an der Universität Marburg, später Stadtverordnete der FDP in Marburg;[13]
- in die „Marburger Presse", dort erscheinen von 1946–1953 Frauenseiten, erst „Für die Frau", dann „Aus der Welt der Frau" benannt, die in regelmäßigen Abständen vom Marburger Frauenausschuß gestaltet wurden. Helena stößt auf eine hochinteressante Marburger Staatsexamensarbeit, sogar von einem männlichen Studenten verfaßt, die den Neubeginn der Frauenbewegung nach 1945 an Hand der Frauenseiten in der „Marburger Presse" von 1946–1953 untersucht.[14]

Hier endlich entdeckt sie konkrete, lebendige Schilderungen von politisch aktiven Frauen, die offenbar große Bedeutung für den sozialen und demokratischen Neubeginn in der Bundesrepublik und Hessen gehabt haben. – Inzwischen hat sie auch noch erfahren, daß es Ende 1946 5000 Frauenausschüsse in allen vier Besatzungszonen gab. Dabei war die sowjetische Besatzungsmacht die erste, die unmittelbar nach der Kapitulation in ihrer Zone Frauenausschüsse zuließ. Überall in den Westzonen bildeten sich ähnliche Gruppen unter zum Teil verschiedenen Namen: „Frauenverband Frankfurt", „Club deutscher Frauen in Hannover", oder einfach „Frauenausschuß" wie in Bremen und vielen Ruhrstädten.[15] Sie hatten alle ähnliche Zielsetzungen, wie sie vom Frankfurter Ausschuß formuliert worden waren, verstanden sich als überparteilichen Zusammenschluß von Frauen und wollten ihre Initiative und Arbeit, die sie zur Linderung der Not und des Nachkriegselends als dringend notwendig ansahen, nicht durch Unterschiede des Standes und der Klassen beeinträchtigen lassen. Helena verfolgt dies interessiert an der Marburger Situation.

Die neun Musen

Viele der Frauen, die nach 1945 den Wunsch, ja die dringende Pflicht empfanden, politisch aktiv zu werden, um am Aufbau des anderen Deutschland mitzuwirken, das einen Rückfall in die Barbarei des Nationalsozialismus ausschloß, waren schon in der Weimarer Republik politisch engagiert gewesen. Sie waren enttäuscht, daß Frauen in keinem der Gremien vertreten waren, die mit den Amerikanern zusammenarbeiteten. So auch in Marburg! — Gleich nach der Befreiung schließen sich neun Frauen sehr unterschiedlicher Herkunft, politischer Überzeugung und sozialem Status zusammen und gründen einen überparteilichen Frauenausschuß — verbunden durch ihre Überzeugung, daß man daran arbeiten müsse, politisch und soziale Verhältnisse herzustellen, in denen sich der Nationalsozialismus nicht wiederholen kann: Das Spektrum reicht von der Schneidermeisterin und KPD-Angehörigen Cilly Schäfer bis zur Inhaberin eines Bekleidungsgeschäftes Toni Fellner, von der Professorin Dr. Luise Berthold, in der Weimarer Republik DVP-Mitglied, bis zur Schriftstellerin und Anthroposophin Lisa de Boor, von Anne-Marie Heiler bis zu Dr. Rothraut Schulz-Bäsken, freie Mitarbeiterin der *„Marburger Presse"*; Doris Krauß ist die Frau eines Romanistik-Professors, Ida Merkel erstellt in den ersten Jahren Meinungsumfragen für die Besatzungsmacht und Gräfin Solms ist immer schon sozial engagiert.[15a] Luise Berthold, Lisa de Boor und Anne-Marie Heiler gehörten der Bekennenden Kirche an.

Schon der Zusammenschluß der Frauen war jedoch so einfach nicht: Die amerikanische Besatzungsmacht hatte Parteien und Versammlungen über 5 Personen verboten. „In Marburg", so erzählt Luise Berthold, „herrschte damals ein inneres und äußeres Chaos. Das äußere Chaos betraf die Ernährung, die Kleidung, die Heizung, die Beleuchtung, vor allem die katastrophale Wohnungsnot. Die nur wenig zerstörte Stadt erwies sich als ein Verhängnis; denn nun kam von allen Seiten alles geritten und gefahren und hoffte hier unterzukommen . . ." Aber für diese Frauen, die sich scherzhaft: „Die neun Musen" nannten, war das Herausforderung und Verpflichtung. Luise Berthold formulierte später einmal: „Was auch in der Weltgeschichte passierte, und seien es die größten Katastrophen, schließlich erscheint eine Frau mit dem Besen, kehrt alles wieder zusammen und schafft irgendwie Ordnung".[16] Helena ist entsetzt und wütend über ihre Urgroßmütter! Oh nein! denkt sie, wie gut, daß die Frauen schon lange nicht mehr bereit sind, so selbstverständlich die Dreckarbeit auf sich zu nehmen und die Folgen der Fehler auszubaden, die die Männer in ihrem verbohrten, faschistischen Männerstaat gemacht hatten! Als sie dann aber liest, daß Frau Berthold auch gesagt hatte: „Wir hatten den Vorteil, daß wir am Nullpunkt waren, es war alles kaputt, was wir gehaßt hatten",[17] kann sie zumindest den Schwung dieser Frauen etwas besser verstehen.

Die stürmen einfach zu neunt das Büro des amerikanischen Stadtkommandanten und verlangen eine Versammlungserlaubnis. Cilly Schäfer erzählt: „Zuerst war er etwas ärgerlich — es war ja auch frech genug von uns da gleich zu neunt anzurücken. Aber . . . (er) dachte wohl: Das ist ja eine harmlose Sache, nichts Politisches, wollen ein bißchen Sozialarbeit machen, wie bei uns die Hausfrauenvereine."[18] Die „neun Musen" sind in Marburg jedenfalls die ersten, die die Erlaubnis bekommen, sich mit mehr als fünf Personen zu treffen; und diese wöchentlichen Treffen waren durchaus nicht so harmlos, wie der Stadtkommandant sich das wohl vorgestellt hatte. Cilly Schäfer: „Die Parteien waren zwar noch verboten, aber überall in Marburg gab es kleine Gruppen, in denen über Neugründungen gesprochen und diskutiert wurde: christliche, liberale, sozialdemokratische, links-sozialistische und kommunistische. Jede der ‚neun Musen' war an diesen Diskussionen beteiligt – die meisten politisch eindeutig festgelegt; viele aufgrund ihrer Erfahrungen im Dritten Reich, viele schon aus der Weimarer Zeit. Es gab harte Auseinandersetzungen, aber die waren immer sehr anständig, es ging nicht los auf irgendeine Partei. Wir hatten das gemeinsame Ziel vor Augen. Der Weg zum Ziel blieb umstritten, aber die Frauen lernten, sich miteinander zu verständigen, miteinander zu reden."[19]

Auch für die Professorin Luise Berthold waren diese Erfahrungen neu und wichtig: „. . . ich lernte Leute kennen, die ich früher immer ein bißchen gefürchtet hatte. Die Frau Schäfer zum Beispiel, die war ja nun Kommunistin. Eine tapfere Frau, mancher hätte sich von ihrem Mut eine Scheibe abschneiden können . . ., daß es einen starken organisierten Widerstand der Arbeiter gegeben hat, hab' ich erst von ihr gelernt. Auch, daß die Wirtschaftsordnung der Weimarer Republik etwas mit dem Aufkommen des Faschismus zu tun gehabt hat. – Wir haben uns richtig angefreundet."[20] Die Schäfers backen Luise Berthold zum Geburtstag eine Torte, damals eine seltene Köstlichkeit, ein großes Geschenk. Sie wird selbstverständlich gemeinsam im Frauenausschuß gegessen. Frau Berthold ist überzeugt davon und sagt es Cilly Schäfer: „Wissen Sie, Ihr ganzer Kommunismus besteht in Ihrer Herzensgüte."[21] – Befriedigt liest Dr. Futura, daß Cilly Schäfer mit diesem Kompliment nicht einverstanden ist, daß sie durchaus eine Kompetenz und einen politischen Standpunkt für sich beansprucht, der sich nicht in „Herzensgüte" erschöpft, und daß ihr diese Kompetenz auch von den anderen bürgerlichen Frauen der Gruppe zuerkannt wird.

Aber auch die Kommunistin hat gelernt: „Nicht alle bürgerlichen Frauen standen hinter Hitler. Viele waren bereit, ihn zu bekämpfen, und viele wollten es gemeinsam mit uns tun. Sie haben sogar zugestimmt, als ich gesagt habe, es hätte an den großen Konzernen gelegen und deshalb müßte man verhindern, daß sie wieder entstehen."[22]

Die Frauen diskutieren nicht nur über den politischen Neuanfang, sie leisten auch praktische Arbeit, die sie als Beitrag zum Aufbau einer neuen Gesellschaft verstehen: Care-Pakete werden in Schulen und Beratungsstellen verteilt, Cilly Schäfer richtet eine Nähstube ein, für die Frau Fellner die Stoffe zur Verfügung stellt: „Die Leute hatten keine Kleider mehr, nur noch Lumpen – es war furchtbar, wie sie damals rumliefen . . . Im Garten der Solmsschen Villa am Ortenberg wurde jeden Mittag ein großer Topf Suppe gekocht – für alle, die nichts zu essen hatten, besonders für die vielen Flüchtlinge aus dem Osten."[23] Die Frauen kümmerten sich auch um die Beschaffung und Verteilung von Wohnungen. Diese praktische Arbeit zog immer mehr Frauen an und der Stadtkommandant hatte, dankbar für dieses Engagement, bald nichts mehr dagegen, wenn sich mehr als neun Personen zu den Treffen des Frauenausschusses versammelten. Auch die neu hinzugekommenen wurden in die politischen Diskussionen einbezogen, Frauen, die „es sich nie hätten träumen lassen, einmal über die Vergesellschaftung von Großkonzernen zu diskutieren!", wie Cilly Schäfer amüsiert feststellt.[24]

Als die Parteien 1946 wieder zugelassen werden, treten die meisten der Frauen aus dem Frauenausschuß in die Parteien ein, ja sie werden deren Gründungsmitglieder: Frau Professorin Berthold in die LDP, obwohl, wie sie sagte, ihr antifaschistischer Widerstand eigentlich christlich motiviert gewesen sei. Aber: „Ich war immer für die Gleichberechtigung der Frau, ich hab' selbst sehr viel unter dieser männlichen Überheblichkeit gelitten." Deshalb sei sie zu den Liberalen gegangen. „Und als es wieder ein Stadtparlament gab, saß ich für die FDP drin."[25] – Frau Fellner und Frau Heiler treten in die CDU ein, Frau Dr. Schulz-Bäsken gehörte zu den Mitbegründern der SPD; Lisa de Boor war Gründungsmitglied der Arbeiterwohlfahrt. Bei der Kommunalwahl am 26. 5. 1946 wurden Frau Heiler und Frau Berthold zu Stadtverordneten gewählt, Frau Heiler wurde sogar Stadträtin und Leiterin des Jugendamtes.[26] – Cilly Schäfer bekam, wie sie selbst sagte, „soviel Arbeit in der KPD, daß sie ihre Arbeit im Frauenausschuß aufgeben wollte." Als ihr aber der Frauenausschuß ein großes Blumengebinde und ein Dankschreiben schickt, das „sogar eine Zahnarztfrau unterschrieben hatte",[27] war sie so gerührt, daß sie weiter mitarbeitete.

Die Frauenseite der Marburger Presse

Als die Lokalzeitung, die „*Marburger Presse*", wieder erschien, gab es in den Samstagausgaben eine Frauenseite, die sich nach Meinung der Frauen „kaum von den Glaube- und Schönheit-Geschmus im Dritten Reich unterschied!" Die Frauen waren empört! Sie holten sich Rückendeckung ihrer Parteien, bildeten eine Delegation (inzwischen waren sie über 100 und konnten nicht mehr alle auf einmal aufkreuzen) und marschierten zur Zeitung: Dort jagten sie dem verantwortlichen Redakteur einen ganz schönen Schrecken ein, als sie ihm vorwerfen, sein Frauenbild habe sich „nicht allzu sehr gewandelt... seit bewußten Zeiten."[28] Er bot dem Frauenausschuß an, die Frauenseite jede Woche selbst zu gestalten. Das erschien den Frauen zuviel Arbeit, aber einmal im Monat wollten sie die Gestaltung der Frauenseite übernehmen. Das wurde gleich vertraglich festgehalten. Daraufhin erschienen Artikel über alleinstehende Unternehmerinnen (Fellner), über Gewerkschafterinnen und Arbeiterinnen (Schulze-Bäsken, Schäfer), es wurde über Frauen in den Parteien und in der Marburger Geschichte geschrieben. Es gab auch hauswirtschaftliche Tips von der richtigen Ernährung bis zum Hausschneidern.[29]

Das Ziel der Frauenseite war aber eindeutig politisch: Frauenfragen sollten öffentlich gemacht werden. Es war schon absehbar, daß Frauen in öffentlichen und staatlichen Institutionen wieder unterrepräsentiert sein würden – dem sollte entgegengewirkt werden. Viele Beiträge beschäftigten sich mit Problemen der Frauenverbände, waren von Frauen aus dem Frauenausschuß verfaßt, aber auch von Frauen aus der Frauenbewegung. Immer wieder kamen amerikanische Autorinnen zu Wort. – Die Frauenseite der *Marburger Presse* erweist sich damit, wie Dr. Futura dankbar feststellt, als eine wichtige Quelle für den Neubeginn politischer Frauenarbeit in Hessen, in der der Beginn und die Entwicklung der Frauenverbände nach 1945 diskutiert und nachgezeichnet wird.[30]

Ein eigenes Programm entwickelt der Marburger Ausschuß nicht, die Frauen übernahmen die Programmpunkte des „Frankfurter Frauenausschusses", die sie auf der Frauenseite abdruckten. Sie erwogen niemals, eine eigene Frauenpartei zu gründen, vielmehr wollten sie in bestehenden Parteien und Organisationen mitarbeiten, mit ihnen und durch sie ihre Ziele verwirklichen. Das ging soweit, daß sie neue Frauen nur aufnahmen, wenn sie eigene soziale oder politische Tätigkeiten in anderen Organisationen aufzuweisen hatten. Darüberhinaus forderten sie von den Parteien und Organisationen, eine bestimmte Anzahl von Stellen und Listenplätzen durch den Frauenausschuß zu besetzen. – Vielleicht, so grübelt Helena Futura, war das der Irrtum der Ahninnen, daß sie sich arg- und ahnungslos der Illusion hingaben als einzelne Frauen ohne eigene Machtpositionen bestehende, durch und durch männlich bestimmte, Organisationen unterwandern zu können. Der Frauenausschuß bemühte sich besonders darum, Hausfrauen und junge Frauen für die politische Arbeit zu gewinnen, stieß aber gerade bei jungen, im Nationalsozialismus aufgewachsenen Frauen auf großes Mißtrauen und wenig Interesse.

Das war allgemein so: In einer Befragung von 120 Mädchen in Berlin antworteten 95% auf die Frage, ob sie sich für Politik interessierten, mit „überhaupt nicht". Sie begründeten das damit, daß die Parteien nur für sich selber sorgten, nur Unwahrheiten sagten, und daß die deutsche Frau sowieso in der Politik nichts zu sagen habe, ihre Nase in den Kochtopf stecken und die Politik den Männern überlassen solle.[31] Der überwiegende Teil der Bevölkerung (72% der Männer und 68% der Frauen) sah in politischen Entscheidungen keine wichtige Bedingung für den Wiederaufbau, sondern nur in „harter Arbeit". Auch die Demokratie war für viele keine beflügelnde Perspektive: 34% von 162 befragten Bürgermeistern der US-Zone hielten es sogar für unmöglich, eine demokratische Regierungsform einzuführen. Vor den ersten Wahlen wurde von der „Neuen Zeitung" das Stimmrecht für Frauen erneut in Frage gestellt.[32] Daher war es für den Marburger Frauenausschuß sehr schwer, Frauen dafür zu motivieren, in politischen Organisationen zu arbeiten. Wenn überhaupt, gelang dies am ehesten bei älteren Frauen, die in der Weimarer Republik politische Erfahrungen gemacht hatten. – Der Frauenausschuß selbst knüpfte in seiner Arbeit stark an die Erfahrungen der bürgerlichen Frauenbewegung im Kaiserreich und der Weimarer Republik an. Die bitteren Erfahrungen im Nationalsozialismus hatten die Frauen aber davon überzeugt, daß man für die Demokratie kämpfen müsse, und sie hielten es für den einzig richtigen Weg, mit den bestehenden Parteien und Organisationen zusammenzuarbeiten.

Vom Frauenverband Hessen zum Deutschen Frauenring

Die Hoffnungen der Frauen, in ausreichender Zahl wichtige politische Positionen zu besetzen, wurden bald enttäuscht. Um dem zu begegnen, wurde am 18. 1. 1947 auf einer Delegiertentagung der Zusammenschluß aller hessischer Frauenorganisationen zu einem hessischen Frauenverband beschlossen. Ziel des Verbandes war u.a. die „völlige Gleichberechtigung der Frau, Mitwirkung der Frau in öffentlicher Verwaltung an entscheidender Stelle, Berufung von Frauen in ausreichender Zahl in alle Berufsvertretungen, stärkeren Einsatz der Frauen im Rechtswesen, Förderung des Familienlebens von der juristischen Seite, insbesondere durch Ausbau des ehelichen Güterrecht, des Kinder- und Mutterschutzwesens".[33]

Vom 7. bis 9. März 1947 war schon in Berlin als erste überparteiliche und überregionale Frauenorganisation der *„Demokratische Frauenbund Deutschlands"* (DFD) gegründet worden, in dem sich sozialistisch orientierte Frauen zusammenschlossen. Zu dieser Tagung hatte Hessen vier Delegierte entsandt. Es war aber nicht möglich, eine Konzeption des DFD durchzusetzen, die den sich abzeichnenden Gegensatz der westlichen und sowjetischen Besatzungszone überwand. Der DFD wurde in den Westzonen nicht zugelassen. – Schon auf der ersten in den Westzonen ausgerichteten interzonalen Frauenkonferenz in Bad Boll im Mai 1947 trafen sich zwar 204 Vertreterinnen von 42 überparteilichen Frauenorganisationen aller vier Besatzungszonen, doch wurde den Vertreterinnen der sowjetischen Besatzungszone wenig Redezeit eingeräumt und die drohende Spaltung Deutschlands kaum thematisiert. Als Ziel der Konferenz wurde der „Zusammenschluß aller Frauenverbände der Westzonen auf überparteilicher und überkonfessioneller Basis" angestrebt. – Auf der interzonalen Frauenkonferenz „Frauen für der Frieden", zu der der Frankfurter Frauenausschuß 1948 eingeladen hatte, waren Frauen aus der sowjetischen Besatzungszone nicht mehr vertreten. U.a. referierten Gabriele Strecker und Else Reventlow. Letztere kritisierte die Entwicklung in der sowjetischen Besatzungszone und in den „von kommunistischen Ideologien beherrschten Ländern" und wandte sich gegen „die Ausnutzung der Frauen zur Erreichung dunkler, politischer Ziele".[34]

Als sich dann am 7. Oktober 1949 alle 15 überparteilich-überkonfessionellen Landesverbände der Westzonen und Westberlins zum *„Deutschen Frauenring"* zusammenschlossen, war die Spaltung der deutschen Frauenverbände in West und Ost besiegelt. – Zwar hatte sich 1948 der DFD auch in Westberlin gegründet und versuchte 1950 seinerseits Ortsverbände in der Bundesrepublik zu initiieren, doch kommt es daraufhin in Frankfurt und Wiesbaden zu Zusammenstößen mit den Frauen aus dem überparteilichen Frauenverband. Daraufhin beschließt der Landesverband Hessen, nicht nur alle Mitglieder des DFD, sondern auch alle Mitglieder der KPD aus dem Verband auszuschließen: „um eine klare Arbeitsbasis zu schaffen".[35]

Auch in Marburg organisierte sich der Frauenausschuß im September 1947 zum überparteilichen Frauenverband um, und in seinen Vorstand wurde für jede Partei eine Vertreterin gewählt. Mit dem Frankfurter Beschluß, Kommunistinnen auszuschließen, ist der Marburger Verbandsvorstand überhaupt nicht einverstanden. Bei einer außerordentlichen Delegiertentagung in Frankfurt vertritt er die Meinung, über den Ausschluß kommunistischer Mitglieder könne nur *eine Urabstimmung in den Ortsverbänden* selbst entscheiden.

Frau de Boor drückt in Marburg auf der Mitgliederversammlung die Meinung aller aus, als sie es für undenkbar erklärt, Cilly Schäfer auszuschließen: „Die Frau Schäfer ist eine Frau, auf die alle, die gegen Hitler waren, stolz sein können. Sie ist in Marburg überall beliebt. Jedes Kind kennt sie. Viele Leute hätten nichts anzuziehen gehabt, wenn sie nicht gewesen wäre. Und die sollen wir jetzt rausschmeißen?"[36] Frau Berthold kann sich ebenfalls nicht vorstellen, Cilly Schäfer auszuschließen. Zwar habe sie, wie alle wüßten, politisch in vielem nicht mit ihr übereingestimmt, „aber die Frau Schäfer hat unsere Meinung genauso akzeptiert wie wir die ihre. Sie war immer tolerant. Wir haben viel von ihr lernen können. Es ist geradezu widersinnig, wenn man eine solche Frau wegen irgendwelcher Dinge, die in der Sowjetunion geschehen sollen, von unserer Arbeit ausschließen will!"[37] Wieder andere sagen, daß man sich einen Ausschluß von Frau Schäfer gar nicht leisten könne, weil ohne sie vieles gar nicht gemacht werden könne, was wichtig sei. – Auf der nächsten Sitzung, zu der Cilly Schäfer bewußt nicht erscheint, stimmen von 100 anwesenden Frauen 79 gegen die Frankfurter Empfehlung. Und Frau Berthold richtet Cilly Schäfer aus: „Ein paar Feiglinge haben sich der Stimme enthalten und nur ganz wenige haben gegen Sie gestimmt! Kommen Sie doch das nächste Mal wieder! Dieser blöde Frankfurter Beschluß kann uns doch jetzt nichts mehr anhaben!"[38]

Doch Cilly Schäfer sah klarer: Der Marburger Ausschuß konnte sich der Empfehlung gar nicht entziehen, weil er damit aus dem überregionalen Frauenverband ausgeschlossen worden wäre, er hätte dann nicht mehr an den koordinierten Regionaltreffen teilnehmen können und darunter hätte auch die praktische Arbeit, die hier organisiert wurde, sehr gelitten. Es wäre auch nicht mehr möglich gewesen, an der zentralen politischen Diskussion teilzunehmen. All das hätte auch die Position des Frauenverbandes in Marburg selbst geschwächt. – Cilly Schäfer wollte das nicht, und so schied sie freiwillig aus und widmete sich ganz der Parteiarbeit.

„Welch ein Jammer", denkt Helena Futura! „So außerordentlich fruchtbare Ansätze überparteilicher Zusammenarbeit wurden hier zerschlagen. Ob sich das für die politische Vertretung der Frauen wirklich ausgezahlt hat?"

Frauen in politischen Gremien in Hessen

Helena Futura läßt sich nun die Zusammensetzung der ersten vorparlamentarischen Institutionen und der ersten Landtage geben, um festzustellen, wie viele Frauen in diesen politisch maßgeblichen Gremien vertreten waren. In einer Veröffentlichung von 1986: *Das Hessen-Parlament 1946–1986*, von Jochen Lengemann[39] findet sie zwar die Namen aller Mitglieder der Landtage, des *Beratenden Landesausschusses* und der *Verfassungsberatenden Landesversammlung*, obwohl jedoch zu allen Gremien Übersichten über die Fraktionsstärken angegeben sind, wird die Zusammensetzung nirgends nach Geschlechtern aufgeschlüsselt. Sie muß sie sich also anhand der Namen selbst auszählen. „Es scheint damals niemanden interessiert zu haben", wundert sie sich. – Jedem Gremium ist das Foto des jeweiligen Präsidenten vorangestellt – da es bis 1986 keine Frau als Landtagspräsidentin gegeben hat, ist es ein rein männlich bebildertes Buch. Auf dem einzigen Foto, das die Fraktion der CDU und LDP des beratenden Landesausschusses zeigt, finden sich zwei Frauen: Der Name von nur einer von ihnen wird mitgeteilt: Maria Sevenich, CDU. „Eine erstaunlich männliche Welt, die in keiner Weise problematisiert wird", stellt Helena fest.

- Der ersten zivilen Landesregierung, auf Vorschlag der Abteilung für Zivilberatung (CAD) der Landesmilitärregierung berufen, gehörte ebenso wenig eine Frau an, wie auch späteren gewählten hessischen Kabinetten. Das sollte bis 1978 dauern, als Dr. Vera Rüdiger zur Bundesratsministerin berufen wurde. Bezieht man die Ebene der Staatssekretäre mit ein, war Dr. Hildegard Hamm-Brücher (F.D.P.) die erste Frau in einem hessischen Kabinett; sie war von 1967–1969 Staatssekretärin im Kultusministerium.
- In den durch die vier neugegründeten Parteien SPD, CDU, LDP und KPD mit je zwölf Vertretern paritätisch besetzten *Beratenden Landesausschuß* berief der parteilose Ministerpräsident Geiler am 19. 2. 1946 insgesamt 5 Frauen, bei einer Zusammensetzung von insgesamt 51 Mitgliedern (mit Nachrückern) bedeutete das einen Frauenanteil von 9,8%. Es sollte bis zum 9. *Landtag* (1978–1982) der höchste Frauenanteil bleiben, der auch dann nur geringfügig darüber stieg. (Höchster Frauenanteil im 10. Landtag, Dez. 1982 – August 1983: 11,8%).
- Der am 30. Juni gewählten *Verfassungberatenden Landesversammlung* gehörten von 90 Abgeordneten nur noch 4 Frauen an, das bedeutet einen Frauenanteil von 4,4%. – Als in seiner ersten Sitzung am 15. 7. 1946 der *Verfassungsausschuß* gewählt wird, ist Dr. Elisabeth Selbert hier das einzige weibliche Mitglied.
- Dem 1. *Landtag* (Dez. 1946 – Nov. 1950) gehörten 8 Frauen von insgesamt 115 Abgeordneten (mit Nachrückern) an, das waren 6,9%, dem 2. *Landtag* von 93 = 7,5% usf.

Bei Gabriele Strecker: *Der Hessische Landtag*: Beispiel des ersten Nachkriegsparlamentarismus, erfährt Helena doch noch einiges zur Stellung der Frauen in den Fraktionen: „Bis 1959 war keine Frau in irgendeinem Fraktionsvorstand, erst 1959 hat die SPD als erste Fraktion Nora Platiel zur stellvertretenden Fraktionsvorsitzenden gewählt."[40] Doch war es nicht durchzusetzen, sie zur Landtagspräsidentin zu machen. Bei der Stichwahl in der Fraktion unterlag sie mit einer Stimme. – Einmal haben sich die weiblichen Abgeordneten zu einem gemeinsamen Antrag zusammengefunden: am 21. 4. 1955 beantragen alle acht weiblichen Abgeordneten die Einsetzung eines festen Betrags für staatsbürgerliche Frauenarbeit in den Landeshaushalt 1955. Damit wurde das aus einem ursprünglich amerikanischen Büro für Frauenarbeit entstandene überparteiliche von den hessischen Frauenverbänden getragene spätere Büro für Staatsbürgerliche Frauenarbeit in Wiesbaden mit einem Etat von jährlich 50000 DM ausgestattet.[41]

Helena ist sehr nachdenklich geworden: Weshalb ist der Schwung dieser ersten Frauenbewegung nach 1945 in den 50er und 60er Jahren versickert? Geschah es, weil die politisch aktiven Frauen in die politischen Parteien und Organisationen gingen und ihre Arbeit und ihr Engagement darin aufgesogen und unsichtbar gemacht wurde, wie Wasser von einem Schwamm? – Haben die „Alibi"-Frauen viel zu lange und zu brav die kleinen Rollen gespielt, die ihnen die Parteien und Organisationen freiwillig überließen, um ihr nicht-frauenfeindliches Image zu pflegen? Liegt einer der Gründe darin, daß es der politisch aktiven Weimarer Frauengeneration nicht gelungen ist, die jüngeren Frauen zu motivieren und ihr Mißtrauen zu überwinden, die Frauen, die als Mädchen und junge Frauen nur den Nationalsozialismus als politische Erfahrung kennengelernt hatten? Mußte erst eine Frauengeneration heranwachsen, die, von diesen Erfahrungen weitgehend unbeschadet, Ende der 60er Jahre begann, die Verwirklichung ihrer Rechte – mit notfalls auch außerparlamentarischem – Druck einzufordern? Junge Frauen, die auch in ihren persönlichen Lebensentwürfen versuchten, eigene Wege zu gehen, deren Anerkennung sie, politisch selbstbewußter geworden, in Politik und Gesellschaft durchsetzen wollten? – Dieser Aufbruch sollte in der wissenschaftlichen Literatur vornehmlich männlicher Autoren der 80er Jahre nicht zur Kenntnis genommen worden sein und keine andere Sicht- und Arbeitsweise zur Folge gehabt haben? Fragen über Fragen!

Müde und nachdenklich stellt Helena Futura den Computer ab. Sie ruft ihren Lebensgefährten an: Paris Imperfektus, einen Software-Spezialisten, übrigens der Vater ihres zweiten Kindes. Diese Woche macht er die Haus- und Kinderarbeit. Da ihn das immer noch ziemlich belastet, schlägt sie vor, um ihm das Kochen zu ersparen und einen ruhigen Abend mit ihm zu haben, in ein nettes Restaurant zu gehen, das für seine besonders gute Kinderbetreuung bekannt ist. – Sie muß ihm unbedingt erzählen, welch interessante, konkrete Belege sie dafür gefunden hat, eine wie barbarische Zeit doch das 20. Jahrhundert war. Sie überlegt ernsthaft, ob sie nicht darüber einen kleinen Artikel in den historisch-feministischen Annalen veröffentliche soll. Um keinen Preis möchte sie als Frau vor hundert Jahren gelebt haben!

Anmerkungen

1 Rüchenschmidt, Heinrich: Gründung und Anfänge der CDU in Hessen. Quellen und Forschungen zur hessischen Geschichte, Nr. 42, Darmstadt u. Marburg 1981. und Gurland, Arkadij R.L.: Die CDU/CSU. Ursprünge und Entwicklung bis 1953. Hrsg. von Dieter Emig, Frankfurt/M 1980.
2 Ansätze einer Bestandsaufnahme sind durch die Arbeiten von Annette Kuhn und ihren Mitarbeiterinnen durchaus vorhanden; allerdings beziehen sich diese nicht auf Hessen. Vgl. dazu: Frauen in der deutschen Nachkriegszeit. Herausgegeben von Annette Kuhn, 2 Bde., Band 1 Doris Schubert: Frauenarbeit 1945–1949. Quellen und Materialien. Düsseldorf 1984. – Band 2: Frauenpolitik 1945–1949. Quellen und Materialien. Unter Mitarbeit von Anna-Elisabeth Freier, Andrea Hauser u.a., Düsseldorf 1986.
3 Geiger, Ruth-Esther u. Sigrid Weigel: Sind das noch die Damen? Vom gelehrten Frauenzimmer-Journalismus zum feministischen Journalismus, München 1981, S. 11.
4 Vgl. Strecker, Gabriele: Hundert Jahre Frauenbewegung in Deutschland. Hrsg. vom Büro für Frauenfragen in der Gesellschaft zur Gestaltung des öffentlichen Lebens, Wiesbaden, o.J. (1952); dies.: Der Weg der Frau in die Politik, Bonn 1975; dies.: Überleben ist nicht genug. Frauen 1945–1950. Freiburg 1981.
5 Vgl. Langer-El Sayed, Ingrid: Familienpolitik. Tendenzen, Chancen, Notwendigkeiten. Ein Beitrag zur Entdämonisierung, Frankfurt/M. 1980, S. 89ff. und Langer, Ingrid: Die Mohrinnen hatten ihre Schuldigkeit getan ... Staatlich-moralische Aufrüstung der Familien. In: Die fünfziger Jahre. Beiträge zu Politik und Kultur. Hrsg. v. Dieter Bänsch, Tübingen 1985, S. 108–130.
6 Vgl. Langer-El Sayed, Ingrid: Frau und Illustrierte im Kapitalismus. Die Inhaltsstruktur von illustrierten Frauenzeitschriften und ihr Bezug zur gesellschaftlichen Wirklichkeit, Köln 1971; Perlonzeit. Wie die Frauen ihr Wirtschaftswunder erlebten. Hrsg. v. Elefanten

Press, Angela Delille u. Andrea Grohn, Berlin 1985; – Unbekannte Wesen. Frauen in den 60er Jahren. Hrsg. v. Bärbel Becker u. Elefanten Press. Berlin 1987; – Schmidt-Harzbach, Ingrid: Nachkrieg I. In: „Courage", Nr. 7–10, 1982.
7 Vgl. dazu: Stenografische Berichte über die Verhandlungen des Verfassungsausschusses der Verfassungsberatenden Landesversammlung in Groß-Hessen, Wiesbaden 1946, 3. Sitzung v. 14. 8. 1946, S. 97ff. u. 5. Sitzung v. 20. 8. 1946, S. 115ff.
8 Frauenalltag und Frauenbewegung im 20. Jahrhundert, Materialsammlung zu der Abteilung 20. Jahrhundert im Historischen Museum Frankfurt/M., 4 Bde., Frankfurt/M. 1980.
9 Strecker, Gabriele, (1952), a.a.O., S. 33.
10 Strecker, Gabriele, 1981, a.a.O., S. 16.
11 Strecker, Gabriele, (1952), a.a.O., S. 33ff.
12 Schäfer, Cilly: Für die Genossen. Autobiographische Erinnerungen. Marburg 1970. Handschriftliches Originalmanuskript. Die korrekte Schreibweise des Namens Schäfer ist nicht eindeutig feststellbar; es finden sich *Schäfer* und *Schaefer*. Frau Schäfer hat selbst beide Formen benutzt. Wesentlich häufiger ist allerdings *Schäfer*, so daß wir uns für diese Form entschieden haben.
13 Berthold, Luise: Erlebtes und Erkämpftes. Ein Rückblick, Marburg 1969.
14 Schütt, Ulrich: Der Neubeginn der Frauenbewegung nach 1945: Eine lokale Fallstudie an Hand der Marburger Presse von 1946–1953. Staatsexamensarbeit im Fach Geschichte, Philipps-Universität Marburg, 1986, unveröffentlichtes Maschinenscript. Und vgl. auch: Die Kinder des roten Großvaters erzählen. Hrsg. v. Erasmus Schöfer, Frankfurt/M 1976.
15 Schmidt-Harzbach, Ingrid: a.a.O., S. 36.
15a In der uns bekannten Literatur ist immer von neun Musen die Rede. Nach Auskunft von Freda Gräfin Solms gehörte sie nicht zu den Marburger Musen. Bis jetzt konnten wir nicht ermitteln, wer die neunte Muse war, bzw. ob es tatsächlich neun waren.
16 Vgl. zu beiden Berthold-Zitaten: Luise Berthold. Eine Festschrift zu ihrem neunzigsten Geburtstag. Hrsg. v. Deutschen Akademikerinnenbund e.V. Bearbeitet von Gunda Georg, Anne Schilling und Christina Vanja, Marburg 1981, S. 17.
17 Zitat nach: Schäfer, Cilly, a.a.O.
18 Schäfer, Cilly, a.a.O.
19 Ebd.
20 Die Kinder des roten Großvaters erzählen, a.a.O., S. 179.
21 Ebd., S. 179.
22 Schäfer, Cilly, a.a.O.
23 Ebd. Hier ist die Erinnerung von Cilly Schäfer ungenau. Nach Auskunft von Freda Gräfin Solms wurde tatsächlich in ihrem Garten gekocht, das Essen war jedoch nur für die in ihrem Haus untergebrachten Flüchtlinge bestimmt.
24 Ebd.
25 Die Kinder des roten Großvaters erzählen, a.a.O., S. 180.
26 Schütt, Ulrich, a.a.O., S. 21.
27 Schäfer, Cilly, a.a.O.
28 Luise Berthold. Eine Festschrift . . . a.a.O., S. 22.
29 Dazu: Schäfer, Cilly, a.a.O.
30 Vgl. Schütt, Ulrich, a.a.O., Kapitel 4.
31 Ebd., S. 22.
32 Ebd., S. 23.
33 Ebd., S. 28.
34 Ebd., S. 31.
35 „Marburger Presse" vom 10. 5. 1950.
36 Die Kinder des roten Großvaters erzählen, a.a.O., S. 184.

37 Ebd., s. 184.
38 Schäfer, Cilly, a.a.O.
39 Lengemann, Jochen: Das Hessen-Parlament 1946–1986. Biographisches Handbuch des Beratenden Landesausschusses der Verfassungsberatenden Landesversammlung und des Hessischen Landtags (1.–11 Wahlperiode), Frankfurt/M. 1986.
40 Strecker, Gabriele: Der Hessische Landtag. Beispiel eines deutschen Nachkriegsparlamentarismus. Bad Homburg u. a. 1966, S. 62.
41 Ebd., S. 64.

Theo Schiller

Die hessische Landes- und Regionalplanung und ihre Grenzen

Für eine längerfristige Bilanzierung hessischer Landespolitik dürfte die Landesentwicklungs- und Regionalplanung aus mehreren Gründen von besonderem Interesse sein. *Erstens* ging es bei diesen Planungsansätzen um eindrucksvolle Versuche der politischen Modernisierung und Rationalisierung, und bei ihrer Entstehung, Durchführung und Modifizierung um aufschlußreiche Prozesse und Konfliktstrukturen, die schon für sich genommen eine Betrachtung lohnen. *Zweitens* hat das Land Hessen mit seinem früh eingerichteten und komplex entwickelten Planungssystem bundesweit einen auf sozialen Fortschritt zielenden Vorbildanspruch demonstriert, der nicht zuletzt auch die Ambitionen der SPD auf bundespolitische Regierungsfähigkeit unterstützte, freilich dann in den Krisenentwicklungen der 70er Jahre umgekehrt in die sozial-liberal verwalteten Grenzen des Machbaren verstrickt wurde. *Drittens* bietet das Thema Landesplanung für eine politikwissenschaftliche Bilanz einen gewissen (vorläufigen) Ausweg aus einer Verlegenheit: leider muß man nämlich feststellen, daß es zu landespolitischen Sachthemen, Fachpolitiken und Politikfeldern für Hessen fast keine politologischen Arbeiten gibt – offenbar muß schon eine sehr hohe, überregional bedeutsame Konfliktintensität erreicht sein, damit Politologen sich über den wohl auf landespolitischen Themenstellungen lastenden Provinzialitätsverdacht hinwegsetzen (z.B. Startbahnkonflikt, Gebietsreform o.ä.). Landes- und Regionalplanung hat erfreulicherweise etwas mehr Aufmerksamkeit auf sich gezogen. *Viertens* kann man hieran die Überlegung anschließen, daß in der Landes- und Regionalplanung ja der Sache nach Fachpolitiken/Politikfeldprozesse integriert werden müssen, daß hier also auch eine zentrale, an den Integrationsproblemen ansetzende analytische Zugangsschneise zu den politologisch vernachlässigten landespolitischen Politikfeldern gefunden werden kann. Nachdem in dem vergangenen Jahrzehnt der „Policy-Ansatz" (vgl. Hartwich (Hg.) 1985) breite Ausarbeitung und Anwendung erfahren hat, bietet sich hier vielleicht ein Einstieg für die längst fälligen politikwissenschaftlichen Untersuchungen zur Landespolitik auch in Hessen.

1. Hessische Planungsentwicklung im Überblick

Wie der Planungsbegriff überhaupt einer näheren Bestimmung darüber bedarf, für welchen Anwendungsbereich die Festlegung von Handlungen und Entscheidungen für die Zukunft vorweggenommen werden soll, so ist auch der Begriff der Landes- und Regionalplanung zunächst inhaltlich offen. Sein Gegenstandsbereich kann sich auf die ganze Bandbreite von Bauplanung und Raumordnung,

Fachplanungen in den verschiedensten Politikfeldern bis hin zur Finanz- und Investitionsplanung erstrecken und muß durch politische Entscheidung ausgewählt und konkretisiert werden. Die Geschichte der hessischen Planungspolitik ist durch eine besonders große Spannweite und durch markante Verschiebungen der Planungsinhalte gekennzeichnet. Wenn die Literatur dem Land Hessen durchweg die Entwicklung eines fortgeschrittenen Planungsinstrumentariums bescheinigt (z.B. Schulz zur Wiesch 1980, 131 ff.), so ist damit gemeint, daß im Vergleich zu anderen Bundesländern Hessen sowohl frühere als auch inhaltlich umfangreichere Planungsansätze aufzuweisen hatte. Die wichtigsten Etappen waren (hier zunächst in Stichworten):

– aus der Nachkriegszeit hervorgegangene Versorgungs- und Eingliederungsplanungen, insbesondere der „Hessenplan" (1950–54), der der „produktiven Eingliederung der Vertriebenen" diente;
– die Verpflichtung der Landeskreise nach dem Hessischen Aufbaugesetz von 1948 zur Erstellung von Bauleitplänen im Rahmen der Landesplanung;
– Mitte der fünfziger Jahre zahlreiche Fachpläne, z.B. „Sozialplan für alte Menschen", „Zur sozialen und technischen Aufrüstung des Dorfes", u.ä.;
– ein „vorläufiger Raumordnungsplan für das Land Hessen" von 1957;
– das Hessische Landesplanungsgesetz von 1962, das die Raumordnungsplanung in den drei Stufen (1) Landesraumordnungsprogramm, (2) regionale Raumordnungspläne und (3) Landesraumordnungsplan konzipierte;
– der Große Hessenplan von 1965 als eine auf 10 Jahre ausgelegte integrierte öffentliche Investitionsplanung;
– 1970 der Landesentwicklungsplan (LEP) *Hessen* 80, dessen (regionalisierter) Ansatz und dessen Durchführungsschicksal noch genauer zu betrachten sein wird.

Auch wenn Hessen mit einem gewissen Recht den Anspruch erhoben hat, planungspolitisch „vorn" zu sein, so wäre doch eine isolierte Betrachtung und eine Vernachlässigung planungspolitischer Entwicklungen in der Bundesrepublik insgesamt unangebracht. Bundesweit sind folgende planungspolitisch relevante Entwicklungsstränge zu erwähnen:

(a) Das Bundesbaugesetz von 1962 und das Bundesraumordnungsgesetz von 1965,
(b) Fachplanungen des Bundes in einer Reihe von Infrastrukturbereichen, z.B. im Straßenbau Mitte der sechziger Jahre,
(c) zwischen 1965 und 1969 die umfangreiche konkrete Ausgestaltung des keynesianischen Instrumentariums der wirtschafts- und finanzpolitischen Globalsteuerung, einschließlich der vierjährigen mittelfristigen Finanzplanung und der Instrumente der föderalistischen Finanzplanung und der Instrumente der föderalistischen Finanzplanungskoordination,
(d) die Entwicklung neuer Instrumente des „kooperativen Föderalismus" durch Institutionalisierung der sogenannten „Gemeinschaftsaufgaben" in wichtigen Bereichen der Infrastrukturpolitik (regionale Wirtschaftspolitik, Bildungsplanung und Hochschulbaufinanzierung, Agrarstruktur u.ä.).

Hessen hat auf solche bundesweiten Entwicklungen zweifellos nicht nur reagiert, sondern hat seine eigenen planungspolitischen Überlegungen als aktiven Impuls in diesen Prozeß eingebracht, doch hat die hessische Planungspolitik von dieser in den 1960er Jahren stark ausgeprägten Gesamttendenz auch einigen Rückenwind erhalten, sowohl in legitimatorischer als auch in planungstechnischer Hinsicht.

Als gesellschaftlicher Problemhintergrund für die Planungstendenz der sechziger Jahre waren mehrere Faktoren wirksam, die sich zum Teil verstärkten, zum Teil auch widersprüchlich überlagerten. Stärkste Bedeutung kommt sicher den Folgewirkungen der beiden boomartigen Konjunkturzyklen 1954 bis 58 und 1958 bis 62 zu, die den Höhepunkt des „Wirtschaftswunders" darstellten. In dieser Periode vollzog sich nämlich ein immenser Agglomerationsschub in den Ballungszentren, so daß in den Zentren eine nicht gekannte Häufung ungelöster Infrastrukturprobleme entstand, während gleichzeitig die Bevölkerungsabwanderung aus den ländlichen Räumen weit über das Maß der „offiziell" vorgesehenen Schrumpfung des Agrarsektors hinauszuschießen drohte (mit weiterer selbstverstärkender Tendenz, da die entleerungsbedrohten Flächen bei abnehmender wirtschaftlicher Leistungsfähigkeit sowohl wirtschaftlich als auch infrastrukturell als auch kulturell weiter an Attraktivität verlieren würden). Weitere Faktoren kreisen um die ab 1962 sich andeutenden schwächeren Wachstumskräfte, die in einigen Branchen strukturkrisenhaft in Erscheinung traten (Kohle, Textil, Bau), die auch neue Überlegungen zur Wachstumsförderung durch Infrastrukturpolitik sowie Bildungs- und Forschungspolitik anregten und schließlich bei der Installierung des global steuernden Verstädtigungsinstrumentariums Pate standen. Insofern speist sich die Planungspolitik der sechziger Jahre aus dem Versuch, die politische Kontroll- und Steuerungsfähigkeit gegenüber der unkontrollierten Flucht des Gewerbekapitals in die Ballungszentren zu steigern und gleichzeitig in den von Auszehrung bedrohten Räumen eine kontrollierte Wirtschaftsförderungspolitik, häufig eine explizite Industrialisierungspolitik zu betreiben. Das bedeutet, daß die Raumordnungspolitik als äußerer Planungsrahmen im Vordergrund stand, daß aber letztlich der gesellschaftspolitische Erfolg von den verfügbaren Ressourcen und der effektiven Steuerungskapazität der Wirtschaftsförderung, der regionalen Wirtschaftspolitik und der öffentlichen Infrastrukturpolitik abhing.

Das Bundesland Hessen weist mit seinem südhessischen Ballungsgebiet im Großraum Frankfurt und der Abwanderungsdynamik aus Nord-, Ost- und Mittelhessen eine für diese Konstellation geradezu klassische Problemstruktur auf. Letztlich hat auch die gesamte hessische Planungspolitik dieses Nord-Süd-Gefälle nicht strukturell verändern oder gar umkehren können, zumal nach der Aushöhlung der ohnehin begrenzten Wirkungsmöglichkeiten des Planungsinstrumentariums der Landes- und Regionalplanung durch die Krise ab 1974/75. Damit soll freilich eine Verlangsamung der Nord-Süd-Dynamik nicht übersehen werden, wozu eine Reihe von bedeutenden Industrieansiedlungs- und Infrastrukturentscheidungen beigetragen haben. Zunächst aber, nämlich durch den Hessenplan von 1950, hat die Planungspolitik die Nord-Süd-Wanderung sogar gefördert (Schulz zur Wiesch 1977, 31 f.), weil man sich in der damaligen Situation wohl die rasche und „produktive Eingliederung" der nach Nordhessen zugezogenen Vertriebenen nicht anders vorstellen konnte. Demgegenüber wurden im Verlauf der fünfziger Jahre in Fachplänen, die auf den ländlichen Raum bezogen waren, die Wanderungsprobleme deutlicher gesehen und zu begrenzen versucht. Von dem „vorläufigen Raumordnungsplan für das Land Hessen" von 1957 gingen keine starken Impulse in Bezug auf das Nord-Süd-Strukturproblem aus, auch wenn dieser Plan in planungskonzeptioneller und technischer Hinsicht bereits erhebliche Innovationen beinhaltete (vgl. Kleinschmidt 1978, 75 ff.).

Während durch das Hessische Landesplanungsgesetz von 1962 das Instrumentarium für die Raumordnung/Raumplanung erheblich ausgebaut und verfeinert wurde, lag die eigentliche planungspolitische Neuerung Hessens auf einem anderen Gebiet, denn der Große Hessenplan von 1965 war mit seiner 10-jährigen Planungsperspektive bis 1974 auf eine Zusammenfassung aller öffentlichen Investitionsplanungen gerichtet (mit Wirkung für ca. 20% des Landeshaushaltes, vgl. Schulz zur Wiesch 1977, 37 f.; die darüber hinausgehende Wirkung „für 75% des Investitionshaushaltes" wirft natürlich viele Fragen über Wirkungszusammenhänge auf). Im Unterschied zur Raumordnungsplanung des Landesplanungsgesetzes wies der Große Hessenplan keine Regionalisierung der Investitionsziele auf, so daß die beiden Stränge der Planungspolitik sowohl in inhaltlicher als auch in planungsstruktureller Hinsicht erheblich auseinanderliefen. Erst 1970 mit dem Landesentwicklungsplan LEP Hessen '80 kam es zu dem Versuch einer komplexen Verzahnung mit dem gleichzeitig beschlossenen Landesraumordnungsprogramm, wobei beide Planungsbereiche von den neu gebildeten sechs regionalen Planungsgemeinschaften in den jeweils aufzustellenden regionalen Raumordnungsplänen konkretisiert werden sollten. Der inhaltlich bereits weitgesteckte Gestaltungsanspruch des Großen Hessenplanes von 1965 wurde nun zur Landesplanung als einer umfassenden gesellschaftspolitischen Aufgabe erweitert, die das Ziel einer ausgewogenen Raumstruktur einschloß (LEP 1970, I, 1). Für die Bundesrepublik einmalig war nicht nur eine solch komplexe Zielperspektive, sondern darüber hinaus auch der Versuch einer möglichst strengen Vollzugskontrolle, die durch Konzepte wie infrastruktureller Versorgungsgrad, regionenspezifische pro-Kopf-Ausgaben, Realisierungsgrad und ähnliches zu operationalisieren versucht worden war (vgl. LEP 1976, 28, 67). Für den Planungsverlauf war eine Aufgliederung in Durchführungsabschnitte (DFA) vorgesehen, wobei allerdings nur der erste DFA 1971 bis 74 konzeptionsgemäß abgewickelt wurde, während bereits der zweite DFA nur noch vorläufig festgestellt wurde (Ihmls/Köppl 1983, 72). Die regionalen Raumordnungspläne, die 1975 von den regionalen Planungsgemeinschaften beschlossen und vorgelegt worden waren, sind erst mit erheblicher Verspätung 1978 bis 1980 von der Landesregierung verbindlich festgestellt und dabei wesentlich verändert worden (Steinberg 1986, 322 ff.). Das Jahr 1980 markiert dann das planungspolitische „Ende der Fahnenstange": mit der Neugliederung der nunmehr drei Regierungsbezirke wurden die sechs regionalen Planungsgemeinschaften aufgelöst und die Aufgabe der Regionalplanung dem jeweiligen Regierungspräsidenten unter kommunaler Mitwirkung zugeschrieben. Neue regionale Raumordnungspläne wurden in diesem institutionellen Rahmen erst in jüngster Zeit vorgelegt (z.B. für Mittelhessen 1985). Mit dem Jahr 1980 waren zweifellos die Höhenflüge und Besonderheiten der hessischen Planungspolitik sowohl in gesellschaftspolitisch-inhaltlicher als auch in planungstechnischer Hinsicht beendet. Seitdem stehen die Raumordnungsaspekte wieder eindeutig im Vordergrund, und Hessen hat sich damit auf die durchschnittliche Situation der deutschen Bundesländer eingependelt.

2. Institutionelle Strukturen

Das wechselhafte Schicksal der hessischen Planungspolitik läßt sich anschaulich an den wiederholten Verschiebungen der Zuständigkeiten und des strukturellen Aufbaus ablesen. Formell geht es dabei um die Zuständigkeit innerhalb der Landesregierung sowie um den räumlichen Zuschnitt, die Zuständigkeit und die institutionelle Binnenstruktur der Regionen als Planungseinheiten, informell stößt man auf das Spannungsverhältnis von Fachplanungen des Landes und Regionalplanung (als Planung der Regionen) sowie auf die Probleme einer regioneninternen Konsensbildung zwischen den beteiligten Kommunen in den Gremien der regionalen Planungsgemeinschaften. Vom Demokratieprinzip aus läßt sich aber auch nach der Rolle des Landesparlamentes im Planungsprozeß und nach Möglichkeiten von Bürgerbeteiligung fragen.

Die Zuständigkeitsverschiebungen innerhalb der Landesregierung sind illustrativ: war 1950 das Amt für Landesplanung dem Ministerpräsidenten unterstellt, so wurde 1957 die Zuständigkeit für Landesplanung im Sinne von Raumordnung dem Hessischen Minister des Innern zugewiesen, wo sie insoweit auch bis 1970 verblieb. Die Investitionsplanung des Großen Hessenplans von 1965 wurde jedoch in der Zuständigkeit des Ministerpräsidenten durch die Staatskanzlei erarbeitet. 1970 wurde die Staatskanzlei im Zusammenhang mit dem Landesentwicklungsplan Hessen '80 im gesamten Aufgabenbereich zur obersten Landesplanungsbehörde bestimmt. 1979 an das Hessische Ministerium für Landesplanung, Umwelt, Landwirtschaft und Forsten übertragen, wurde die oberste Landesplanungsbehörde dann aber 1984 wieder in die Staatskanzlei eingebaut (vgl. Steinberg 1986, 311). Die Auslagerung der obersten Planungsfunktion aus der Staatskanzlei (wie nach 1957 und nach 1979) wird in der Regel als eine Schwächung der Planungsfunktion angesehen, weil gegenüber den Fachressorts ohne Rückendeckung durch die Finanzplanung nur noch eine geringe Durchsetzungsfähigkeit gegeben sei (vgl. Ellinger 1980, 196; Pfitzer 1985, 36; Schultz zur Wiesch 1977, 34). Daß die Verlagerung für Planungszuständigkeit zum Ministerium für Landesplanung, Umwelt, Landwirtschaft und Forsten 1979 zeitlich in engem Zusammenhang mit starken inhaltlichen Eingriffen in die vorgelegten regionalen Raumordnungsentwürfe und mit der 1980 vollzogenen Auflösung der regionalen Planungsgemeinschaften steht, legt die Vermutung nahe, daß hier die Zuständigkeitsverschiebung auch als taktische Begleitmaßnahme zur Absicherung des „Befreiungsschlages" gegenüber einer die Steuerungsmöglichkeiten der Landesregierung überwuchernden Regionalisierung der Planungsstruktur gedient hat.

Für die Zeit der frühen und der mittleren 60er Jahre, insbesondere im Umfeld der Vorbereitung des Großen Hessenplans von 1965 ist von einem konzeptionellen Konkurrenzverhältnis zwischen Investitionsplanung und Raumordnung gesprochen worden, das auch in der Zuständigkeitskonkurrenz zwischen Innenminister und Staatskanzlei angelegt gewesen sei (Schulz zur Wiesch 1977, 36; vgl. auch Kleinschmidt 1978, 82 ff.). Dieses institutionelle Spannungsverhältnis hat sich dann allerdings mit der Neugestaltung der Planungsstrukturen ab 1970 stark verschoben: die erreichte Zuständigkeitszentralisierung in der Staatskanzlei wird nun durch die starke Regionalisierung konterkariert, so daß es zu einer Kollision oder Konkurrenz zwischen Fachplanungen und Regionalplanung kommen konnte. Dabei nimmt diese Spannung mit dem angestrebten Detaillierungsgrad noch zu, weil entweder die Regionalplanung oder die Fachplanung der Landesressorts Gestaltungsspielräume verliert (Wahl 1976, 119, 205 f.; auch Schulz zur Wiesch 1977, 222 f.). Zwar sollte die Institutionalisierung in Form regionaler Planungsgemeinschaften und die Methodik eines „Gegenstromverfahrens" Kooperation sichern, doch wird am langjährigen Verlauf der Abstimmung zwischen Regional- und Landesinstanzen die Brisanz dieses Spannungsverhältnisses überdeutlich. Die ursprüngliche Konstruktion der regionalen Planungsgemeinschaften als Bündelungs- und Pufferinstanzen zwischen Land und Kommunen zahlte sich nicht aus, da die Planungsgemeinschaften in ihrem internen Prozeß schwierige Kompromißbildungen zwischen den zugehörigen Kommunen zu vollziehen hatten, dann aber mit den gefundenen regional-/raumordnungsplanerischen Festlegungen immer unbeweglicher wurden. In der Anfangsphase von LEP Hessen '80 hatten zwar die Fachplanungen der Landesressorts mit dem Landesraumordnungsprogramm und den LEP-Vorgaben von 1970 eindeutig die Initiative, verloren aber mit der Konkretisierung der regionalen Pläne zunehmend ihren Gestaltungsspielraum, was dann in der zweiten Hälfte der 70er Jahre in Form von zunehmend allgemeinen Aussagen und einer Vielzahl von Reibungspunkten augenfällig wurde. Das Spannungsverhältnis zwischen Regionen und Landesressorts hat sich dabei aber recht unterschiedlich ausgeprägt, da die jeweilige regionale Strukturproblematik und der kommunale Interessenhintergrund in Nordhessen und in Südhessen je spezifische „Regionalstrategien" hervorbrachte: in den nördlichen Fördergebieten stand die Handhabung der Regionalplanung als „Bedienungsinstrumentarium" im Vordergrund, im Süden hingegen eher die Abwehr eines „Landesinstruments" zur Kontrolle lokaler Wachstumsstrategien (so die interessante These von Schulz zur Wiesch 1977, 241 f.).

Für die Struktur der regioneninternen Willensbildung wird in der Literatur der „institutionalisierte Kompromißdruck" als das zentrale Kennzeichen des regionalen Entscheidungssytems herausgestellt, Schulz zur Wiesch nennt die Planungsgemeinschaften geradezu ein „Einfallstor für ausgleichsorientierte Interessen der lokalen Ebene" (1980, 138, 148). Dafür sorgten auch institutionelle Vorkehrungen, z.B. dergestalt, daß in keiner Region eine großstädtische Stimmenmehrheit möglich war und in einigen Regionen der Regionalplan nur durch eine Zweidrittelmehrheit in der Verbandsversammlung beschlossen werden konnte (ebd. 137), so daß eine Dominanz der Großstädte wenigstens formell ausgeschlossen war. Das hinderte natürlich nicht die ausgeprägte Interessenverfolgung der Großstädte in den Verbandsversammlungen, z.B. gegenüber für zu niedrig gehaltenen Bevölkerungsrichtwerten als dem entscheidenden Planungsparameter (ebd. 142); darüber hinaus war auch die Leitfunktion der Großstädte für den Gesamtstatus der jeweiligen Region dadurch nicht wegzudiskutieren. Insgesamt standen die regionalen Planungsgemeinschaften unter einem starken Druck in Richtung auf Konsens und Einstimmigkeit, was sich offenbar inhaltlich in einer Übersteigerung der Vergabe von Zentralitätsprädikaten niederschlug (Schulz zur Wiesch 1980, 147; Bartholomäi 1978, 22).

Während also die Möglichkeit zur Mitwirkung der Kommunen am Planungsprozeß in den Verbandsversammlungen und Verbandsvorständen der regionalen Planungsgemeinschaften institutionell gewährleistet war und auch breit genutzt wurde (wie auch bereits durch zahlreiche Eingaben zum Entwurf des LEP), bestand für eine unmittelbare Bürgerpartizipation wenig Raum. Daß Landesplanungs- und Raumordnungsentscheidungen keine unmittelbaren Rechtswirkungen für den einzelnen entfalten (vgl. Steinberg 1986, 315), müßte angesichts beträchtlicher indirekter Folgewirkungen noch nicht gegen eine direkte Beteiligungsmöglichkeit sprechen. Angesichts der regionalen und kommunalen Mitwirkungsansprüche mußte es aber zweifellos praktikabler erscheinen, gesellschaftliche Interessen der wichtigsten organisierten Gruppen über Planungsbeiräte zu beteiligen (vgl. dazu unten). Aber nicht nur die geringen Chancen der Bürgerbeteiligung bleiben problematisch, auch die Stellung des Parlaments gegenüber der Exekutive wurde schwieriger. Wie bei allen Planungsvorgängen mindestens die künftigen Entscheidungsspielräume der Parlamente eingeschränkt werden und angesichts der Komplexität der Entscheidungen der Kompetenzvorsprung der Exekutive wächst, so nimmt in einem regionalisierten Planungssystem die Gefahr der Austrocknung substanzieller Parlamentsmitwirkung weiter zu. Das gilt natürlich auch auf kommunaler Ebene, wo die ohnehin traditionelle Dominanz der Verwaltung gegenüber den Gemeindevertretungen durch die Repräsentanz und die Kompromißnotwendigkeiten in den Regionalgremien noch gestützt wird. In jedem Fall freilich ist die Rolle der jeweiligen Oppositionen im Landtag und in den Kommunalparlamenten wesentlich prekärer, da sich hier Informationsrückstände, mangelnder Beratungsapparat und Entscheidungsohnmacht kumulieren (zu diesem ganzen Komplex vgl. Kleinschmidt 1978, 148 ff.). Eine formal vereinfachende, „klassische" Gegenüberstellung von Parlament und Exekutive würde allerdings übersehen, daß die Fraktionsspitze(n) der Regierungspartei(en) in aller Regel in die Vorbereitung aller wesentlichen Regierungsentscheidungen aufs engste einbezogen sind (schon um die Entscheidungen in den Fraktionen der Regierungsmehrheit abzusichern), so daß man eher von einer quer verknüpften Machthierarchie im parlamentarischen Regierungssystem sprechen sollte. Für die Zunahme der Machtkonzentration für die Kerngruppe der politischen Eliten hat Struktur und Entwicklung des politischen Planungssystems auch in Hessen (neben anderen Faktoren) mit Sicherheit beigetragen.

3. Planungsinhalte und -restriktionen

Die hessische Landesplanung war und ist in ihrer räumlichen Konzeption, ähnlich wie in anderen Bundesländern, auf der Festlegung von zentralen Orten (Ober-, Mittel- und Unterzentren) und Entwicklungsbändern, ergänzt durch sogenannte ausgeglichene Funktionsräume, aufgebaut. Damit sollten nach dem raumplanerisch vorherrschenden Verdichtungskonzept die zentralen Orte in den jeweiligen Teilräumen als Versorgungs-, Ausstattungs- und Entwicklungsschwerpunkte fungieren. In einer Anordnung der „dezentralen Konzentration" sollten sie einerseits in infrastruktureller Hinsicht „wertgleiche Lebensbedingungen" sicherstellen, andererseits ein angemessenes wirtschaftliches Wachstumspotential organisieren. Die Besonderheit des hessischen Ansatzes lag darin, daß die vorgesehene Ausstattung mit „Lebensbedingungen" gesellschaftspolitisch weit über das wirtschaftliche Feld hinaus auch die soziale und kulturelle Dimension umfassen sollte. Es dominierte also zunächst die Versorgung mit öffentlicher und privater Infrastruktur, was für den ersten Durchführungsabschnitt 1971 bis 74 explizit als wichtigstes landespolitisches Ziel herausgestellt wurde (LEP, DFA 71–74, 1971, 18). Für diese auf eine optimistische Schätzung der Wachstumsraten gestützte Infrastrukturorientierung war es folgerichtig, Annahmen über die jeweilige Bevölkerungsentwicklung zum zentralen Planungsparameter zu machen. Damit schien zugleich die öffentliche Finanzierung von Infrastrukturinvestitionen als Instrumentarium der Planungsrealisierung im Mittelpunkt zu stehen, was einen hohen Gestaltungsgrad der Politik zu gewährleisten versprach. Im Hinblick auf das hessische Nord-Süd-Strukturproblem mußten freilich für Nordhessen die Proportionen zwischen Bevölkerungsrichtwerten, Zentralitätsprädikaten und Versorgungsansprüchen modifiziert werden. Im Grunde ließ sich aber das Nord-Süd-Problem gerade nicht im Rahmen wie auch immer relativierter Bevölkerungsparameter bearbeiten, schon gar nicht durch Annahmen illusionärer Wanderungsgewinne Nordhessens überspringen (vgl. Schulz zur Wiesch 1980, 136).

Die Veränderungen wichtiger Rahmenbedingungen 1973/74 erwiesen sich als durchschlagend. Im LEP, DFA 1975 bis 78 (1974, Seite VI) wurde eine stark abgewandelte Zielsetzung für die Landesentwicklungsplanung formuliert: „Sicherung des Erreichten", Erhaltung der Arbeitsplätze, Maßnahmen zur Strukturverbesserung, Auffangen des Strukturwandels sowie weiterer Ausbau der Infrastruktur. So plausibel die Zielverschiebung angesichts der krisenhaften wirtschaftlichen Umstände gewesen sein mag, so weitreichend waren die Implikationen. Die Rücknahme, zumindest die Relativierung der Infrastrukturorientierung, die natürlich durch verringerte Finanzierungsmöglichkeiten mit erzwungen war, bedeutet ja gleichzeitig den Verlust eines wesentlichen politischen Gestaltungsinstrumentariums, also politischer Autonomie; die nunmehr im Vordergrund stehende Zielsetzung, Arbeitsplätze zu sichern, mußte demgegenüber weitgehend in Abhängigkeit von Unternehmenskalkülen verfolgt werden und ließ sich außerdem kaum noch an das räumliche Planungsmuster mühsam ausgehandelter Zentralitätsgrade binden. Die Wendung zum Scheitern des ursprünglichen Ansatzes der hessischen Landesentwicklungsplanung ist an diesen Zusammenhängen bereits deutlich ablesbar. In den Vordergrund treten nun die „Dominanz der Regulierungsansprüche von Ballungsräumen", „Strategien zur Senkung überhöhter Erwartungen" und die „schrittweise Anpassung raumordnungspolitischer Zielkonzepte an die Realität des Agglomerations- und Entleerungsprozesses" (Schulz zur Wiesch 1980, 136f.).

Ein zweiter Faktor verschärfte die Revisionsbedürftigkeit des Planungsansatzes gegen Ende des ersten Durchführungsabschnittes, mußten doch Ende 1973 die Bevölkerungsprognosen deutlich zurückgeschnitten werden (Schulz zur Wiesch 1977, 115). Solche Schwierigkeiten mit den Bevölkerungsrichtwerten als zentralen Planungsparameter sind in ihrer planungspolitischen Auswirkung kaum zu überschätzen (für die zentrale Bedeutung vgl. auch Bartholomäi 1978, 19/21). Man muß natürlich auch die Frage stellen, wie es zu einer solch gravierenden planungstechnischen Fehleinschätzung ausgerechnet des grundlegenden Parameters innerhalb nur weniger Jahre überhaupt kommen konnte. Jedenfalls mußten sich dadurch die meisten nordhessischen Teilräume ebenso wie schwächere Regionalbereiche im mittleren und südlichen Hessen in ihren Ausstattungsansprüchen und Entwicklungsmöglichkeiten gefährdet sehen, so daß auch hierdurch ein engeres regionales Zusammenrücken und eine Verhärtung der Spannungen zwischen Kommunen bzw. Regionalgremien und der obersten Landesplanungsbehörde vorprogrammiert waren. Dies ist umso verständlicher, als an die Bevölkerungsrichtwerte und Zentralitätsgrade auch der Verteilungsmechanismus der kommunalen Finanzzuweisungen gebunden worden war. Während der Bevölkerungsparameter zumindest seit der Absenkung der Bevölkerungsprognosen, sich zu einer planungspolitischen Konfliktquelle auswuchs, nahm die positive planungspolitische Wirksamkeit weiter ab. Bevölkerungsannahmen für Nordhessen gegenüber Südhessen konnten nicht eingelöst werden; und insgesamt sind durch die globale Wachstumskrise in Nordhessen wesentlich mehr Arbeitsplätze verloren gegangen, als durch Fördermaßnahmen initiiert werden konnten (vgl. für die Forschungsgruppe „Produktivkraftentwicklung Nordhessen" Tjaden 1978, 22); außerdem hat sich auch innerhalb Nordhessens der Ballungstrend verstärkt, so daß nach einer Untersuchung von Wehrt (1984, 159 ff.) die zentralörtlichen Verflechtungsbereiche 1980 ebenso wie Anfang der 70er Jahre erheblich von den in regionalen Raumordnungsplänen beschriebenen Zielzuständen abweichen, ja daß sogar die angestrebte Verflechtungssituation „zu keiner Zeit existierte".

Die seit 1973/74 kontinuierlich wirksamen wirtschaftlichen Krisenerscheinungen und die Unsicherheit anderer zentraler Planungsgrößen reduzierten also politische Gestaltungsautonomie und damit insgesamt die Planbarkeit gesellschaftlicher Entwicklungen. Nicht nur erwies sich auch das hessische Planungssystem nicht als krisenfest, auch die in den 60er Jahren am Anfang der neueren Planungsentwicklung stehende Hoffnung realisierte sich nicht, daß durch politische Planungselemente auf wirtschaftliche Schwankungen verstetigend oder gar krisenbewältigend eingewirkt werden könnte. Daran vermochte auch die planungstechnische Raffinesse des hessischen Systems nichts zu ändern. An die in der Literatur oft herausgestellten avancierten Planungskonzepte wie infrastrukturelle Versorgungsgrade, regionenspezifische Pro-Kopf-Ausgaben, Erfassung von Realisierungsgraden, das Instrument der Ergebnisrechnung usw. knüpften sich also weder ein längerfristig stabilisierbarer Aussagengehalt noch ein allzu hohes Steuerungspotential (gegenüber den insgesamt noch positiven Würdigungen dieser Planungskonzepte bei Schulz zur Wiesch 1977, mit Abstrichen 1980, und besonders zu den Ergebnisrechnungen bei Kleinschmidt 1978, 92 ff., vgl. auch die Kritik von Pfitzer 1985, 87 ff. an der mangelnden Operationalisierung der Zielplanung wie auch der Ergebnisrechnung auf der

Ebene der Wohlfahrtswirkungen). Durch die problematischen Rahmenbedingungen wurden andererseits systematische Schwächen des Planungskonzeptes noch stärker akzentuiert, so z.B. die Unwägbarkeiten bei der Finanzierungsrechnung, insbesondere im Hinblick auf die Folgekosten von Investitionen (Kleinschmidt 1978, 135). Das gilt auch für eine andere Schwachstelle, nämlich die Konzentration auf die baulich-investive Seite der Versorgung mit Infrastruktureinrichtungen bei Vernachlässigung der personellen Ausstattung und Entwicklung (und deren Finanzierung). Damit bleiben insbesondere im sozialen und kulturellen Bereich die qualitativen Aspekte unberücksichtigt, so daß bei kritischer Finanzierungslage, wie man sie seit 1974 kennt, von dieser Seite markante Zielreduzierungen und Wirkungsverschlechterungen eintreten, ohne daß sich an der äußerlichen Ausstattungsbilanz förmlich etwas ändern müßte.

Seit Mitte der 70er Jahre kann man nicht mehr davon ausgehen, daß das System der Landes- und Regionalplanung in Hessen als ein wirklich systematisch integrierender politischer Prozeß funktionieren würde, in dem Fachplanungen und Kommunalinteressen, Strukturplanung und Finanzplanung, insbesondere aber die Zielsetzungen und Entwicklungsvorstellungen in den verschiedenen Politikfeldern wirklich inhaltlich zu einem raumstrukturierten, konsistenten gesellschaftspolitischen Ganzen verarbeitet würden. Zunehmend bekam das Planungssystem vielmehr den Charakter einer informationsbündelnden Registratur für die Ergebnisse anderweitig ablaufender politischer Entscheidungsprozesse. An einer solchen Entwicklung hatten letztlich die meisten Verfahrensbeteiligten ein wachsendes Interesse, so die Kommunen, deren Versuche einer Stabilisierung des jeweiligen status quo auch mit zunehmend allgemeineren Formulierungen und einem stärkeren Rahmencharakter der Regionalpläne vereinbar waren; so aber auch die Landesregierung, die sowohl in ihren Fachressorts als auch in ihren finanzpolitischen Entscheidungen Handlungsspielraum zurückgewinnen wollte, zumal angesichts der restriktiven Wirtschaftsbedingungen und ebenfalls zunehmender bundespolitischer Abhängigkeiten. So wurden in der hessischen Landespolitik eine ganze Reihe von intensiven Konflikten durchgefochten, die den planungspolitischen Rahmen sprengten und nur in ihrem Ergebnis in den Planwerken ihren Niederschlag finden konnten. Die mißlungene Gebietsreform, besonders im mittelhessischen Raum, absorbierte ein erkleckliches Maß an politischer Kraft der Regierung und löste am Ende die Umstrukturierung der Planungsregionen aus. Der Streit um die Startbahn West und um mögliche Standorte für eine atomare Wiederaufbereitungsanlage in Nord- und Westhessen sorgte für zusätzliche politische Überlastungen der Wiesbadener Regierungszentrale und förderte die Tendenz zu thematischen Fragmentierungen im Unterschied zu einer komplex-integrierenden Langzeitperspektive. Andere Entwicklungen mit hoher raumplanungspolitischer Bedeutung vollzogen sich weniger spektakulär, aber gleichwohl mit bedeutsamen Resultaten, so z.B. der Abschied von den gigantischen Straßenbauprojekten im Burgwald und im Gießener Raum (u.a. Autobahnplanung Gießen–Bremen). Für die meisten kaum wahrnehmbar dürfte gewesen sein, daß die schwerwiegenden Finanzierungsengpässe im Schul- und Hochschulbereich auf die Substanz der Infrastrukturausstattung stark einschränkend wirken mußte, auch wenn dies in der offiziellen Landes- und Regionalplanung nur am Rande sichtbar wurde.

4. Alternativen, Interessen, offene Fragen

Aus kritischen Analysen der hessischen Landes-und Regionalplanungspolitik ergeben sich explizit oder implizit eine Reihe von Vorschlägen zur Verbesserung sei es der Planungstechnik, sei es auch der gesamten Wirkungszusammenhänge. Der umfassendste Vorstoß stammt hier von der Arbeitsgruppe „Produktivkraftentwicklung Nordhessen" an der GHK Kassel (Tjaden 1978), die mit Bezug auf den Gesamtkomplex der regionalen Planungs- und Förderungspolitik von der strukturellen Dominanz kapitalistischer Interessendynamik gegenüber politischen Gestaltungseingriffen ausgeht und auf diesem Hintergrund vehement kritisiert, daß die Regionalplanungs- und Wirtschaftsförderungspolitik in Unterschätzung dieser Asymmetrie zahlreiche Fehlentwicklungen hingenommen oder gar gefördert habe, wie z.B. Mitnahmeeffekte, einen Mangel an sachlich und örtlich gezieltem Mitteleinsatz, z.T. die Prämierung arbeitsplatzsparender Effekte, so daß durch das eingesetzte Instrumentarium die bereitgestellten Förderungsmittel nicht kausal wirksam für Investitionen und Arbeitseffekte geworden seien. Von dieser Position aus läßt sich freilich nur durch eine generelle Steigerung des politischen Steuerungspotentials gegenüber der Wirtschaft ein höherer Wirkungsgrad des regional-politischen Instrumentariums entwickeln, und hier wurden die Autoren nicht allzu konkret; der Hinweis auf grobe Zielverfehlung und auf Wirksamkeitsillusionen ist freilich sehr ernst zu nehmen, zumal in der Verbindung mit Vorschlägen zu einem Instrumentarium der Erfolgskontrolle und einer sanktionierten längerfristigen Zweckbindung von Fördermaßnahmen. Andere Autoren sehen die Gestaltungsmöglichkeiten der Regionalpolitik optimistischer (Thoss 1981; Erdmann/Bougioukos 1981), sofern die regionalökonomischen Analysemodelle komplex genug angelegt und auf die Konsistenz der verschiedenen Entwicklungsfaktoren überprüft seien und daraus eine langfristige kontinuierlich durchgehaltene aktive Regionalpolitik unter sorgfältiger Vermeidung von Zielkonflikten aufgebaut werden. Insbesondere wird verwiesen auf die keynesianisch inspirierten Möglichkeiten, z.B. durch eine wesentlich höhere Verschuldung der Gemeinden in benachteiligten Regionen die regionalpolitischen Stabilisierungsziele aktiv zu verfolgen (Thoss 1981, 255). Was das analytische Instrumentarium angeht, so hat ohne Frage das wirtschaftsanalytische Angebot, das in erheblichem Umfang von der *HLT* (Hessische Landesentwicklungs- und Treuhandgesellschaft) bereitgestellt worden ist, mit input-output-Modellen und Simulationsmodellen ein sehr hohes Niveau erreicht (neben Thoss u.a. 1981 und Wolf u.a. 1983 vgl. auch Regionalforschung 1978), während die Übersetzung in politische Handlungsalternativen und rationale Entscheidungsverläufe natürlich außerordentlich große Schwierigkeiten bereitet. Das gilt umso mehr für Vorschläge zur Steigerung der Informationsaufnahme- und Verarbeitungskapazität im institutionellen Bereich, wie sie sich auch in den Arbeiten von Schulz zur Wiesch (1977, 1980) mehrfach andeuten. Letztlich scheint der entscheidende Steuerungsengpaß nicht im Informationspotential zu liegen, sondern in der Verfügbarkeit von Ressourcen, mit denen die Verwirklichung der regionalpolitischen Ziele ernsthaft angegangen werden können. Hierbei darf auch die entscheidende Bedeutung des bundespolitischen (Finanzierungs-)Instrumentariums der regionalen Wirtschaftsförderung nicht übersehen werden, das dem Volumen nach gewichtig, aber im Rahmen der Bund-Länder-Kommission durch das Land Hessen politisch nur begrenzt beeinflußbar ist (zur Bedeutung und Handhabung dieses Steuerungsinstrumentariums vgl. Kühn 1984). – Während Zuständigkeitsmängel und Ressourcendefizite nur in breit angelegten, längerfristigen Veränderungen politischer Strukturen und Strategien abgebaut werden können, zielt die Kritik zahlreicher Autoren an mangelnder Bürger- und Parlamentsbeteiligung an den Planungsverfahren (Ellinger 1980, 201; Pfitzer 1985, 50/55; Kleinschmidt 1978, 161 ff.) offenbar auf eine Erweiterung der Interessenberücksichtigung und möglicherweise auf eine Mobilisierung bisher nicht aktiver politischer Kräfte, die auch im finanzpolitischen Bereich zu einer Gewichtsverschiebung beitragen könnten. Dafür stehen freilich die Chancen ungünstiger denn je.

Die bisherigen Untersuchungen zur Interessenbildung und Interessenartikulation im Rahmen der Landesentwicklungs- und Regionalpolitik erbringen eine geringe Ausbeute. Das liegt zunächst auch daran, daß Spannungen und Konflikte in der Form kommunaler Interessen gegenüber regionalen Mehrheitspositionen und der Landesregierung in Erscheinung traten und dabei selbst die parteipolitischen Konfliktlinien weitgehend überlagert wurden. Die planerische Versachlichung der politischen Entscheidungsgegenstände scheint sich also in parteipolitischer Neutralisierung der Entscheidungsverläufe fortzusetzen. Das trifft selbst auf das Vorgehen der damaligen CDU-Opposition im Landtag zu, die den Versuch unternahm, sich gegenüber der Landesregierung als Anwalt *der* kommunalen Interessen (also aller kommunalen Interessen unter Verschleierung von deren Differenzen untereinander) darzustellen. Wie weit Parteien der jeweiligen kommunalen Willensbildung, besonders aber in den Planungsversammlungen und ihren Vorständen in der Einkleidung als kommunale Interessenlagen spezifische strategische Konzeptionen verfolgten, ist aus der bisherigen Forschung praktisch nicht ablesbar. Was nun Interessenpositionen organisierter gesellschaftlicher Gruppen betrifft, kommen am ehesten die in Planungsbeiräten förmlich beteiligten Industrie- und Handelskammern und Gewerkschaften in den Blick. Dabei wird übereinstimmend hervorgehoben, daß die Industrie- und Handelskammern in der Regel umfassende, detaillierte und koordinierte Interessenpositionen formulierten, während die Gewerkschaften eher zögerlich, summarisch und in der Sache für räumliche Konzentration optierend auftraten (am ausführlichsten hierzu Schulz zur Wiesch 1977, 174 ff.). In Einzelfällen, z.B. für den Bereich Mittelhessen, ergibt sich aus etwas breiteren Beschreibungen des Interessenspektrums, wie heterogen, relativ naiv und letztlich wenig einflußreich die eher protokollmäßige Abgabe interessierter Stellungnahmen verlief (Material bei Sydow 1975, 77–95). Insbesondere in der Sozialpolitik, der Schul-, Hochschul- und Kulturpolitik sowie der Umweltpolitik (einschl. Natur- und Landschaftsschutz) sind die Dimensionen der Interessenartikulation bisher nur ganz unzureichend sichtbar. Einerseits liegen hierzu keine Aufarbeitungen vor, andererseits steckt dahinter natürlich auch das Problem unzureichender Interessenorganisierung und Artikulationsmöglichkeiten in diesen Feldern. Während im umweltpolitischen Bereich seit den frühen 70er Jahren markante Organisationsentwicklungen (Bürgerinitiativen, Bund Umwelt und Naturschutz u.a.) zu verzeichnen waren, die sich nicht zuletzt in Hessen bei einer ganzen Anzahl größerer Straßenbauprojekte einflußreich geltend gemacht haben und dadurch auch die Regionalplanung indirekt beeinflußten, erweist sich die Lage im Sozialbereich als sehr viel schwieriger. Soweit nicht ohnehin prinzipielle Probleme der Organisierbarkeit sozialpolitischer Teilinteressen bestehen (Behinderte, alte Menschen, Sozialhilfeempfänger usw.), kommt es in der auch auf politischen Einfluß gerichteten Tätigkeit der Wohlfahrtsverbände zu einer oft schwer entwirrbaren Vermischung organisationsbezogener Eigeninteressen und advokatorischer, also indirekter Vertretung der Betroffenen, beides auf dem Hintergrund weitreichender Abhängigkeit von öffentlicher Finanzierung und der delegierten Wahrnehmung von öffentlichen Aufgaben. Dieses Beispiel mag illustrieren, vor welchen Schwierigkeiten der Ansatz einer Mobilisierung sozialpolitischer Interessen zur Mitgestaltung längerfristiger planungspolitischer Festlegungen stehen würde. Andererseits hat sich auch immer wieder gezeigt, daß institutionelle Ansatzpunkte der Bürgerbeteiligung durchaus geeignet sein können, latent vorhandene Organisations- und Artikulationsbereitschaften auszulösen und damit wichtige Impulse für die Erweiterung der Bandbreite politisch wahrnehmbarer Interessen und Ansprüche zu setzen. Die Chancen für eine solche Entwicklung sind allerdings in den 70er Jahren verpaßt worden, so daß auf absehbare Zeit nicht damit gerechnet werden kann, ausgerechnet in den ohnehin verfahrenen Strukturen der hessischen Landesentwicklungs- und Regionalplanungspolitik einen Anknüpfungspunkt hierfür zu finden.

Die weitgehend ungeklärte interessenpolitische Dimension ist nur einer der Bereiche, in denen die Politikwissenschaft für den Bereich der Landes- und Regionalplanung in Hessen einen erheblichen fachspezifischen Forschungsrückstand gegenüber anderen Disziplinen aufzuweisen hat. Umfänglich bearbeitet ist die Thematik der hessischen Landes- und Regionalplanung durch ökonomische, regionalsoziologische und wirtschafts- und sozialgeographische Analysen; viele von ihnen entstanden im Umkreis der mit Raumforschung und Raumordnung befaßten Institutionen, an deren Tagungen und Publikationen sich vielfach auch Verwaltungs- und Planungspraktiker an praxisorientierten Planungsdialogen beteiligt haben (z.B. Akademie für Raumforschung und Landesplanung, Institut für Wohnen und Umwelt, TH Darmstadt, regionalpolitische Arbeitskreise usw.). Wichtige Beiträge zur Problematik kommen von Juristen, so etwa die Habilitationsschrift von Rainer Wahl über „Rechtsfragen der Landesplanung und Landesentwicklung" mit einem Vergleich von Hessen, Nordrhein-Westfalen und Rheinland-Pfalz (Bielefeld 1976). Juristische Kommentare wie der von Ihmls/Köppl zum Hessischen Landesplanungsgesetz (1983) und der nunmehr in die zweite Auflage des Sammelwerkes „Hessisches Staats- und Verwaltungsrecht" aufgenommenen Beitrag (Steinberg 1986) runden mit einigen juristischen Dissertationen das Bild ab. Die Politikwissenschaft ist bisher, mit Ausnahme weniger Arbeiten zu Teilthemen, nur durch die gewichtigen, oben mehrfach herangezogenen Studien von Schulz zur Wiesch von 1977 und 1980 sowie durch die unveröffentlichte Marburger Magisterarbeit von Kleinschmidt (1978) hervorgetreten. Zahlreiche Problemdimensionen von offensichtlicher politikwissenschaftlicher Relevanz sind unbearbeitet und bieten sich für künftige Untersuchungen an:

- die planungspolitischen Entscheidungsprozesse innerhalb der hessischen Landesregierung, insbesondere zwischen jeweiliger oberster Landesplanungsbehörde, Finanzministerium und den einzelnen Fachressorts, sowie die Prozesse der Entscheidungsfindung zwischen Regierung und jeweiligen Regierungsfraktionen und die Willensbildung innerhalb der Oppositionsfraktion:
- die Behandlung der Thematik in den Parteigremien von der kommunal- bis zur landespolitischen Ebene einschl. der jeweiligen Landesvorstände;
- die Verknüpfung der landespolitischen und der bundespolitischen Dimensionen der Landes- und Regionalplanung einschl. der Einschränkungen durch bundespolitische Rahmensetzungen wirtschafts-, raumordnungs- und sozialpolitischer Art;
- der Prozeß des tatsächlichen Ineinandergreifens von Regionalplanung und kommunalen Entscheidungsprozessen;
- die tatsächlichen Auswirkungen (impact) der Landesentwicklungsplanung und der Raumordnung auf die Bewohner Hessens sowie deren Reaktionen auf die durchgeführten Maßnahmen;
- die Bedeutung von artikulierten und nichtartikulierten Interessen im Rahmen der Planungsprozesse, wie oben angedeutet;
- die inhaltlichen Schwerpunkte des landesplanerischen Zielsystems und die Veränderungen und Anpassungen der Zielorientierung in Abhängigkeit vom Wandel der sozioökonomischen Rahmenbedingungen;
- die Einwirkungen anderweitig sich vollziehender landespolitischer Konfliktverläufe und Entscheidungsprozesse auf die Landes- und Regionalplanung;
- der Anteil der hessischen Finanzpolitik an der Steuerung der Landesentwicklungs- und Regionalplanung und den Chancen ihrer Zielverwirklichung.

Nachdem in der politikwissenschaftlichen Entwicklung des letzten Jahrzehnts einerseits die Policy-Forschung auf gesamtgesellschaftlicher Ebene bzw. Bundesebene (jedenfalls in zahlreichen Politikfeldern) ebenso einen kräftigen Schub erhalten hat wie die lokale Politikforschung, sollte die Landesebene als mittlere Ebene von beiden Seiten her stärker bearbeitet werden. Als konkretes lebensgestaltendes Gegengewicht gegen die bundesweit halb entfesselte, halb röchelnde Entwicklungs- bzw. Stagnationsdynamik des Wirtschaftssystems hat Landespolitik eine spezifische krisenbearbeitende Funktion, die ja inzwischen von einigen Bundesländern bis weithin nach Brüssel, USA oder China durch Installierung von Botschaften und Exportbüros institutionalisiert wird. Dabei kann es auch in Hessen nicht mehr nur um die nur partielle Problematik gehen, wie man nordhessische und mittelhessische Urbanisierungsdämme gegen eine kurzsichtige Bevölkerungsabwanderung in den südhessischen Ballungsraum bauen und stabilisieren kann. Vielmehr müßte es auch um die Mobilisierung neuer Interessen, Initiativen und Ressourcenpotentiale in den verschiedenen Regionen gehen. Hessen hat hierfür immerhin eine Tradition aufzuweisen, an die man jenseits von Planungseuphorie und Gestaltbarkeitsillusionen kritisch und konstruktiv ansetzen könnte.

Planungsmaterialien

Der große Hessenplan, Wiesbaden 1965
Großer Hessenplan, Landesentwicklungsplan Hessen '80. Hrsg. vom Hessischen Ministerpräsidenten, Wiesbaden 1970.
Landesentwicklungsplan. Durchführungsabschnitt für die Jahre 1971–1974. Hrsg. vom Hessischen Ministerpräsidenten, Wiesbaden 1971.
Landesentwicklungsplan. Durchführungsabschnitt für die Jahre 1975–1978. Hrsg. vom Hessischen Ministerpräsidenten, Wiesbaden 1974.
Landesentwicklungsplan. Ergebnisbericht für die Jahre 1971–1974, Hrsg. vom Hessischen Ministerpräsidenten, Wiesbaden 1976.
Landesentwicklungsbericht Hessen 1970–1978, Hrsg. vom Hessischen Minister für Landesentwicklung, Umwelt, Landwirtschaft und Forsten, Wiesbaden 1980, = Schriften zum Landesentwicklungsplan Hessen '80.
Hessen 1985 – Zielprojektion von Bevölkerung und Erwerbstätigen nach Planungsregionen, hrsg. von der Hess. Landesentwicklungs- und Treuhandgesellschaft HLT, Wiesbaden 1973.

Weitere Literatur

Bartholomäi, Reinhart, 1978, Landesentwicklungsplanung in Hessen, in: Regionalforschung und Landesentwicklung in Hessen. Beiträge zur Arbeitstagung der TH Darmstadt Okt. 1977, Darmstadt 1978, S. 15–24.
Ellinger, Bernd, 1980, Die hessische Regionalplanung und deren zukünftige administrative Neuorganisation, Diss. jur. Frankfurt/M.
Erdmann, Georg / Bougioukos, Georgios, 1981, Empirische Bewertung des Konfliktes zwischen dem Ziel gleichwertiger Lebensverhältnisse und dem ökonomischen Wachstumsziel. Ergebnisse eines Entscheidungsmodells für das Land Hessen, in: Raumforschung und Raumordnung. Bundesforschungsanstalt für Landeskunde und Raumordnung. Bonn-Bad Godesberg 39. 1981, 2/3, S. 102 ff.
Hartwich, Hans-Hermann (Hrsg.), 1985, Policy-Forschung in der Bundesrepublik Deutschland. Ihr Selbstverständnis und ihr Verhältnis zu den Grundfragen der Politikwissenschaft, Opladen.
Ihmls/Köppl, 1983, Hessisches Landesplanungsgesetz, München, (Kommentar).
Kleinschmidt, Heinz-Walter, 1978, Entwicklung und Struktur der politischen Planung des Landes Hessen, Marburg/Lahn, (Politikwissenschaftliche Magisterarbeit).
Kühn, Gerd, 1984, Instrumentelle Möglichkeiten des Staates zur Steuerung der Raumentwicklung, dargestellt am Beispiel des Bundeslandes Hessen, Berlin, = Abh. d. Geographischen Instituts, Berlin, Bd. 37.
May, Heinz Dieter / Friedrich, Klaus / Wartwig, Helga, 1984, (TH Darmstadt, Geogr. Inst. (Hrsg.), Beiträge zum Konzept einer regionalisierten Raumordnungspolitik, Darmstadt.
Meyer, Hans / Stolleis, Michael, 1986, Hessisches Staats- und Verwaltungsrecht, (1. Aufl. 1983), 2. Aufl. Frankfurt/M.
Oettinger, Hans, 1982, Landesplanungsstrategien in den 80er Jahren vor dem Hintergrund veränderter Rahmenbedingungen. Fallbeispiel Land Hessen, in: Informationen zur Raumentwicklung, H. 9, S. 695 ff.
Pfitzer, Christine, 1985, Integrierte Entwicklungsplanung als Allokationsinstrument auf Landesebene. Eine Analyse der öffentlichen Planung der Länder Hessen, Bayern und Niedersachsen, Frankfurt/M. (Diss. Mannheim 1984).
Probleme einer arbeitsorientierten Regionalpolitik. Untersuchungen am Beispiel hessischer Förderräume. Bearb. von K.H. Tjaden, Forschungsgruppe Produktivkraftentwicklung

Nordhessen. Kassel 1978. (= Urbs et Regio. Kasseler Schriften zur Geographie und Planung).
Regionalforschung und Landesentwicklungsplanung in Hessen. Beiträge zur Arbeitstagung der Technischen Hochschule Darmstadt am 13. und 14. 10. 1977. Hrsg. im Auftrag des Präsidenten der Technischen Hochschule Darmstadt von Reinhard Hujer. Darmstadt 1978.
Schulz zur Wiesch, Jochen, 1977, Regionalplanung in Hessen. Ein Beitrag zur empirischen Planungsforschung, Stuttgart.
Schulz zur Wiesch, Jochen, 1980, Strukturelle und prozessuale Aspekte regionaler Planung. Das Beispiel Hessen, in: Politik im Dickicht der Bürokratie, Hrsg.: H. Wollmann, Opladen, = Leviathan Sonderheft 3, S. 130ff.
Steinberg, Rudolf, Landesplanungsrecht, 1986, in: H. Meyer / M. Stolleis (Hg.), Hessisches Staats- und Verwaltungsrecht, 2. Aufl., Frankfurt/M., S. 308–329.
Sydow, Heinrich, 1975, Landes- und Regionalplanung in Hessen am Beispiel des Tätigkeitsbereichs der regionalen Planungsgemeinschaft Mittelhessen, Soziol. Diplomarbeit, Marburg/Lahn.
Thoss, Rainer / Bougioukos, Georgios / Erdmann, Georg, 1981, Das Hessenmodell. Bewertung raumordnungspolitischer Ziele mit Hilfe eines multiregionalen Entscheidungsmodells, Münster.
Wahl, Rainer, 1976, Rechtsfragen der Landesplanung und Landesentwicklung, Habil-Schrift, Bielefeld.
Wehrt, Klaus, 1984, Versorgungsstrukturen Nordhessen 1970–1980, in: Raumforschung und Raumordnung, 42. Jg., Heft 3, S. 156ff.
Wolf, Klaus / Schymik, Franz / Jurczek, Peter (Hrsg.), 1983, Der Verdichtungsraum in Regionalforschung und künftiger Raumordnung. Beispiel Rhein-Main-Gebiet. Referate einer Tagung am 14. 5. 1982, Frankfurt/M. (= Rhein-Mainische Forschungen, H. 98).

Frank Deppe

Die Entwicklung der hessischen Gewerkschaften 1946—1986

I. Die Gesamtdarstellungen der Gewerkschaftsgeschichte, die bis in die 70er und sogar in die 80er Jahre reichen (Deppe u.a. 1976; Klönne/Reese, 1984; Matthias/Schönhoven, 1984; IG Metall 1986; Schönhoven 1987) vermittelten kaum regional-spezifische Informationen. Gleichwohl sind sie wichtig für die Bearbeitung des Periodisierungsproblems. Die Forschung konzentriert sich nach wie vor auf die Periode 1945—1949. Für diese Periode verfügen wir — neben einigen örtlichen Untersuchungen — über einige Marburger Dissertationen, die sich mit der Gewerkschaftsbewegung in Hessen nach 1945 beschäftigen: so die Dissertation von Frau Weiß-Hartmann über den Freien Gewerkschaftsbund Hessen (1945—1949) (1977), die Dissertation von Frau Jacobi-Bettien über die Metallgewerkschaft, also die IG Metall in Hessen (1945—1948) (1982), sowie schließlich die Dissertation von Herrn Bettien über den Hessischen Metallarbeiterstreik des Jahres 1951 (1983). Die „Geschichte der hessischen Arbeiterbewegung" ist neuerdings von Gerhard Beier bearbeitet worden (1984). Sie bleibt freilich für die Zeit nach 1945 höchst allgemein und fragmentarisch. Der biographische Anhang (S. 355 ff.) sowie das Literaturverzeichnis sind allerdings für weitere Forschungen wertvoll. Zu erwähnen ist auch Gerhard Beiers Willi-Richter-Biographie (1978), die dem nach Wilhelm Leuschner zweifellos bedeutendsten hessischen Gewerkschaftsführer gewidmet ist, der — bis 1950 — der erste Landesbezirksvorsitzende des DGB war und 1956 zum Bundesvorsitzenden des DGB gewählt wurde.

Der Forschungsstand gebietet also höchste Zurückhaltung bei einer Längsschnittanalyse über 40 Jahre — zumal auch vergleichende Analysen aus anderen Bundesländern nicht zur Verfügung stehen. Ich stütze mich daher — neben den genannten Arbeiten und neben eigenen Arbeiten zur Geschichte, Politik und Theorie der Gewerkschaften in erster Linie auf eine recht kursorische Durchsicht der Geschäftsberichte des seit 1949 bestehenden Landesbezirks Hessen des DGB (im folgenden: GB) sowie auf die Protokolle der Landesbezirkskonferenzen (im folgenden: Protokoll LBK). Die erste fand im April 1950 in Marburg statt, die letzte — als Protokoll veröffentlichte — im Februar 1982, ebenfalls in Marburg. Dabei ergibt sich ein weiteres Problem, das mit der Organisationsstruktur des DGB verbunden ist. Der DGB ist bekanntlich das organisatorische Dach der — zunächst 16, später 17 — Einzelgewerkschaften. Diese sind in den zentralen Politikbereichen — vor allem auf dem Felde der Tarifpolitik — weitgehend autonom. Die Aufgaben und Kompetenzen des DGB — zumal die der Landesbezirke (vgl. die Satzung des DGB, § 11 Abs. 10) — sind daher begrenzt. Eine genauere Analyse müßte also unbedingt die Entwicklung der Einzelgewerkschaften — hier namentlich die der drei größten: der IG

Metall, der Gewerkschaft ÖTV und der Industriegewerkschaft Chemie, Papier, Keramik, die Ende 1985 zusammen 55% der insgesamt ca. 735 000 Mitglieder (in Hessen) repräsentieren — mit einbeziehen (für die 70er Jahre liegen zumindest Analysen der regionalen Streikbewegungen vor: Chemiearbeiterstreik 1971; IG Druck und Papier: 1976, 1978, 1984; IG Metall: 1984).

Die folgenden Ausführungen sollten daher eher als Anregungen und Fragen für weitere Forschungen und Einzeluntersuchungen, denn als der Versuch einer abschließenden Wertung verstanden werden. Sie intendieren auch nicht eine zusammenfassende Wiederholung von bereits Bekanntem bzw. den hoffnungslosen Versuch einer systematischen Rekonstruktion von 4 Jahrzehnten Gewerkschaftspolitik.

II. 1. *Programmatik und Politik der hessischen Gewerkschaften sind im ersten Jahrzehnt nach 1945 in hohem Maße durch den „roten Modellstaat Hessen" (G. Beier, 1984, 347) mit seiner starken sozialdemokratischen Hegemonie bestimmt.*

Die Rede des damaligen Justizministers und späteren Ministerpräsidenten *Georg August Zinn* vor dem 1. Bundestag des Freien Gewerkschaftsbundes Hessen (FGH) vom 24./25. August 1946 in Bergen-Enkheim — an der der sozialdemokratische Jurist *Adolf Arndt* mitgewirkt hatte — war von programmatischer Bedeutung; denn sie enthielt zugleich eine Begründung für die sozialstaatlichen und wirtschaftsdemokratischen Bestandteile der hessischen Verfassung. *Willi Richter* hatte in seiner Rede die Aufgaben der Gewerkschaften aus dem — wie er sagte — „sittlichen Recht" abgeleitet, „innerhalb der Wirtschaft gleichberechtigt mit den Unternehmern und Behörden an dem Wirtschaftsaufbau und der Wirtschaftsführung mitzuwirken". *Zinn* dagegen „entwickelte, daß die bürgerliche Revolution die politische Freiheit und Gleichheit niemals verwirklichen konnte; denn die Entwicklung des Kapitalismus beruhte auf der Versklavung des Menschen, und die aus dem Kapitalismus erwachsenden Bestrebungen, die Krise durch Krieg und Faschismus zu lösen, führten schließlich zur Existenzgefährdung der ganzen Menschheit. Deshalb müsse eine neue Wirtschaftsordnung aufgebaut werden, die gekennzeichnet sein sollte durch Planwirtschaft, Sozialisierung und Mitbestimmung. ‚Eine Demokratie ohne Sozialismus ist in Deutschland nicht möglich', faßte er seine Ausführungen... zusammen." (Weiß-Hartmann, 105).

Für die Gewerkschaften ergaben sich daraus politische Aufgaben im Rahmen der Landespolitik, die weit über den engeren Kernbereich der materiellen Interessenvertretung und der Tarifpolitik hinausgehen. Sie sind als Träger und Organe eines — politischen und verfassungsrechtlichen — Prozesses der „demokratischen Integration" definiert (vgl. W. Abendroth, 1954). Die Ausgestaltung der Hessischen Verfassung — dabei vor allem die Sozialisierung, das Betriebsrätegesetz sowie der Aufbau eines Systems der Sozialpolitik — wird daher zu einem wichtigen, gesellschaftspolitischen Wirkungsfeld der Gewerkschaften.

Der hessische Ministerpräsident, *G.A. Zinn*, hat noch 1955 — vor der Landesbezirksversammlung des DGB — diese Funktionsbestimmung der Gewerkschaften aus der Sicht der staatlichen Führung betont: „Unser Verhältnis . . . zu den großen demokratischen Organisationen unseres Landes, vor allem aber der Arbeiter, Angestellten und der Beamten, (ist) doch ein irgendwie *anderes als das einer anderen Landesregierung*; denn über die soziale Verpflichtung hinaus, durch die wir uns gerade den arbeitenden Menschen verbunden fühlen, haben diese Organisationen für uns eine besondere, eine eigenständige Bedeutung; es sind nicht nur Organisationen, die bestimmte Interessen oder die Interessen bestimmter Bevölkerungsgruppen zu vertreten haben, sondern sie sind Organisationen, ohne die der moderne demokratische Staat nicht denkbar ist. Die Demokratie besteht ja nicht nur aus irgendwelchen verfassungsmäßigen Institutionen und Organen; sie wäre im Grunde blutleer, wenn sie sich in einer Regierung oder in einem Parlament erschöpfen würde." (Protokoll, S. 63/64)

Diese Ausführungen über das gute bzw. ausgezeichnete Verhältnis zwischen dem DGB-Landesbezirk und der Hessischen Landesregierung werden in dieser Periode immer wieder von Sprechern des DGB bestätigt. Noch 1963 sagte der Landesbezirksvorsitzende *Ernst Leuninger*: „Ich bin davon überzeugt, daß es um die Situation der Arbeitnehmerschaft und ihrer berechtigten Anliegen in der Bundesrepublik besser bestellt sein würde, wenn wir auch dort einen gleich guten Kontakt mit der Bundesregierung und dem Bundesparlament in der Vergangenheit gehabt hätten". (Protokoll, 1963, S. 28).

II. 2. *Mit dem Scheitern des „Hessischen Sozialismus", wie ihn die Verfassung – und vor allem die SPD – projektierte, etablierte sich in den 50er Jahren ein sozialstaatlicher Korporativismus, der seinerseits Entpolitisierungsprozesse beförderte, die in dieser Periode in der gesamten Gewerkschaftsbewegung der Bundesrepublik wirken.*

Das sozialistische Projekt der Hessischen Verfassung von 1946 konnte nicht verwirklicht werden. Die damalige „Wende" zum Kalten Krieg, zur Restauration sowie zur Verschiebung des politischen Kräfteverhältnisses nach rechts kann hier im einzelnen nicht analysiert werden. Entscheidend ist natürlich folgendes: daß mit der Gründung der BRD (1949) und der lange währenden konservativen Hegemonie auf Bundesebene politische, verfassungsrechtliche und gesetzliche Rahmenbedingungen geschaffen wurden, die einen hessischen Sonderweg erschwerten bzw. unmöglich machten.

Der hessische DGB-Vorsitzende Hans Wiegand, der 1950 zum Nachfolger von *Richter* gewählt worden war, hat 1953 die Implikationen dieser ungleichen politischen Kräftekonstellation in Land und Bund für die Arbeit der Gewerkschaften verdeutlicht: „Nach 1945 hatte der Freie Gewerkschaftsbund Hessen wesentlichen Anteil an der Landesgesetzgebung durch Anregungen und Vorschläge. Ausgangspunkt für unsere Arbeit am meisten berührenden Gesetze sind die Artikel 37 und 38 der Hessischen Verfassung anzusehen. Der Artikel 37 war auch die verfassungsrechtliche Grundlage des hessischen Betriebsrätegesetzes, insbesondere für die Regelung der betrieblichen Mitbestimmung und der Mitwirkung der Gewerkschaften bei Durchführung derselben. Der Artikel 38 verankert die überbetriebliche Mitbestimmung, aber wir müssen leider heute feststellen, daß dieses Anliegen der Gewerkschaften auch in Hessen noch keine gesetzliche Grundlage gefunden hat. Der Artikel 37 und das hessische Betriebsrätegesetz sind, wie wir ja alle wissen, durch die konkurrierende Gesetzgebung des Bundes, das heißt durch das Betriebsverfassungsgesetz, überholt. Ich möchte dabei feststellen, daß für Hessen damit eine wesentliche Verschlechterung in der Rechtsgrundlage sowohl für die Betriebsräte als auch für die Gewerkschaften entstanden ist . . . Durch die konkurrierende Gesetzgebung, die im Grundgesetz verankert liegt, sind auf der Landesbezirksebene auch für den Deutschen Gewerkschaftsbund und die ihm angeschlossenen Gewerkschaften keine großen Möglichkeiten mehr vorhanden, wie im früheren Ausmaß an Gesetzesregelungen mitzuwirken. Der Schwerpunkt unserer Arbeit auf der Landesbezirksebene muß also auf die Auslegung und Durchführung der Gesetze gelegt werden. Immerhin sind noch wesentliche Gesetzesmaterien in Zuständigkeit der Länder zu erledigen, weil eben der Bund von seiner Möglichkeit, diese oder jene Frage gesetzlich zu regeln, noch nicht Gebrauch gemacht hat." (Protokoll, 1953, S. 19)

Und doch blieb eine gewisse Sonderstellung des „roten Hessen" erhalten. Diese resultierte aus dem Zusammenwirken zweier Prozesse:

– zum einen ein kräftiges ökonomisches Wachstum in der 50er und den frühen 60er Jahren – konzentriert im Rhein-Main-Gebiet mit den industriellen Wachstumszentren der Chemie- und der Automobilindustrie in und um Frankfurt und den Flughafen als einer neuen, internationalen Dienstleistungsmetropole;
– zum anderen eine Landespolitik, die das ökonomische Wachstum sowie das Steigen der Reallöhne der Arbeitnehmer durch eine für die damalige Periode fortschrittliche, am Gedanken der sozialen Gerechtigkeit orientierten Sozial-, Infrastruktur-, Bildungs- und Strukturpolitik (bis zu den „Hessenplänen" der 60er Jahre) flankierte.

Damit sind aber die früheren Vorstellungen der notwendigen Einheit von Planwirtschaft, Sozialisierung und Mitbestimmung längst aufgegeben. Genauer zu analysieren wären hier Funktion und Schicksal des „Wirtschaftsbeirates" in Hessen. 1966 sagte der hessische DGB-Vorsitzende *Otto Scheugenpflug* über diese Institution: „Der Wirtschaftsbeirat der Hessischen Landesregierung besteht bereits seit 1950 und war ursprünglich gedacht als ein Organ, bestehend aus Vertretern der Arbeitgeber- und Arbeitnehmerschaft, in dem wichtige wirtschaftliche Angelegenheiten des Landes Hessen beraten werden sollen. Man hatte dabei die Absicht, für das Land Hessen so etwas zu schaffen wie den bereits einmal konstituierten Reichswirtschaftsrat und den bisher geplanten aber nicht verwirklichten Bundeswirtschaftsrat. Die Idee eines solchen Beirates lag und liegt auch heute noch im Rahmen der Auffassung über eine allgemeine Demokratie, die sich nicht nur erschöpft in der politisch-parlamentarischen Tätigkeit der Volksvertreter. Im Hessischen Wirtschaftsbeirat sind die Gewerkschaften und die Arbeitgeber mit je 16 Mitgliedern vertreten. In den vergangenen Jahren bestand seine Tätigkeit im wesentlichen darin, daß er gelegentlich einberufen wurde, um ein von sachkundiger Seite gehaltenes Referat über eine bestimmte, wirtschaftliche Angelegenheit anzuhören, z. B. über die Frage der Verkehrsplanung. Die Zeiträume zwischen diesen Sitzungen waren sehr lang; einmal waren es zwei Jahre." (Protokoll, LBK, 1966, S. 33/34)

Einige Jahre später teilte übrigens der neu gewählte Landesbezirksvorsitzende, *Jochen Richert* (1976), mit, daß während der Amtszeit seines Vorgängers, *Armin Clauss* (1972–1976), der DGB die Mitarbeit in diesem Gremium aufgekündigt habe. (Protokoll LBK, 1976, S. 31)

In den 50er Jahren – und darauf zielt die zweite These – etabliert sich das System eines sozialstaatlichen Korporativismus, das die Erfolge gewerkschaftlicher Politik eng an den Kooperationsverbund mit dem Staat koppelt. Auf diese Weise beeinflussen die Gewerkschaften relevante Bereiche der Landespolitik und -verwaltung – vor allem im Bereich der Sozialpolitik. Die lohnabhängig Beschäftigten partizipieren also an ihren Erfolgen. Zugleich verzichten Gewerkschaften dabei stets in gewissem Umfang auf die Entwicklung eigenständiger und ggf. auch kritischer Handlungskompetenz. Im Extremfall (das gilt, wie sogleich zu zeigen ist, nicht für Hessen, kann aber am Beispiel Österreich verfolgt werden) degenerieren Gewerkschaften – vor allem deren Führungsgruppen und ihre Apparate – in einem solchen hoch institutionalisierten System der „Sozialpartnerschaft" (wie es in Österreich offiziell genannt wird) zu Sozialbürokratien, die zu einer autonomen Motivierung und Mobilisierung ihrer Mitgliederbasis kaum noch bereit bzw. in der Lage sind.

Diese These sei durch zwei Vermutungen ergänzt, die bei der Lektüre der Geschäftsberichte und Protokolle entstanden sind. Selbstverständlich müßte hier genauer analysiert werden.

1. Geschäftsberichte und Protokolle vermitteln bis in die Mitte der 60er Jahre den Eindruck eines hohen Maßes an Einmütigkeit (und Einstimmigkeit). Konflikte, Meinungsstreit, Kampfabstimmungen sind kaum auszumachen. Die großen gesellschafts- und gewerkschaftspolitischen Auseinandersetzungen der Zeit (Montanmitbestimmung, Betriebsverfassungsgesetz, Remilitarisierung, Atombewaffnung) stehen ebenso wie die Streikkämpfe dieser Periode nicht im Mittelpunkt, sondern eher am Rande der Rechenschaftsberichte und Antragsdebatten (1953 kritisiert z.B. ein Delegierter, daß der Vorsitzende mit keinem Wort auf den hessischen Metallarbeiterstreik von 1951 eingegangen sei, Protokoll, S. 34; 1955 kommt es zu einer Diskussion über die Wiederaufrüstung, Protokoll, S. 40ff.). Gleichwohl dominiert ein eher pragmatisches Politikverständnis, das – im Geiste von *Willi Richter* – die Organisationsprobleme sowie die Sozialpolitik in den Vordergrund rückt. Es fällt auf, daß „linke", der Tradition der sozialistischen Arbeiterbewegung verbundene, Redebeiträge eher von Gastrednern der Landesregierung und vor allem der südhessischen SPD kommen.

2. Dieser korporativistische Verbund schließt natürlich enge personelle Verflechtungen und Austauschprozesse zwischen Partei (SPD), Parlament, Regierung und Staatsverwaltung (hier besonders: die Arbeits- und Sozialverwaltung) und gewerkschaftlichen Funktionärsgruppen ein. Aus dem biographischen Anhang von G. Beier's „Geschichte der hessischen Arbeiterbewegung" sei hier ein typisches Beispiel genannt: *Heinrich Fischer*, geboren 1895; Werkzeugmacher; 1910: Eintritt in SPD und Gewerkschaft; 1925: Bezirksleiter des ADGB; nach 1933: zwei Mal verhaftet, 1942–1945: Zuchthaus; 1946–1970: Hessischer

Landtagsabgeordneter; 1951–1954: Minister für Arbeit, Landwirtschaft und Wirtschaft im Kabinett Zinn; 1956–1962: Oberbürgermeister von Hanau.

Drei DGB-Landesbezirksvorsitzende (*Leuninger, Press, Clauss*) waren Landtagsabgeordnete der SPD. *Leuninger* wurde 1964 Direktor der Landesversicherungsanstalt Hessen; *Armin Clauss* war bei seiner Wahl zum DGB-Landesvorsitzenden 1972 Fraktionsvorsitzender der SPD im Hessischen Landtag und wechselte 1976 in das Amt des Sozialministers.

Diese Verflechtung führt offenbar dazu, daß bei den Gewerkschaftskonferenzen sehr schnell eine Art „Familienatmosphäre" entsteht, wenn sich Repräsentanten des Staates, der Partei und der Gewerkschaften begegnen. Allerdings begegnen sich hier auch Menschen, die gemeinsame Erfahrungen im antifaschistischen Widerstand, in KZ, Zuchthaus und Emigration, im Strafbatallion 999 geteilt haben.

II. 3. *Mit der Wahl von Philipp Pless zum Landesbezirksvorsitzenden des DGB Hessen im Jahre 1967 beginnt eine Politisierung der gewerkschaftlichen Arbeit, die dem DGB Hessen – im Gesamtvergleich des politischen Profils der DGB-Landesbezirke und ihrer Vorsitzenden – ein „linkes Image" eingetragen hat.*

P. *Pless* sagte nach seiner Wahl: „Seit nahezu 5 Jahrzehnten stehe ich unablässig in der Arbeiterbewegung (die biographischen Daten sind übrigens in der Arbeit von K.H. Tjaden über die KPD-Opposition, Anhang I, S. 9 nachzulesen, F.D.); mein Herz schlägt nach wie vor links . . . Meine Mühen und Sorgen gehören der Arbeitnehmerschaft, und so wie ich selbst von ihr den kämpferischen Einsatz fordere, so darf auch sie von mir erwarten, daß ich des Kampfes für den Frieden und die soziale Sicherheit der Arbeitnehmerschaft nicht müde werde. Ich bin zutiefst davon überzeugt, daß die sozialen Spannungen unserer Tage ihre tiefere Ursache im Rüstungswahnsinn haben und daß, wer den sozialen Frieden haben will, sich gegen Atomwaffen und auch gegen den Krieg in Vietnam aussprechen muß." Und weiter unten: „Durch den bisherigen Erfolg unseres Widerstandes gegen die Notstandsgesetze ermutigt, setzen wir diesen Kampf fort, auf daß dieses Papier im Abfalleimer der Geschichte verschwindet." (Protokoll, a.o. LBK, 1967, S. 41/42)

Dabei handelt es sich keineswegs um den Verbalradikalismus eines „Gewerkschaftstraditionalisten". Vielmehr reflektiert sich in dieser Konzeption einer notwendigen Politisierung der gewerkschaftlichen Interessenvertretung die Verarbeitung jenes sozial-ökonomischen und politisch-kulturellen Trendbruchs in der Geschichte der Bundesrepublik, der die Gewerkschaften mit neuen Anforderungen konfrontierte: die Wirtschaftskrise 1966/67, die Regierung der Großen Koalition (Verabschiedung der Notstands-Gesetze, neue Wirtschaftspolitik, Konzertierte Aktion), Bildung der sozialliberalen Koalition 1969, Beginn der innen- und außenpolitischen Reformen – vor allem in Hessen: der Beginn der bildungspolitischen Reformdiskussion und -gesetzgebung (vgl. die LBK, 1969, Gießen; im Mittelpunkt steht ein Referat des damaligen Kulturministers *Ernst Schütte* und die Diskussion über die Anträge zur Schul- und Bildungspolitik, Protokoll, S. 111 ff.) – und gleichzeitig: der Aufschwung der Studentenbewegung und der APO, deren wichtigstes Zentrum neben Berlin zweifellos Frankfurt gewesen ist.

Für die hessische Entwicklung scheint eines von besonderer Bedeutung: die Radikalisierung der politischen Rhetorik deutet auf einen Wandel der gewerkschaftspolitischen Grundkonzeption hin. In den 50er Jahren (vgl. II.2.) war der sozialstaatliche Korporativismus maßgebend, der die Integration weiter Bereiche gewerkschaftlicher Politik in den „roten Modellstaat Hessen" beinhaltete. Die Verbindung von konkreter materieller Interessenvertretung und allgemeinen gesellschaftspolitischen Auseinandersetzungen bildet jetzt ein Element in einem Prozeß der strategischen Neuorientierung, der einerseits auf externen politischen Druck reagiert („Trendbruch"), andererseits aber in die Richtung einer autonomen Handlungsfähigkeit der Gewerkschaften – auch gegenüber dem Staat – sich bewegt.

Für diese Orientierung gilt der Satz, den *Julius Lehlbach* als Landesbezirksvorsitzender des DGB, Rheinland-Pfalz, 1969 beim DGB-Kongreß in München formulierte: „Die deutsche Gewerkschaftsbewegung steht wie Herakles am Scheidewege: sie kann den bequemen Weg einer quasi öffentlich-rechtlichen Institution, und sie kann den schweren und dornenvollen Weg der autonomen Widerstandsorganisation der arbeitenden Menschen gehen." Dieser Satz beleuchtet nicht nur die hessische Problematik „Korporativismus-Autonomie". *J. Lehlbach* selbst gehörte von 1964 bis 1967 mit *Philipp Pless* und dem für Jugendfragen zuständigen *Jochen Richert* zum engeren Kreis der hauptamtlichen Funktionäre um den Vorsitzenden *Otto Scheugenpflug*. Diesen Satz trug *Lehlbach* auch als Gastredner auf der Landesbezirkskonferenz des Jahres 1969 in Gießen vor!

Um diesen Wandel in der zweiten Hälfte der sechziger Jahre richtig zu bestimmen, muß jedoch eine weitere Entwicklung angesprochen werden. Es geht dabei um die Gewerkschaftsjugend sowie um das politische Gewicht der gewerkschaftlichen Jugendarbeit. Die Entwicklung der Mitgliederzahlen im Landesbezirk illustriert zunächst das Problem:

1958	1961	1964	1966	1967	1970	1973
78715	67618	60213	56885	57803	94513	112509

(Quelle: Geschäftsberichte)

Bis 1966 sinkt die Zahl der jugendlichen Gewerkschaftsmitglieder dramatisch ab (von 12,6% auf 9% der Gesamtmitgliedschaft). Danach verdoppelt sich diese Zahl; ihr Anteil steigt bis 1973 auf knapp 16%. Hinter solchen statistischen Angaben verbergen sich natürlich komplexe politische Prozesse und Bewegungen, die diese Organisationserfolge beeinflussen (Bildungsarbeit; Lehrlings-Lehrlingszentrenbewegung; Zusammenwirken APO-Gewerkschaftsjugend u.a.m.). Damit wächst aber auch die politische Bedeutung der Gewerkschaftsjugend. Es ist daher kein Zufall gewesen, daß für die Nachfolge von *Philipp Pless* 1972 zwei Kandidaten, *Armin Clauss* und *Jochen Richert*, konkurrieren, die beide aus der gewerkschaflichen Jugendarbeit kommen. Hier wird also eine wesentliche Dimension dieses Wandels erkennbar; daß sich nämlich der Pless'sche

Radikalismus, der in den Traditionen des linken Flügels der deutschen Arbeiterbewegung verwurzelt war, mit dem Aufschwung und der Politisierung der gewerkschaftlichen Jugendarbeit in dieser Periode verbindet — in der Funktion eines historischen „Brückenschlages" (vergleichbar jener Funktion, die Wolfgang Abendroth in der Studentenbewegung dieser Periode ausgeübt hat).

II. 4. *Diese politischen Prozesse werden durch einen sozialökonomischen Strukturwandel gleichsam „gefiltert". Dieser verändert die Organisations- und Handlungsbedingungen der gesamten Gewerkschaftsbewegung — gewinnt jedoch in jeder Region, also auch in Hessen, eine spezifische Ausgestaltung.*

Der sozialökonomische Strukturwandel bedeutet für die Struktur der Beschäftigung zunächst: Wachstum des Dienstleistungssektors; Verlagerung der Tätigkeitsschwerpunkte vom „Herstellen" zum „Dienstleistungen-Erbringen." Dabei: Wachstum der Angestellten — in der Industrie: Konzentration auf die sog. modernen „Wachstumsindustrien" (Chemie, Elektronik, Metallverarbeitung, Automobilindustrie) (vgl. Deppe, 1984, S. 170ff.). Gleichzeitig konzentrieren sich diese Wachstumsindustrien, zusammen mit den Dienstleistungskapitalen (Banken, Versicherungen) in den expandierenden regionalen Zentren: Das Rhein-Main-Gebiet ist zusammen mit der Rhein-Neckar-Region eines dieser dynamischen Wachstumszentren (für Frankfurt vgl. Schacht, 1986).

Dieser langfristig sich durchsetzende Strukturwandel, der die innere Struktur der Lohnabhängigen, die Qualifikationsentwicklung, die steigende Erwerbstätigkeit von Frauen in Angestelltenberufen, Arbeitsinhalte, regionale und sektorale Mobilität usw. betrifft (auch — nur am Rande — die gesamte Lebensweise der Arbeitnehmer und ihrer Familien in den Arbeiterwohngemeinden in den alten „roten Gürteln" um die Großstädte verändert sich dabei erheblich, vgl. dazu Deppe/Fülberth/Knaab, 1986) — wird seit den 70er Jahren durch die Krisenprozesse (Arbeitslosigkeit) sowie durch die Rationalisierungsstrategien der Unternehmungen (neue Techniken) ergänzt. Diese Krisenprozesse forcieren zugleich regionale Disproportionen und beschränken die Möglichkeiten einer gegenwirkenden staatlichen Strukturpolitik.

In Hessen handelt es sich dabei um die gesamte Problematik des „Nord-Süd-Gefälles". Auf jeden Fall zeigen die sozialstatistischen Daten, daß Südhessen ein Zentrum a) der modernen Wachstumsindustrien (Chemie, Elektronik, Maschinenbau, Automobilindustrie — mit 1983 mehr als 250000 Beschäftigten), b) der Dienstleistungsexpansion ist. Knapp 70% der Arbeitnehmer arbeiten in Südhessen. Dabei zeigen die Veränderungen in der Berufsstruktur, daß klassische Industrieberufe — wie Bau- und Metallberufe, aber auch Chemiearbeiter — Beschäftigte abgeben, während Dienstleistungsberufe — Bürokräfte, Gesundheitsdienste, Sozial- und Erziehungsarbeit — und hoch qualifizierte, wissenschaftlich-technische Berufe (Ingenieure, Techniker) die höchsten Zuwachsraten erzielen (Hessen heute, 1984, S. 91 ff.).

Was bedeutet dieser Strukturwandel für die hessischen Gewerkschaften? (Vgl. Anhang)

1. Die Mitgliederzahlen sind 1984/1953 um ca. 150000 angestiegen. Der Or-

ganisationsgrad – hier folgt Hessen der Bundesentwicklung – fällt in den 50er und 60er Jahren; steigt dann in den 70er Jahren an (1980/81: ca. 38% – das liegt freilich über dem Bundesdurchschnitt von ca. 34%). Ab 1983 sinkt er wieder leicht ab.

2. Betrachtet man die Einzelgewerkschaften, so fällt die starke Position der IG Chemie (11%) und der IG Metall (28%) auf. Die stärksten Zuwächse allerdings haben die Dienstleistungsgewerkschaften – ÖTV, DPG, GDED, HBV und GEW – erzielt. Ihr Anteil hat sich von 33% (1951) auf 40% (1984) erhöht.

3. Die Mitgliederentwicklung nach Kreisen und Regionen (Süd, Mitte, Nord) ist erstaunlich stabil. Die Proportionen – ca. 60% Süd, je 20% Mitte und Nord – haben sich seit 1953 kaum verändert. Daraus folgt, daß der Organisationsgrad in Nord- und Mittelhessen (zwischen 45 und 50%) wesentlich höher ist als in Südhessen (ca. 32%). Hier scheint sich auszuwirken, daß der Organisationsgrad im privaten Dienstleistungssektor – also vor allem im Organisationsbereich der Gewerkschaft HBV – trotz steigender Tendenz nach wie vor extrem unterdurchschnittlich ist.

4. Bei den Personengruppen hat sich der Anteil der Angestellten (von 14%, auf 25%, 1984) und der Frauen (von 15%, 1961, auf 22%, 1984) am deutlichsten erhöht. Allerdings bleibt die „Organisationslücke" hier nach wie vor beträchtlich. Bei den Beamten dagegen liegt die Organisationsquote weit über dem Durchschnitt (bei den „Beamtengewerkschaften" DPG und GDED nimmt Hessen eine „Spitzenstellung" im Bundesvergleich ein). Vor allem die Gewerkschaft Erziehung und Wissenschaft sowie die Deutsche Postgewerkschaft haben in den 70er Jahren beträchtliche Organisationserfolge erzielt. Die Entwicklung im Jugendbereich ist bereits weiter oben angesprochen.

5. Das politische Profil der hessischen Gewerkschaften wird – so ist zu vermuten – durch die folgenden Faktoren bestimmt: – Im Bereich der Industriegewerkschaften vertritt die IG Metall – hier vor allem im Bereich der Verwaltungsstelle Darmstadt (Opel) – eher die Konzeption einer autonomen, kämpferischen Gewerkschaftspolitik. Sehr wichtig wäre eine Analyse der Entwicklung der IG Chemie in Hessen; denn bis zum Beginn der 70er Jahre (Correcta-Streik 67, Süßmuth-Auseinandersetzung, Hessenstreik 71) spielte sie eine sehr aktive Rolle. – Im Bereich der Dienstleistungsgewerkschaften – vor allem bei HBV, GEW, DPG und ÖTV – haben sich namentlich in Südhessen und in Frankfurt in den 70er Jahren gewerkschaftspolitisch eher links orientierte Positionen geltend gemacht. Hier wirken allgemein politische Kultur (Rolle der Schulen und Universitäten, Bürgerinitiativen, Aufstieg der Partei der Grünen, Positionen der SPD und der Jungsozialisten in Südhessen, aber auch der Einfluß kleinerer politischer Organisationen der Linken) auf das politische Profil und die Diskussion der hessischen Gewerkschaften ein.

K. Schacht hat in seinen Analysen zur Frankfurter Kommunalwahl vom 22. März 1981 (1986, S. 104) allerdings auf den Zusammenhang zwischen der niedrigen gewerkschaftlichen Organisationsquote im privaten Dienstleistungssektor auf der einen und den Wählerverlusten der SPD auf der anderen Seite aufmerksam gemacht: „Wenn man davon ausgeht, daß neben der katholischen Kirche den gewerkschaftlichen Organisationsnetzen eine entscheidende Bedeutung bei der vorpolitischen Formierung von Wählerpotentialen zukommt, dann sind wichtige Ursachen der für die SPD nachteiligen Wählerfluktuation im gewerkschaftlichen Organisationsverhalten der hier lebenden und arbeitenden Angestelltenschichten zu suchen. Die Tertiärisierung hat in Frankfurt zu einer Schwächung der organisatorischen Infrastruktur der Gewerkschaften geführt, die auf der politischen Ebene eine Reduktion der Stammwählerschaft der SPD mit sich bringt."

III. *Die Entwicklung der hessischen DGB-Gewerkschaften in den 80er Jahren zentriert sich um die folgenden Konfliktfelder:*

1. Die hessischen Gewerkschaften sind mit der Bearbeitung der ökonomischen Krisenprozesse, des forcierten Strukturwandels und auch mit Binnenproblemen der Organisation (Mitgliederverluste zwischen 1982 und 1985, Organisationsprobleme bei Angestellten, Frauen und Jugendlichen) konfrontiert. Allerdings bleibt Südhessen – im Unterschied zu den „Krisenregionen" im Norden des Landes, auch der Bundesrepublik (Ruhrgebiet, Küstenregionen) – ein Wachstumszentrum.

2. In den Streikauseinandersetzungen haben zwei Industriegewerkschaften – die IG Druck und Papier (1976, 1978 und 1984) und die IG Metall (Streik um die 35-Stunden-Woche 1984) – eine Art „Führungsrolle" übernommen. Die Mobilisierungsfähigkeit der Gewerkschaften im öffentlichen Dienst ist offenbar – im Vergleich zu den frühen 70er Jahren – geschwächt worden. Dabei hat der Landesbezirk Hessen bewußt als Aufgabe übernommen, bei großen Streikauseinandersetzungen – vor allem bei Massenaussperrungen wie 1984 – die Solidarität der gesamten Gewerkschaftsbewegung zu mobilisieren. Eine neue Stufe dieser Solidarität wurde 1984 erreicht (Pakt der Solidarität, Aufruf zu Solidaritätsstreiks und zu Demonstrationen in ganz Hessen).

3. Die innergewerkschaftliche Diskussion wird nicht nur durch die Auseinandersetzung mit den ökonomischen Krisenprozessen, den Auswirkungen der „neuen Technologien" und der neo-konservativen Politik bestimmt, sondern auch – und in wachsendem Maße, so scheint es – durch die neuen Themen, die vor allem durch die Ökologiebewegung politisiert worden sind. So gab es bei der Landesbezirkskonferenz 1982 eine außerordentlich heftige Diskussion um die Startbahn West, um den Plan einer Wiederaufbereitungsanlage sowie um die Erweiterung des Kernkraftwerks Biblis (Block C). (Protokoll, S. 41 ff. und S. 139 ff.) Daß es in Hessen eine Koalitionsregierung von SPD und Grünen gibt, wirkt selbstverständlich auch auf die innergewerkschaftlichen Diskussions- und Bewußtseinsprozesse ein und weist gerade den hessischen Gewerkschaften eine – im Bundesvergleich – besondere Rolle bei der Bestimmung des Verhältnisses der Gewerkschaftsbewegung zu dieser neuen politischen Formation zu.

Anhang

Gewerkschaftsmitglieder im DGB-Landesbezirk Hessen - nach Einzelgewerkschaften

Gewerkschaft	1951	%	1968	%	1984	%	1951 = 100/1984
IGBSE	44638	9,1	62812	10,0	65250	9,0	146
IGBE	14341	2,9	9895	1,5	11533	1,6	80
IGCHPK	52135	10,6	75433	12,0	80873	11,1	155
IG DRUPA	11595	2,3	14178	2,0	15918	2,2	137
GDED	53536	10,9	49406	8,0	47127	6,5	88
GEW	7682	1,5	13511	2,0	25084	3,4	326
GGLF	10324	2,1	10043	1,5	5356	0,7	51
HBV	10948	2,2	20218	3,0	44248	6,1	404
GHK	15507	3,1	9223	1,0	10054	1,4	64
Gew. Kunst	2599	0,5	2030	0,5	1665	0,2	65
Gew. Leder	13158	2,6	4921	0,5	4411	0,6	33
IGM	127268	26,0	195584	31,0	202781	27,9	159
Gew. NGG	12951	2,6	17235	2,5	16501	2,3	127
ÖTV	70910	14,5	100271	16,0	114206	15,7	161
DPG	19012	3,9	36735	6,0	51338	7,1	270
GTB	21801	4,5	14084	2,0	15164	2,1	69
Gew. Polizei					15011	2,1	
Total	488405	100,0	635545	100,0	726520	100,0	

Anteile der Angestellten, Beamten, Frauen, Jugendlichen an der Gesamtmitgliedschaft

	1953	%	1961	%	1970	%	1984	%
Angestellte	80000	14	95513	15	113886	17	182213	25
Beamte	50000	9	66322	10	84664	13	96414	13
Frauen			101353	15	96948	14,5	156986	22
Jugend	54805	10	67322	10	94513	14	104459	15

Gewerkschaftsmitglieder nach DGB-Kreisen im Landesbezirk Hessen

DGB-Kreise	1953	1961	1970		1984*
Darmstadt	83308	105209	107600	Starkenburg	112587
Dillenburg	15084	16585	18200		
Frankfurt	150133	164788	162100		160769
Fulda	16054	18867	24000		23218
Gießen	53593	47662	41000	Lahn-Dill	63967
Hanau	25049	31169	42300	Main-Kinzig	40681
Hersfeld	25289	27239	29000	Hersfeld-Rotenburg	21335
Kassel	83023	98736	97900		78808
Korbach	10968	12042	16500	Waldeck-Frankenberg	14647
Limburg	12930	15881	16200	Limburg-Weilburg	14666
Marburg	12500	15018	21100	Marburg-Biedenkopf	25231
Offenbach	29075	32515	34000		31169
Wetzlar		17558	15200		
Wiesbaden	32219	41700	40300	Wiesbaden/Rheingau/Taunus	45363
				Schwalm-Eder	20171
				Vogelsberg	9028
				Werra-Meißner	15806
				Wetterau	20709

*zwischen 1975 und 1977 wurden die DGB-Kreise neu geordnet.

Literatur

DGB-Landesbezirk Hessen, Geschäftsberichte: 1952/53; 1954/55; 1956/58; 1959/62; 1963/65; 1966/68; 1968/71; 1972/74; 1975/77; 1977/81; 1981/85.

DGB-Landesbezirk Hessen; Protokolle der Landesbezirkskonferenzen: Marburg 1950; Rüdesheim 1953; Hersfeld 1955; Heppenheim 1957; Hanau 1960; Kassel 1963; Frankfurt 1964; (a.o. LBZK); Eltville 1966; Frankfurt 1967 (a.a. LBZK); Gießen 1969; Frankfurt 1972; Butzbach 1975; Frankfurt 1976 (a.o. LBZK); Weilburg 1978; Marburg 1982.

W. Abendroth, Die deutschen Gewerkschaften. Weg demokratischer Integration, Heidelberg 1954.

G. Beier, Willi Richter. Ein Leben für die soziale Neuordnung, Köln 1978.

G. Beier, Arbeiterbewegung in Hessen. Zur Geschichte der hessischen Arbeiterbewegung durch einhundertfünfzig Jahre (1834–1984), Frankfurt/M. 1984.

A. Bettien, Arbeitskampf im Kalten Krieg. Hessische Metallarbeiter gegen Lohndiktat und Restauration, Marburg 1983.

F. Deppe u.a. (Hrsg.), Geschichte der deutschen Gewerkschaftsbewegung, Köln 1981 (3. Aufl.).

F. Deppe, Ende oder Zukunft der Arbeiterbewegung? Gewerkschaftspolitik nach der Wende. Eine kritische Bestandsaufnahme, Köln 1985 (2. Aufl.).

F. Deppe / G. Fülberth, Lokales Milieu und große Politik zur Zeit des „Kalten Krieges" (1945–1960) – am Beispiel ausgewählter hessischer Arbeiterwohngemeinden, in: P. Assion (Hg.), Transformationen der Arbeiterkultur, Marburg 1986, S. 198ff.

Hessen heute. Eine Dokumentation der Hessischen Landesregierung, Wiesbaden 1984.

Industriegewerkschaft Metall, Vorstand (Hrsg.), Kampf um soziale Gerechtigkeit, Mitbestimmung, Demokratie und Frieden. Die Geschichte der IGM seit 1945, Köln 1986.

A. Jacobi-Bettien, Metallgewerkschaft Hessen 1945 bis 1948. Zur Herausbildung des Prinzips autonomer Industriegewerkschaften, Marburg 1982.

A. Klönne / H. Reese, Die deutsche Gewerkschaftsbewegung. Von den Anfängen bis zur Gegenwart. Hamburg 1984.

E. Matthias / K. Schönhoven (Hrsg.), Solidarität und Menschenwürde. Etappen der deutschen Gewerkschaftsgeschichte von den Anfängen bis zur Gegenwart, Bonn 1984.

K. Schacht, Wahlentscheidung im Dienstleistungszentrum. Analysen zur Frankfurter Kommunalwahl vom 22. März 1981, Opladen 1986.

K. Schönhoven, Die deutschen Gewerkschaften, Frankfurt/M. 1987.

K.H. Tjaden, Struktur und Funktion der „KPD-Opposition" (KPO), Meisenheim am Glan 1964.

A. Weiß-Hartmann, Der Freie Gewerkschaftsbund Hessen 1945–1949, Marburg 1977.

Otto Ernst Kempen

Hessische Sozialstaatspolitik:
Soziale Verfassung und politische Verfassungswirklichkeit 1946—1986

I. Sozialistische und soziale Verfassung: Die Frage der Sozialisierung.

„Und ich sage Ihnen: Unsere Verfassung wird eine sozialistische sein, oder sie wird nicht sein". Mit diesen Worten leitete der SPD-Abgeordnete Ludwig *Bergstraesser* seine grundlegenden Ausführungen zur Sozialisierung in der 3. Sitzung der Verfassungsberatenden Versammlung Groß-Hessen am 6. August 1946 ein[1]. Als „sozialistisch" bezeichnete er eine Verfassung, die den Mißbrauch wirtschaftlicher Macht durch Vergesellschaftung weiter Wirtschaftsbereiche verhindern soll. Tatsächlich ist jener hochgemute Ausspruch nicht ganz abwegig gewesen. Zumindest für den Fall monopolistischer Entwicklungen waren sich nämlich alle Fraktionen bis hin zur LDP[2] einig über die Notwendigkeit einer Überführung entsprechender Unternehmen im Gemeineigentum. Auch die amerikanische Besatzungsmacht hatte zu diesem Zeitpunkt noch keine prinzipiellen Einwände gegen deutsche Sozialisierungsbestrebungen. Noch am 17. Dezember 1946 stimmte US-Außenminister *Byrnes* den britischen Sozialisierungsplänen an Rhein und Ruhr unter der Voraussetzung zu, daß sie den Wünschen des deutschen Volkes entsprächen und demokratisch realisiert würden[3]. Hinter dieser Auffassung standen vermutlich die deutschen Emigranten, welche als Berater im State Department wirkten und die durch die Weimarer Diskussion über „Wirtschaftsdemokratie" geprägt waren (z.B. Ernst *Fraenkel*)[4].

In seiner eingangs zitierten Debattenrede hatte *Bergstraesser* diese Übereinstimmung fast beschwörend zitiert: „In einem der Ziele sind wir einig, nämlich darin, daß es notwendig ist, Deutschland zu einer demokratischen Gestaltung zu verhelfen"[5]. Die Verfassungsberatende Versammlung war sich nämlich sehr wohl bewußt, für ein besetztes Land zu sprechen und die Besatzungsmacht selbst verfassungsrechtlich keineswegs binden zu können. Selten ist der berühmte Vortrag *Lassalles* „Über Verfassungswesen" samt seinem ominösen Resümee, wonach Verfassungsfragen Machtfragen seien[6], mit größerer Berechtigung zitiert worden als 1946 in der Verfassungsberatenden Landesversammlung von Groß-Hessen[7]. Mit *Lassalle* ging man davon aus, daß eine Verfassung nur dann „gut und dauerhaft" sei, „wenn sie den im Lande bestehenden Machtverhältnissen entspricht"[8].

Damit aber war ein Grundakkord angeschlagen, dem nachzulauschen sich später kaum noch jemand bemüht hat. Für sehr viele Abgeordnete der Verfassungsberatenden Versammlung dürfte das Bekenntnis zur Sozialisierung damals mehr durch Anpassung an den wirklichen oder vermeintlichen Willen der Amerikaner begründet gewesen sein als durch eigene tiefste Überzeugung. Natürlich unterschied sich das Ausmaß dieser eher taktischen Einstellung von Partei zu Partei und auch innerhalb der Parteien. Jedenfalls hatte der Hauptkriegsverbrecherprozeß schon im November 1945 in Nürnberg begonnen, und die Verhandlungen gegen die ehemaligen „Wirtschaftsführer" standen noch bevor. Viele von ihnen waren indessen bereits verhaftet. Parallel dazu wurde die Entnazifizierung aller wichtigen, von der Besatzungsmacht beschlagnahmten Privatunternehmen vor allem in der amerikanischen Zone besonders rigoros betrieben[9]. Da es sich hierbei um Eigentümer und um eigentumsrechtlich eingesetzte Manager handelte und die Unternehmen bereits unter amerikanischer Treuhandverwaltung standen, stellte sich für Amerikaner wie für Deutsche fast zwangsläufig die Frage nach einer alternativen Wirtschaftsordnung.

Vor dem damaligen historischen und theoretischen Erfahrungshorizont konnte die Antwort nur Sozialisierung lauten. Diese Antwort entsprach bei KPD und SPD den Parteitraditionen, sie war aber auch bei CDU und LDP mehr als nur ein „Lippenbekenntnis"[10]. Für alle Parteien erscheint sie nämlich zumindest auch – wenn nicht sogar vorwiegend – taktisch motiviert. Eine Sozialisierung der Schlüsselindustrien hätte nämlich die sofortige Rücküberführung der betroffenen Unternehmen in deutsche Hände bedeutet und die Großindustrie dem Zugriff der Besatzungsmacht zunächst einmal entzogen[11]. Tatsächlich ging es den Abgeordneten bei der Verfassungsberatung vor allem um „eine neue Möglichkeit, Kompetenzen zu klären" und eigene deutsche Entscheidungszuständigkeiten zu erhalten, in welche die Amerikaner nur noch nachträglich korrigierend eingreifen konnten[12]. Hier liegt übrigens ein wichtiges Motiv dafür, in Art. 41 Hessische Verfassung (HV) eine quasi automatische Sofortsozialisierung durch die Verfassung selbst festzulegen. Umgekehrt erklärt der „self-executing"-Charakter der Sozialisierungsnorm zum Teil den Widerstand der amerikanischen Militärverwaltung des Generals *Clay* hiergegen, was später auch mit den schlechteren Export-Kreditchancen sozialisierter Unternehmen in die USA[13] und prinzipiellen ideologischen Vorbehalten begründet worden ist[14]. Nachdem jedoch SPD und CDU auf dem Sozialisierungsartikel bestanden[15], hat der Hochkommissar dann bekanntlich nur noch die getrennte Volksabstimmung über jene Vorschrift verlangt.

Die Bevölkerung selbst stand den Verfassungsdebatten und derart strategischem Kalkül angesichts allgemeiner Existenznot „im wesentlichen teilnahmslos" gegenüber[16]. Wegen dieser verbreiteten politischen Apathie, besonders in der Jugend, hatte man bei der KPD sogar Zweifel, ob es nicht besser sei, ein „reines Organisationsstatut" ohne Grundrechte zu verabschieden statt eine Verfassung anzunehmen, die letztlich dann doch nur unter alliiertem Vorbehalt stünde[17]. Auch die Tatsache, daß sich am Volksentscheid über die Annahme der Verfassung vom 1. Dezember 1946 73,2% der Stimmberechtigten beteiligten und davon 76,8% mit „Ja" stimmten, muß wohl mehr dem allgemeinen Umerziehungsklima als jäh erwachtem Verfassungsbewußtsein zugeschrieben werden. Noch weniger wäre es zulässig, aus der 72%-igen Zustimmung zum Sozialisierungsartikel auf eine allgemeine sozialistische Grundstimmung des Volkes zu schließen. Vielmehr bestand angesichts der Alternative einer beschlagnahmten Industrie kein Anlaß, den selbstgewählten deutschen Repräsentanten gegenüber der amerikanischen Besatzungsmacht demonstrativ in den Rücken zu fallen.

Das alles berührt die normative Geltung des Art. 41 HV, wie sie später vom Hessischen Staatsgerichtshof bestätigt worden ist[18], keineswegs. Sie erklärt aber den matten Widerstand der Landesregierung gegen die erneute Beschlagnahme, Entflechtung und anschließende Privatisierung des Kohlebergbaus und der Eisenindustrie durch die Besatzungsmacht im Jahre 1948. Die spätere Schrumpfung der verstaatlichten Restunternehmen zu „Klein- und Mittelbetrieben" i.S.d. Art. 43 HV ermöglichte schließlich auch deren Reprivatisierung aufgrund des „Abschlußgesetzes" vom 19. Juni 1967[19].

Schon nach Art. 74 Nr. 11 GG war die konkurrierende Gesetzgebung für das „Recht der Wirtschaft" freilich seit 1949 auf den Bund übergegangen, so daß eine weitere Vergesellschaftung der hessischen Wirtschaft nur auf Bundesebene durchsetzbar gewesen wäre.

Die sozialistisch geprägte Regelung der Wirtschaftsordnung ist aufgrund der seitherigen Wahlentscheidungen bis auf weiteres obsolet geworden. Im vorliegenden Zusammenhang sollte aber nur gezeigt werden, daß der Wortlaut des Sozialisierungsbefehls der Verfassung eine wirtschaftspolitische Grundentscheidung vorspiegelt, wie sie als Alternative zu allen anderen denkbaren Wirtschaftsformen in dieser Entschiedenheit kaum gemeint und diskutiert war. Ihr verborgener Sinn lag eben nicht so sehr in der vorbehaltlosen Einführung des Sozialismus als in dem Bestreben, die Wirtschaft mittels des Zauberwortes „Demokratisierung" wieder in deutsche Hände zu bekommen.

Primär dies erklärt auch das strikte Festhalten an der Sofortsozialisierung durch die Verfassung selbst anstatt durch spätere verfassungsgebundene Gesetzgebung. Immerhin wurden die beschlagnahmten Betriebe dann ja auch erwartungsgemäß wieder unter deutsche Verwaltung gestellt, ein Erfolg, den auch die Reprivatisierungsmaßnahmen nicht mehr berührten. Folglich sollte man politikwissenschaftlich in diesem Zusammenhang nicht von „verhinderter Neuordnung"[20] oder „erzwungenem Kapitalismus"[21] sprechen und hierfür vor allem die Besatzungspolitik verantwortlich machen (obwohl dies aus der politischen Stimmung 25 Jahre später verlockend gewesen sein mochte).

Bedenkt man, daß es der Verfassungsberatenden Versammlung unter Zugrundelegung des in Art. 39 Abs. 1 und 2 HV textlich komprimierten kleinsten gemeinsamen Nenners um die Verhinderung des politischen Mißbrauchs wirtschaftlicher Macht und deren Rückführung in deutsche Verantwortung ging, so entspricht die spätere Entflechtung und anschließende Reprivatisierungspolitik als Verfassungswirklichkeit wesentlich mehr dem eigentlichen Normzweck, als dies der Wortlaut der speziellen Sozialisierungsartikel nahezuliegen scheint.

Weitaus weniger situationsbezogen-taktisch als vielmehr durchaus zukunftsbindend-prinzipiell gemeint sind dagegen die sozialen Grundrechte und Festlegungen, die sich neben den Sozialisierungsvorschriften ebenfalls im III. Abschnitt der Verfassung finden. Diese durch die Artikel 27 bis 38 HV kodifizierten sozialen Rechte und Pflichten setzen nämlich keine vorherige Grundentscheidung für oder gegen den Sozialismus voraus, sondern verpflichten die Staatsgewalt ganz allgemein auf den Schutz der Würde und der Persönlichkeit des Menschen gegenüber ökonomischen Zwängen – gleichgültig, ob diese von einem sozialisierten oder marktorientierten Wirtschaftssystem herrühren. Es geht dabei um Verpflichtungen, die das *Bundesverfassungsgericht* als Kernbestandteile des grundgesetzlichen Sozialstaatsprinzips angesehen hat, nämlich darum,

> „... der Würde und Freiheit des Menschen die Aufgabe (zu entnehmen), auch im Verhältnis der Bürger untereinander für Gerechtigkeit und Menschlichkeit zu sorgen. Dazu gehört, daß eine Ausnutzung des einen durch den anderen verhindert wird. Allerdings lehnt die freiheitliche Demokratie es ab, den wirtschaftlichen Tatbestand der Lohnarbeit im Dienste privater Unternehmer als solchen allgemein als Ausbeutung zu kennzeichnen. Sie sieht es aber als ihre Aufgabe an, *wirkliche* Ausbeutung, nämlich Ausbeutung der Arbeitskraft zu unwürdigen Bedingungen und unzureichendem Lohn zu unterbinden. Vorzüglich darum ist das Sozialstaatsprinzip zum Verfassungsgrundsatz erhoben worden; es soll schädliche Auswirkungen schrankenloser Freiheit verhindern und die Gleichheit fortschreitend bis zu dem vernünftigerweise zu fordernden Maße verwirklichen"[22].

Während das Grundgesetz diese sozialen Gestaltungsaufgaben in Art. 20 Abs. 1 als ein verbindliches allgemeines Sozialstaatsprinzip formuliert, aus dem allerdings nur unter bestimmten Voraussetzungen subjektive Rechte für den einzelnen erwachsen, hat die Hessische Verfassung die Sozialstaatlichkeit viel konkreter in einem Bündel von subjektiven sozialen Grundrechten gegenüber dem Staat formuliert.

Das beginnt bei präzisen Ansprüchen aus dem individuellen Arbeitsrecht wie dem Grundrecht auf angemessene Arbeitsbedingungen, auf einen 8-Stunden-Tag, Urlaub, Feiertage, Arbeitsentgelt und Sozialversicherung (Art. 30–35 HV) und steigert sich zu den klassischen, dann aber auch ganz neuen kollektiven Freiheiten der Arbeit wie Berufs- und Koalitionsfreiheit, Streikrecht und Aussperrungsverbot, vor allem aber dem gleichberechtigten Mitbestimmungsrecht aller Arbeitnehmer und Beamten mittels gemeinsamer Vertretungen (Art. 29, 36–38 HV). Gemeinsames grundrechtliches Fundament dieser sozialstaatlichen Rechte sind Menschenwürde und persönliche Freiheit, die den Arbeitnehmerfamilien auch „kulturelle Ansprüche" sichern (Art. 27, 30 Abs. 1 HV).

II. Verfassung und Verfassungswirklichkeit: Die Verbindlichkeit der sozialstaatlichen Verfassung für Parlament und Regierung

Nun ist vieles hiervon nicht neu und fast alles fand sich bereits in der Weimarer Verfassung, deren Ähnlichkeit mit dem Hessischen Verfassungswerk von 1946 schon oft betont wurde. Freilich ist diese Ähnlichkeit im Bereich der Arbeitsverfassung doch eher oberflächlich. Die Mitglieder der verfassungsberatenden Landesversammlung, die vielfach schon vor 1933 politisch aktiv gewesen waren, zogen aus ihren Weimarer Erfahrungen nämlich eine im deutschen Verfassungsrecht völlig neue und wegweisende Konsequenz. Sie verpflichteten das Parlament auf die Grundrechte als unmittelbar geltendes Recht, welche folglich ein auch für die Gesetzgebung unveränderbares inhaltliches Handlungsprinzip bilden (Art. 63, 26 HV). Erst die Erkenntnis, daß Sozialstaatlichkeit nach der Hessischen Verfassung grundsätzlich den Landtag und die Landesregierung bindet, d.h. gesetzesfest ist, macht es politisch sinnvoll, danach zu fragen, ob sich die hessische Sozialstaatspolitik an die landesverfassungsrechtlichen Vorgaben gehalten hat. Oder, allgemeiner gewendet: Nur wo eine Grundrechtsbindung des Gesetzgebers besteht, ist es in parlamentarischen Systemen politikwissenschaftlich sinnvoll, Verfassung und Verfassungswirklichkeit zu vergleichen.

Im deutschen Konstitutionalismus des 19. Jh. wäre eine derartige Grundrechtsbindung der Abgeordneten politisch noch vollkommen widersinnig erschienen, denn die Grundfreiheiten begrenzten damals die monarchische Gewalt und bestimmten damit exakt den Freiheitsraum des Bürgertums gegenüber dem Staat. Parlamente verteidigten aufgrund des Zensuswahlrechts diese homogenen bürgerlichen Interessen und waren damit ganz selbstverständlich die Hüter der Grundrechte. Diese Frontstellung zwischen grundrechtsschützendem Parlament und Exekutive änderte sich erst, als die Weimarer Reichsverfassung (WRV) eine parlamentarische Demokratie konstituierte und Regierung samt Verwaltung dem parlamentarischen Gesetz unterwarf. Aufgrund des allgemeinen Wahlrechts mußten sich nunmehr neue gesellschaftliche Fronten innerhalb des Parlaments selbst auftun, weil dieses jetzt gegensätzliche soziale Interessen und Schichten repräsentierte. Die parlamentarische Mehrheit lenkte dann über entsprechende Gesetzesbeschlüsse die Exekutive. Eingriffe in persönliche Freiheiten würden nicht länger gegen eine unabhängige Verwaltung, sondern gegen die sie steuernden Parlamentsmehrheiten zu verteidigen sein.

Anstatt nun aber diesen Mehrheits-Gesetzgeber als eigentlichen Inhaber der staatlichen Entscheidungsmacht an die Grundrechte zu binden, begnügte sich die Arbeiterbewegung 1919 in der vergeblichen Hoffnung auf eigene dauerhafte Wahlsiege damit, dem Parlament für die Zukunft grundrechtliche Sozialprogramme z.B. für Arbeitsrecht, Versicherungs- und Rätesystem (Art. 157, 161, 165 WRV) vorzugeben. Demgegenüber versuchten konservative Kräfte durch Überhöhung liberaler Grundrechte zu Institutsgarantien (z.B. Eigentum) in einem traditionellen Verfassungswertsystem ihre Positionen gegenüber einem reformwilligen Gesetzgeber zu befestigen.

Aus der anschließenden Weimarer Entwicklung, die keine „linken" Mehrheiten brachte und deshalb das soziale Grundrechtsprogramm überwiegend zu Makulatur werden ließ, hat die verfassungsberatende Landesversammlung 1946 neue grundrechtliche Konsequenzen gezogen. Sie erklärte in Art. 63 Abs. 1 HV jedes Grundrecht, d.h. selbst dasjenige, welches gesetzlichen Einschränkungen (Gesetzesvorbehalt) unterliegt, „als solches" für unantastbar. Noch deutlicher formuliert Art. 26 HV: „Diese Grundrechte sind unabänderlich; sie binden den Gesetzgeber, den Richter und die Verwaltung unmittelbar". Da hierunter auch Menschenwürde (Art. 3 HV) und freie Persönlichkeitsentfaltung (Art. 2 HV) zählen, und da auf diesen Grundrechten wiederum nach Art. 27 HV die „Sozial- und Wirtschaftsordnung beruht", ist die hessische Sozialstaatspolitik von Landtag und Landesregierung nun ebenfalls direkt grundrechtsgebunden.

Diese Grundrechtsbindung (die das Grundgesetz übrigens in Art. 1 Abs. 3 allgemein bestätigt hat, ohne daß dort indessen alle sozialen Gewährleistungen der hessischen Verfassung wieder aufgenommen worden wären) fordert eine Überprüfung der hessischen Sozialstaatspolitik am Maßstab der sozialstaatlichen Grundrechte geradezu heraus.

III. Die Verfassungsveränderungen

Der Vergleich von Verfassungsnormen und Verfassungswirklichkeit setzt zunächst eine Überprüfung aller seitherigen Veränderungen im Normbestand voraus. Bislang gab es nur zwei Verfassungsänderungen, die beide das Wahlrecht betrafen und deshalb im vorliegenden Zusammenhang nicht interessieren[23]. Wichtig sind dagegen die im Verfassungstext unsichtbar gebliebenen Veränderungen durch das Grundgesetz.

Nach Art. 31 GG bricht Bundesrecht Landesrecht, und zwar auch dann, wenn es sich bei dem Bundesrecht um einfache Gesetze, beim Landesrecht dagegen um Verfassungsnormen handeln sollte. Daneben bestimmt jedoch Art. 142 GG folgendes:

> „Ungeachtet der Vorschrift des Artikels 31 bleiben Bestimmungen der Landesverfassungen auch insoweit in Kraft, als sie in Übereinstimmung mit den Artikeln 1–18 dieses Grundgesetzes Grundrechte gewährleisten".

Nach allgemeiner Auffassung handelt es sich dabei um eine Spezialvorschrift, die den Art. 31 GG insoweit verdrängt, als landesverfassungsrechtliche *Grundrechte* betroffen wären[24]. Nachdem wir oben festgestellt haben, daß die sozialstaatlichen Regelungen im III. Abschnitt der Hessischen Verfassung insgesamt als Grundrechte normiert sind (vgl. Art. 27 HV), ist zu prüfen, ob sie mit den Grundgesetzartikeln 1–18 „in Übereinstimmung" stehen. Zwar wären sie vom grundgesetzlichen Sozialstaatsprinzip des Art. 20 Abs. 1 gedeckt, doch reicht das noch nicht aus, weil sie jedenfalls überwiegend über den Grundrechtskatalog des Grundgesetzes hinausgehen. Nun kann mit „Übereinstimmung" in Art. 142 GG jedoch nicht Identität der Gewährleistungen gemeint sein, denn andernfalls wäre diese Vorschrift weitgehend überflüssig[25]. „Übereinstimmung" liegt vielmehr auch dann vor, wenn die Landesverfassung ohne inhaltlichen Widerspruch zum Grundgesetz ein „mehr" an Grundrechten enthält, als die Bundesverfassung[26]. Ein solcher „überschießender" Inhalt der Landesverfassung kann entweder vorliegen, wenn sie ein bestimmtes Grundrecht umfassender und daher weitergehend normiert oder wenn sie ein Recht garantiert, welches das Grundgesetz überhaupt nicht kennt. So ist etwa die in Art. 9 Abs. 3 GG enthaltene Streikfreiheit[27] wegen des hessischen Aussperrungsverbots nach Art. 29 Abs. 5 HV hier umfassender garantiert als im Bund, während das Grundgesetz beispielsweise kein Grundrecht auf Urlaub kennt, wie es Art. 34 HV ausdrücklich vorsieht.

Verallgemeinernd läßt sich deshalb feststellen, daß die sozialen und wirtschaftlichen Rechte und Pflichten der Hessischen Verfassung zunächst auch nach Inkrafttreten des Grundgesetzes aufgrund des Art. 142 GG weitergegolten haben, obwohl sie vielfach über die im sozialen Bereich eher kärglichen Gewährleistungen des Bundesverfassungsrechts hinausgehen.

Das Problem ist indessen, daß in dem überschießenden Bereich der Landesgrundrechte wiederum der Bundesgesetzgeber aufgrund des grundgesetzlichen Kompetenzkatalogs zuständig sein kann. So erstreckt sich die konkurrierende Gesetzgebung des Bundes beispielsweise auf das Recht der Wirtschaft (Bergbau, Industrie, Energiewirtschaft, Handwerk, Gewerbe, Handel, Bank- und Börsenwesen, privatrechtliches Versicherungswesen), auf das Arbeitsrecht einschließlich der Betriebsverfassung, des Arbeitsschutzes und Arbeitsvermittlung sowie auf die Sozialversicherung einschließlich der Arbeitslosenversicherung; ferner auf die Überführung von Grund und Boden, von Naturschätzen und Produktionsmitteln in Gemeineigentum oder in andere Formen der Gemeinwirtschaft sowie auf die Verhütung des Mißbrauchs wirtschaftlicher Machtstellung (Art. 74 Nr. 11, 12, 15, 16 GG). Diese Kompetenzen decken damit praktisch fast die gesamten wirtschaftlichen Rechte und Pflichten nach der Hessischen Verfassung ab. Sofern der Bundesgesetzgeber dann jedoch auf solchen Gebieten regelnd tätig wird, bricht dieses zulässige Bundesrecht nach Art. 31 GG nunmehr die bis dahin bestehend gebliebenen Landesgrundrechte: „Gehen sie über die Bundesgrundrechte hinaus, so können sie einer sonst zulässigen bundesrechtlichen Regelung nicht entgegenstehen (Art. 31 GG)"[28]. Bekanntlich hat der Bund seine arbeitsrechtliche Kompetenz vom Tarifvertrags- und Betriebsverfassungsgesetz über das Bundesurlaubsgesetz, das Mutterschutzgesetz sowie den Jugendarbeits- und Kündigungsschutz ebenso voll ausgeschöpft wie im Bereich der Sozialversicherung, wo dem Landesgesetzgeber nur noch Ausführungsregeln und die Einrichtung entsprechender Verwaltungsbehörden verblieben sind.

Von den konkreten sozialen Grundrechten der Hessischen Verfassung sind nach 40 Jahren heute damit praktisch nur noch das Aussperrungsverbot des Art. 29 Abs. 5 HV und das Recht auf Personalvertretung geblieben, wobei die Mitbestimmung im öffentlichen Dienst an die Rahmenkompetenz des Bundes nach Art. 75 Nr. 1 GG (Rechtsverhältnisse der im öffentlichen Dienst der Länder, Gemeinden und anderen Körperschaften des öffentlichen Rechts stehenden Personen) gebunden worden ist (vgl. §§ 95–106 BPersVG).

IV. Die Praxis hessischer Sozialstaatspolitik

1. Allgemeines

Prüft man nun die Ergebnisse der Sozialstaatspolitik des Bundes an der Hessischen Verfassung, so ergibt sich eine ernüchternde bis niederschmetternde Bilanz. In wenigen Punkten ist der Bundesgesetzgeber über hessisches Recht hinausgegangen, wie z.B. beim Urlaubsrecht, wo Art. 34 HV zwölf Tage vorsieht, § 3 Abs. 1 BUrlG aber 18 Tage gewährt. Mehrfach sind hessische Grundrechte erfüllt worden, wie etwa Art. 30 HV durch das Mutterschutz- und das Jugendarbeitsschutzgesetz. Häufig blieb der Bundesgesetzgeber indessen hinter hessischen Grundrechtsgewährleistungen zurück. Das betrifft etwa die umfassende Volksversicherung nach Art. 35 HV; die nicht realisierten gemeinsamen Betriebsvertretungen der Angestellten, Arbeiter und Beamten sowie deren gleichberechtigte Mitwirkung in sozialen, personellen und vor allem wirtschaftlichen Fragen des jeweiligen Betriebes (Art. 37 HV). Last not least hat das Bundesarbeitsgericht das Aussperrungsverbot des Art. 29 Abs. 5 HV für unvereinbar mit den tragenden Grundsätzen des Tarifrechts erklärt[29].

Nach alledem erscheint der Spielraum für eine eigene hessische Sozialstaatspolitik äußerst gering. Dieser Befund provoziert die Frage danach, ob das Land

Hessen diese Erosion seiner sozialstaatlichen Verfassung hätte verhindern oder beeinflussen müssen und können.

Daß eine verfassungsrechtliche Verpflichtung bestand, die hessischen Grundrechte mit allen legalen Mitteln gegen eine bundesrechtliche Beseitigung zu verteidigen, ergibt sich aus der geschilderten Grundrechtsbindung hessischer Staatsgewalt. Andererseits bestehen angesichts der bundesstaatlichen Kompetenzordnung wenig Abwehrmöglichkeiten gegenüber bundesgesetzlichen Regelungen, sofern sich nicht auch im Bundesrat eine Mehrheit für hessische Rechtspositionen finden läßt. Gerade deshalb wäre es aber durchaus sinnvoll, das Verhalten der Landesregierung im Bundesrat unter dem Aspekt ihrer eigenen arbeits- und wirtschaftsverfassungsrechtlichen Verpflichtungen zu untersuchen. Dies kann im vorliegenden Zusammenhang nicht umfassend geleistet werden, doch mag ein Beispiel die Problematik illustrieren.

2. Das Aussperrungsverbot des Art. 29 Abs. 5 HV

Bekanntlich ist die Fortgeltung des Aussperrungsverbots nach Art. 29 Abs. 5 HV heftig umstritten. Es könnte nach Art. 31 GG nur dann aufgehoben sein, wenn eine bundesgesetzliche Norm die Aussperrung erlaubt. Vielfach wird eine solche Norm in Teil II Art. 6 Nr. 4 der Europäischen Sozialcharta gesehen. Hiernach anerkennen die Unterzeichnerstaaten, zu denen die Bundesrepublik Deutschland gehört, das Recht der Arbeitnehmer und Arbeitgeber auf „kollektive Maßnahmen einschließlich des Streiks im Falle von Interessenkonflikten". Aussperrungen sind aber nach Auffassung des Sachverständigenausschusses, der über die Einhaltung der Charta zu wachen hat, das wesentliche und klassische Kampfmittel der Arbeitgeberseite und folglich mit garantiert[30]. Sollte die Charta nun unmittelbar innerstaatlich geltendes Recht sein, so wäre Art. 29 Abs. 5 HV durch das Übernahmegesetz der Bundesrepublik vom 19. Sept. 1964[31] bundesstaatlich aufgehoben worden. Die Bundesregierung ging indessen davon aus, daß die Sozialcharta lediglich eine Aufforderung an die Unterzeichnerstaaten enthält, entsprechende innerstaatliche Gesetze zu erlassen[32]. Auch hiergegen hat sich heftiger Widerstand erhoben, der übrigens quer durch die politischen Lager verläuft, wobei das Bundesarbeitsgericht die Frage bislang offen gelassen hat[33]. Indessen war die hessische Landesregierung aufgrund eines von ihr angeregten völkerrechtlichen Gutachtens[34] davon ausgegangen, daß die Charta keinen self-executing-Charakter habe. Infolgedessen haben Bund und Land übereinstimmend unterstellt, daß der Vertrag die besonderen Verhältnisse in Hessen nicht berührt. Deshalb ist auch die andernfalls in Art. 32 Abs. 2 GG vorgeschriebene Anhörung der Landesregierung zur Europäischen Sozialcharta unterblieben. Sollten sich die beiden Regierungen übrigens insofern geirrt haben, als irgendwann einmal die unmittelbare Geltung der Charta dennoch gerichtlich festgestellt wird, so könnte die dann zu Unrecht unterlassene Anhörung die Wirksamkeit der Sozialcharta völkerrechtlich nicht mehr berühren[35]. Da Hessen sich bei der Abstimmung im Bundesrat zusätzlich der Stimme enthalten hatte, unterblieb dann auch eine Bundesrats-Debatte zum Problem des hessischen Aussperrungsverbots.

Tatsächlich war es – von marginalen Ausnahmen abgesehen – bis 1978 in Hessen nie zu Aussperrungen gekommen, weil die Landesregierung immer wieder deutlich gemacht hatte, daß sie einen Verstoß gegen Art. 29 Abs. 5 HV nicht hinnehmen werde. Erst im Zuge der Arbeitskämpfe des Jahres 1978 sperrten die Arbeitgeber der hessischen Druckindustrie erstmals landesweit aus. Auf die von der Industriegewerkschaft Druck und Papier später hiergegen erhobene Klage wurde diese Aussperrung vom Landesarbeitsgericht Frankfurt/M. wegen des hessischen Aussperrungsverbots für rechtswidrig erklärt[36]. Das Bundesarbeitsgericht hat jenes Urteil 1980 zwar im Ergebnis bestätigt, die Rechtswidrigkeit jener Aussperrung aber auf gänzlich andere Gründe gestützt und klar erklärt, daß das Aussperrungsverbot des Art. 29 Abs. 5 HV schon seit 1949 mit den tragenden Grundsätzen des bundesstaatlichen Tarifvertragsgesetzes unvereinbar sei und deshalb seither wegen Art. 31 GG keine Geltung mehr habe[37].

Nur am Rande sei bemerkt, daß diese Begründung juristisch so wenig überzeugt, daß das Arbeitsgericht Frankfurt/M. 1985 in einer sorgfältigen Entscheidung dennoch wieder von der Fortgeltung des Art. 29 Abs. 5 HV ausgehen konnte[38]. Dieses Verfahren ist zur Zeit beim Bundesarbeitsgericht anhängig und wird nach Aussagen der Klagen der Industriegewerkschaft Metall wohl erst vor dem Bundesverfassungsgericht endgültig entschieden werden. Damit aber fragt es sich, warum nicht die Landesregierung schon 1980 eine Organklage beim Bundesverfassungsgericht erhoben hat, als das Bundesarbeitsgericht den Aussperrungsverbotsartikel letztinstanzlich ohne zureichende Begründung[39] für ungültig erklärte. Verglichen mit den Aktivitäten des Landes bei der Verabschiedung der Europäischen Sozialcharta 1964 wird hier ein bedenklicher Verfall hessischer Sozialstaatspolitik und hessischer Konsequenz sichtbar.

3. Hessische Sozialstaatspolitik und die „Wahrung der Einheitlichkeit der Lebensverhältnisse" (Art. 72 Abs. 2 Nr. 3 GG) im Bundesgebiet

Ebenfalls nicht durchweg verfassungskonsequent erscheint die hessische Sozialstaatspolitik auch gegenüber dem Bundesgesetzgeber. Der Bund darf seine konkurrierende Gesetzgebung nämlich nicht etwa beliebig wahrnehmen, sondern primär nur dann, wenn die Wahrung der Rechts- oder Wirtschaftseinheit, insbesondere die Wahrung der Einheitlichkeit der Lebensverhältnisse, über das Gebiet eines Landes hinaus sie erfordert (Art. 72 Abs. 2 Nr. 3 GG). Diese Formel ist nun allerdings von einer blankettartigen Weite, daß sich selbst das politisch sonst nicht zaghafte Bundesverfassungsgericht bei der Überprüfung bundesgesetzlicher Regelungen im Bereich der konkurrierenden Gesetzgebung auf die Untersuchung beschränkt, „ob der Bundesgesetzgeber die in Art. 72 Abs. 2 Nr. 3 GG verwendeten Begriffe im Prinzip zutreffend ausgelegt und sich in dem dadurch vorgezeichneten Rahmen gehalten hat"[40].

Gerade weil der Bund hier ein so erhebliches politisches Ermessen besitzt und er sich bei seinen Entscheidungen um so weniger auf verfassungsrechtliche Zwänge berufen kann, ist er in der Wahrnehmung konkurrierender Gesetzgebungskompetenzen viel stärker auf den Konsens der Länder angewiesen, als der Verfassungstext dies ahnen läßt. Ein solcher Konsens wird relativ leicht zu erzielen sein, wenn die zu regelnden Bereiche auch in den Ländern noch nicht normiert worden sind. Liegen dagegen bereits unterschiedliche Landesgesetze und Traditionen vor, so fällt die bundesrechtliche Beseitigung dieser föderalistischen Verschiedenheiten politisch schwerer, weil sie mit einer Störung regionaler Identitäten verbunden sein kann. Sobald deshalb „vollendete Tatsachen" auf Landesebene kraft eigener verfassungsrechtlicher Legitimation geschaffen worden sind, wirken diese meist nicht als Anlaß *für*, sondern als Bollwerk *gegen* bundesrechtliche Maßnahmen. Auf dem Felde der hessischen Sozialstaatspolitik sind solche Zusammenhänge lange verkannt worden.

So hatte die amerikanische Militärregierung seinerzeit den § 30 des Hessischen Betriebsrätegesetzes vom 31. Mai 1948[41] bis zum Inkrafttreten des Grundgesetzes suspendiert. Dort war gem. Art. 37 Abs. 2 HV nämlich bestimmt, daß der Betriebsrat im Benehmen mit den Gewerkschaften gleichberechtigt mit dem Arbeitgeber in sozialen, personellen und wirtschaftlichen Fragen mitzubestimmen hat. Diese Regelung ist auch nach dem 23. Mai 1949, d.h. unter Geltung des Grundgesetzes, nicht weiter ausgeführt worden, was die Durchsetzung des (Bundes-) Betriebsverfassungsgesetzes 1952 mit seiner Reduzierung der betrieblichen Mitbestimmung auf soziale Fragen wesentlich erleichtert haben dürfte.

Ebenfalls auf Art. 37 Abs. 2 HV hätte man beispielsweise die Übertragung des Mitbestimmungsmodells aus der Montanmitbestimmung auf andere Schlüsselindustrien (z.B. Großchemie) stützen können. Ein solches hessisches Mitbestimmungsgesetz hätte es für den Bund außerordentlich erschwert, das Mitbestimmungsprinzip bis ins Jahr 1976 auf den Montanbereich zu beschränken. Anscheinend war den hessischen Politikern der Blick auf wirklich zukunftsweisende Möglichkeiten einer verfassungskonformen Sozialstaatspolitik damals durch die fruchtlosen Auseinandersetzungen um die Sozialisierungsmaßnahmen verstellt. Sie hatten übersehen, daß die Vergesellschaftung gegenüber einer bundesrechtlichen Entscheidung für die „soziale Marktwirtschaft" auch kompetenzrechtlich keine Chance mehr hatte (Art. 74 Nr. 11 GG). Übersehen blieb auch, daß unter solchen Umständen die in der britischen Zone seit 1947 praktizierte paritätische Montanmitbestimmung[42] eine landesverfassungskonforme Alternative hierzu bot, durch welche sich das Mitbestimmungsgrundrecht des Art. 37 HV angemessen realisieren ließ. Freilich war dies wohl auch bei den Gewerkschaften nicht rechtzeitig erkannt worden, weil man die Mitbestimmung dort vielfach nicht als eigenständiges Zukunftsmodell, sondern nur als schalen Sozialisierungsersatz auffaßte. Solche und andere Fälle landespolitischen Kleinmuts haben schließlich zu einer wirtschaftspolitischen Dominanz des Bundes geführt, die das föderalistische Prinzip der Vielfalt und der vertikalen demokratischen Kontrolle bis heute erheblich geschwächt haben[43].

4. Sozialstaatliche Bildungspolitik

Etwa ab 1970 versuchte die hessische Politik auf einem ganz neuen, anderen Wege aus dieser sozialstaatlichen Sackgasse herauszufinden. Die Schul- und Bildungspolitik Ludwig *v. Friedeburgs* sollte jedem eine sozial gerechte, d.h. eine von den unterschiedlichen wirtschaftlichen Verhältnissen der Eltern unabhängige, Bildungschance ermöglichen und damit zur Verwirklichung des Sozialstaatsprinzips beitragen[44]. Gleichzeitig ging man davon aus, daß eine Demokratisierung der Wirtschaft den bildungsmäßigen Zugang für alle Schichten zu den entsprechenden wirtschaftlichen Entscheidungsinstanzen unabdingbar voraussetze[45]. Hierdurch sollte das Verfassungsgebot des Art. 27 HV, die Sozial- und Wirtschaftsordnung auf Menschenwürde und persönliche Freiheit zu basieren, realisiert werden. Vereinfacht gesprochen: Wenn es schon nicht gelinge, dem Arbeiter die Mitbestimmung zu verschaffen, dann sollten wenigstens seine Kinder ins Management aufrücken. Um schichtenspezifische Unterschiede abzubauen, wurde die obligatorische Förderstufe geschaffen, welche die Wahl des Bildungsweges länger offen hält. Das Konzept hat sich bekanntlich trotz mannigfaltiger rechtlicher Schwierigkeiten und Rückschläge[46] weitgehend durchgesetzt und das allgemeine Ausbildungsniveau insgesamt gehoben. Die entsprechend gehobenen Stellen in Wirtschaft und Verwaltung konnten dadurch freilich nicht vermehrt werden, so daß jetzt nur höher qualifizierte Arbeitnehmer in die alten Unternehmensstrukturen einrücken. Bildungspolitik müßte eben doch Hand in Hand mit einer darauf abgestimmten ökonomischen Sozialstaatspolitik gehen. Sie kann letztlich kein Ersatz für jene sein und vice versa.

5. Datenschutz

Ebenfalls etwa seit 1970 war es unübersehbar geworden, daß Menschenwürde und Persönlichkeitsentfaltung nicht länger nur durch wirtschaftliche Entscheidungsmacht im Unternehmen gefährdet sind, sondern mindestens ebenso sehr durch automatisch gesteuerte Informationssysteme und Datenbanken im privaten wie im öffentlichen Sektor. Art. 27 HV enthält insofern durchaus auch wesentliche Aspekte des später vom Bundesverfassungsgericht entwickelten Rechts auf informationelle Selbstbestimmung[47] und forderte deshalb entsprechende gesetzliche Datenschutzmaßnahmen im Rahmen des sozialstaatlichen Verfassungsauftrags. Anders als im Bereich der Mitbestimmung wurden hier die Zeichen der Zeit rechtzeitig erkannt[48] und 1970 das erste Datenschutzgesetz in Deutschland vom Hessischen Landtag beschlossen[49]. Dementsprechend hat der Bundesgesetzgeber dieses Feld nicht besetzen können, sondern er hinkt eher hinter dieser landesspezifischen Sozialstaatsentwicklung hinterher. Auch die Anpassung der frühen hessischen Regelungen, die sich noch überwiegend auf Kontrollrechte für den Datenschutzbeauftragten beschränkten, an das spätere Bundesdatenschutzgesetz von 1978, enthielt sogleich schon wieder dessen Fortentwicklung. Auf jenes zweite Hessische Datenschutzgesetz ist in der vergangenen Woche das dritte Datenschutzgesetz gefolgt. Hessen hat damit nicht nur als einziges Bundesland bisher die Konsequenzen aus dem Volkszählungsurteil des Bundesverfassungsgerichts[50] gezogen. Vielmehr ergingen gleichzeitig die ersten bereichsspezifischen, d.h. auf spezielle Verwaltungsbereiche inhaltlich abgestimmten Datenschutzvorschriften. Hier kann man also durchaus von einem gelungenen landespolitischen Sozialstaatsansatz sprechen.

V. Ausblick

So endet diese Skizze der vier Jahrzehnte hessischer Sozialstaatspolitik dann doch einigermaßen positiv. Sie zeigt, daß die Verfassung neuen Herausforderungen nach wie vor gewachsen ist. Ob umgekehrt die hessische Politik den Anforderungen der Verfassung immer gewachsen ist, mag nach dem Gesagten zweifelhaft sein. Zu warnen wäre jedenfalls vor einer kurzatmigen Scheinanpassung des Verfassungstextes an aktuelle Legitimationsanforderungen politischer Aktualitäten. So bedarf es beispielsweise keines eigenen hessischen Grundrechts auf Naturschutz, um die Wirtschaftspolitik des Landes an ökologische Kriterien zu binden, denn eine intakte natürliche Lebenswelt war und ist wesentliche Voraussetzung für jene Menschenwürde und jenen Persönlichkeitsschutz, auf den Art. 27 HV die hessische Sozial- und Wirtschaftsordnung schon ausdrücklich verpflichtet hat.

Vergessen wir abschließend nicht, daß die Überprüfung des Verhältnisses von Verfassung und Verfassungswirklichkeit in Hessen den Richtern des Staatsgerichtshofes anvertraut ist (Art. 130–133 HV). Wenn sie die sozialstaatliche Grundentscheidung für Hessen verkennen, könnte der Staatsgerichtshof die Verfassung – am hierfür vorgeschriebenen Volksentscheid (Art. 123 HV) vorbei – tendenziell schweigend ändern, wie dies zuletzt etwa im Urteil über das Hessische Personalvertretungsgesetz am 30. 4. 1986[51] geschehen ist. Für heute möchte ich als Prognose das Eingangszitat in leichter Abwandlung wiederholen: Unsere Verfassung wird eine sozialstaatliche sein, oder sie wird nicht sein.

Anmerkungen

1 Stenographische Protokolle III, S. 35.
2 Stenographische Protokolle III, S. 45 (Abg. Blaek); insoweit irrig *Stolleis*, „Großhessen" und seine Verfassung, in: H. *Meyer/Stolleis*, Hessisches Staats- und Verwaltungsrecht, 2. Aufl. Frankfurt/M. 1986, S. 17.
3 Vgl. *Thum*, Mitbestimmung in der Montanindustrie, Stuttgart 1982, S. 29; ferner *Hartwich*, Sozialstaatspostulat und gesellschaftlicher status quo, Köln 1970, S. 77 ff.
4 Dazu D. *Winkler*, Die amerikanische Sozialisierungspolitik in Deutschland 1945–1948, in: H.A.*Winkler*: Politische Weichenstellungen im Nachkriegsdeutschland 1945–1953, Göttingen 1979, S. 93 ff.
5 Stenographische Protokolle III, S. 34.
6 *Lassalle*, Über Verfassungswesen (1862), Gesammelte Reden und Schriften, Bd. 2, Berlin 1919, S. 60.
7 Stenographische Protokolle III, S. 33 f.
8 Abg. *Bergstraesser*, Stenographische Protokolle III, S. 33 f.
9 *Benz*, Von der Besatzungsherrschaft zur Bundesrepublik, Frankfurt/M. 1984, S. 15 f.
10 So aber *Vaubel*, Zusammenbruch und Wiederaufbau. Ein Tagebuch aus der Wirtschaft 1945–1949, 2. Aufl. München 1985, S. 96.
11 W.v. *Brünneck*, Die Verfassung des Landes Hessen vom 1. 12. 1946, JböffR NF 3 (1954), S. 213 ff., 225.
12 Abg. *Bergstraesser*, Stenographische Protokolle III, S. 34.

13 *Benz*, a.a.O. (Fn. 9), S. 57f., vgl. hierzu den frühen Hinweis bei *Vaubel*, a.a.O. (Fn. 10), S. 55.
14 *Thum*, a.a.O. (Fn. 3), S. 29.
15 W. *v. Brünneck*, a.a.O. (Fn. 11), S. 236.
16 W. *v. Brünneck*, a.a.O. (Fn. 11), S. 216.
17 Abg. *Bauer*, Stenographische Protokolle III, S. 22.
18 StGH StAnz. 1951, S. 531; 1952, S. 516; dazu W. *v. Brünneck*, a.a.O. (Fn. 11), S. 244f.
19 GVBL. S. 119.
20 Eb. *Schmidt*, Die verhinderte Neuordnung 1945–1952, Frankfurt/M. 1970.
21 U. *Schmidt/Fichter*, Der erzwungene Kapitalismus, Klassenkämpfe in den Westzonen 1945–1948, Berlin 1971.
22 BVerfGE 5, S. 85ff., 206 (KPD).
23 Dazu W. *Schmidt*, Verfassungsrecht, in: *Meyer/Stolleis*, a.a.O. (Fn. 2), S. 20ff., 22f., 38.
24 OLG Schleswig NJW 1973, S. 2121; *Hamann/Lenz*, Grundgesetz, 3. Aufl. Neuwied 1970, Anm. 4 zu Art. 142; *v. Münch*, GGK Bd. 3, 2. Aufl. München 1983, Art. 143 Rn. 2.
25 *v. Münch*, a.a.O. (Fn. 24), Rn. 4; BVerfGE 36, S. 342, 363.
26 HessStGH JZ 1982, S. 463ff., 464 (gymnasiale Oberstufe); *v. Münch*, a.a.O. (Fn. 25).
27 BAG AP Nr. 64 zu Art. 9 GG – Arbeitskampf.
28 BVerfGE 1, S. 264, 281; ebenso *v. Münch*, a.a.O. (Fn. 24), Rn. 6; AK-GG-*Denninger*, Art. 142 Rz. 3.
29 BAG a.a.O. (Fn. 27).
30 *Mitscherlich*, Das Arbeitskampfrecht der Bundesrepublik Deutschland und die Europäische Sozialcharta, Baden-Baden 1977, S. 61ff.; ferner *Frowein*, Zur völkerrechtlichen und verfassungsrechtlichen Gewährleistung der Aussperrung, Tübingen 1976.
31 BGBl. II, S. 1261.
32 So die Denkschrift zum Übernahmegesetz BT-Drucksache IV/2117, S. 28.
33 BAG AP Nr. 64 zu Art. 9 GG Arbeitskampfrecht m.w.N.
34 *Wengler*, Die Kampfmaßnahme im Arbeitsrecht, 1960.
35 *Kempen*, Die Aktualität des hessischen Aussperrungsverbots, ArbuR 1979, S. 289ff., 295.
36 LAG Frankfurt am Main, ArbuR 1979, S. 317ff.
37 BAG AP Nr. 64 zu Art. 9 GG Arbeitskampf.
38 ArbG Frankfurt am Main, NZA 1985, S. 462; letztinstanzlich aufgehoben durch *BAG* am 26. 4. 1988 – DB 1988, S. 1902.
39 Vgl. *Kempen*, a.a.O. (Fn. 35), S. 292ff.
40 BVerfGE 13, S. 230, 234.
41 GVBl. S. 117.
42 Vgl. dazu *Thum*, a.a.O. (Fn. 3).
43 Vgl. die Kritik bei W. *Schmidt*, a.a.O. (Fn. 23), S. 54.
44 *Staff*, Schul- und Hochschulrecht, in: *Meyer/Stolleis*, a.a.O. (Fn. 2), S. 421ff., 424, 430.
45 *Gross*, Die Entwicklung des Hess. Verfassungsrechts, JböffR NF 21 (1972), S. 309ff., 356.
46 *Staff*, a.a.O. (Fn. 44), S.430f.
47 BVerfGE 61, S. 1ff.
48 Vgl. *Simitis*, Datenschutz, in: *Meyer/Stolleis*, a.a.O. (Fn. 2), S. 108ff., 109.
49 GVBl. I, S. 625.
50 A.a.O. (Fn. 47).
51 HessStAnz 21/1986, S. 1089.
52 Dazu demnächst *Kempen*, Demokratieprinzip, Grundrechtssystem und Personalvertretung, in: ArbuR Heft 1/1987.

Ernst-Ulrich Huster

Die Sozialpolitik des Landes Hessen.
Zur Sozialpolitik der Länder als Scharnier zwischen kommunalem und zentralem Sozialstaat

I. Vorbemerkung: Der Forschungsstand

Analysen von Landessozialpolitik sind, zumal im historischen Rückblick, innerhalb der bundesdeutschen wissenschaftlichen Literatur zur Sozialpolitik äußerst selten anzutreffen. Wenn geschichtliche Abrisse vorliegen, dann beziehen sich diese auf die großen Sicherungssysteme, vor allem in der Sozialversicherung (Gladen 1974; Zöllner 1981; Hentschel 1983) oder – und auch dies erst in jüngster Zeit – auf die „Politik der Armut" (Leibfried/Tennstedt, Hrsg., 1985). Die Mittelebene – die der Länder – hingegen ist sowohl unter systematischen wie auch erst recht unter geschichtlichen Aspekten so gut wie überhaupt nicht bearbeitet worden (vgl. für viele Lampert 1980; Brück ²1981). Umso schwieriger ist es, im vorliegenden Falle nicht nur einen Überblick über die Sozialpolitik eines Bundeslandes zu geben, sondern auch noch aufzuzeigen, was daran nun spezifisch hessisch ist. Wenn hier trotzdem ein Einstieg versucht werden soll, dann vor allem aus systematischem Interesse an der Landessozialpolitik als einem wichtigen Gebiet zukünftiger Sozialpolitikforschung in Deutschland.

II. Der soziale Bundesstaat

Die Bestimmung des Grundgesetzes, die Bundesrepublik Deutschland sei ein demokratischer und sozialer Bundesstaat (Art. 20 GG), sowie die Verpflichtung der Länder auf die Grundsätze eines republikanischen, demokratischen und sozialen Rechtsstaates (Art. 28 GG) geben ein Spannungsverhältnis zwischen zentralem und föderalem Sozialstaat vor. Gefordert ist zum einen die Ausgestaltung der gesamten Republik als ein soziales Gemeinwesen, zugleich die Verwirklichung föderaler Autonomie und darüber hinaus des Rechtes der kommunalen Selbstverwaltung, auch und gerade bezogen auf die Sozialordnung. Zugleich klagt das GG die „Wahrung der Rechts- und Wirtschaftseinheit, insbesondere die Wahrung der Einheitlichkeit der Lebensverhältnisse über das Gebiet eines Landes hinaus (. . .)", ein (Art. 72, 2, Nr, 3 GG) und setzt damit Grenzen für Dezentralisation und föderale Eigenständigkeit.

Diese verfassungsrechtlich-institutionelle Normierung schlägt sich auch im Bereich der Sozialpolitik in horizontal und vertikal getrennte, zugleich miteinander vermittelte politische Entscheidungs- und Rechtsetzungsebenen nieder:

a) Zum ersten normiert der Bund im Rahmen der konkurrierenden Gesetzgebung Sozialrecht, an dessen Verabschiedung die Bundesländer über den Bundesrat beteiligt sind. Dies betrifft im wesentlichen die Sozialversicherung, das Arbeitsrecht, den Bereich der Ausbildungsbeihilfen, der öffentlichen Fürsorge, die Regelung der Kriegsfolgelasten sowie die wirtschaftliche Sicherung der Krankenhäuser (Art. 74 GG). Neben eigenständigen obersten Bundesbehörden (etwa: Bundesanstalt für Arbeit) oder Körperschaften des öffentlichen Rechts auf Bundesebene (etwa: Bundesversicherungsanstalt für Angestellte) bzw. auf Landesebene (etwa: Landesversicherungsanstalten für die Arbeiterrentenversicherung) obliegt dann den Ländern die verwaltungsmäßige Umsetzung und die Wahrnehmung der Rechtsaufsicht. Die Bundesländer sind daneben an den zentralen Einrichtungen der Sozialversicherung in unterschiedlichen Funktionen beteiligt. Auch die Sozialrechtssprechung unterhalb der Bundesebene ist in die Länderkompetenzen eingebettet. Und schließlich sind die Länder über die Beschlußfassung des Bundeshaushaltes und über den Bund-Länder-Finanzausgleich aufs engste mit dem zentralen Bundessozialstaat verbunden.

b) Neben diesen auf den zentralen Bundesstaat ausgerichteten Handlungsfeldern im Sozialstaat, die vom Finanzvolumen her im übrigen den mit Abstand größten Teil des gesamten Sozialbudgets umfassen, gibt es im Rahmen der konkurrierenden Sozialgesetzgebung einen eigenständigen Raum für Landessozialpolitik. So erläßt der Bund beispielsweise – mit Zustimmung der Länderkammer – Rahmengesetze, die dann der konkreten Ausgestaltung durch die Bundesländer bedürfen. Unabhängig vom Handeln des Bundes verabschieden die Länder darüber hinaus auf Grund eigener Zielsetzungen weitere Gesetze. Besonders groß ist hier der Handlungsspielraum der Länder im sozialpädagogischen Bereich, wird hier doch über den Verfassungsrahmen der konkurrierenden Gesetzgebung hinaus der der Länderkulturhoheit berührt (etwa: Kinder, Jugend und Familie; Bildungsurlaub etc.). Ein Großteil der Landessozialpolitik besteht nun in der Konkretisierung von Bundesrahmenrecht durch Landesrecht bzw. in der Festlegung originären Landesrechts, dessen administrativer Umsetzung, der Sicherstellung der Finanzierung und außerdem der Wahrnehmung von Rechtsaufsichtsfunktionen im Sozialbereich.

c) Und schließlich steht die Landessozialpolitik in einem Spannungsverhältnis zum kommunalen Sozialstaat, der seine Kompetenz aus dem verfassungsmäßig verankerten Recht der kommunalen Selbstverwaltung bezieht. Gerade im Bereich der sozialen Aufgaben, die nur in begrenztem Umfange zentral normiert werden können (insbesondere im Bereich personaler Hilfen), hat der dezentrale Sozialstaat der Kommunen nach wie vor ein besonderes Gewicht. Ein Teil dieser kommunalen Funktionen ist – entsprechend einem in der Bundesrepublik Deutschland vorherrschend gewordenen Verständnis des Subsidiaritätsprinzips (Huster 1985 b) – an die freie Wohlfahrtspflege übergegangen. Insgesamt ist dieser dezentrale Sozialstaat wiederum über organisatorische Regelungen (etwa: überörtlicher Träger der Sozialhilfe, Landesjugendämter etc.), den kommunalen Finanzausgleich und die Rechtsaufsicht eng an die Landessozialpolitik gebunden. Diese kann über ihr Verwaltungshandeln entsprechende dezentrale Sozialpolitik fördern oder behindern, zugleich die Gewichte zwischen kommunalen Trägern und etwa den einzelnen Trägern der freien Wohlfahrtspflege verlagern oder festigen.

Die Sozialpolitik der Länder kann insoweit zweierlei leisten: Sie hat erstens eine wichtige Scharnierfunktion zwischen dem Entstehen/Erkennen sozialer Risiken bzw. Problemlagen und der Festlegung der Ebene sowie der Formen ihrer Bearbeitung. Die Bundesländer sind – vermittelt über die Kommunen – eng genug mit den Problemlagen verbunden, um diese zu erkennen, zugleich verfügen sie über Einfluß auf allen Ebenen des föderalen Sozialstaates und können so die Bearbeitung dieser sozialen Risiken auf der dafür geeignetsten betreiben. Ob sie dabei allerdings erfolgreich sind, hängt nicht zuletzt vom eigenen Engagement und der Kooperationsbereitschaft der jeweils anderen politischen Ebenen im Sozialstaat sowie den dort vorherrschenden politischen Kräftekonstellationen ab. Die Bundesländer sind zweitens über den Bund-Länder-Finanzausgleich, die Gesetzgebung zum Bundeshaushalt, das eigene Haushaltsrecht und schließlich über den kommunalen Finanzausgleich die einzige politische Kraft im föderalen Sozialstaat, die an allen relevanten Entscheidungen über sozialpolitische Prioritätensetzungen beteiligt ist. Dieses schafft Handlungsspielräume, aber auch Konflikte.

Mit diesen beiden Spezifika – Festlegen der Bearbeitungsebene und sozialpolitische Prioritätensetzung – ist die Sozialpolitik der Länder allerdings zugleich in die Dilemmata eingebunden, in denen sich die Sozialpolitik in unserer Gesellschaftsordnung befindet: Sozialpolitik bedeutet hier nämlich zunächst und vor allem die Bewältigung sozialer Problemlagen durch die Schaffung von individuellen Rechtsansprüchen auf kompensatorische Hilfe, nicht aber – oder doch nur eng begrenzt – die Veränderung der sozialen Strukturen, aus denen heraus bestimmte soziale Problemlagen/Risiken entstehen/entstehen können. Zudem bindet die Sozialpolitik die Leistungsgewährung an die Akzeptanz bestimmter Voraussetzungen und Verhaltensnormen, wodurch soziale Konflikte kanalisiert und damit entpolitisiert werden/werden können. Diese Verrechtlichung in der Sozialpolitik bedeutet neben der individuellen Kompensation auch das Moment individueller und sozialer Kontrolle. Insofern erfolgt im Rahmen der Sozialpolitik immer auch eine Selektion danach, ob entsprechende Risiken überhaupt individuell kompensiert werden können bzw. ob sich der einzelne bei der Inanspruchnahme dieser individuellen Hilfen tatsächlich bestimmten sozialen Normierungen unterwirft oder nicht (Guldimann u.a. 1978).

Darüber hinaus ist diese Form der Sozialpolitik unter den Bedingungen einer warenproduzierenden Gesellschaft aufs engste an die strukturellen Dilemmata des „Steuerstaates" gebunden. Dessen Krise äußert sich darin, daß sich die Schere zwischen wachsenden Anforderungen der privaten Wirtschaft, also produktionstechnische und infrastrukturelle Voraussetzungen sowie soziale Folgekosten, und tatsächlich über Steuern und Sozialabgaben abschöpfbaren Werten stetig öffnet. Die Entstehung sozialer Risiken und das Aufbringen der materiellen Ressourcen, die der Staat zur Bewältigung dieser Risiken benötigt, sind gleichermaßen von der gesamtwirtschaftlichen Entwicklung abhängig und der Tendenz nach gegenläufig. Sozialpolitik ist also ökonomisiert, das heißt aufs engste an die krisenhafte Zyklizität und darüberhinaus an strukturelle Entwicklungen der privatkapitalistischen Wirtschaft gebunden (Grauhan, Hickel 1978). In der

Phase wirtschaftlicher Prosperität gibt es infolgedessen größere Handlungsspielräume für Sozialpolitik als in wirtschaftlichen Krisen, obwohl gerade da der staatliche Handlungsbedarf besonders groß ist.

Die Sozialpolitik der Länder ist unter den zahlreichen genannten Aspekten in vielschichtiger Weise eingebunden und gebrochen. Dieses Beziehungsgeflecht ist nun keineswegs statischer Natur, sondern unterliegt innerhalb der relativ weiten verfassungsrechtlichen Grenzen geschichtlichen Veränderungen. Die Sozialpolitik der Bundesländer gewinnt ihren systematischen Stellenwert letztlich im geschichtlichen Prozeß. Die Bedeutung der Landessozialpolitik für die je einzelne sozialpolitische Handlung dagegen ist mitunter nur schwer zu fassen.

III. Periodisierender Abriß hessischer Sozialpolitik

Die Landessozialpolitik ist, dies wird deutlich, sowohl von den Handlungsebenen wie von den Handlungsmöglichkeiten her ungeheuer ausdifferenziert oder – pointiert gesagt – bis zur Unübersichtlichkeit zerfasert. In ihren Kompetenzbereich gehört sowohl die Beratung internationaler Sozialabkommen wie die Beantwortung etwa der kleinen Anfrage im Hessischen Landtag, „ob die Patienten in Hessens Krankenhäuser hoffen können, künftig länger schlafen zu dürfen, nachdem Bundeskanzler Helmut Schmidt nach eigener Erfahrung die Diskussion um allzu frühe Weckzeiten in Krankenhäusern neu belebt hat" (Jahresbericht 1981, S. 163). Die Jahresberichte des Hessischen Sozialministeriums stellen jeweils ein Kompendium all dessen dar, was in dieser Republik tatsächlich sozialpolitisch relevant gewesen ist, nur bleibt die Frage damit immer noch unbeantwortet, was davon nun der spezifische Anteil der Länder oder gar eines Landes, etwa Hessens, war und ist. Im wesentlichen auf der Grundlage zahlreicher Archivmaterialien des Hessischen Hauptstaatsarchivs und der seit 1960 zunächst im Halbjahresrhythmus, seit 1970 jährlich erstellten Berichte des Sozialministeriums soll im Nachfolgenden eine Periodisierung von 40 Jahren hessischer Sozialpolitik versucht werden.

1. Diskussion über die Neuordnung des Systems der sozialen Sicherung im Nachkriegshessen

Gemessen an der gründlich aufgearbeiteten Neuordnungsdiskussion etwa über die Wirtschaft (Winter 1974; Huster 1978; Ott 1978) und das Schulwesen (Bungenstab 1970; Lange-Quassowski 1979; Huster/Schweiger 1979) ist die Debatte über die Neugestaltung des Systems der sozialen Sicherung nach 1945 weitgehend unbekannt geblieben (einige Beiträge zu Berlin, in: Bartholomäi u.a., Hrsg., 1977, S. 23ff.). Dabei wurde die Forderung nach einer Zusammenfassung der seit dem 19. Jahrhundert in bunter Vielfalt nebeneinander entwickelten einzelnen Teile der Sozialversicherung, nach einer Vereinheitlichung der Leistungsstruktur und damit einer Beseitigung von Privilegien vor allem für Angestellte und Beamte sowie nach einer größeren selbstverwalteten Autonomie im Nachkriegshessen breit diskutiert. In diesem Sinne haben etwa der – ernannte – Minister für Arbeit und Wohlfahrt im Kabinett Geiler, Oskar Müller, die hessischen Gewerkschaften, SPD und KPD eine Reform der Sozialversicherung gefordert. Ausgehend von der aktuellen praktischen Erfahrung, daß der Schutz der Sozialversicherung zu wenige Personen erfaßte – 1946 waren in Hessen 84% der Fürsorgeempfänger Personen, die nicht in der Sozialversicherung abgesichert waren (Stellungnahme der SPD zur Sozialversicherung, in: HHStA Abt. 502, Nr. 1131, S. 12f.) –, sollte eine die gesamte Bevölkerung umschließende Volksversicherung geschaffen und damit eine die Versicherungsleistung ergänzende Fürsorge hinfällig werden. Diese Bestrebungen hessischer politischer Reformkräfte knüpfte zugleich an Bestrebungen der Alliierten im Kontrollrat sowie an praktischen Erfahrungen mit einer Sozialreform in Großberlin an (vgl. Noetzel 1977, in: Bartholomäi u.a., Hrsg., 1977, S. 37ff.). Zu Recht erwartete allerdings Oskar Müller Widerstand gegen eine derartige Reform aus jenen Kreisen, „die jeden Fortschritt wie die Pest hassen" (Hess. Tageszeitung Kassel vom 11. 3. 1946, HHStA 502/1132). Wer immer heute oder in Zukunft ‚neue' Argumente gegen eine Reform der Sozialversicherung, insbesondere der Gesetzlichen Krankenversicherung sucht, kann in den Akten des Hessischen Hauptstaatsarchivs aus den Jahren 1946 und 1947 fündig werden, in denen zahllose Eingaben etwa ärztlicher Standesvertreter, medizinischer Fakultäten, privater Assekuranzen und von Vertretern der Beamten sowie professorale Gutachten, u.a. eines von dem Staatsrechtspositivisten Walter Jellinek (HHStA 502/1131), abgelegt sind.

Während die sich nun zu Worte meldenden Interessenträger und Einzelpersonen zu keinem Zeitpunkt die seinerzeitige Gleichschaltung der Sozialversicherung unter die Zielsetzung des Nationalsozialismus kritisiert hatten, weckten diese Kreise nun, da diese Maßnahmen des 3. Reiches wieder rückgängig gemacht worden waren, alle nur denkbaren Aversionen gegen angeblich kollektivistische und zentralistische Regelungen. Die bestehenden Einrichtungen der Sozialversicherung werden als praktizierter Sozialismus, Reformpläne dagegen als Restauration eines „Groß-" bzw. „Höchstkapitalismus" gebrandmarkt. So wird etwa davor gewarnt, „daß sich die Sozialversicherung selbst zum kapitalistischen Unternehmer" mache und auf Grund ihrer wirtschaftlichen Potenz sowie der Größe ihres Verwaltungsapparates letztlich zum „Staat (.) im Staate" werde. Die Stärkung der Kassenbürokratie mit ihrer „nicht selten ärztefeindlichen Haltung" werde dazu führen, daß der frei praktizierende Arzt durch kasseneigene Einrichtungen zurückgedrängt werde: „Gerade solche Einrichtungen haben aber bisher bewiesen, daß die Massenabfertigung von Kranken am laufenden Bande nicht nur die wahre ärztliche Betreuung des einzelnen Kranken unmöglich macht, sondern auch durch Fehldiagnosen und Fehlbehandlungen den Notwendigkeiten der öffentlichen Gesundheitsfürsorge, der Krankheitsverhütung zuwiderläuft. Solange die Gesundheit das kostbarste Gut des einzelnen Menschen ist, so lange muß ihm auch das Recht zustehen, den Schutz dieses Gutes demjenigen anzuvertrauen, dem er sein Vertrauen entgegenbringt. Jeder Zwang, sei es die zwangsweise Zuführung zu einem einzelnen Arzte oder in die Massenabfertigung eines Ambulatoriums, bedeutet die Mißachtung eines wichtigen Persönlichkeitsrechtes". Mit Entschiedenheit verwahren sich ärztliche Standesvertreter gegen die Unterstellung, „als ob die Ärzte bei ihren Einwendungen von Erwerbsrücksichten bestimmt würden" (Dr. de Bary, Frankfurt am Main, für die Großhessische Ärzteschaft, HHStA 502/1132). Im Gegenteil: Bescheidenheit und Standesehre werden als letzter Damm gegen diese Entwicklung überhöht: „Die Ärzte sind jedenfalls gewillt, lieber wirtschaftliche Not mit ihrem Volk zu tragen, als die Freiheit ihres Berufes zu opfern, in der sie ein für die Allgemeinheit wertvolles Kulturgut sehen" (Dr. Koch, Darmstadt, für die Krankenversicherungs Aktiengesellschaft, HHStA 502/1132). Die Debatte bringt insgesamt nicht nur den Nachweis einer relativ hohen Konstanz besitzbürgerlicher Verteidigungsideologien in Deutschland, sondern zugleich auch einen Eindruck davon, was sich diese sozialen Kreise unter der ‚Bewältigung' des Faschismus vorstellten, nämlich im wesentlichen die Diffamierung der Reform: Hierzu gehört die entlarvende Feststellung, der Arbeitsfrieden in der Sozialversicherung sei seit 1932 bis zur Gegenwart gewährleistet gewesen, wie die Behauptung, die Reformpläne entsprächen jenen Plänen, „welche Dr. Ley bezüglich des Aufbaus der Sozialversicherung hegte" (Dr. Koch, ebenda).

Das ideologische Sperrfeuer gegen eine Neuordnung der Sozialversicherung hatte zumindest den Erfolg, daß Artikel 35 HV nur noch den Imperativ enthielt: „Es ist eine das gesamte Volk verbindende Sozialversicherung zu schaffen". Dieser der Sache nach offenen Formel erging es im Kern so wie später dem Offenhalten der zukünftigen Gestalt der Wirtschaftsordnung durch das GG: De facto brachte dies zunächst eine Wiederherstellung des Status quo ante, den die Reformkräfte nur sehr schwer würden verändern können (vgl. Hartwich 1970, S. 50f.). Nachdem insbesondere die amerikanischen und britischen Vertreter im Alliierten Kontrollrat von den vormals gehegten Reformvorstellungen Abstand genommen hatten (Hockerts 1980, S. 79ff.) – die Sowjetunion dagegen hatte in ihrer Zone den Aufbau eines einheitlich organisierten sozialen Sicherungssystems angeordnet –, waren die Reformkräfte auch in Hessen zunehmend in die Defensive gedrängt worden. Mit Bildung der Bizone und später der Bundesrepublik gingen überdies wichtige Kompetenzen an die zentralen staatlichen Institutionen über (vgl. Pünder 1966). SPD und Gewerkschaften hielten zwar prinzipiell an ihren Vorstellungen fest, machten sie aber nicht zur unabdingbaren Voraussetzung der politischen Weststaatbildung. Ihre sozialpolitischen Forderungen wollten sie auf zentralstaatlicher Ebene später durchsetzen (vgl. Sörgel 1969; Huster 1978, S. 143ff.).

Neben dieser weitgehend folgenlos gebliebenen Neuordnungsdiskussion bedeutete Sozialpolitik auf Landesebene bis nach der Währungsreform vor allem die Verwaltung des Mangels, die provisorische Organisation sozialer Minimalleistungen. Leistungen der Kommunen und der Länder mußten notdürftig die Zerstörung der Finanzierungsgrundlagen der Sozialversicherung durch die faschistische Aufrüstungs- und Kriegspolitik sowie die Nachkriegsfolgen ausgleichen und die Folgen der Kapitalbildungspolitik durch Währungsreform und Begleitgesetzgebung auffangen. Das sog. Anpassungsgesetz vom Dezember 1948 des Vereinigten Wirtschaftsgebietes – erst im Juni 1949 in Kraft getreten – stellte den ersten Versuch dar, das finanzielle Fundament der Sozialversicherung wieder zu festigen und – ein Ausfluß der Reformdiskussion – zumindest einige Angleichungen der Arbeiter- an die Angestelltenrentenversicherung vorzunehmen. Als wichtigster Schritt ist hier die Gleichstellung der Arbeiter- mit den Angestelltenwitwen erreicht worden. Dieses Gesetz ging auf Initiativen der SPD im Wirtschaftsrat zurück und wurde im Länderrat vom Land Hessen mitgetragen. Die Sozialversicherung, so das Fazit, war – wie seit dem Deutschen Kaiserreich – wieder vorrangig Sache des Zentralstaates (vgl. Hockerts 1980, S. 85 ff.; Hentschel 1983, S. 150 ff.).

2. Übergang von der Kriegsfolgenbewältigung zur Reorganisation wichtiger Sicherungssysteme

In dieser die 50er Jahre bis hin zur Rentenreform (1957) und zur Verabschiedung des BSHG (1961/62) andauernden Phase – systematisch ist dem noch die Dynamisierung der Kriegsopferrenten 1966 zuzurechnen – werden große Teile der durch Kriegs- und Nachkriegsereignisse der kommunalen und der Landesfürsorge anheimgefallenen sozialen Risiken bundeseinheitlich und so geregelt, daß die finanziellen Transfers dynamisch an der wirtschaftlichen Expansion teilhaben (vgl. Richter, Hrsg., 1955 ff.; v. Bethusy-Huc 1976^2, S. 58 ff.). Hier waren Landesinteressen tangiert, so daß alle Länder an der Abfassung dieser gesetzlichen Bestimmungen ein reges Interesse zeigten. Durch diese Neuregelung wurden die Länder und Kommunen finanziell entlastet, wie die Entwicklung der Zahl der Fürsorgeempfänger nach der Rentenreform deutlich zeigt.

Tabelle 1: Entwicklung der öffentlichen Fürsorge in Hessen 1954–1962, jeweils Bestand am Ende des Rechnungsjahres

	Zahl der Parteien	Zahl der Personen		Zahl der Parteien	Zahl der Personen
1954	56.169	87.731	1959	56.251	82.721
1955	57.842	86.011	1960	51.676	76.842
1956	63.587	92.342	1961	47.896	71.187
1957	60.142	87.405	1962	48.706	72.109
1958	59.745	86.945			

Quelle: Abteilungsberichte v. 1. 8. 1960 – 31. 1. 1961 und 1. 1. – 30. 6. 1963, HHStA. 508/2236

Bei diesem Rückgang der Zahl der Fürsorgeempfänger ist zu berücksichtigen, daß gleichzeitig mit der Rentenreform von 1957 in der Bundesrepublik die Phase der Vollbeschäftigung erreicht wurde. Auch dies führte zu einem Rückgang der Zahl der Fürsorgeempfänger in Hessen.

Insgesamt kam auf die Länder eine nicht unbeträchtliche Arbeit zu, mußten doch auf dem Gesetzgebungs- und Verordnungswege vormals bestehendes Recht dem neuen Bundesrecht angepaßt, Übergänge gestaltet und das gesetzte Bundesrahmenrecht durch die Länder ausgefüllt werden. Dabei kam es zwischen den SPD-regierten Ländern und der SPD-Opposition im Deutschen Bundestag insgesamt zu einer engen Kooperation.

Dies zeigte sich etwa bei der Verabschiedung des BSHG. Über das umfassende Gesetzeswerk, das die Fürsorgegesetzgebung der Weimarer Republik und der Nachkriegszeit ablöste und – entsprechend einer Entscheidung des Bundesverwaltungsgerichtes – den Rechtsanspruch auf Sozialhilfe verankerte (vgl. Orthband 1980, S. 350 ff.), bestand letztlich bei allen wichtigen materiellen Bestimmungen zwischen alleinregierender CDU/CSU und SPD sowie zwischen den Ländern Einigkeit. Ein Dissens allerdings bestand bei der Beantwortung der Frage, wer vorrangig bei der Bewältigung defizitärer Lebenslagen eingreifen sollte: Kommune bzw. Staat oder – gemäß der sich in den 50er Jahren verfestigenden Verengung des Subsidiaritätsprinzips – die freien Wohlfahrtsverbände. An dieser Stelle flammte der schon bei der Erörterung des Aufbaus der Bundesrepublik sichtbar gewordene Dissens wieder auf, in welchem Verhältnis nämlich die jeweils untergeordneten zu den übergeordneten Einheiten in Staat und Gesellschaft stehen sollten. Indirekt ging es in der Debatte um das BSHG auch um eine mögliche Stärkung der Position der Kirchen (vgl. Kraiker 1972, S. 67 ff.).

Die von der Regierungsmehrheit beabsichtigte Regelung kollidierte mit dem Staatsverständnis der SPD, wonach hoheitliche Funktionen nicht auf private Organisationen abgewälzt werden dürfen (vgl. einen ähnlichen Konflikt im Wirtschaftsrat der Bizone; siehe Huster 1978, S. 129). Des weiteren wandte sich die SPD gegen die Verpflichtung der Kommunen, private Organisationen subventionieren zu müssen. Der hessische Sozialminister Hemsath sah hierin bei seinen Ausführungen im Deutschen Bundesrat nicht nur „eine starke Beschneidung der Ermessensspielräume der Gemeinden (. . .), sondern im Hinblick auf Art. 28, Abs. 2 GG (. . .) auch einen bedenklichen Eingriff in die kommunale Selbstverwaltung, mit der unseres Erachtens die echte Selbstverantwortung unlösbar verbunden ist." „Subventionspflichten öffentlicher Fürsorgeverbände gegenüber privaten Wohlfahrtsorganisationen sind", so Hemsath, „dem klassischen Fürsorgebegriff dagegen fremd." Im übrigen sah die hessische Landesregierung keinen Handlungsbedarf, da sich doch die Partnerschaft zwischen Gemeinden und Trägern der freien Wohlfahrtspflege in der bisherigen Praxis bewährt habe. Der Appell des hessischen Sozialministers an die Unionsmehrheit allerdings, einen letzten Versuch zu machen, „ob dieses bedeutsame Gesetz nicht doch schließlich mit einer großen und wirklich tragenden Mehrheit angenommen werden könnte", wurden nicht befolgt: Die Bundesregierung hielt an ihrem Konzept fest, das Land Hessen stimmte im Bundesrat gegen das BSHG, konnte aber dessen Inkrafttreten nicht verhindern (Abteilungsbericht 1. 2. 1961 – 31. 7. 1961, HHStA 508/2236, S. 26 ff.).

Unbeschadet dieser Kritik im Grundsatz hat das Land Hessen nach Verabschiedung des BSHG sogleich die Aufgabenstellung des überörtlichen Trägers der Sozialhilfe – des Landeswohlfahrtsverbandes – und die entsprechende Finanzierung geregelt. Zusammen mit dem BSHG ist das hessische Ausführungsgesetz am 1. 6. 1962 in Kraft getreten. Im Zusammenhang mit der Verabschiedung des BSHG wurde der sog. „Warenkorb" – das Bedarfsmengenschema für die Festsetzung der Regelsätze in der Sozialhilfe – neu zusammengestellt. Dies brachte für Hessen eine Anhebung der Regelsätze von knapp 30% (vgl. Abteilungsbericht 1. 1. – 30. 6. 1962, HHStA 508/2236, S. 10 ff.)

In der Ausgestaltung des vom Bund vorgegebenen Rechts durch ein eigenes Ausführungsgesetz zeigt sich zugleich eine möglicherweise für Hessen typische Tendenz. Eine Betrachtung des Kostenanstiegs der einzelnen Träger der Sozialhilfe im Jahr 1963, dem ersten Jahr auf der Grundlage des BSHG, gegenüber 1961, dem letzten Jahr ausschließlich nach altem Recht, zeigt einen durchschnittlichen Kostenanstieg von 49,5%. Während aber bei den örtlichen Trägern, vor allem bei den Landkreisen, ein unterdurchschnittlicher Kostenanstieg festzustellen ist, liegt das Hauptgewicht des Kostenanstiegs beim überörtlichen Träger, beim Landeswohlfahrtsverband, mit 71,4% (Abteilungsbericht 1. 1. – 30. 6. 1964, HHStA 506/2236, S. 7ff.). Diese Tendenz setzte sich in den folgenden Jahren fort.

Hier zeigt sich insgesamt eine Lastenverschiebung vom örtlichen zum überörtlichen Träger, damit eine Zentralisierung auch dezentraler Sozialpolitik. Diese These bedarf allerdings der genaueren Analyse. Im Gegensatz nun zum Grundsatzstreit über das Verhältnis zwischen den örtlichen Trägern der Sozialhilfe und den freien Wohlfahrtsverbänden hat sich seit der Verabschiedung des BSHG auch in Hessen eine rege Zusammenarbeit und finanzielle Ausstattung der freien Träger durch die Kommunen ergeben.

3. Aufbau einer originären sozialen Infrastruktur in Hessen

Mit Bildung der ausschließlich sozialdemokratischen Regierung im Jahr 1950 wurde das Ministerium für Arbeit und Volkswohlfahrt aufgelöst. Seine Kompetenzen gingen auf verschiedene Ministerien über, v.a. auf das Wirtschaftsministerium. Die Einordnung der Sozialpolitik in diesen Politikbereich symbolisierte gleichsam den engen Zusammenhang zwischen Sozialpolitik und dem gerade in Hessen sich kräftig durchsetzenden wirtschaftlichen Aufschwung in den 50er Jahren. Mit einer Kabinettsreform im Jahr 1959 wurde diese Entscheidung von 1950 revidiert und erneut ein eigenständiges Ministerium für Arbeit, Volkswohlfahrt und Gesundheitswesen gebildet (Geschäftsverteilungsplan in HHStA D 508/1). Mit der zu Beginn der 60er Jahre zum Abschluß gekommenen Reorganisation der tradierten zentralen Sicherungssysteme – die Reform der Arbeitslosenversicherung 1969 bildete hier einen Sonderfall – war die Grundsatzfrage, umfassende Sozialreform oder Reform der einzelnen Zweige der Sozialversicherung, zu Gunsten letzterer entschieden, damit auch der Handlungsspielraum darauf beschränkt worden, innerhalb der einzelnen Systeme Vorstellungen von einer Volksversicherung – etwa durch Ausweitung des Personenkreises – zu verwirklichen (vgl. Bartholomäi 1977, in: Bartholomäi u.a., Hrsg., 1977, S. 161 ff.). Gleichzeitig gewannen die Kommunen und das Land einen finanziellen Handlungsspielraum für eine eigenständige Sozialpolitik, im wesentlichen für den Ausbau der sozialen Infrastruktur. Schon Anfang der 50er Jahre war in Hessen ein Plan entwickelt worden, über sog. Dorfgemeinschaftshäuser Orte kommunaler Integration für eine durch Krieg, Vertreibung und Flucht neu zusammengesetzte Bevölkerung zu schaffen und zugleich in den Kommunen das kollektive Dienstleistungsangebot zu verbessern (vgl. Jahresbericht 1977, S. 153 ff.; Jahresbericht 1982, S. 105).

Damit war zugleich ein Raster für die weitere Sozialpolitik in Hessen vorgegeben. So kündigte etwa Ministerpräsident Zinn in seiner Regierungserklärung von 1959 an, Hessen wolle im Rahmen seiner Politik der sozialen Verantwortung in den nächsten Jahren die Hilfe und Förderung für alte Menschen zu einem Schwerpunkt ausbauen. 1960 lief der „Hessische Sozialplan für alte Menschen" mit dem Ziel an, neue zeitgemäße Heime für alte Menschen zu schaffen, bestehende Altersheime zu verbessern und zu modernisieren sowie die offene Altenhilfe auszubauen (Abteilungsbericht 1. 8. 1960 – 31. 1. 1961, HHStA 508/2236, S. 33 ff.). Das in Aussicht genommene Ziel, 10 000 neue Heimplätze zu schaffen, wurde sehr bald erreicht und fortgeschrieben. Weitere soziale Einzelpläne sind in Hessen aufgelegt worden, so etwa der Hessische Jugendplan (1958) (vgl. Abteilungsbericht 1. 7. – 31. 12. 1967, HHStA 508/2236, S. 22 ff.; Jahresbericht 1971, S. 41) und das „Rot-weiße Sportförderungsprogramm des Landes Hessen" 1961 (vgl. Jahresbericht 1980, S. 101).

Parallel zur Mitarbeit etwa im Rahmen der Bundesgesetzgebung und der Koordinierung mit anderen Ländersozialministerien, wurden hier Elemente einer umfassenderen Sozialreform in Einzelpläne zerlegt mit dem Ziel, landesweit und einheitlich die Lebensbedingungen der Bevölkerung bzw. von Teilgruppen zu verbessern. Dabei gab das Land Rahmenziele und Finanzierungshilfen im wesentlichen für Kommunen, aber auch für freie Träger der Wohlfahrtspflege, also für denzentrales Handeln, vor. Die Tabelle 2 schlüsselt das Gesamtvolumen des finanziellen Engagements des Landes Hessen zwischen 1959 und 1972 auf, nach Programmen und Trägern gegliedert. Mit einem Anteil von 70% an den gesamten Aufwendungen dominieren die kommunalen Träger insgesamt vor denen der freien Wohlfahrtspflege. Auch im Bereich der Kindertagesstätten haben die Kommunen mit 66% aller Landesmittel eine schlichtweg bestimmende Position, während die traditionellen krichlichen Träger, die in anderen Bundesländern gerade im Bereich der Kindergärten mitunter eine zentrale Stellung einnehmen, in Hessen lediglich einen Anteil von 30% für sich reklamieren konnten.

Die hessische Sozialpolitik ist inhaltlich noch weitgehend traditionellen Konzepten verhaftet. ‚Sozialer Fortschritt' bedeutete in dieser Zeit des ausklingenden Wirtschaftswunders im Regelfall vor allem ‚mehr' und ‚teurer'. Sozial war diese Politik in dem Sinne, als sie auch Betroffene jener Lebenslagen am allgemeinen Wohlstand teilhaben lassen wollte, die zunächst davon ausgeschlossen waren. Partizipation bedeutete vor allem materielle Teilhabe. Dabei wandte sich die Sozialpolitik Hessens auch dem Nord-Süd-Problem zu. Nordhessen sollte am Ausbau der allgemeinen sozialen Infrastruktur teilhaben, wobei allerdings der wirtschaftlich stärkere Süden immer den Vorreiter spielte. Insgesamt wurden in dieser Zeit wesentliche Teile jener sozialen Infrastruktur ausgebaut, die für das bundesweit verbreitete Image dieses Bundeslandes bestimmend geworden sind. Allerdings kann dabei nicht übersehen werden, daß und in wie hohem Maße diese Sozialpolitik letztlich von der allgemeinen expansiven Wirtschaftsentwicklung mitbedingt war.

Tabelle 2: Investitionshilfen des Hessischen Sozialministers 1953–1972 gegliedert nach Programmen und Trägern

Programm	Landes-zuwendungen insgesamt	kommunale	Innere Mission und sonst. ev. Träger	Caritas und sonst. kath. Träger	Arbeiter-wohlfahrt	Dt. Parität. Wohlfahrts-verband	Deutsches Rotes Kreuz	Sonstige
					Träger			
Gesundheitswesen	712,46	553,12	53,67	45,57	3,16	16,00	9,89	31,05
davon Krankenhäuser	685,77	526,43	53,67	45,57	3,16	16,00	9,89	31,05
Gesundheitsämter	26,70	26,70	–	–	–	–	–	–
Kinder-, Jugend- und Familien-einrichtungen	230,01	124,41	30,33	38,52	5,86	10,36	1,01	19,52
davon Kindertagesstätten	110,42	73,07	15,34	18,34	1,09	0,13	0,12	2,33
Kinderspielplätze	21,35	20,50	0,04	0,02	0,05	–	–	0,75
Örtliche Jugendheime	9,34	2,18	3,37	2,45	0,08	0,07	0,02	1,19
Überörtliche Jugendheime	27,01	6,81	1,96	1,15	0,02	9,27	–	7,80
Heime f. Kinder u. Jugendl. (Erziehungsheime)	33,03	5,38	7,35	13,82	1,08	0,87	–	4,53
Erholungseinrichtungen	28,05	16,21	2,22	2,28	3,54	0,02	0,87	2,92
Familieneinrichtungen	0,81	0,27	0,06	0,47	0,01	–	–	–
Einrichtungen für alte Menschen	293,39	128,65	66,97	33,50	35,59	6,88	7,03	14,77
Einrichtungen für Behinderte	31,16	2,75	10,11	4,32	0,07	5,49	0,20	8,22
Erholungs-, Spiel- und Sportanlagen	223,49	197,36	–	–	–	–	–	26,13
Gemeinschaftshäuser	165,71	165,71	–	–	–	–	–	–
Lottomittel und Tronc	9,28	0,82	1,53	0,55	1,25	1,80	1,02	2,30
insgesamt	1665,50	1172,82	162,61	122,45	45,94	40,53	19,15	102,01
Anteil in %	100,0	70,4	9,8	7,4	2,8	2,4	1,1	6,1

Angaben in Mio DM. Quelle: Jahresbericht 1972

4. Reformphase hessischer Sozialpolitik

Die Überwindung der 1. großen Nachkriegsrezession in der Bundesrepublik, die Umsetzung eines Teiles der Ziele der Studentenbewegung vor allem im Bildungsbereich und die Bildung der sozialliberalen Bundesregierung haben insgesamt auch zu wichtigen Veränderungen in der Sozialpolitik geführt, so insbesondere die Rentenreform von 1972, Verbesserungen beim BSHG, die Einführung des BaföG, der Ausbau der Arbeitsschutzrechte sowie des Arbeitsrechtes ganz allgemein und die Reformen auf dem Gebiet des Gesundheitswesens, um nur einige wichtige Reformschritte zu nennen (vgl. Standfest 1979, S. 56 ff.). Insbesondere in der Phase einer sozialliberalen Mehrheit im Deutschen Bundesrat war das – seit 1970 so benannte – hessische Sozialministerium (vgl. Jahresbericht 1970, Vorwort) direkt an dieser Gesetzgebung beteiligt und verstärkte die „Politik der inneren Reformen". Die Jahresberichte des Sozialministeriums spiegeln schon rein optisch diese Entwicklung wider, werden sie doch von Jahr zu Jahr umfangreicher.

Die Bundespolitik wurde nicht zuletzt deshalb, weil sich traditionelle Instrumente der Sozialpolitik als unzureichend für ein befriedigendes Verhältnis etwa zwischen betreuender Einrichtung und Betreuten erwiesen hatten (vgl. die Diskussion im Anschluß an Guldimann u.a.; Sachße/Tennstedt, Hrsg., 1986, S. 11 ff.), und als Antwort auf Initiativen von Betroffenen in Heimen, sozialen Brennpunkten etc. durch eine eigenständige Landessozialpolitik ergänzt. Der einzelne sollte mehr Möglichkeiten der direkten Mitwirkung bekommen. Im übrigen sollten die rehabilitativen und vorbeugenden Momente ausgebaut werden. Exemplarisch für diese Zielsetzung steht die Neufassung des „Hessen-Jugendplans" im Jahr 1972. Die Forderung einer Demokratisierung aller Lebensbereiche, in der Studentenbewegung formuliert, scheint bei der Formulierung der Zielsetzung dieses Grundsatzprogramms Pate gestanden zu haben:

„Staat und Gesellschaft sind ständigen Veränderungen unterworfen. Selbstbestimmung in Freiheit und Verantwortung sind aber nur möglich, wenn im Zuge solcher Veränderungen Freiheit und Demokratie nicht eingeschränkt, sondern weiter entwickelt werden. Größere Freiheit für den Einzelnen und weitere Demokratisierung von Staat und Gesellschaft können nur erreicht werden, wenn sich die Menschen kritisch und konstruktiv an allen politischen Vorgängen beteiligen.

Kinder und Jugendliche haben in unserer Gesellschaft sehr unterschiedliche Chancen, ihre Persönlichkeit zu entfalten. Diese Tatsache bedeutet für den sozialen Rechtsstaat die Verpflichtung, durch besondere Hilfen für benachteiligte junge Menschen die Gleichheit der Lebenschancen herzustellen und zu sichern.

In diesem Sinne ist es das Ziel des Hessen-Jugendplanes, in der Jugendhilfe Voraussetzungen dafür zu schaffen, daß das Recht jedes jungen Menschen auf Förderung seiner geistigen, seelischen und körperlichen Entwicklung erfüllt werden kann" (Jahresbericht 1972, S. 41).

Wie diese Zielsetzung hessischer Jugendpolitik – diese politische Parenthese sei hier angebracht – mit der gleichzeitig praktizierten Politik einer Abwehr „Radikaler" vom öffentlichen Dienst vereinbart werden konnte, muß wohl bis auf weiteres ein Geheimnis der Träger dieser Politik bleiben!

Unabhängig davon: Im gesamten Bereich der Familien- und Jugendpolitik wurden entsprechende Reformschritte eingeleitet, so etwa in Gestalt von Modellkindergärten, mit der Entwicklung von Curricula für den Elementarbereich zum Gegenstandsbereich „soziales Lernen", mit Modellversuchen zum „Übergang vom Kindergarten zur Schule", mit der Fortbildung von Fachkräften in der Jungendhilfe, mit der Förderung von Einrichtungen der außerschulischen politischen Bildung, mit Ansätzen einer Reform der Heimerziehung, wie insgesamt mit dem Ausbau der offenen Jugend- und Familienhilfe (vgl. Jahresbericht 1970ff.).

Ausgehend von der Einsicht, „daß die Qualität eines Staates und einer Gesellschaft auch danach zu beurteilen ist, wie sie ihre Armen und sozial Schwachen behandeln" (Sozialminister Schmidt am 15. Juni 1972 im Hessischen Landtag, in: Jahresbericht 1972, S. 76), kam die hessische Sozialpolitik auch zu einer neuen Bewertung besonders schwieriger defizitärer Lebenslagen etwa im Bereich der Obdachlosenasyle sowie bei Nichtseßhaften. Die sozialen Brennpunkte, randständige Siedlungen, wurden seit 1972 gezielt gefördert (Jahresbericht 1972, S. 34). Dabei wurde das Ziel einer sozialen Integration zwar aufrechterhalten, aber das Recht auf eine soziokulturelle Eigenständigkeit inhaltlich bestimmt:

„Drei Schwerpunkte sind (mit dem Erlaß ‚Soziale Maßnahmen zur Verbesserung der Lage der Obdachlosen', d. Verf.) gesetzt worden: die Verbesserung der sozialen Grundausstattung, die Verstärkung der sozialen Betreuung und als Hauptpunkt die Stärkung des Selbstbewußtseins und der Handlungsfähigkeit der Bewohner sozialer Brennpunkte.

Als wesentliches Hilfsmittel, dem letztgenannten Ziel näherzukommen, hat sich die Bildung von Bewohnerräten herausgestellt, deren Gründung meist von außen kommenden Gruppen eingeleitet worden ist. Die Stärkung des Eigenwillens wie des Gruppenwillens gibt die Grenzen der erlaubten Beeinflussung von seiten der Verwaltung wie die der Zieldefinition an. Nachdem feststeht, daß Mittelstandsnormen nicht die geeigneten Maßstäbe sind, an denen Bewohner sozialer Brennpunkte gemessen werden sollten, können die verbindlichen Normen nur von den Bewohnern sozialer Brennpunkte selbst aufgestellt werden. Weder die Verwaltung noch sonst Außenstehende sollten den Selbstfindungsprozeß stören. Einzig legitime Aufgabe ist es, die Betroffenen in ihrem Bestreben zu unterstützen, ihr Verhältnis zur Mittelschicht zu finden" (Manfred Schäfer, in: Jahresbericht 1972, S. 94f.).

Zugleich fördert das hessische Sozialministerium seit dieser Zeit mit autonomen Projektgruppen auch freie Träger, die sich außerhalb der etablierten Wohlfahrtsverbände gebildet haben (vgl. für viele: Projektgruppe Margaretenhütte 1985). Im übrigen hat das Land Hessen die Finanzierung einer Koordinationsstelle für die Arbeit in sozialen Brennpunkten — die Landesarbeitsgemeinschaft — übernommen (Jahresbericht 1975, S. 41; Kriesten 1982; Schaub 1985).

Die Reformpolitik auf Bundesebene hat auch im Bereich des Gesundheitswesens auf die Landessozialpolitik durchgeschlagen. Mit der Reform der Krankenhausfinanzierung wurden Grundlagen für eine landesspezifische Krankenhausbettenplanung geschaffen. In Gestalt sog. „Hessen-Kliniken" sollte die traditionelle Pflegeklasseneinteilung durchbrochen werden (vgl. Jahresbericht

1972, S. 77, und 1975, S. 69). Der Bereich der Psychiatrie wurde zumindest stärker als bisher thematisiert, auch wenn von einer durchgreifenden Neuordnung noch nicht die Rede sein kann (Jahresberichte 1972, S. 96, und 1976, S. 100f.). Bis in aktuelle Auseinandersetzungen (etwa im Spätsommer 1986 um eine Einrichtung von Pro familia in Gießen) sucht das Land Hessen die Reform des § 218 StGB durch ein ausreichendes und qualifiziertes Angebot an Beratungsstellen und Möglichkeiten für einen Schwangerschaftsabbruch umzusetzen (vgl. Jahresbericht 1977, S. 71). Wie die Datenlage zeigt, hat Hessen dabei in nicht unerheblichem Umfange auch Hilfestellungen für Frauen aus süddeutschen Bundesländern zu leisten, wo versucht wird, durch eine restriktive Handhabung der Schwangerschaftsabbruchspraxis die Zahl der Abtreibungen zu reduzieren (Kommission § 218, 1980, S. 32ff.).

Zwei weitere Bereiche sind ebenfalls reformiert worden. Zum einen sollten, durch Bundesgesetzgebung veranlaßt, ältere Menschen in stationären Einrichtungen an der Gestaltung des Lebens aktiv über Sprecherräte beteiligt werden (Jahresbericht 1972, S. 37). Daneben wurden erstmals auf der Grundlage eines Landesgesetzes gewerblich betriebene Alters- und Pflegeheime erfaßt und auf die Einhaltung vorgegebener Mindeststandards überprüft (Jahresberichte 1971, S. 35, und 1976, S. 55). Desweiteren wurden über ein Initiativprogramm der Landesregierung Modelle für gesundheits- und sozialpflegerische Zentren geschaffen, die ambulante Beratung und Krankenpflege übernehmen sollten. Eine flächendeckende Versorgung der hessischen Bürger mit diesem Dienstleistungsangebot wurde angestrebt und ist annähernd erreicht worden (Jahresberichte 1974, S. 48, und 1980, S. 89).

Und schließlich ist das Land Hessen um eine soziale Integration ausländischer Arbeitnehmer bemüht, die seit Ende der 50er Jahre in großer Zahl nach Hessen gelangt sind. Durch Kabinettsbeschluß ist im Jahr 1970 eine Koordinationsstelle für die soziale Integration der ausländischen Arbeitnehmer geschaffen worden. Auch in der nun schon über 12 Jahre anhaltenden Beschäftigungskrise hält das Land Hessen zumindest programmatisch an seiner Integrationspolitik fest und hat u.a. ein Förderungsprogramm für jugendliche Ausländer der 2. und 3. Generation aufgelegt (vgl. Jahresberichte 1970, S. 13; 1980, S. 69f.; 1984, S. 22f.).

Diese Aufzählung sozialpolitischer Aktivitäten in Hessen in der ersten Hälfte der 70er Jahre, die nicht als apologetisch verstanden werden darf, soll zumindest aussagen, daß hier ganz offensichtlich Handlungsspielräume für eine „humanere und gerechtere Gesellschaft" (Horst Schmidt, Jahresbericht 1970) genutzt worden sind. Im sozialinfrastrukturellen Bereich sind Maßnahmen eingeleitet und ausgeführt worden, die auch nach Jahren der wirtschaftlichen Krise noch Wirkung zeigen. Daß allerdings auch schon in der damaligen Reformphase finanzielle Restriktionen wirksam wurden, zeigt das Beispiel des 1974 verabschiedeten Kindergartengesetzes, das kurz nach seiner Verabschiedung durch den Hessischen Landtag wieder außer Kraft gesetzt worden ist, und zwar auf Grund der „allgemeinen schwierigen Finanzlage", wie es hieß (Jahresberichte 1974, S. 52, und 1975, S. 49). Unabhängig davon: Für diese Reformphase war insgesamt die Hinwendung zu einem gemeinwesenorientierten Ansatz in der Sozialarbeit, die Verwirklichung von mehr Partizipation, die verstärkte Sicherstellung von mehr Schutz im Arbeitsleben und schließlich die qualitative Verbesserung gesundheitspolitischer Standards bestimmend, letzteres allerdings bei Aufrechterhaltung der kostentreibenden Strukturen im Gesundheitswesen (vgl. Jahresberichte 1975 ff.).

5. Sozialpolitik auf dem Hintergrund der wirtschaftlichen Strukturkrise

Eine 1971 eingesetzte „Hessische Kommission für die sozialen Folgen des technischen Fortschritts" sollte der Intention nach die Grundlagen der damaligen Reformpolitik mit in die Zukunft verlängern helfen, war aber insgesamt ein Wetterleuchten der in der zweiten Hälfte der 70er Jahre am sichtbarsten in der langanhaltenden Beschäftigungskrise, in den Wachstumsabschwächungen und in den — für die Bundesrepublik — Höchstzahlen an Firmeninsolvenzen zum Ausdruck kommenden tiefgreifenden Strukturkrise unserer Wirtschaft. Infolgedessen hat sich die Bedeutung dieser Kommission faktisch in Richtung soziale Technologiefolgenabschätzung und Erarbeiten von Alternativen verschoben. So kam beispielsweise eine Anfang der 70er Jahre in Auftrag gegebene Studie der Prognos AG Basel über die „Auswirkungen des technischen Wandels in der hessischen Automobilindustrie" zu noch relativ moderaten Einschätzungen etwa der Beschäftigungsentwicklung und der Qualifikationsanforderungen. Die Kommission selbst beschränkte sich in ihrer Stellungnahme auf Empfehlungen, wie etwa bestehende Instrumente der Wirtschafts- und Strukturpolitik hier leicht korrigierend eingreifen könnten (vgl. Jahresbericht 1975, S. 17). Wenige Jahre später bestellte die Kommission bei Prognos eine Überarbeitung, die nun — 1980 — von einem Arbeitsplatzabbau in der hessischen Automobilindustrie bis 1995 in der Größenordnung von knapp 30% ausgeht. Die Folgen für die gesamte hessische Wirtschaft werden als gravierend eingeschätzt (Jahresbericht 1980, S. 26 f.). Studien für weitere Wirtschaftsbereiche und für einzelne Arbeitsamtsbezirke sind erstellt bzw. projektiert (Jahresberichte 1979, S. 24 f.; 1981, S. 25, und 1985/86, S. 26 ff.).

Der bei der Namensgebung dieser Kommission völlig unkritisch verwandte Fortschrittsbegriff stammt noch aus der Phase der Vollbeschäftigung und bringt das Credo an einen steten quantitativen und qualitativen Aufwärtstrend sowie an die grundsätzliche Steuerbarkeit wirtschaftlicher Prozesse zum Ausdruck. Tatsächlich aber bricht sich diese Vorstellung aktuell — wie auch schon in anderen geschichtlichen Phasen — etwa an einer fortwährenden Dauerarbeitslosigkeit, an tiefgreifenden Umschichtungen im Beschäftigungs- und Qualifikationssystem und in den immer sichtbarer und auch bewußter werdenden Folgen dieses Wirtschaftsprozesses für die gesamte Arbeits- und Lebenswelt (vgl. v. Alemann/Schatz 1986). Die bislang am allgemeinen Wohlstand teilhabende Sozialpolitik erfährt nun in besonderem Maße die restriktive Seite ihrer Koppelung an den privatkapitalistischen Akkumulationsprozeß: In dem Maße, wie der Bedarf an sozialem Ausgleich und sozialer Gestaltung zunimmt, werden die dafür notwendigen finanziellen Ressourcen relativ und auch absolut knapper (vgl. Huster 1985a, in: Leibfried/Tennstedt, Hrsg., 1985, S. 199 ff.; Greven u.a. 1980).

In diesem Sinne zieht Sozialminister Clauss während der Haushaltsdebatte am 26. November 1976 im Hessischen Landtag aus der sich stetig öffnenden Schere zwischen Ausgabenbedarf für soziale Zwecke und den Finanzierungsmöglichkeiten den Schluß, „daß drastisch gespart werden muß, wovon leider der soziale Bereich nicht ausgenommen werden kann." Doch dies solle nicht in Form linearer Kürzungen, sondern über das Setzen von Prioritäten geschehen. Dabei sei die Ausgangssituation in Hessen günstiger „als in allen vergleichbaren Bundesländern", denn der Sockel der sozialen Infrastruktur sei sehr gut und biete im Bereich der sozialen Daseinsvorsorge ein sehr hohes Niveau. Über eine Konsolidierung der erreichten Qualität hinaus gelte es „trotz knapper Haushaltsmittel noch sozialpolitische Akzente zu setzen" (in: Jahresbericht 1976, S. 117 und 119). Dieses konkretisierend, wendet sich die hessische Sozialpolitik zwar gegen pauschale Kürzungen der Sozialausgaben, doch hat sie bis zum Ende der sozialliberalen Koalition in Bonn über den Bundesrat und in Hessen selbst wie indirekt bei den Kommunen teil an den Kürzungen im Sozialbereich. Nach dem Regierungswechsel in Bonn im Herbst 1982 wird Hessen nun allerdings im Bundesrat wie in der Öffentlichkeit zu einem entschiedenen Gegner der restriktiven Haushalts- und Sozialpolitik und formuliert Alternativen zur Politik der konservativ-liberalen Koalition, so bei der Arbeitszeitpolitik, der Gleichstellung von Männern und Frauen, beim Arbeitsrecht, bei der Regelung der Pflegebedürftigkeit und bei vielem anderen mehr (vgl. Jahresbericht 1983, S. 151 ff.). Doch hier wie bei den Versuchen, die Aushöhlung einiger Reformwerke der 70er Jahre abzuwenden (etwa beim BaföG, beim Jugendarbeitsschutz, bei der Krankenhausfinanzierung, beim Kindergeld), ist das Bundesland Hessen ebenso erfolglos wie die politische Opposition im Deutschen Bundestag.

Der hessischen Sozialpolitik bleibt damit wieder im wesentlichen ein Festhalten an den kompensatorischen Elementen der Sozialpolitik, so insbesondere bei der Arbeitsmarktpolitik. Hier werden die Instrumente des Arbeitsförderungsgesetzes in zahlreiche Landesprogramme eingebaut (beginnend mit dem Jahresbericht 1975, S. 19, bis Jahresbericht 1985/86, S. 19). Schwerpunktmäßig werden dabei Projekte für arbeitslose Jugendliche, darunter auch für Behinderte und für junge Ausländer aufgelegt. Die nachfolgende Tabelle 3 gibt einen Überblick über die einzelnen Landesprogramme und deren Finanzierung.

Tabelle 3: Landesprogramme Hessens zur Arbeitsbeschaffung

Landesprogramme (LP)	Gesamt- volumen Mill. DM	Landes- anteil Mill. DM	Anteil BA Mill. DM	Zahl der beschäftigten Arbeitnehmer
1. LP 1975	13,0	1,3	11,7	1 100
2. LP 1976	12,0	1,3	10,7	1 200
3. LP 1976/77	19,5	1,9	17,6	1 500
4. LP 1977	11,0	1,4	9,6	1 100
5. LP 1978	36,0	3,7	32,3	2 980
6. LP 1979	24,2	6,0	18,2	1 430
Sonderprogr. 1979	16,6	3,3	13,3	950
7. LP 1980	15,4	3,1	12,3	940
8. LP 1981	33,0	6,4	26,6	1 145
9. LP 1981/82	16,6	2,8	13,8	613
10. LP 1982/83 Jugendliche	7,8	1,6	6,2	430
11. LP 1983	85,0	11,65	73,35	3 531
12. LP 1984	70,0	10,0	60,0	2 600
13. LP 1985	78,4	11,2	67,2	4 000
insgesamt	438,5	65,65	372,85	24 519

Quelle: Jahresbericht 1985/86, S. 20.

Hessen weist im Bundesvergleich eine unterproportionale Arbeitslosigkeit auf. Infolgedessen werden die Mittel für eine aktive Arbeitsmarktpolitik der Bundesanstalt für Arbeit – etwa Mittel für Arbeitsbeschaffungsmaßnahmen – auch nur unterdurchschnittlich über den Landesarbeitsamtsbezirk Hessen vergeben. 1985 erhielt Hessen nur etwa 5% der ABM. Gleichwohl nutzt das Land Hessen den damit gegebenen Handlungsspielraum, um mit relativ geringen zusätzlichen Mitteln aus dem Landesetat – insgesamt im Schnitt etwa 15% der Gesamtkosten – zusätzliche Arbeits- und Qualifikationsmöglichkeiten zu eröffnen, zeitlich begrenzt allerdings und mit der ungewissen Perspektive für die Betroffenen, was danach kommt.

Wenn auch im Bundesvergleich betrachtet unterproportional betroffen, schlagen sich doch die Folgen der hohen Dauerarbeitslosigkeit auch in Hessen nieder. So hat sich etwa die Zahl der langfristig Arbeitslosen in Hessen von 5 032 im Jahr 1979 bis 1985 auf 41 789 erhöht und damit verachtfacht. Der Anteil der Dauerarbeitslosen an der Gesamtzahl der registrierten Arbeitslosen ist seit 1979 von 10% auf 27,1% im Jahr 1985 angestiegen. Die Folgen insbesondere für die Länder und Kommunen sind anderenorts ausführlich analysiert worden: Während der Anteil der Arbeitslosengeldbezieher (finanziert aus Beiträgen der Arbeitslosenversicherung) drastisch zurückgegangen ist, steigt der Anteil der Arbeitslosen, die nur noch die geringere Arbeitslosenhilfe erhalten (finanziert aus Bundesmitteln). Das geringere Leistungsniveau der Arbeitslosenhilfe und der hohe Anteil derer, die vom Arbeitsamt überhaupt keine Leistungen erhalten, führen dazu, daß der ergänzende bzw. vermehrte Bedarf an Unterstützungen etwa in Form von Wohngeld (finanziert aus Landesmitteln) und von Sozialhilfe (finanziert von den Kommunen) stetig zunimmt. Parallel zur Massen- und Langfristarbeitslosigkeit steigt so die Zahl derer, die laufende Hilfen zum Lebensunterhalt beim Sozialamt beziehen (vgl. Jahresbericht 1985/86, S. 17 und S. 54; Arbeitsgruppe Armut und Unterversorgung 1982 ff.; Balsen [2]1985). Die Zahl der Haushalte, die Hilfen zum Lebensunterhalt empfangen, hat sich in Hessen von 1980 bis 1985 um 30 000 erhöht. Zwei Drittel dieses Anstiegs gehen auf den „Verlust des Arbeitsplatzes" zurück (vgl. auch Tabelle 4), so daß inzwischen jeder vierte Empfänger-Haushalt Hilfen zum Lebensunterhalt aus Gründen der Arbeitslosigkeit erhält. Bei den Arbeitslosen-Haushalten in der Sozialhilfe fällt weiterhin auf, daß nur knapp die Hälfte der Betroffenen überhaupt finanzielle Leistungen vom Arbeitsamt bezieht.

Tabelle 4: Entwicklung der Empfängerhaushalte von Hilfen zum Lebensunterhalt in Hessen 1980−85 (ohne Asylbewerber)

Jahr	Haushalte insgesamt	mit angerechnetem Einkommen	Leistungen nach dem AFG	Hauptursache der Hilfebedürftigkeit „Verlust des Arbeitsplatzes"
1980	79 443	56 604	3 847	8 938
1981	75 398	56 627	4 315	10 673
1982	91 181	68 162	7 541	17 461
1983	94 539	69 839	10 033	22 155
1984	98 567	73 750	12 637	24 913
1985	109 255	81 899	14 761	29 057

Quelle: Hess. Stat. Landesamt

Über die individuelle Linderung von Armut in Hessen, u.a. als Folge von Dauerarbeitslosigkeit, hinaus ist das Land Hessen seit 1982 dazu übergegangen, auch Arbeitsloseninitiativen zu unterstützen. Seit 1984 ist ein Betrag von DM 200 000 im Landeshaushalt für diesen Zweck ausgewiesen. 1985 sind damit 23 Initiativen und Selbsthilfegruppen mit Förderbeiträgen zwischen DM 5 000 und DM 10 000 bezuschußt worden (Jahresberichte 1982, S. 23; 1984, S. 20, und 1985/86, S. 20).

Auch die hessische Sozialpolitik ist, bezogen auf die Arbeitslosigkeit, letztlich auf mildernde, nicht aber wirklich Besserung versprechende Hilfen beschränkt. Der Appell nun aber des Sozialministeriums an Gewerkschaften und Arbeitgeber, sie mögen zusammen mit dem Staat einen Minimalkonsens für die Überwindung der Arbeitslosigkeit suchen (Jahresbericht 1981, S. 11), greift zu kurz, wenn er nicht die wirtschaftlichen Ursachen der derzeitigen Strukturkrise der Wirtschaft und die in der Krise zum Tragen kommenden dominanten sozialen Interessen kritisch reflektiert und den staatlichen Gestaltungsanspruch im Sinne eines qualitativen Wachstums zur Geltung bringt (für die breite Diskussion mögen stehen: Meißner/Zinn 1984; Fraktion der SPD im Deutschen Bundestag 1984; Arbeitsgruppe Alternative Wirtschaftspolitik, Memoranden 1983 ff.). Die restriktiv wirkenden Rahmenbedingungen, die der derzeitige Wirtschaftstypus setzt, werden inzwischen in der Öffentlichkeit breiter thematisiert als früher. Dies gilt insbesondere auch für die ökologischen Folgelasten des derzeitigen Wirtschaftswachstums. Es ist gleichwohl bislang nicht – auch nicht in der Phase rot-grüner Zusammenarbeit – gelungen, deutlich zu machen, welchen Teil etwa die Sozialpolitik dieses Bundeslandes im Rahmen einer wirtschaftspolitischen Reformstrategie übernehmen könnte. Es ist vielmehr der Eindruck entstanden, daß die dominante Wirtschaftspolitik nach wie vor vorrangig die bestehende Wirtschaftsstruktur fortschreibt und mitverfestigt, während der Sozialpolitik die Pflege der Alternativen anheim gestellt wird.

Doch trotz dieser von außen vorgegebenen, teils selbst mit induzierten restriktiven finanziellen Rahmenbedingungen (vgl. Alber 1986, S. 28 ff.) sucht die hessische Sozialpolitik auch in dieser Phase nach Antworten auf neue Herausforderungen und setzt hier sozialpolitische Akzente. So wird beispielsweise ein Teil frauenpolitischer Forderungen in praktische Politik umgesetzt, so etwa in neuen Förderungsrichtlinien und finanzieller Unterstützung für Frauenhäuser und Fraueninitiativen (Jahresberichte 1980, S. 75, und 1985/86, S. 57). Mit Bildung der rot-grünen Koalition sind darüber hinaus weitere Projekte gefördert worden, die sich innerhalb der neuen sozialen Bewegungen gebildet haben (Jahresberichte 1984, S. 175 ff., und 1985/86, S. 11).

Damit ist erneut die Frage nach möglichen Handlungsspielräumen der Landessozialpolitik gestellt. Dies hat sich exemplarisch an einem Konflikt zwischen der Stadt Gießen und einer seit Anfang der 70er Jahre in einem Gießener sozialen Brennpunkt wirkenden „Projektgruppe Margaretenhütte" gezeigt. Die autonome Projektgruppe vermochte über Jahre, eine qualifizierte Gemeinwesenarbeit in enger Kooperation mit den Bewohnern und in derem Interesse zu betreiben. Die der Kommune zu kostenaufwendige und immer wieder mit juristischen Niederlagen für die Stadt verbundene Arbeit der Projektgruppe sollte deshalb nach Vorstellungen des CDU-Magistrats in ‚geordnete' Bahnen überführt werden. Die Kommune versuchte deshalb zum Jahreswechsel 1982/83 die Projektgruppe aus dem sozialen Brennpunkt herauszuwerfen und die Landes- wie die kommunalen Finanzmittel sowie die Arbeit auf eine lokale Vereinigung der tradierten Wohlfahrtsverbände zu übertragen. Dieser von der Kommune entfachte Konflikt mobilisierte nun nicht nur die Bewohner und zahlreiche Unterstützer der Projektgruppe, sondern auch den hessischen Sozialminister, der – eine Reihe von Gerichtsurteilen hatte die Kommune erneut ins Unrecht gesetzt – kurzerhand erklärte, das Land Hessen „werde sich auf keinen Fall an einem Trägerwechsel beteiligen, der dazu beiträgt, den bisherigen tüchtigen Träger auszubooten." Ein 1983/84 unter Vermittlung des hessischen Sozialministers zu Stande gekommener Kompromiß beließ die fachliche Autonomie der Projektgruppe und sah lediglich eine verwaltungstechnische Kooperation zwischen Projektgruppe und den Wohlfahrtsverbänden vor. Diese Konstruktion wurde mit der Kommunalwahl im März 1985 obsolet, da hier der CDU-Magistrat von einem rot-grünen Bündnis abgelöst wurde. Durchgesetzt hatte sich die Linie des Ministeriums, neben den tradierten Wohlfahrtsverbänden die Arbeit besonders engagierter Gruppen insbesondere in den sozialen Brennpunkten zu unterstützen und damit ein wichtiges Stück der Reformbewegung der 70er Jahre fortzusetzen (Projektgruppe Margaretenhütte 1985, S. 188 ff.).

*IV. Zusammenfassende Thesen: Vom Sozialplan für Deutschland
zu sozialen Plänen in Hessen*

40 Jahre hessische Sozialpolitik stehen mehr oder weniger synonym für 40 Jahre sozialdemokratische Sozialpolitik in diesem Bundesland. In diesen 40 Jahren ist die SPD für den Bereich Sozialpolitik politisch verantwortlich gewesen, lediglich in der 1. Legislaturperiode von 1946/47–1951 ist mit Josef Arndgen (CDU) ein Nichtsozialdemokrat Ressortchef gewesen, allerdings unter dem sozialdemokratischen Ministerpräsidenten Stock. Die Diskussion über die Neuordnung des sozialen Sicherungssystems – unmittelbar nach Kriegsende in den Ländern, nach der Konstituierung der Bundesrepublik Anfang der 50er Jahre auf Bundesebene – zielte auf eine grundlegende Reform, besonders prägnant zusammengefaßt im „Sozialplan für Deutschland" der SPD, der in den 50er Jahren entwickelt worden war (Richter, Hrsg., 1955 ff., G II). Die Grundprinzipien dieses Sozialplans, nämlich die Entwicklung und Anwendung lebenslageorientierter sozialpolitischer Konzepte mit vereinheitlichender Tendenz auch für größere Lebensräume, gehen in die hessische Sozialpolitik ein, nachdem es auf Bundesebene nicht möglich war, eine derartige Politik für die gesamte Republik zu verwirklichen. Parallel zu entsprechenden Planungsansätzen in anderen Politikbereichen, besonders wirksam ist der sog. „Große Hessenplan" geworden, sind auf dieser Grundlage immer wieder neue und umfassende Konzepte für einzelne Problemfelder entwickelt und zumindest in wichtigen Teilen auch verwirklicht worden. Diese – bezogen auf das Bundesland Hessen – eher zentralistisch ausgerichtete Sozialpolitik hat allerdings immer auch dezentrale Elemente enthalten, so insbesondere mit dem Prinzip dezentraler Trägerschaft, im wesentlichen der Kommunen, aber auch, wenn auch in geringerem Umfange als etwa in CDU-regierten Bundesländern, der Wohlfahrtsverbände und sonstiger freier Träger. Dabei hat das Land Hessen im programmatischen Bereich und für den zu erreichenden Versorgungsgrad Vorgaben gemacht und Finanzierungsmodalitäten festgelegt, geichzeitig aber auch Spielraum für die dezentrale Umsetzung gelassen, immer aber darauf achtend, daß die für wichtig angesehenen sozialpolitischen Maßnahmen letztlich auch landesweit verwirklicht werden.

Insgesamt können folgende Merkmale hessischer Sozialpolitik herausgestellt werden:

1. Die Politik der SPD zielt auf Grund ihres geschichtlich herausgebildeten Staatsverständnisses vor allem auf die zentralstaatliche Ebene. Sie hat deshalb insgesamt dazu beigetragen, daß die Gewichte im föderalen Sozialstaat zu Gunsten des Bundes verschoben worden sind. In der Phase der CDU-Regierungen im Bund von 1949–1967 war der teilweise SPD-dominierte Bundesrat eine Art Ersatzebene für die vorenthaltene Regierungsbeteiligung im Bund. Mit der Regierungsbeteiligung der SPD im Bund zwischen 1967–1982 konzentrierte sich das Bundesland Hessen im besonderen Maße auf den Ausbau des zentralen Sozialstaates.
2. Unter Mitwirkung Hessens ist der Grad der Verrechtlichung auch im Bereich der Sozialpolitik erheblich ausgeweitet worden. Von jenen zwei Seiten der Verrechtlichung – Sicherung von Rechtsansprüchen bei gleichzeitig verstärk-

ter Normierung und Kontrolle individuellen Verhaltens – hat die hessische Sozialpolitik der SPD nicht zuletzt auf Grund von Traditionszusammenhängen der sozialdemokratischen Arbeiterbewegung vor allem den Aspekt stetig fortzuschreibender Rechtssicherheit gesehen und verfolgt. Die Kehrseite dieses Prozesses dagegen ist kaum beachtet worden.

3. Die SPD hat im Parlamentarischen Rat die Formel von der „Einheitlichkeit der Lebensverhältnisse" geprägt und im Grundgesetz durchgesetzt. Die SPD in Hessen hat versucht, diesen materiellen Imperativ des Grundgesetzes im Bereich der Sozialpolitik über ihre Planungskonzepte umzusetzen. Der föderale Sozialstaat erweist sich als flexible Einrichtung, innerhalb derer das einzelne Bundesland bei bestimmten sozialen Problemen und deren Bewältigung vorprescht und damit Standards für Sozialpolitik vorgibt. Hessen hat diese Vorreiterrolle auf zahlreichen Gebieten übernommen, so insbesondere beim Aufbau der sozialen Infrastruktur.

4. Die hessische Sozialpolitik hat an der erheblichen Wirtschaftskraft dieses Bundeslandes teil. Die wirtschaftlichen Ungleichgewichte zwischen Nord- und Südhessen sind trotz erheblicher strukturpolitischer Bemühungen der Landespolitik geblieben. Infolgedessen ist die Ausstattung Nordhessens mit entsprechenden sozialpolitischen Einrichtungen zeitlich immer später erfolgt als in Südhessen. Hessen steht in der Bundesrepublik auch heute – trotz des auch dieses Bundesland betreffenden tiefgreifenden Strukturwandels der Wirtschaft – noch immer mit an der Spitze, was den allgemeinen Wohlstand betrifft, so daß die Einschnitte im System der sozialen Sicherung hier weniger hart ausgefallen sind als anderswo.

5. Die Landessozialpolitik ist in vielfältiger Weise eingebunden und deshalb im wesentlichen pragmatisch ausgerichtet. Auf der anderen Seite ist keine Ebene der Sozialpolitik so sehr der Brennspiegel der unterschiedlichsten Problemlagen wie die Landessozialpolitik. Parallel zu der durchgängig pragmatischen Ausrichtung der Sozialpolitik in Hessen hat die hessische Sozialpolitik immer auch auf neue Problemlagen reagiert und sich damit konzeptionell weiterentwickelt. Dies betrifft über die Reformphase der 70er Jahre hinaus auch die 1987 beendete Phase rot-grüner Kooperation.

Die hessische Sozialpolitik unterliegt den allgemeinen Vorgaben und Rahmenbedingungen bundesdeutscher Sozialpolitik, sie weist aber zugleich Spezifika auf. Dieses sind besonders der sozialplanerische Ansatz, die lebenslageorientierte Konzeptualisierung und die Ausweitung von Teilhaberechten. Diese Spezifika sind an wirtschaftliche und politische Rahmenbedingungen gebunden, die bei dem derzeitigen wirtschaftlichen Strukturwandel und veränderten politischen Strategien sowie Mehrheitsverhältnissen im Land letztlich zur Disposition stehen können. Die hessische Sozialpolitik hat im Vergleich zum Bund und zu anderen Bundesländern eine gewisse Dynamik und ein bestimmtes Eigengewicht erhalten, nicht zuletzt auch durch ihre Verankerung in den Kommunen und Landkreisen, so daß die geschichtlich gewordenen Strukturmerkmale hessischer Sozialpolitik auch nicht beliebig verschoben werden können.

Literaturverzeichnis

1. Quellen

HHSTA: Hessisches Haupstaatsarchiv, Abt. 502 und Abt. 508.
Abteilungsbericht: Der Hessische Minister für Arbeit, Volkswohlfahrt und Gesundheitswesen, Abteilung Fürsorgewesen, Abteilungsbericht 1. 8. 1960–31. 12. 1961 ff., in HHSTA Abt. 508, Nr. 2236.
Jahresbericht: Der hessische Sozialminister, Jahresbericht 1970 ff.

2. Darstellungen

Alber, J., 1986: Der Wohlfahrtsstaat in der Wirtschaftskrise – Eine Bilanz in der Bundesrepublik seit den frühen siebziger Jahren, in: Politische Vierteljahresschrift 27. Jg., Heft 1, S. 28 ff.
v. Alemannn, U. / Schatz, H., 1986: Mensch und Technik, Opladen.
Arbeitsgruppe Alternative Wirtschaftspolitik, 1983 ff.: Memoranden, Köln.
Arbeitsgruppe Armut und Unterversorgung 1982: Fachpolitische Stellungnahme ... zur aktuellen Situation der Sozialhilfe, in: Frankfurter Rundschau vom 10. 2. 1982.
Arbeitslosigkeit, Ausgrenzung und Armut in der Bundesrepublik Deutschland, in: Frankfurter Rundschau vom 7. und 8. 8. 1984.
Balsen, W., u.a., 1984: Die neue Armut, Ausgrenzung von Arbeitslosen aus der Arbeitslosenunterstützung, Köln.
Bartholomäi, R., u.a. (Hrsg.) 1977: Sozialpolitik nach 1945, Geschichte und Analysen, Bonn/Bad Godesberg.
Bartholomäi, R., 1977: Der Volksversicherungsplan der SPD, in: Bartholomäi u.a. (Hrsg.) 1977, S. 161 ff.
v. Bethusy-Huc, V., Gräfin, ²1976 Das Sozialleistungssystem der Bundesrepublik Deutschland, Tübingen.
Brück, A., ²1981: Allgemeine Sozialpolitik, Köln.
Bungenstab, K.-E., 1970: Umerziehung zur Demokratie? Re-educaton-Politik im Bildungswesen der US-Zone 1946–49, Düsseldorf.
Gladen, A., 1974: Geschichte der Sozialpolitik in Deutschland, Wiesbaden.
Grauhan, R.-R. / Hickel, R., 1978: Krise des Steuerstaates? – Widersprüche Ausweichstrategien, Perspektiven staatlicher Politik, in: dies., Hrsg.: Krise des Steuerstaates? (Leviathan Sonderheft), Opladen, S. 7 ff.
Greven, M.Th., u.a. 1980: Sozialstaat und Sozialpolitik, Krise und Perspektiven, Neuwied und Darmstadt.
Guldimann, T., u.a. 1978: Sozialpolitik als soziale Kontrolle, Starnberger Studien 2, Frankfurt/Main.
Hartwich, H.H., 1970: Sozialstaatspostulat und gesellschaftlicher status quo, Wiesbaden und Opladen.
Hentschel, V., 1983: Geschichte der Sozialpolitik, 1890–1980, Frankfurt/M.
Hockerts, H.-G., 1980: Sozialpolitische Entscheidungen im Nachkriegsdeutschland, Stuttgart.
Huster, E.-U., 1978: Die Politik der SPD 1945–1950, Frankfurt/New York.
Huster, E.-U., 1985a: Struktur und Krise kommunaler Sozialfinanzen, in: Leibfried, S. / Tennstedt, F. (Hrsg.) 1985, S. 190 ff.
Huster, E.-U., 1985b: Subsidiarität – Historische und systematische Aspekte zu einem Leitprinzip in der Sozialpolitik, in: WSI-Mitteilungen, Heft 7/1985, S. 370 ff.
Huster, E.-U. / Schweiger, H., 1979: Die ‚vergessene' Einheitsschule – Schulpolitik in Hessen zwischen Neuordnung und Restauration 1945–1951, in: Die deutsche Schule, 71. Jg. Heft 12, S. 740 ff.

Kommission zur Auswertung der Erfahrungen mit dem reformierten § 218 des Strafgesetzbuches, Bericht, Unterrichtung durch die Bundesregierung, in: Deutscher Bundestag, Drucksache 8/3630, ausgegeben am 31. 1. 1980.

Kraiker, G., 1972: Politischer Katholizismus in der BRD, Eine ideologiekritische Analyse, Stuttgart, Berlin, Köln, Mainz.

Kriesten, A., 1982: Gemeinwesenorientierte Sozialarbeit in Unterschichtquartieren, Darmstadt.

Lampert, H., 1980: Sozialpolitik, Berlin/Heidelberg/New York.

Lange-Quassowski, J.-B., 1979: Neuordnung oder Restauration, Das Demokratiekonzept der amerikanischen Besatzungsmacht und die politische Sozialisation der Westdeutschen, Wirtschaftsordnung – Schulpolitik – Politische Bildung, Opladen.

Leibfried, St. / Tennstedt F., (Hrsg.) 1985: Politik der Armut und Die Spaltung des Sozialstaats, Frankfurt/Main.

Meißner, W. / Zinn, K.G., 1984: Der neue Wohlstand, Qualitatives Wachstum und Vollbeschäftigung, München.

Noetzel, M., 1977: Die Berliner Sozialversicherung der Nachkriegsjahre, in: Bartholomäi, R., u.a. (Hrsg.) 1977, S. 37ff.

Orthbandt, E., 1980: Der deutsche Verein in der Geschichte der deutschen Fürsorge, Frankfurt/Main.

Ott, E., 1978: Die Wirtschaftskonzeption der SPD nach 1945, Marburg.

Projektgruppe Margaretenhütte, 1985: die Siedlung am Rande der Stadt, Margaretenhütte Gießen, Gießen.

Pünder, T., 1966: Das bizonale Interregnum, Die Geschichte des Vereinigten Wirtschaftsgebietes 1946–1949 o.O.

Richter, M., (Hrsg.), 1955ff.: Die Sozialreform, Dokumente und Stellungnahmen – Loseblattsammlung, Bad Godesberg.

Sachße, Chr., / Tennstedt, F., (Hrsg.), 1986: Soziale Sicherheit und soziale Disziplinierung, Frankfurt/M.

Schaub, M., 1985: Die Finanzierung der Gemeinwesenarbeit, Aktivitäten in Hessen, in: Hillenbrandt u.a. (Hrsg.): Neue soziale Bewegungen, Gemeinwesenarbeit Jahrbuch 2, München 1985, S. 237ff.

Sörgel, W., 1969: Konsensus und Interessen. Eine Studie zur Entstehung des Grundgesetzes für die Bundesrepublik Deutschland, Stuttgart.

SPD 1984: Antrag der Fraktion der SPD: Sondervermögen „Arbeit und Umwelt", Deutscher Bundestag, Drucksache 10/1722 vom 5. Juli 1984.

Standfest, E., 1979: Sozialpolitik als Reformpolitik, Aspekte der sozialpolitischen Entwicklung in der BRD, Köln.

Winter, G., 1974: Sozialisierung in Hessen 1946–1955, in: Kritische Justiz VII/2, S. 157ff.

Zöllner, D., 1981: Ein Jahrhundert Sozialversicherung in Deutschland, Berlin.

Wilhelm Frenz

Bildungspolitik und politische Bildung in Hessen im Zeichen der Reform

1. Einführende Thesen

1) Die Blickrichtung wird hier auf die Reformbestrebungen der Bildungspolitik konzentriert, weil Bildungsreform seit 1945 Zielperspektive und Antriebsmoment der hessischen Kulturpolitik war.

Bildungspolitik in Hessen (und nicht nur in Hessen) läßt, so gesehen, ein hohes Maß an Kontinuität erkennen. Diese ist begründet durch die gesellschaftspolitische Problemstellung und Zielsetzung, ein demokratisches und einheitliches Bildungswesen mit Chancengleichheit für alle zu schaffen – und durch die politisch-gesellschaftlichen Widerstände gegen dieses Ziel und seine politisch-praktische Verwirklichung.

2) Eine gezielte, längerfristig geplante Vermittlung ökonomischer Interessen in die Bildungspolitik – im Sinne eines gesteuerten Qualifizierungsprozesses zur Sicherstellung eines Reservoirs abgestuft qualifizierter Arbeitskräfte, Fachkräfte und mittlerer sowie höherer Führungskräfte (Man-Power-Ansatz) – läßt sich in Hessen nicht feststellen.

3) Deutlich erkennbar – und von Politikern auch ausdrücklich betont – ist die Abhängigkeit reformerischer Bildungspolitik von der Entwicklung und Verteilung öffentlicher Ressourcen. Belege dafür sind die Rückschläge in der Bildungsreform in Hessen (und andernorts) mit dem Rückgang des staatlichen Finanzaufkommens seit 1972/73 – und auch Erklärungen, wie die des ehemaligen Hessischen Kultusministers Krollmann: „Bildungsreform ist, was bezahlt werden kann."

4) Hessen war zwar immer in der Spitzengruppe der Bundesländer, die Bildungsreformen betrieben, dennoch hatte die Bildungspolitik in der hessischen Landespolitik und in den politischen Programmen der Parteien keine Vorrangstellung. Bildungspolitik galt – trotz Kulturhoheit der Länder – in allen Landesparteien stets als politisch weniger erfolgversprechend und mehr als Sachgebiet für Fachleute. Die Minderheit der Bildungsreformer gehörte in allen Parteien eher zum „linken Flügel". Sie konnte ihre Reformpläne meistens nur durchsetzen a) gegen innerparteiliche Widerstände, b) in Teilbereichen und c) zeitweilig, bei erkennnbarer Reformnotwendigkeit.

2. Die gescheiterten Reformpläne der 40er Jahre

Bedrückt von den Folgen der nationalsozialistischen Gewaltherrschaft, Kriegsverlusten und -zerstörungen, akuten Versorgungsnotständen, Obdachlosigkeit, Elend von Flüchtlingen und Displaced Persons und materieller Not breiter Bevölkerungskreise war im besetzten Deutschland des Jahres 1945 die Gestaltung des Bildungswesens für Sieger und Besiegte eine nachrangige Frage. Erste bildungspolitische Ziele der US-Militärregierung waren, „den Nazismus und den deutschen Militarismus in jeder Beziehung innerhalb des deutschen Erziehungswesens auszurotten und mittels eines positiven Umerziehungsprogramms nazistische und militaristische Doktrinen vollständig zu eliminieren sowie die Entwicklung demokratischen Gedankenguts zu fördern"[1]. Die Schulen in der US-Zone sollten nach dem Sommer 1945 wieder eröffnet werden. Zunächst – spätestens ab 1. 10 1945 – sollten die Volksschulen den Unterricht wieder aufnehmen, dann sollte die Wiedereröffnung der Oberschulen vorbereitet werden[2]. Die US-Militärregierung ließ damit in ihrer Besatzungszone die Struktur des überkommenen deutschen Schulwesens bestehen.

Die konzeptionellen Überlegungen zur Neuordnung des Schulwesens begannen im neugebildeten Land Großhessen 1946 unter dem Kultusminister Dr. Franz Schramm (CDU). Nach dem Plan von Schramm sollte die „Deutsche Schule ... eine Einheit und Ganzheit" bilden und „die Einheit von Menschenbildung, Volksbildung und Berufsbildung zu verwirklichen" suchen[3]. Das Bildungswesen sollte von Kindergarten und Vorschule bis zur Hochschule in fünf Stufen gegliedert werden: Auf die Vorstufe (bis zum 6. Lebensjahr) sollten 4 Stufen von je 4 Jahren aufbauen, die Grundstufe (7. bis 10. Lebensjahr), die Mittelstufe (11. bis 14. Lebensjahr), die Oberstufe (bis zum 18. Lebensjahr) und die Hochstufe (bis zum 22. Lebensjahr). – Vorstufe und Grundstufe waren für alle Schüler gemeinsam vorgesehen. Die Mittelstufe sollte in zwei Zweige gegliedert werden: einen mehr an wissenschaftlicher und einen mehr an praktischer Bildung orientierten. Die Jahrgänge 5 und 6 sollten in beiden Mittelstufenzweigen eine Art Beobachtungs- oder Orientierungsstufe werden, mit Englisch ab dem 5. Schuljahr und abgestimmten Lehrplänen, die einen Wechsel der Schüler von einem Zweig in den anderen ohne Schwierigkeiten ermöglichten. „Die ‚Mittelschule' der Praktiker (mit der Fremdsprache Englisch) endet mit dem 8. Jahr; über die ‚Berufsakademie' und die ‚Volkshochschule' kann ihr Schüler nach Ablegung einer ‚Sonderreifeprüfung' auf die Hochschule gelangen."[4] Das berufliche Schulwesen sollte (nach dem 9. Schuljahr) in einem Bildungsgang von der Berufsvorschule über die Berufsschule und die Fachschule den Weg bis zur Fachhochschule ermöglichen. Höhere Schulen und Humanistische Gymnasien sollten nicht mehr errichtet werden.

Kriterien für den Bildungsweg sollten nur noch Begabung und Schulleistungen der Heranwachsenden sein, deshalb war die Schulgeldfreiheit wichtiger Bestandteil dieses Plans.

Inhaltliches Fundament der Schule sollten die göttliche Weltordnung, die Werte des christlichen Abendlandes und das Menschentum der humanistischen Bildung sein.

Die am 30. Juni 1946 gewählte Verfassungsberatende Landesversammlung schrieb die Schulgeld- und Lernmittelfreiheit als eine soziale Grundlage für die Chancengleichheit im Bildungswesen in der Hessischen Verfassung fest (Artikel 59 HV). Zu Wegmarkierungen des Artikels 56 HV über die Gemeinschaftsschule, den Toleranzgrundsatz für den Unterricht, den Geschichtsunterricht, der „auf getreue und unverfälschte Darstellung der Vergangenheit gerichtet sein muß", „die großen Wohltäter der Menschheit, die Entwicklung von Staat, Wirtschaft, Zivilisation und Kultur in den Vordergrund zu stellen" hat und „die Grundlagen des demokratischen Staates" nicht gefährden darf, sowie die Mitbestimmung der Erziehungsberechtigten bei der Gestaltung des Unterrichtswesens.

In seinem Abschlußbericht vor dem neu gewählten Hessischen Landtag am 6. Januar 1947 erklärte der scheidende Ministerpräsident Prof. Karl Geiler: „Hinsichtlich des Schulaufbaues wurde vom Ministerium ein Plan für die hessische Einheitsschule ausgearbeitet, der die gesamten Bildungs- und Erziehungseinrichtungen vom Kindergarten bis zur Hochshule umfaßt. Dabei wollen Gliederungen und Aufbau der hessischen Einheitsschule sowohl der Begabungsfindung als auch der Begabungslenkung dienen."[5]

Die Feststellung Geilers, „daß das hessische Schulwesen in organisatorischer Hinsicht gut fundiert"[6] war, entsprach jedoch nicht der Realität. Das Schulwesen im Lande Hessen war in seiner tradierten Struktur notdürftig wieder in Gang gesetzt worden. Die Unterrichtssituation war weithin vor allem bestimmt durch unzureichende Schulräume, insbesondere in den stark zerstörten Städten und den Landgemeinden, in denen Evakuierte und Flüchtlingsfamilien untergebracht waren. Die Klassen waren überfüllt, Schichtunterricht war weit verbreitet, es fehlte an geeigneten Schulbüchern und Unterrichtsmaterialien. Besonders gravierend war der Lehrermangel. In Hessen gab es Ende 1946: 2639 Volksschulen, davon 1010 (38,3%) einklassig, 37 Mittelschulen und 145 Höhere Schulen. „Am 1. Januar 1947 besuchten 513 635 Schüler (89%) die Volksschulen, 12 845 (2%) die Mittelschulen und 51 615 (9%) die Höheren Schulen . . . Es unterrichteten an den Volksschulen 7965 Lehrer, von denen 2332 (29,3%) Schulhelfer sind, an den Mittelschulen 210 und an den Höheren Schulen 2035 Lehrer."[7] Die Schüler-Lehrer-Relation war demnach für die Volksschulen 64,5, für die Mittelschulen 61,2, für die Höheren Schulen 25,4. – Tausende von Lehrern, die nationalsozialistischen Organisationen angehört hatten, war bei der Entnazifizierung die Erlaubnis, den Lehrberuf auszuüben, zunächst entzogen worden.

Der neue Minister für Kultur und Unterricht, Dr. Erwin Stein (CDU), konnte für sein Konzept einer Hessischen Schulreform den Plan seines Amtsvorgängers nicht einfach übernehmen. Eine Vorgabe an der er sich auf Anordnung der US-Militärregierung orientieren mußte, waren Empfehlungen aus der Denkschrift der amerikanischen Erziehungskommission (dem sogenannten Zook-Bericht vom 21. 9. 1946 für die US-Zone) für die Umziehung der Deutschen und die Neugestaltung des Bildungswesens:

„1. Erzielung demokratischer Lebensformen durch Betonung sozialer Fächer in allen Schulen.
2. Pflichtmäßiger Schulbesuch für alle vom 6. bis zum 15. Lebensjahr; pflichtmäßiger, nicht ganztägiger Unterricht vom 15. bis zum 18. Jahr.
3. Die Schulen sollen ein zusammenhängendes Unterrichtssystem bilden, das allen Kindern dient. Zweizügige Systeme und Überschneidungen von Schulen sollen beseitigt werden. Volksschule und Höhere Schule sollen zwei auf-

einander folgende Ebenen und nicht zwei verschiedene Unterrichtstypen oder -werte darstellen.
4. Wo Kindergärten nötig sind, sollen sie als ein Bestandteil des regulären Schulbetriebes angesehen werden. Nicht in Klassen eingeteilte Schulen sollen nach Möglichkeit unterteilt werden. Alle Schulen für die Klassen 7 bis 12 sollen als Höhere Schulen betrachtet werden. Größere Höhere Schulen sollen neben den wissenschaftlichen auch Kurse zur Fachausbildung bieten. (. . .)"[8]

Nach den Vorschlägen des Zook-Berichts sollten

- in der Elementarschule mit den Klassen 1 bis 6 alle Kinder gemeinsam unterrichtet werden,
- die Höheren Schulen der amerikanischen High School gleichen,
- die notwendige Differenzierung entsprechend der künftigen Berufsabsichten der Schüler nicht in getrennten Schulen erfolgen, sondern durch einen elastischen Aufbau des Lehrplans mit Kern- und Wahlfächern,
- eine repräsentative Lehrplankommission dafür neue und bessere Lehrpläne und Schulbücher erarbeiten.

Zentrale Bedeutung wies die amerikanische Erziehungskommission der politischen Bildung zu. Die sozialwissenschaftlichen Fächer Geschichte, Geographie, Staats- und Heimatkunde sollten als Sozialwissenschaften einen viel größeren Raum erhalten. Als Fächerkombination sollten sie Integrationselement des Lernprozesses werden und demokratisch orientierte sozialwissenschaftliche Inhalte mit selbstbestimmten Unterrichtsformen in Übereinstimmung bringen und demokratischen Bürgersinn entwickeln. – Außerdem wurden Grundsätze für eine akademische Ausbildung für Lehrer aller Schularten vorgeschlagen.[9]

Die Direktoren der US-Militärregierungen der Länder forderten auf Anordnung von General Clay die Landesregierungen der US-Zone auf, bis zum 1. 4. 1947 „die Aufstellung der Aufgaben und Ziele" für eine Neuordnung des Bildungswesens vorzulegen. „Die Aufstellung eines Erziehungsplanes (besser: eines Plans für das Bildungswesen, W.F.) auf lange Sicht für alle Gebiete des praktischen Unterrichts ist ebenfalls bis zum 1. Juli 1947 vorzulegen."[10]

Anfang März 1947 brachte die SPD-Fraktion einen Antrag mit folgenden Leitlinien für die zukünftige Bildungspolitik in den Hessischen Landtag ein:
Aufbau eines dreistufigen Schulwesens mit

- einer sechsjährigen Grundstufe – mit fakultativem Englischunterricht ab Klasse 5,
- einer dreijährigen Mittelstufe, die auch an die Stelle der Mittelschule treten sollte,
- einer dreijährigen Oberstufe, die in drei Zweige (neu- und altsprachlich sowie mathematisch-naturwissenschaftlich) zu gliedern sei.

„Der einheitliche Aufbau des Schulwesens muß Übergangsmöglichkeiten zwischen den verschiedenen Schularten sicherstellen."[11] – Dieser Antrag wurde vom Landtag nicht beschlossen, sondern als „Material für die Schulgesetzgebung" an das Ministerium für Kultur und Unterricht überwiesen. Nach dieser bildungspolitischen Abstinenz des Landtags lag die Aufgabe, das Bildungswesen in Hessen zu reformieren, allein beim Kultusminister. Dieser ließ sich dabei von einem Kreis von Bildungsexperten, der Arbeitsgemeinschaft „Neue Schule" beraten.

Die Universitäten versuchten, auf den Kultusminister einzuwirken, um die Höheren Schulen und den gymnasialen Fächerkanon vor der Schulreform zu bewahren. Minister Stein wandte sich im Hessischen Landtag gegen die antireformerischen Bestrebungen und warnte vor der gesellschaftlichen Isolierung der deutschen Universität. Er wies auch den dominierenden Einfluß der Universität auf die schulischen Bildungsziele zurück: „Endlich sollte man damit ernst machen, das Schulwesen und die Lehrpläne nicht mehr von der Universität her allein zu bestimmen."[12]

Im Zwischenbericht vom 31. 3. 1947 an die US-Militärregierung wurde die hessische Schule als „eine in sich gegliederte Einheitsschule" bezeichnet, in der „in weit größerem Maße als bisher eine Horizontalschichtung mit Querverbindungen zwischen den Fächern und Schularten erstrebt werde (. . .)"[13] Das Schulwesen sollte in drei Stufen (Grund-, Mittel- und Oberschule) aufgebaut werden. Es blieb offen, ob die Grundschule 4 oder 6 Jahrgangsstufen haben sollte. „In der Mittelschule sollte ab der 7. Klasse deutlich nach geistig-theoretischen (Wahl von Latein und Französisch als zweite Fremdsprache) und manuell-technischen Lernzielen (Verstärkung von Deutschkunde und Werkunterricht) unterschieden werden. In der vierjährigen Oberschule war eine Aufgliederung in die Studien- und Wirtschaftsoberschule geplant."[14] – Dieses Konzept wurde – unter Berücksichtigung kritischer Anmerkungen der US-Militärregierung – zu einem Rahmenplan weiterentwickelt. Das geplante Schulsystem sollte „ein gemeinsames Schulleben" und „gemeinsame kulturelle und soziale Erfahrungen" der Heranwachsenden „in der einheitlichen in sich gegliederten Schule"[15] ermöglichen. Die gegliederte Einheitsschule sollte in einem Gebäude untergebracht sein. „Der gemeinsame Unterricht und die Entwicklung aller Formen demokratischen Lebens, welche die Gemeinschaft der Schule zuläßt", sollten „die innere Einheit der neuen Schule" garantieren. „Demokratische Erneuerung in der Schule" sollte auch durch „aktive Mitwirkung in der Schulgemeinschaft" erreicht werden. „Von hier aus werden die Lehrpläne eine gründliche Umgestaltung erfahren müssen. Dem gemeinsamen Erlebnis und der freien Gestaltung müssen in den Fächern Religion, Musik, Zeichnen, Kunstbetrachtung an allen Zweigen der Schule Gemeinschaftsstunden, Spiel- und Feierstunden gewidmet werden. Wahlfreie Kurse müssen den Kernunterricht ergänzen."[16]

Die gegliederte Einheitsschule sollte fünf Anforderungen erfüllen:

1. „Den verschiedenen Begabungen gerecht werden . . . und die individuellen Fähigkeiten entwickeln";
2. „der verschiedenen Entwicklungsgeschwindigkeit der einzelnen Kinder Rechnung tragen";
3. „den Beginn entscheidender kindlicher Entwicklungsstufen nicht mit dem Beginn neuer Schulstufen zusammenfallen lassen";
4. „die Kinder auf kürzestem Wege zum Ziele führen";
5. „sie . . . zu lebendigen Gliedern einer organischen Gemeinschaft erziehen".[17]

– Um Art und Grad der Begabung sowie den Entwicklungsfortschritt der einzelnen Kinder berücksichtigen zu können, sollte die Einheitsschule eine elastische Grundstufe haben, die je nach Begabung 4, 5 oder 6 Jahre umfaßte. „Diese Einheitsschule mit einem elastischen Unterbau soll allen Kindern ohne Rücksicht auf Stand und Einkommen der Eltern den Aufstieg zur Oberstufe und die Teilnahme an den verschiedenen Zweigen ermöglichen, den Übergang von einer Schulart zur anderen mindestens bis zum Ende der mittleren Stufe (9. Schuljahr) erleichtern und durch die Eigenart ihrer Klassenführung tiefe Zäsuren weitgehend vermeiden."[18] – Die innere Verbindung zwischen den Schularten sollte durch einheitliche Kernfächer und gemeinsame Einrichtungen gesichert werden. Für die Mittelstufe der Einheitsschule waren drei Zweige vorgesehen:

1. Der Hauptschulzweig, „der sich auf einer teils fünfjährigen, teils sechsjährigen Grundschule aufbaut",
2. der Mittelschulzweig, „der auf einer fünfjährigen Grundschule errichtet wird",
3. der Gymnasialzweig „mit einer vierjährigen Grundschule".[19]

Das 5. und 6. Schuljahr war als eine Art Beobachtungsstufe geplant: „Die entscheidende Zuweisung der Kinder in dem ihrer Begabung entsprechenden Zweig tritt zu Beginn des 6. Schuljahres ein."[20] Die Auslese der Schüler für die Schulzweige sollte zu Beginn des 5., des 6. und des 9. Schuljahres geschehen. Dabei sollten alle vorhandenen theoretischen und praktischen Fähigkeiten berücksichtigt werden, zugleich waren Beratungen und Aufklärungen vorgesehen. Der Wechsel von einem Schulzweig zu einem anderen sollte durch gemeinsamen Kernunterricht in mehreren Fächern (Geschichte, Erdkunde, Politische Erziehung, Religion, Sport, musische und handwerkliche Fächer) sowie durch Übergangs- und Angleichungskurse erleichtert werden. Die Hälfte bis zwei Drittel der Wochenstunden waren für den differenzierten Kursunterricht vorgesehen. Der Kernunterricht und die geplante Schülerselbstverwaltung sollten „die Erziehung zum sozial denkenden Menschen", die Entwicklung von „Selbsttätigkeit und Selbstverantwortung" und die demokratische Erziehung der künftigen Staatsbürger besonders fördern. „Den Begabungsarten der Schüler tragen Arbeitsgemeinschaften während der letzten drei Jahre Rechnung, die auch die Mittlere Schule im 10. bis 12. Schuljahr kennt. Der zweite (mittlere) und der dritte (höhere) Zweig schließen mit dem Abitur ab. Es soll keine fachwissenschaftliche, sondern eine menschliche Reife feststellen; (. . .). An diese drei Zweige (der Einheitsschule) schließen sich Berufsschulen, Fachschulen, Volkshochschulen und die Hochschulen an."[21]

Die von Stein geplante Einheitsschule enthielt im Prinzip bereits die Konzepte der Förderstufe und der schulreformbezogenen (additiven) Gesamtschule, die in Hessen erst seit der zweiten Hälfte der 50er Jahre eingeführt wurden.

Zur geplanten Reform des Bildungswesens gehörte auch die Hochschulreform. „Eine echte und eigentliche Schulreform darf vor den Hochschulen nicht haltmachen. Denn in ihnen werden die künftigen Erzieher, Richter, Ärzte, Staatsbeamten, Funktionäre der Wirtschaft und Seelsorger gebildet. Die

Hochschulreform betrachte ich als einen Teil der demokratischen Erneuerung des Volkes, die allein zu der lebendigen Anteilnahme aller seiner Glieder an dem neuen Staate führen kann."[22]

Der Reformplan enthielt – bis auf die geforderte sechsjährige Grundschule die wesentlichen schulpolitischen Vorstellungen der US-Militärregierung und des Antrags der SPD-Landtagsfraktion. Er schien auch von der Mehrheit in der hessischen CDU mitgetragen zu werden. In ihrem ersten Schulprogramm von 1948 hieß es: „Die CDU bejaht eine soziale Schulreform und die Bildung in einem organisch möglichst einheitlichen Bildungsgang."[23] Dennoch scheiterte das aufgrund des Reformplans ausgearbeitete Schulgrundgesetz. Nur die bereits 1946 eingeführten Reformmaßnahmen für den Bereich der politischen Bildung wurden durchgesetzt:

– Staatsbürgerkunde wurde Pflichtfach.
– Der Geschichtsunterricht wurde auf demokratische Grundlagen verpflichtet.
– Sozialwissenschaftliche Inhalte wurden als Pflicht- und Prüfungsfach in die Lehrerbildung aufgenommen.
– Die Schülermitverwaltung/-verantwortung sollte Ansatz für eine demokratische Erziehung sein.

Die Veränderungen der politisch-gesellschaftlichen Bedingungen, die Machtkonstellation, die Interessen und organisierten Gruppen, die nach 1948 eine Reform des Bildungswesens in Hessen (und den anderen Ländern der Westzonen) verhinderten, können hier nur summarisch zusammengefaßt werden. – Ab Herbst 1948 formierte sich eine Ablehnungsfront konservativer Kräfte gegen die hessische Bildungsreform. In der CDU-Landtagsfraktion setzte sich der bildungspolitisch restaurative Flügel durch. Sie vertrat ab November 1948 ein konservatives Schulprogramm, das auf der Grundlage des Elternrechts und der (west-)deutschen Bildungseinheit die vierjährige Grundschule und die Gliederung des Schulwesens entsprechend der unterschiedlichen Leistungsfähigkeit forderte. Ihr politischer Angriff richtete sich zwar direkt gegen die US-Militärregierung, der nicht erlaubt werden dürfe, „unser Schulsystem abzutakeln", zielte aber zugleich auf den eigenen Kultusminister Stein, der damit die politische Unterstützung seiner Partei für sein Schulgrundgesetz verlor. Als hartnäckige Reformgegner erwiesen sich der „Landesverband Hessen für Höhere Schulen" und der daraus hervorgehende Hessische Philologenverband im Bündnis mit den Elternbeiräten der weiterführenden Schulen. Sie beriefen sich vor allem auf

– einen biologischen Begabungsbegriff, „bewährte" Traditionen und angebliche naturgeschichtliche Gesetzmäßigkeiten: „Die überlieferte und bewährte Gliederung (. . .) in Hochschule, Höhere Schule und Volksschule ist nicht etwas Zufälliges und Willkürliches; sie ist biologisch begründet, historisch gewachsen, hat ihr Daseinsrecht über Jahrhunderte bewiesen. Sie beruht auf der Natur der Dinge und dem Gesetz der Entwicklung des menschlichen Geistes."[24]
– elitäre und wirtschaftspolitische Begründungen für einen Wiederaufbau Deutschlands: „Nur durch Qualitätsarbeit, ermöglicht durch die Pflege der

Eliten in der Schule, könne Deutschland wieder zu Ansehen kommen."[25]
— Deutschland-feindliche Intentionen der Besatzungsmächte, die „auf eine ‚geistige Demontage' Deutschlands abzielten"[26], und
— sozial-psychologische Beweggründe: „Eine ‚naturgemäße' und ‚in der Praxis bestens bewährte Psychologie' spräche für eine frühe Aufgliederung in verschiedene Schultypen, weil Kinder mit zehn Jahren noch keine ‚Bitterkeit dabei empfänden'."[27]

Auch die vier wissenschaftlichen Hochschulen in Hessen lehnten die Schul- und Hochschulreform ab. In einer gemeinsamen Stellungnahme wandten sie sich gegen das von Kultusminister Stein vorgelegte Schulgrundgesetz. Ihr Eintreten für das Gymnasium begründeten sie mit ihrer Verantwortung „für die Minorität der intellektuell Begabten". „Die besonderen Begabungen, die aus allen Schichten unseres Volkes kommen", müßten „so zeitig und gründlich gefördert werden, wie es pädagogische Einsicht und Zielsetzung fordern".[28] — Eine gesellschaftspolitisch besonders gewichtige Gruppe unter den Gegnern des Schulgrundgesetzes waren die Industrie- und Handelskammern und die Unternehmerverbände. Sie warnten davor, alle Schulgattungen zu weitgehend in Richtung auf die Hochschulreife auszubauen, „etwa mit der unzutreffenden Verallgemeinerung, daß viele Hochbegabte nicht zu höherer Bildung gelangt sind".[29] — Die katholischen Bischöfe in Hessen sprachen sich auch deshalb gegen den Schulgrundgesetz-Entwurf aus, weil sie darin Nachteile für die Konfessionsschule und eine Verkürzung des altsprachlichen Unterrichts mit Nachteilen für „erfolgreiches Mitarbeiten im philologischen und theologischen Studium" befürchteten.[30]

Mit der Verschärfung des West-Ost-Gegensatzes im Kalten Krieg verhärtete und verstärkte sich auch die Ablehnungsfront gegen das Schulreformgesetz. Seine egalitären Momente wurden als Nivellierung schärfer kritisiert, die Notwendigkeit der Elitebildung deutlicher formuliert. Sozialistische Experimente im Schulwesen wurden nachdrücklich abgelehnt. Antikommunistisch gefärbte Vergleiche zur Schulreform in der Sowjetischen Besatzungszone wurden gezogen. Der Hessische Philologenverband verstieg sich sogar zu der Behauptung: „Eine Verlängerung der gemeinsamen Schulzeit treibe die Hessen der kommunistischen Ostzone in die Arme."[31] Im Einklang mit dem seinerzeit aktuellen Totalitarismusverständnis wurde hinzugesetzt: Das „erinnert an Praktiken des Dritten Reiches".[32] „Philologenverband, Sprecher der Realschullehrer, Elternbeiräte, Unternehmerverbände, Liberal- und Christdemokraten bildeten zusehends einen „konservativen Meinungsblock", der „durch die gemeinsame Befürchtung zusammengehalten" wurde, „daß Änderungen des Schulsystems auch Änderungen in dem sozialen Gefüge der Bevölkerung nach sich ziehen würden."[33]

Das Schulreformgesetz des christdemokratischen Kultusministers erhielt von seinen prinzipiellen Befürwortern: Sozialdemokraten, Gewerkschaften und — mehr und mehr unerwünscht — Kommunisten nicht rechtzeitig genügend Unterstützung, um gegen die wachsende und stärker werdende Ablehnungsfront durchgesetzt werden zu können. Bildungspolitik hatte 1947 bis 49 in der Phase der politisch-gesellschaftlichen Neuordnung, der noch nicht überwundenen wirtschaftlichen Notlage und des drängenden Wiederaufbaus keine politische Priorität. Für die amerikanische Deutschlandpolitik hatten 1948 die Restauration der Wirtschaftsordnung und die verfassungspolitischen Ziele eindeutigen Vorrang vor den Absichten, die Struktur des Schulwesens und die Bildung zu demokratisieren. Die Verantwortlichen „sog. Realpolitiker sahen, daß ein Konflikt zwischen der CDU, die schulpolitisch restaurative Interessen vertrat, und den Amerikanern die allgemeinen Beziehungen zwischen den heimlichen Partnern zu sehr belasten würde. Da es ihr Ziel war, der CDU/CSU insgesamt wegen weitgehender Übereinstimmung in den Fragen der Restauration der Wirtschaftsordnung und in der Verfassungspolitik zur Macht zu verhelfen, konnten sie nicht auf einem Gebiet, das dazu angetan war, Ressentiments und Emotionen zu wecken, eine Politik verfolgen, die den erklärten Interessen dieser Partei zuwider lief."[34]

3. Die Zeit der schrittweisen Reformen 1958–1966

In der Restaurationsphase der 50er Jahre wurde die Bedeutung der Bildung für die wirtschaftliche und technologische Entwicklung und für die Ausgestaltung der Demokratie weithin nicht beachtet. Ein bekannter Unternehmer erklärte 1953: „Tatsächlich betreiben wir zu viel Bildung. Das macht die Leute unzufrieden, und wirtschaftlich gesehen ist es ein ganz unnützer Aufwand." Diese Auffassung konnte „damals als repräsentativ gelten für eine breite Strömung des Denkens in den maßgebenden Kreisen."[35] – Auch im reformorientierten Hessen gab es in dieser Zeit nur einige wenige bildungspolitische Fortschritte. Der Zugang zur weiterführenden Bildung für Volksschüler, insbesondere für Kinder aus Arbeiterschichten und aus ländlichen Regionen, war vor allem über die neugeschaffenen Mittelschulzüge an Volksschulen, über Berufsfachschulen und über Aufbauzüge an Berufsschulen (dem sogenannten Zweiten Bildungsweg) mit dem Abschluß der Fachschulreife möglich. Auch an den beruflichen Schulen wurde Politische Bildung eingeführt, ein Fach, in dem Sozialkunde und Zeitgeschichte koordiniert werden.

Die Landschulreform mit dem Aufbau von Mittelpunktschulen lief langsam an. Noch 1959/60 waren nur 17,4 aller hessischen Volksschulen voll ausgebaut für 8 Klassen, dagegen war ein Drittel einklassig und ein Viertel zweiklassig.[36] – Einzelne Schulversuche mit Förderstufen und Gesamtschulen, in denen verschiedene Schulformen organisatorisch und pädagogisch zusammengefaßt wurden, z.B. das Schuldorf Bergstraße (1954/55 gegründet), die Gesamtschule Kirchhain (1958) und die private Odenwaldschule, sorgten dafür, daß die Reformidee eines zusammengefaßten Schulsystems an praktischen Beispielen erprobt wurde.

In größerem Umfang wurde die Bildungsreform in Hessen erst wieder Ende der 50er Jahre in Angriff genommen. In der Landtagswahl vom 23. 11. 1958 gewann die SPD die Hälfte der Abgeordnetenmandate, und 1959 wurde mit dem erfahrenen Pädagogen und Bildungsfachmann Prof. Dr. Ernst Schütte ein reformfreudiger Bildungspolitiker zum Kultusminister berufen. – Das erste Ziel des neuen Kultusministers war die Erweiterung der Bildungsmöglichkeiten.

Diese sollte durch folgende Reformmaßnahmen angestrebt werden:

1) Reformen der Oberstufe der Volksschule: Das 9. Pflichtschuljahr wurde, zuerst in Schulversuchen, dann schrittweise in Städten und Kreisen eingeführt. Besondere Schwerpunkte dieses Schuljahres sollten die Hinführung zur Arbeitswelt und die politische Bildung sein. Die Volksschuloberstufe wurde in die Hauptschule umgewandelt.
2) Die Landschulreform wurde durch verstärkte Einrichtung von mehrzügigen Mittelpunktschulen vorangetrieben. In den neugebauten Schulen wurden – meist aus zweckrationalen Überlegungen des Schulbaus und der Schulorganisation – oft Haupt- und Realschule und manchmal auch berufliche Schulen zusammengeschlossen.
3) Eine vergrößerte Durchlässigkeit zwischen den drei Formen der allgemeinbildenden Schulen wurde durch neue Übergangsmöglichkeiten ohne Ausleseprüfungen ermöglicht, die „den Übergang von der Volksschuloberstufe zu den weiterführenden Schulen bzw. von der Realschule zu dem Gymnasium möglichst erleichtern"[37] sollten. Maßgebend für den Übergang war nur noch das Gutachten des bisherigen Klassenlehrers bzw. der Klassenkonferenz.
4) Weitere Förderstufen wurden eingerichtet.
5) Der Zweite Bildungsweg wurde ausgebaut, in dem a) weitere Aufbauzüge an Berufsschulen errichtet und b) als Oberstufe mehrere Hessenkollegs gegründet wurden.
6) Die gymnasiale Oberstufe wurde aufgrund der Saarbrücker Rahmenvereinbarung der Kultusministerkonferenz von 1960 reformiert. Stichworte:
   – Konzentration auf inhaltliche Schwerpunkte und Zusammenhänge. Verminderung der Fächer in den Klassen 12 und 13 von 15 auf 9.
   – Einführung neuer Oberstufentypen bzw. -zweige, wie Wirtschaftsgymnasium, sozialwissenschaftliche und wirtschafts- und sozialwissenschaftliche Zweige, musische Zweige.
   – Die Fächer der Politischen Bildung: Sozialkunde, Geschichte und Erdkunde wurden zum Schwerpunkt Gemeinschaftskunde zusammengefaßt.

Das zweite Reformziel war der Ausbau der wissenschaftlichen Hochschulen und die Verbesserung der Lehrerbildung. Alle hessischen Lehrer sollten ihre Ausbildung durch ein Studium an einer wissenschaftlichen Hochschule erhalten. Für die Ausbildung der Volk- und Realschullehrer wurden Studiengänge an den Universitäten Frankfurt und Gießen eingerichtet. Die Studiengänge für Gewerbelehrer wurden an der Technischen Hochschule Darmstadt, für land- und hauswirtschaftliche Lehrer an der Universität Gießen und für Sonderschullehrer an der Universität Marburg aufgebaut. Für Lehrer an beruflichen Schulen wurde ein zweijähriges Referendariat eingeführt.

Der dritte Reformschwerpunkt war die Intensivierung der politischen Bildung. 1949 wurde die Politikwissenschaft Prüfungsfach für das Lehramt an Gymnasien. An den Studienseminaren wurden 1961 weitere Fachleiterstellen für Sozialkunde und beim Hessischen Lehrerfortbildungswerk eine Dozentur für Politische Bildung geschaffen. Die Ausstattung der Schulen mit sozialwissenschaftlicher und zeitgeschichtlicher Literatur wurde verbessert. Ab 1965 wurden an den hessischen Hochschulen zweijährige Fortbildungslehrgänge eingerichtet, in denen Gymnasiallehrer die Unterrichtsbefähigung für Gemeinschaftskunde erwerben konnten.

Bei ihren schrittweisen Reformmaßnahmen bis Mitte der 60er Jahre konnte sich die hessische Bildungspolitik auf die Empfehlungen des Deutschen Ausschusses für das Erziehungs- und Bildungswesen, die Beschlüsse der Kultusministerkonferenz und die Gutachten des Wissenschaftsrates berufen. Die Reformpolitik wurde aber nicht nur deshalb überwiegend zustimmend aufgenommen. Ihre Akzeptanz ist insbesondere durch die Veränderung der wirtschaftlichen und sozialen Bedingungen seit dem Übergang in die 60er Jahre zu erklären. Der Ausbau und die Öffnung des Bildungswesens traf in dieser Phase mit intensivem Wirtschaftswachstum zusammen. Die Vollbeschäftigung war erreicht. Das sogenannte Wirtschaftswunder, insbesondere gekennzeichnet durch Wiederaufbau, Modernisierung der Produktionsstruktur, wirtschaftliche und soziale Eingliederung von Heimkehrern, Vertriebenen und Flüchtlingen, Integration starker Nachwuchsjahrgänge in den Wirtschafts- und Arbeitsprozeß sowie hohe ökonomische Zuwachsraten, stieß an Grenzen. Die Zahl der Erwerbstätigen war rückläufig. Weiteres Produktionswachstum bei anhaltender und zunehmender Nachfrage konnte nur durch Produktivitätssteigerungen erreicht werden. Eine Vergrößerung des Arbeitskräfte- und Qualifikationspotentials durch den Flüchtlingsstrom war ab 1961 (Mauerbau und Abriegelung der DDR-Grenze) nicht mehr zu erwarten. Durch Anwerbung ausländischer Arbeiter konnte das Defizit, vor allem an qualifizierten Arbeitskräften, nicht ausgeglichen werden. Der Übergang zum intensiven Wirtschaftswachstum erforderte eine Vergrößerung der Produktionsleistungsfähigkeit durch Innovations- und Rationalisierungsinvestitionen im Produktionspotential und bessere Ausschöpfung des Begabungspotentials zum Erreichen höherer Qualifikationen bei einer größeren Zahl der Erwerbstätigen. Sprecher und Organisationen der westdeutschen Unternehmerschaft und der Wissenschaft wiesen dem Bildungswesen die ökonomische Funktion zu, das Potential von befähigten Anwärtern für hochqualifizierte Berufstätigkeiten in Wirtschaft, Technik, Dienstleistungsbereichen und im Bildungswesen zu vergrößern und ein zusätzliches Reservoir für die Auffüllung des wirtschaftlichen Führungsnachwuchses heranzubilden. – Die Notwendigkeit einer reformerischen und aktiven Bildungspolitik wurde von Mahnern, wie Georg Picht und Ralf Dahrendorf, hervorgehoben, die ein breites öffentliches Echo fanden. Picht warnte vor einer drohenden „Bildungskatastrophe". „Der bisherige wirtschaftliche Aufschwung wird ein rasches Ende nehmen, wenn uns die qualifizierten Nachwuchskräfte fehlen, ohne die im technischen Zeitalter kein Produktionssystem etwas leisten kann. Wenn das Bildungswesen versagt, ist die ganze Gesellschaft in ihrem Bestand bedroht."[38] Dahrendorf postulierte „Bildung als Bürgerrecht" und verkündete: „Frei kann ein Land weder sein noch bleiben, wenn es seinen Menschen die Chancen verschließt, die Schulen und Hochschulen ihnen bieten. (. . .) Darum ist eine aktive Bildungspolitik radikaler Reform nötig, deren Wirkungen nicht weit von einer Bildungsrevolution entfernt sein dürfen."[39]

Die Reform der politischen Bildung zu einem vorrangigen Ziel der hessischen Bildungspolitik zu machen, erschien durch folgende Ereignisse und Entwicklungen geboten:

- Hakenkreuzschmierereien und antisemitische Ausschreitungen von Jugendlichen (1959/60), die internationales Aufsehen, Proteste und öffentliche Kritik an der unzureichenden politischen Bildung hervorriefen;
- die bei Untersuchungen des Deutschen Jugendinstituts (z.B. von Walter Jaide) festgestellte Distanz eines Teils der Jugend zur Demokratie und das vielfach beobachtete politische Desinteresse vieler Jugendlicher;
- die Untersuchungsbefunde am Frankfurter Institut für Sozialforschung über die mangelhafte Wirksamkeit politischer Bildung, beginnend mit der Analyse „Student und Politik", weitergeführt durch die Studien von Teschner (1961) in zehn hessischen Gymnasien und von Becker, Herkommer, Bergmann u.a. in Frankfurter Volks-, Mittel- und Berufsschulen und die Analyse von Schulbüchern für die Sozial- und Gemeinschaftskunde, die Nitzschke ausführte.[40]

Die Analysen über die Wirksamkeit politischer Bildung kamen im wesentlichen übereinstimmend zu den Ergebnissen: Die Jugendlichen verfügten nur über einen geringen Bestand an politischen und geschichtlichen Kenntnissen, und diese waren großenteils vereinzelt und fragmentarisch. Ihr Informationsniveau über soziale und ökonomische Strukturen und Entwicklungen war noch niedriger und disparater. Ihnen fehlte überwiegend die Einsicht in politisch-gesellschaftliche Zusammenhänge und in die eigene soziale Situation. Ihre Fähigkeit zu kritischer Reflexion war mangelhaft entwickelt. Demokratie wurde mehr aus der Perspektive des passiven Konsumenten als aus der des aktiv-interessierten Bürgers betrachtet. Aus der Untersuchung der Lehrer und des Unterrichts ging hervor:

- Die meisten Lehrer hatten keine Fachausbildung und fühlten sich dadurch im politischen Unterricht nicht sicher genug.
- Es mangelte an einer klaren Konzeption der politischen Bildung, ihrer Didaktik und Methodik.
- Bei der mittleren und älteren Lehrergeneration waren politisches Desinteresse und negative persönliche Erfahrungen mit politischer Tätigkeit während der nationalsozialistischen Herrschaft Begründungen für eine reservierte Haltung gegenüber dem Sozialkundeunterricht.
- Die Lehrer wiesen ähnliche politisch-gesellschaftliche Interpretationsmuster und Bewußtseinsformen auf wie die untersuchten Schüler.

Die neue Konzeption der Gemeinschaftskunde als übergreifendes Fach enthielt in den Rahmenrichtlinien (1962) die Lernziele:

- die gegenwärtige Welt in ihrer historischen Verwurzelung, mit ihren sozialen, wirtschaftlichen und geographischen Bedingungen, ihren politischen Ordnungen und Tendenzen zu verstehen und kritisch zu beurteilen,
- die Aufgaben des demokratischen Bürgers zu erkennen,
- die Fähigkeit und Bereitschaft, sich politisch zu entscheiden und verantwortlich zu handeln,
- sichere Kenntnisse und tiefere Einsichten in Wirkungszusammenhänge und Strukturen menschlicher Lebensformen und in das Wesen politischen Entscheidens und Handelns zu gewinnen.

Gegen das neue Fach richtete sich heftige Kritik und Polemik, weil es die Fächer Geschichte und Geographie unter die Gemeinschaftskunde mediatisierte. Die Fachverbände von Historikern und Geographen lehnten die Gemeinschaftskunde ab, insbesondere weil sie um die Eigenständigkeit ihrer Fächer und um professionellen und wissenschaftlichen Status und Prestige an den Hochschulen und Gymnasien fürchteten. Die Lehrerverbände protestierten, daß die notwendigen personellen und materiellen Voraussetzungen für die neue Gemeinschaftskunde fehlten. Hessische Lehrer für Sozial- und Gemeinschaftskunde wurden deshalb nicht nur in zweijährigen Weiterbildungslehrgängen qualifiziert, sondern auch im vom Hessischen Rundfunk zusammen mit den hessischen Universitäten entwickelten Funk-Kolleg (1966).

Im Unterschied zu den meisten anderen Bundesländern, in denen die Gemeinschaftskunde nur zum Unterrichtsprinzip erklärt wurde, konnte sie in Hessen als übergreifendes Fach der politischen Bildung durchgesetzt werden und Anerkennung finden.

4. Die Hochzeit der hessischen Bildungsreform

Großer Aufbruch zur umfassenden und – um mit Dahrendorf zu formulieren – „radikalen" Reform, „deren Wirkungen nicht weit von einer Bildungrevolution entfernt" zu sein schienen, begann in Hessen im Jahre 1967. Kultusminister Schütte schrieb: „Die beiden Jahre 1967/68 (...) standen im Zeichen tiefgreifender Schulreformbemühungen, die schließlich in einer Novellierung der bisher gültigen Schulgesetze ihren Ausdruck fanden.[41] Die Novellierung der hessischen Schulgesetze wurde am 22. 6. 1968 in den Landtag eingebracht und am 30. 6. 1969 mit den Stimmen der regierenden SPD und der Oppositionspartei FDP verabschiedet. Die hessische Bildungspolitik und die neuen Schulgesetze zielten auf eine *Modernisierung* und eine *Demokratisierung* des Bildungswesens. Die liberale Bildungspolitikerin Hildegard Hamm-Brücher, die in diesen Jahren als Staatssekretärin im Kultusministerium an der hessischen Reformpolitik mitwirkte, nannte folgende Argumente für die beiden Zieldimensionen:

1. Modernisierung – Das Schulsystem muß neu gestaltet werden, weil sich die ökonomischen und sozialen Verhältnisse durch wissenschaftliche und technische Fortschritte rapide verändern. „Das ‚wißbare Wissen' verdoppelt sich innerhalb eines Jahrzehnts (...). Die Menschen in einer „freiheitlichen Leistungsgesellschaft" benötigen mehr Bildung, wenn die Gesellschaft „lebensfähig, glaubwürdig und konkurrenzfähig sein und bleiben will". „Die rasche Verwissenschaftlichung aller Bereiche unseres Lebens und Bewährens" erfordert „von jedem einzelnen Menschen geistige Flexibilität und Mobilität", deshalb „ist es unabdingbar, auch allen geistig gesunden Kindern die Grundelemente modernen wissenschaftlichen Denkens begreifbar und erlernbar zu vermitteln". Die „vertikale, starre, undurchlässige und damit ständisch motivierte Gliederung" des Schulsystems muß (wie in anderen Industriestaaten in West und Ost) aufgegeben werden, „weil sie sich (...) als nachteilig und nicht anpassungsfähig erweist".[42]

2. Demokratisierung: Die Schulreform soll das Bürgerrecht auf Bildung realisieren durch „Bildungsgerechtigkeit, gleiche Bildungschancen und Begabtenförderung". „Besonders von der materiellen Seite her (müssen) gleiche Wettbewerbsbedingungen für alle Kinder geschaffen werden (. . .). Das mindeste aber, was (. . .) nötig ist, wären gleiche Bedingungen für alle Kinder für die Dauer der öffentlichen Schulpflicht. In organisatorischer Hinsicht müßte die Verwirklichung des Bürgerrechts auf Bildung mit einer systematischen Vorschulerziehung beginnen, durch eine reformierte Grundschule in eine integrierte und differenzierte Sekundarstufenschule führen und in reich gegliederte Oberstufenschulen geistes-, natur- oder gesellschaftswissenschaftlicher, technischer oder wirtschaftlicher Richtung ihren Abschluß finden."[43]

Für die hessische Schulreform wurden 1969 folgende Schwerpunkte festgelegt:

– die allgemeine Einführung der Förderstufe,
– die Errichtung von Gesamtschulen,
– eine grundlegende Curriculumreform,
– die verstärkte Mitwirkung der Schülervertretung.

Für die bildungspolitische Legitimierung der Förderstufe konnten die hessischen Schulreformer sich schon auf den „Rahmenplan" von 1959 des Deutschen Ausschusses für das Erziehungs- und Bildungswesen berufen. Darin war eine Förderstufe mit den Argumenten begründet worden: a) die westdeutsche Gesellschaft habe einen steigenden Bedarf „an höher gebildetem Nachwuchs", b) eine Förderstufe mit erweiterten Bildungsmöglichkeiten entspreche den Prinzipien sozialer Gerechtigkeit, c) sie solle alle kindlichen Begabungen wecken, d) sie solle dabei helfen, daß die Entscheidung über den weiteren Bildungsweg der Kinder objektiver und besser abgesichert getroffen werde. – Hinzu kamen langjährige Erfahrungen (seit 1955) mit Förderstufen in Hessen; im Sommer 1968 besuchten bereits 15 000 Schüler (11,2%) die 60 hessischen Förderstufenversuche. – Im Rahmen der hessischen Schulreform sollte „die generelle Einführung der Förderstufe" ein „Schritt zur Horizontalisierung unseres Schulwesens"[44] sein.

Im Investitionsprogramm des „Großen Hessenplans" von 1965 war die Errichtung von Gesamtschulen „sowohl um des pädagogischen als auch des organisatorischen Fortschritts willen"[45] bereits empfohlen worden. Vielen Gemeinden wurde der Bau von Gesamtschulen nahegelegt, um „Fehlinvestitionen im Schulbau zu vermeiden"[46]. Unter dem Aspekt der Modernisierung erschienen insbesondere additive Gesamtschulen für die Bildungsplanung als eine Form der lokalen bzw. überörtlichen Zentralisierung und der Rationalisierung des Schulbetriebs. – Mit der Schulreform von 1969 sollten die hessischen allgemeinbildenden Schulen in der Sekundarstufe bis zum 10. Schuljahr in einem mehrstufigen Prozeß in Gesamtschulen zusammengeschlossen werden. Dafür wurde ein umfassender Planungsentwurf entwickelt für

a) Gesamtschulen als pädagogische, organisatorische und räumliche Einheit, in der nach der Förderstufe des 5. und 6. Schuljahrs mindestens je ein Hauptschul-, Realschul- und Gymnasialzweig zusammengeschlossen sind, und

b) voll integrierten Gesamtschulen als Versuchsschulen.

„Über das ganze Land verteilt werden mit unterschiedlichen Schwerpunkten Versuche mit integrierten Gesamtschulen eingeleitet, deren Versuchsergebnisse und Erfahrungen durch ein Expertengruppen-System und weiteren Informationsaustausch für die anderen Gesamtschulen nutzbar gemacht werden und in die Arbeit der allgemeinen Curriculum-Reform einfließen. Während der Entwicklung der Versuchsschulen schafft die frühzeitige Errichtung zahlreicher, zunächst schulformbezogener Gesamtschulen eine Basis für diesen Prozeß. Nach der verbindlichen Einführung der Förderstufe, der Verstärkung der Versuche mit integrierten Gesamtschulen und der großen Curriculum-Reform werden die Voraussetzungen dafür vorhanden sein, daß auf breiter Front Veränderungen eingeleitet werden können."[47]

Die organisatorische Umgestaltung des Schulwesens (äußere Schulreform) sollte durch „eine innere Reform der Schule" ergänzt werden. Die innere Schulreform sollte von einer Analyse der Bildungsinhalte und Lernprozesse ausgehen. Die Große Curriculum-Kommission erhielt die Aufgabe, das neue Curriculum von fächerübergreifenden Lernzielen her zu strukturieren. Erstes Ziel war die Ausarbeitung von gemeinsamen Plänen für die Sekundarstufe I (Klassen 5 bis 10), die sowohl für integrierte Gesamtschulen als auch für die traditionellen Schulformen (Hauptschule, Realschule, Gymnasium) brauchbar sein sollten.

Bei der Diskussion der Entwürfe für die Neufassung der hessischen Schulgesetze 1968/69 wurde schon erkennbar, daß die Schulreform nur gegen politische und gesellschaftliche Widerstände durchzusetzen sein würde. Kultusminister Schütte kritisierte die Widersprüche bei den Reformgegnern: „Im Lande Hessen gab es Widerstände, kamen irrational motivierte Ressentiments ins Spiel, obwohl nach den langjährigen Debatten um die Notwendigkeit solcher Reformen, auf allen Ebenen geführt, Einigkeit bestand bei allen politischen Parteien wie bei allen sozial erheblichen Gruppen und Verbänden darüber, daß unser Bildungswesen reformiert, von Grund auf verändert werden müsse. (. . .) Wo aber die konkreten Pläne zur Entscheidung anstehen, prallen die neuen Aufgaben auf die alten Maßstäbe. (. . .) Die Konsequenz, daß dazu eine reformierte Schule notwendig sei, wird nicht gezogen."[48] Ein genauerer Blick auf die beiden Zielaspekte der hessischen Bildungsreform ‚Modernisierung' und ‚Demokratisierung' zeigt, daß für die Modernisierung des Bildungssystems eine viel breitere Zustimmung vorhanden war als für die Demokratisierung. Das Ziel der Demokratisierung des Bildungswesens durch Reform wurde von neuen Kultusminister Prof. Ludwig von Friedeburg noch deutlicher in den Mittelpunkt der hessischen Bildungspolitik gerückt. Nach der Intention Friedeburgs sollte die Schule zu einer „der Kräfte" gemacht werden, „die die Demokratisierung der Gesellschaft weitertreiben"[49]. Mit der Bildungsreform sollten „das Bürgerrecht auf Bildung und das Postulat der Chancengleichheit erfüllt und verwirklicht werden"

1. durch Vorschulerziehung – Grundschulreform – weiterführende Bildung für alle jungen Menschen in differenzierten Gesamtschulen – Einführung von Stufenlehrern, die für die Grund-, Mittel- oder Oberstufen der künftigen Gesamtschule ausgebildet werden sollten;

2. indem die Bildungsziele, -inhalte und -verfahren an die sich wandelnden Lebens-, Leistungs- und Arbeitsbedingungen angepaßt werden sollten. Dazu gehörte die Modernisierung und Reform des Curriculum mit einer gemeinsamen Konzeption für alle Bildungspläne sowie die Verbindung von allgemeinen und beruflichen Bildungsinhalten;
3. indem alle Schul- und Bildungeinrichtungen nach demokratischen Grundsätzen organisiert, verwaltet und gestaltet werden sollten, insbesondere durch Abbau obrigkeitsstaatlicher Strukturen − Überwindung autoritärer Denk- und Verhaltensweisen − Einübung in neue Formen demokratischer Willensbildung, Entscheidung, Verantwortung und Kontrolle.[50]

Friedeburg erklärte: „Die Bildungspolitik steht heute im Mittelpunkt der Gesellschaftsreform. (. . .) Die moderne Schule (dient) zugleich der Verwirklichung sozialer Demokratie."[51] Ausbau und Reform des Schul- und Hochschulwesens sollten eine Einheit bilden. Die Entwicklung des Bildungssystems war als ein wesentlicher Schwerpunkt der hessischen Landesentwicklung geplant. Im Schulentwicklungsplan des Großen Hessenplans Hessen '80 war die Schule '80 als horizontal gegliederte Stufenschule von der Eingangsstufe bis zur Sekundarstufe II entwickelt. Die Gesamthochschule sollte an die Stelle des in Universitäten und Fachhochschulen gegliederten Hochschulsystems treten.[52] − Mit dieser Planung hatte Hessen sich als erstes und einziges Bundesland für eine umfassende Bildungsreform entschieden. Konsens für die Modernisierung und breite Mehrheit für die Demokratisierung des Bildungswesens schienen in der Reformphase 1968−1970 vor allem in Hessen gesichert.

Die hessische Reformpolitik wurde außerdem bestätigt durch

− die Empfehlung der Bildungskommission des Deutschen Bildungsrates „Einrichtung von Schulversuchen mit Gesamtschulen" vom 31. 1. 1969 − Tenor: Es ist „nötig, die Gesamtschule in einem breit angelegten Experimentalprogramm zu erproben"[53];
− den „Strukturplan für das Bildungswesen", 1970 vom Deutschen Bildungsrat vorgelegt, mit den Empfehlungen: Reform der Grundschule, zehnjährige Sekundarstufe I für alle mit qualifiziertem Abschluß (Abitur I), differenziertes Fächerangebot in der Sekundarstufe II, verstärkter Hochschulzugang über berufliche Bildungswege;
− durch den „Bildungsgesamtplan" der Bund-Länder-Kommission für Bildungsplanung (1973).

Um die heftig umstrittene und inzwischen gefährdete Bildungsreformpolitik politisch zu legitimieren, erklärte Kultusminister von Friedeburg 1974: „Die Ziele der Schulentwicklung in Hessen . . . wurden . . . in allen entscheidenden Punkten durch die Aufnahme in den Bildungsgesamtplan für die Bundesrepublik insgesamt oder doch zumindest für die Mehrheit der Bundesländer verbindlich."[54]

5. Hessische Bildungsreform – verhindert, verwirklicht?

Die Auseinandersetzungen um die hessische Bildungsreform entbrannten mit der Einführung der obligatorischen Förderstufe ab Schuljahr 1969/70. Die Pläne für die Neugestaltung des Schul- und Hochschulwesens, insbesondere die vorgesehene Eingliederung a) der Gymnasien in ein Gesamtschulsystem und b) der Universitäten in Gesamthochschulen waren auch in der SPD umstritten und wurden in der FDP überwiegend abgelehnt. Die große Mehrheit der hessischen CDU wollte das bestehende Schul- und Hochschulsystem von innen reformieren, insbesondere durch Öffnung sowie Lehrplan- und Studienreformen. Gesamtschulen sollten ergänzend errichtet werden, um Lücken im Bildungsangebot zu füllen, vor allem auf dem Lande. In der FDP fand diese Position in den folgenden Jahren immer mehr Zustimmung. Die bildungspolitischen Gegensätze verschärften sich mit der schnellen Vermehrung der Förderstufen (von 633 Klassen 1968/69 auf 1974 Klassen 1972/73) und der Gesamtschulen von 1970/71–1972/73 a) schulformbezogene von 12 auf 31 und b) schulformunabhängige (integrierte) von 15 auf 53.[55] Sie eskalierten mit der Vorlage der schulformübergreifenden Rahmenrichtlinien für die Sekundarstufe I, insbesondere für die Fächer Gesellschaftslehre und Deutsch, zu einem mit Härte und Verbissenheit ausgetragenen öffentlichen bildungs- und gesellschaftspolitischen Streit. Zu den Gegnern der Schulreformpolitik des Kultusministers von Friedeburg gehörten (ähnlich wie nach 1945) konservative Elternvereinigungen (der Hessische Elternverein und die Katholische Elternschaft in Hessen), der Hessische Philologenverband und der Deutsche Lehrerverband Hessen und die Vereinigungen der Hessischen Arbeitgeber- und Unternehmerverbände. Auch die Industrie- und Handelskammern und die katholischen Bischöfe in Hessen traten als Kritiker auf. – Der Kampf gegen die Bildungsreform wurden in verschiedenen Bereichen geführt. In der Landespolitik kam es jahrelang zu heftigen Landtagsdebatten und scharfen Gegensätzen in Landtagswahlkämpfen, insbesondere 1974. Bildungspolitisch gab es eine Reihe schwieriger Verhandlungen über die Anerkennung der hessischen Abschlüsse an den reformierten Schulen und Hochschulen in der Kultusministerkonferenz der Länder. Die Vertreter der konservativen Elternschaft trugen ihre Kontroversen mit dem Kultusminister in die Elternbeiräte der Städte, Kreise und des Landes. In verfassungs- und verwaltungsrechtlichen Auseinandersetzungen wurden verschiedene Grundrechtsklagen beim Hessischen Staatsgerichtshof (gegen die obligatorische Förderstufe, gegen Rechtsverordnungen zur flächendeckenden Einführung der Förderstufe, gegen das Förderstufenabschlußgesetz, gegen das Gesetz über die Neuordnung der gymnasialen Oberstufe), Verfassungsbeschwerden beim Bundesverfassungsgericht (gegen die obligatorische Förderstufe, gegen den Sexualkundeunterricht), Normenkontrollverfahren (gegen die Einführung der Förderstufe) eingereicht.[56] Die Konflikte um die hessische Bildungsreform wurden zu vorrangigen Themen in den Medien (Fernsehen, Rundfunk, Zeitungen und Zeitschriften). Die pädagogisch-politischen Kontroversen über die Rahmenrichtlinien Gesellschaftslehre und Deutsch wurden von Wissenschaftlern und Sachverständigen im Hessenforum des Fernsehens öffentlich debattiert.[57] Parteien und Verbände organisierten Diskussionsveranstaltungen und gaben Flug-

und Druckschriften gegen (und für) die bildungspolitischen Reformen heraus.

Die Widersacher der Reformpolitik kämpften gegen *mehr Gleichheit* und *Demokratisierung* im Bildungswesen. Förderstufen, additive und integrierte Gesamtschulen, Einheitsstundentafel für die Mittelstufe, stufenbezogene Rahmenrichtlinien, Stufengliederung des Schulwesens und Stufenlehrer waren für sie Etappen auf dem Wege zur „verfassungswidrigen Einheitsschule".[58] Die Forderung nach Chancengleichheit wurde als „ideologisch" qualifiziert und zurückgewiesen, weil „gleiche Chancen für ungleiche Menschen zu außerordentlich ungerechten Ergebnissen führen können".[59] Sprecher der Wirtschaft wandten sich gegen eine „Bildungsexplosion". Die Abiturienten- und Studentenzahl werde weit über den Bedarf des Beschäftigungssystems hinaus ansteigen und ein akademisches Proletariat entstehen. „Indizes für soziale Gerechtigkeit" lägen vor, da die Bundesrepublik (Anfang der 70er Jahre) im internationalen Vergleich nach Dänemark „die meisten Kinder aus der Arbeiterklasse an der Universität"[60] stelle. Die hessischen Unternehmerverbände waren gegen die Schulreform, „da wir das gegliederte Schulsystem für leistungsfähiger und auch für die Betroffenen fördernder halten als ein landesweites integriertes Gesamtschulsystem"[61]. Für den Hessischen Elternverein mußte das dreigliedrige Schulsystem erhalten bleiben, um „das Bürger- und Freiheitsrecht der Eltern, den Bildungsweg ihrer Kinder frei wählen zu können"[62], zu gewährleisten. Der Hessische Philologenverband lehnte alle Bestrebungen grundsätzlich ab, die Lehrerausbildung zu vereinheitlichen und die Lehrämter gleichzustellen (Besoldung, Stundenzahl, Status) sowie das neunklassige Gymnasium durch Einführung von Förderstufe, Gesamtschulen und Oberstufenschulen zu beschneiden oder gar in eine „Einheitsschule" zu integrieren.

Das Verständnis von Demokratie und Demokratisierung war Kernpunkt des Streits um die Rahmenrichtlinien Gesellschaftslehre und Deutsch. Die hessische CDU sah diese als Produkte der Neuen Linken an. Sie schrieb: „Sie (die Neue Linke) will ihn (den Menschen) . . . als Instrument in Aktion, in Bewegung setzen, um das Erziehungsziel der Selbst- und Mitbestimmung (RRl Gl S. 7) zu erreichen (. . .). Dazu ist jedes Mittel recht. (. . .) Menschen (. . .) werden verfügbar für jene Gesellschaftsingenieure, Manipulatoren, Herrschaftsabbauer, Wert- und Normeninfragesteller und Systemveränderungsspezialisten, die eine Masse von Halbgebildeten brauchen, um die Welt leichter regieren zu können."[63] Die CDU-Landtagsfraktion forderte: Die Rahmenrichtlinien insbesondere „für das Fach Deutsch und das neue Fach Gesellschaftslehre in der Sekundarstufe I müssen als Entwürfe zum Mißbrauch der Schule für den Klassenkampf und eine Erziehung zur Intoleranz zurückgewiesen werden"[64]. Der CDU-Landesvorsitzende Alfred Dregger erklärte: „Die neuen hessischen Rahmenrichtlinien wollen die Schüler marxistischen Doktrinen unterwerfen, die Gruppen der Gesellschaft gegeneinander ausspielen und die Solidarität unseres Volkes zerstören."[65] – Die Arbeitgeberverbände kritisierten an den Rahmenrichtlinien Gesellschaftslehre neben „dem Versuch des nicht schulspezifischen, fächerintegrierenden Projektansatzes" das Bild von Gesellschaft und Demokratie. „Trotz aller Beteuerung der Verfassungsloyalität (werden) aus dem Vergleich von Verfassungsnorm und Verfassungswirklichkeit nur gesellschaftliche Veränderungen abgeleitet, (. . .) das didaktisch leitende Interesse Selbst- und Mitbestimmung, Teilhabe an gesellschaftlichen Entscheidungsprozessen und Aufhebung ungleicher Lebenschancen (ist) an einem soziologisch undifferenzierten und nicht mehr haltbaren Bild des lohnabhängigen Arbeitnehmers fixiert, der Zwängen, Unterdrückung, Benachteiligung, Konflikten etc. ausgesetzt ist, (. . .) von systemverändernden Gegenmodellen – ohne das bundesrepublikanische System in seiner ganzen Wirkungsbreite mit Vor- und Nachteilen überhaupt zu kennen –, von Veränderungen sowie Überwindung offensichtlicher Zwänge und Herrschaft des Kapitals (ist) die Rede."[66]

Spätestens nach der Landtagswahl am 27. 10. 1974 war allgemein erkennbar, daß das Gesamtkonzept der hessischen Bildungsreform nicht verwirklicht werden konnte. Die Regierungsparteien SPD und FDP hatten deutliche Stimmenverluste (je 2,7 Prozent-Punkte), die CDU beträchtliche Gewinne (7,6 Prozent-Punkte) zu verzeichnen, insbesondere infolge der scharfen bildungs- und gesellschaftspolitischen Auseinandersetzungen. Die Ablösung des umstrittenen Reformers Prof. von Friedeburg als Kultusminister auf Druck der FDP, aber auch aus der SPD, war ein Signal für Veränderungen in der Bildungspolitik. Der neue Kultusminister Krollmann setzte ein Konsolidierungskonzept für die noch als realisierbar eingeschätzten Teile der Bildungsreform durch. Konsolidierung bedeutete Sicherung und schrittweisen Ausbau der eingeführten Reformmaßnahmen. „Das bisher Erreichte muß überprüft und bisherige Erfahrungen ausgewertet werden."[67] Die weitreichenden Ziele Chancengleichheit und Demokratisierung wurden auf ein Maß zurückgeschraubt, das die Weiterführung der einzelnen Reformen, insbesondere die Einführung überarbeiteter Rahmenpläne, bis in das bürgerlich-liberale politische Spektrum hinein annehmbar machte.

Die Konsolidierung war nicht nur durch den starken formierten Reformwiderstand, sondern maßgeblich auch durch anhaltende Finanzierungsschwierigkeiten der Reform bedingt. Seit 1971 wurde es in Hessen immer schwieriger, die bildungspolitischen Vorhaben mit den finanziellen Möglichkeiten des Landes in Einklang zu bringen. Wachsende Schülerzahlen durch geburtenstarke Jahrgänge und steigende Bildungsbeteiligung erforderten einen schnellen Ausbau der weiterführenden Schulen und der Hochschulen in bisher ungekannter Größenordnung. Kultusminister von Friedeburg mahnte 1973: „Der Fortgang der Bildungsreform (wird) durch den immer begrenzteren finanziellen Spielraum eingeengt, den Bildungspolitik in Landesetats sich zu schaffen vermag."[68] Die Finanzreform und geringere Zuwächse der öffentlichen Einnahmen verengten den Handlungsspielraum der Bildungspolitik. Dabei stiegen die Bildungsausgaben in Hessen von 1969 bis 1974 mit 93% stärker als der Landeshaushalt (+ 68%) und überschritten in fast allen Jahren die Haushaltsansätze.[69] Die Vermehrung der Lehrerstellen hielt mit dem Anstieg der Schülerzahlen und den Ansprüchen der Bildungsreform an kleineren Lerngruppen, Fördermaßnahmen, pädagogischer Neuorganisation von Förderstufen und Gesamtschulen, Entwicklung und Einführung neuer Rahmenpläne usw. nicht Schritt. Klagen über Lehrermangel, Stundenausfall und Überlastung der Lehrer, insbesondere in den neuen Gesamtschulsystemen, häuften sich. Auch bei Reformbefürwortern, wie der GEW, erhoben sich Stimmen gegen das Tempo der bildungspolitischen Neugestaltung bei ungenügender finanzieller und personeller Ausstattung. Mit dem krisenhaften Konjunkturrückgang von 1974/75 verschlechterten sich die finanziellen Rahmenbedingungen der Bildungsreform spürbar. – Im Zuge der Konsolidierung wurden ab 1975/76 mehrere Jahre keine neuen integrierten Gesamtschulen in Hessen errichtet. Zugleich wurden trotz anhaltendem Lehrermangel nicht mehr alle ausgebildeten Lehrer in den Schuldienst übernommen.

Fazit: Die innere Schulreform (neue lernzielorientierte Rahmenpläne) und die Reform der Lehrerausbildung und -fortbildung wurden trotz mancher Hindernisse und Rückschläge in weit größerem Umfange erreicht als die äußere Reform des Bildungswesens. Von den neu gestalteten Schulformen bleibt die Förderstufe als Wahlangebot bestehen, sie wird aber nicht mehr landesweit und obligatorisch eingeführt. Die Kurs- und Fächerwahl in der reformierten gymnasialen Oberstufe soll eingeschränkt werden. Die Verzahnung von beruflicher und allgemeiner Bildung in der Sekundarstufe II wurde nur in Modellversuchen realisiert. Die integrierte Gesamtschule wurde zwar Regelschule, konnte aber – zusammen mit der additiven Gesamtschule – das dreigliedrige Schulsystem nicht ablösen. Die Eingangsstufe blieb Versuch und konnte nicht landesweit eingeführt werden. Das berufliche Schulwesen wurde reformiert, blieb aber vom allgemeinbildenden weithin isoliert. Die Hochschulreform ist nur zum Teil gelungen. Die Gesamthochschule Kassel blieb die einzige integrierte Gesamthochschule des Landes. Sie wurde konsolidiert und ausgebaut. – Die hessische Bildungsreform wurde nicht verhindert, aber auch nicht, wie für 1985 geplant, verwirklicht, weder die Bildungsreformer noch die Bildungsgegner haben ihre Ziele erreicht.

Anmerkungen

1 Hauptquartier der Streitkräfte der Vereinigten Staaten in Europa, Verwaltung der Militärregierung in der US-Zone Deutschlands, Direktive für die Militärdistrikte der Kommandierenden Generäle vom 7. Juli 1945, Abschnitt VII, abgedruckt in: Bildungspolitik und Bildungsreform. Amtliche Texte und Dokumente zur Bildungspolitik im Deutschland der Besatzungszonen, der Bundesrepublik Deutschland und der Deutschen Demokratischen Republik, hrsg. und eingeleitet von Leonhard Froese, München 1969, S. 76.
2 s. Anm. 1.
3 Schramm, Franz: Die deutsche Schule – Ein Beitrag zum Aufbau einer neuen Volksbildung, Frankfurt/M. 1947, zit. n. Schlander, Otto: Dokumente zur demokratischen Schulreform in Deutschland 1945–1948, Schwelm i.W., o.J., S. 72.
4 Rönnebeck, Günther: Wege zur neuen Schule, in: Frankfurter Hefte. Zeitschrift für Kultur und Politik, hrsg. v. Eugen Kogon unter Mitwirkung von Walter Dirks, 1. Jg., H. 7, Okt. 1946, S. 583, Faksimile-Ausg., Frankfurt/M. 1978.
5 Hessischer Landtag, erste Wahlperiode, Drucksache Abt. III/Nr. 3, stenographischer Bericht über die Sitzung vom 6. 1. 1947, S. 18f.
6 s. Anm. 5.
7 Stein, Erwin: Die Neue Schule. Pläne zur hessischen Schulreform, in: Frankfurter Hefte, 2. Jg., H. 10, Okt. 1947, a.a.O., S. 1020, Fußnote.
8 Telegramm der US-Militärregierung (OMGUS) vom 10. 1. 1947 (s. Anm. 1, S. 100f.).

9 Vgl. Bungenstab, Karl-Ernst: Umerziehung zur Demokratie? Reeducation-Politik im Bildungswesen der US-Zone 1945–49, Düsseldorf 1970, S. 48 ff. Die wesentlichen Grundlinien des Zook-Reports sind auch in der Kontrollratsdirektive Nr. 54 der vier Besatzungsmächte vom 25. 6. 1947 enthalten. Abgedruckt bei Bungenstab, S. 184 und bei Froese (s. Anm. 1), S. 102 f.
10 s. Anm. 8.
11 Hessischer Landtag, erste Wahlperiode, Drucksachen Abt. I/Nr. 155, S. 225 ff.
12 Protokoll des Hessischen Landtags, erste Wahlperiode, 5. Sitzung vom 19. 3. 1947 und Stein, E. (s. Anm. 7), S. 1027.
13 Huster, Ernst-Ulrich/Schweiger, Herbert: Die „vergessene Einheitsschule" – Schulpolitik in Hessen zwischen Neuordnung und Restauration 1945–1951, in: Die Deutsche Schule, H. 12, 1979, S. 748.
14 (s. Anm. 13), S. 749.
15 Stein, E. (s. Anm. 7), S. 1018.
16 Stein, E. (s. Anm. 7), S. 1019.
17 Stein, E. (s. Anm. 7), S. 1019 f.
18 Stein, E. (s. Anm. 7), S. 1020.
19 Stein, E. (s. Anm. 7), ebd.
20 Stein, E. (s. Anm. 7), S. 1021.
21 Stein, E. (s. Anm. 7), S. 1021 f.
22 Stein, E. (s. Anm. 7), S. 1022.
23 Deutschland-Union-Dienst, Nr. 140 (c), 7. 9. 1948, S. III–IV, zit. n. Kuhlmann, Caspar: Schulreform und Gesellschaft in der Bundesrepublik Deutschland 1946–1966, Stuttgart 1970, S. 38.
24 Aus dem Rundschreiben „Grundsätzliches zur Schulreform" des Landesverbandes Hessen für Höhere Schulen v. 13. 9. 1947, zit. n. Huster/Schweiger (s. Anm. 13), S. 752.
25 Stellungnahme der Elternbeiräte zum Schulgrundgesetz. Eine Zusammenstellung von Argumenten durch den persönlichen Referenten des Hessischen Kultusministers v. 17. 2. 1949, zit. n. Kuhlmann (s. Anm. 23), S. 39.
26 (s. Anm. 25), ebd.
27 (s. Anm. 25), ebd.
28 Vgl. Huster/Schweiger (s. Anm. 13), S. 752.
29 Mitteilungen der Arbeitsgemeinschaft der Industrie- und Handelskammern des Vereinigten Wirtschaftsgebietes, Nr. 14/49 v. 1. 8. 1949, Stellungnahme der Arbeitsgemeinschaft der Industrie- und Handelskammern zu den Schulreformplänen, S. 73, zit. n. Kuhlmann (s. Anm. 23), S. 40.
30 Brief des Bischofs von Mainz v. 24. 1. 1949 an den Hessischen Kultusminister, zit. n. Kuhlmann (s. Anm. 23), S. 39.
31 Zit. n. Kuhlmann (s. Anm. 23), S. 40.
32 (s. Anm. 23), ebd.
33 Huster/Schweiger (s. Anm. 13), S. 752.
34 Lange-Quassowski, Jutta-B.: Demokratisierung der Deutschen durch Umerziehung? In: Aus Politik und Zeitgeschichte, Beilage zur Wochenzeitung Das Parlament B. 29/78 v. 22. 7. 1978, S. 26. Vgl. auch Gimbel, John: Amerikanische Besatzungspolitik in Deutschland 1945–1949, Frankfurt 1971, S. 322 f.
35 Zit. n. Edding, Friedrich: Auf dem Wege zur Bildungsplanung, Braunschweig 1970, S. 38.
36 Ständige Konferenz der Kultusminister der Länder der Bundesrepublik Deutschland (Hrsg.): Kulturpolitik der Länder 1960, Bericht Hessen, München 1961, S. 89.

37 Ständige Konferenz der Kultusminister der Länder der Bundesrepublik Deutschland (Hrsg): Kulturpolitik der Länder 1961 und 1962, Bericht Hessen, Köln und Opladen 1963, S. 94.
38 Picht, Georg: Die deutsche Bildungskatastrophe, München 1965, S. 9f.
39 Dahrendorf, Ralf: Bildung ist Bürgerrecht. Plädoyer für eine aktive Bildungspolitik, Hamburg 1965, S. 9.
40 Habermas, Jürgen / Friedeburg, Ludwig v. / Oehler, Christoph / Weltz, Friedrich: Student und Politik. Eine soziologische Untersuchung zum politischen Bewußtsein Frankfurter Studenten, Neuwied 1961; Becker, Egon / Herkommer, Sebastian / Bergmann, Joachim: Erziehung zur Anpassung? Eine soziologische Untersuchung der politischen Bildung in den Schulen, Schwalbach bei Frankfurt/M. 1967; Teschner, Manfred: Politik und Gesellschaft im Unterricht. Eine soziologische Analyse der politischen Bildung an hessischen Gymnasien, Frankfurt/M. 1968; Raasch, Rudolf: Zeitgeschichte und Nationalbewußtsein, Neuwied 1964; Nitzschke, Volker: Schulbuchanalyse. Zur Wirksamkeit politischer Bildung, Teil II (Max Traeger-Stiftung, Forschungsbericht 4), Frankfurt/M. 1966.
41 Schütte, Ernst: Einführung zum Bericht Hessen, in: Ständige Konferenz der Kultusminister der Länder (Hrsg.): Kulturpolitik der Länder 1967 und 1968, Bonn 1969, S. 125.
42 Hamm-Brücher, Hildegard: Perspektiven der Hessischen Schulreform, in: Schule zwischen Establishment und APO, Auswahlreihe B, Hannover 1969, S. 17–20.
43 Dies. (s. Anm. 42), S. 23–29.
44 Bericht Hessen, in: (s. Anm. 41), S. 127.
45 Schütte, Ernst (Hrsg.): Kulturpolitik in Hessen: Ein Beitrag zum Großen Hessenplan, Frankfurt/M. 1966, S. 46.
46 (s. Anm. 45), ebd..
47 Bericht Hessen, in (s. Anm. 41), S. 128.
48 Schütte (s. Anm. 41), S. 125.
49 Beitrag von Ludwig von Friedeburg, in: Der Hessische Kultusminister (Hrsg.): Bildungspolitische Informationen, bpi 3/1969, Thema „Demokratische Strukturen für die Schule", S. 2.
50 bpi 3/1969 (s. Anm.49), S. 3–4.
51 Friedeburg, Ludwig v.: Moderne Schule – Bildung für alle, in: Großer Hessenplan. Schulentwicklungsplan, hg. v. Hessischer Kultusminister, Wiesbaden 1970, S. 5.
52 Schule '80, Schaubild, in (s. Anm. 51), S. 13.
53 Deutscher Bildungsrat, Empfehlungen der Bildungskommission 1967–1969, Einrichtung von Schulversuchen mit Gesamtschulen, Stuttgart 1970, S. 292.
54 Friedeburg, Ludwig v.: Vorwort, in: Schulentwicklung in Hessen, hg. v. Hessischer Kultusminister, Wiesbaden 1974, S. 5.
55 Bilanz des hessischen Schulwesens. Schriftenreihe ‚Hessen–Informationen' der Hessischen Landesregierung 7, hg. v. d. Presse- und Informationsabteilung, Staatskanzlei, Wiesbaden, o.J. (1974), S. 22.
56 Wichtige Beispiele aus einer Reihe von Verfassungs- und Verwaltungsklagen: Der Hessische Staatsgerichtshof wies mit Urteil vom 20. 12. 1971 die Grundrechtsklagen gegen die obligatorische Förderstufe insgesamt, das Bundesverfassungsgericht mit Entscheidung vom 6. 12. 1972 die Verfassungsbeschwerden im wesentlichen zurück. Der 6. Senat des Hessischen Verwaltungsgerichtshofes in Kassel wies 1975 den Normenkontrollantrag von Eltern aus Rüsselsheim gegen die 8. Verordnung zur Ausführung des Hessischen Schulverwaltungsgesetzes vom 17. 3. 1975 als unbegründet zurück. Im Verwaltungsstreitverfahren von Eltern aus dem Main-Taunus-Kreis und im Verfahren des Hochtaunuskreises gegen das Land Hessen gegen die Errichtung schulformbezogener Gesamtschulen ab 1977/78 entschied der Verwaltungsgerichtshof im Dezember 1977: Aus dem elterlichen Recht auf Wahl des Bildungsweges könne kein Rechtsanspruch abgeleitet werden, neben dem Gymnasialzweig einer schulformbezogenen Gesamtschule auch das selbständige

Gymnasium offen zu halten. Der Anspruch auf gymnasialen Unterricht werde auch in der schulformbezogenen Gesamtschule erfüllt. Die Grundrechtsklage von Eltern gegen die obligatorische Förderstufe im Schwalm-Eder-Kreis wurde im April 1984 vom Staatsgerichtshof zu deren Gunsten entschieden, weil der Gesetzesvorbehalt für die inhaltliche Ausgestaltung der Förderstufe nicht eingehalten wurde. Die Grundrechtsklage gegen die gesetzliche Neuordnung der gymnasialen Oberstufe wurde vom Staatsgerichtshof am 30. 12. 1981 zum Teil (hinsichtlich der §§ 3–6 des Gesetzes) für die Anträge der Eltern entschieden. Die Anträge des Kampfbündnisses „Bürgeraktion Freie Schulwahl" zur verfassungsrechtlichen Überprüfung des Förderstufenabschlußgesetzes wurden vom Staatsgerichtshof am 11. 2. 1987 zurückgewiesen. Der Gerichtshof bestätigte die Verfassungsmäßigkeit des Gesetzes in allen wesentlichen Punkten.

57 Vgl. Protokolle der Veranstaltungen in der Reihe ‚Hessenforum', hg. v. Eugen Kogon, Frankfurt 1974.
58 Vgl. z.B. die Rede des Vorsitzenden der CDU-Fraktion Gottfried Milde im Hessischen Landtag am 4. 4. 1978, abgedruckt in bpi Nr. 2/1978, S. 38ff.
59 Gottfried Milde (s. Anm. 58), S. 39.
60 Schlaffke, Winfried: Primaner heute – Das akademische Proletariat von morgen? Versuch einer Bedarfsanalyse, o.O., o.J.
61 Erklärung des Sprechers der Vereinigung der hessischen Unternehmerverbände e.V. Reichling, Hessischer Landtag 11. Wahlperiode, stenographischer Bericht, 11. (öffentliche) Sitzung des Kulturpolitischen Ausschusses, 25. Oktober 1984, S. 12.
62 Dr. Paul, Sprecher des Hessischen Elternvereins e.V. in (s. Anm. 61), S. 15.
63 CDU-Landesverband Hessen (Hrsg.): Rahmenrichtlinien in Hessen Gesellschaftslehre und Deutsch, Marx statt Rechtschreibung, Wiesbaden o.J., S. 33–34.
64 Antrag der Fraktion der CDU betreffend Zurückziehung der „Rahmenrichtlinien", in (s. Anm. 63), S. 3.
65 Dr. Alfred Dregger, Landesvorsitzender der CDU Hessen: Schüler, Eltern, Lehrer! In (s. Anm. 63), S. 3.
66 Bundesvereinigung der Deutschen Arbeitgeberverbände, Vereinigung der Hessischen Arbeitgeberverbände, Landesvereinigung der industriellen Arbeitgeberverbände Nordrhein-Westfalens: Lernfeld Wirtschaft im Spannungsfeld von Konflikt und Konsens, Ideologie und Wirklichkeit, 2. überarbeitete Aufl. Köln 1974, S. 66.
67 bpi Nr. 4/1975, S. 3.
68 Friedeburg, Ludwig von: Einführung zum Bericht Hessen, in: Kulturpolitik der Länder 1971–1972, Bonn 1973, S. 118.
69 Vgl. Bilanz . . . (s. Anm. 55), S. 5f.

Arno Mohr

Entstehung und Entwicklung der Politikwissenschaft in Hessen

I

Man schrieb den 18. Mai 1948. An diesem Tag schien sich aufs neue die Ausstrahlungskraft und die tiefere Bedeutung politischer Symbolik zu erweisen. An diesem 18. Mai erlebte der Teil Deutschlands, der zu erkennen gegeben hatte, sich nicht allein auf die Ideen von Christentum und Humanismus zu verpflichten, sondern auch die Prinzipien von Freiheit, Toleranz und Demokratie zur Richtschnur seines Handelns zu machen, kurz: der Teil Deutschlands, der für Radikalismus und Kommunismus nurmehr nur Verachtung übrig hatte, seine erste größere Selbstdarstellung nach der Diktatur des Nationalsozialismus, inmitten der trostlosen Hinterlassenschaft des schrecklichen Krieges. Überall in den westlichen Besatzungszonen feierten, von den Alliierten wohlwollend geduldet, die zu jener Zeit maßgebenden Repräsentanten aus Politik, Wirtschaft und Geistesleben den einhundertsten Jahrestag der Eröffnung der deutschen Nationalversammlung von 1848, jenes gesamtdeutschen Repräsentativorgans, dessen Mitglieder sich angeschickt hatten, zum erstenmal auf deutschem Boden eine freiheitliche und demokratische Verfassung auszuarbeiten und somit der deutschen Geschichte eine grundlegende Richtungsänderung zu geben. Die Jubiläumsfeiern, in deren Mittelpunkt der Ort des Geschehens selbst, die Frankfurter Paulskirche, stand, sollten symbolisch eine neue Zeit einläuten. Sie waren dazu bestimmt, die Auferstehung des unter die Räder gekommenen demokratischen Gestaltungswillens, der den „1848ern" eignete, zu verkünden. In dem Bekenntnis zu den Idealen der „gezähmten Revolution" und in dem Bestreben, ein demokratisches Deutschland aufzubauen, sah man die wenn auch verspätete Vollendung der 1849 doch kläglich gescheiterten Revolution. Was sich in Frankfurt und anderswo abspielte, war eine von großem Pathos getragene Selbstinszenierung des liberalen Bürgertums, die Sozialdemokratie eingeschlossen. Namentlich ihre führenden Vertreter wurden nicht müde, mit großer Eindringlichkeit den Festcharakter der Gedenkveranstaltungen hervorzuheben.

Doch warum ist diese Revolution von 1848/49 fehlgeschlagen? Warum war es in der Folgezeit in Deutschland nicht möglich, ein stabiles demokratisches Gemeinwesen zu begründen? Worin konnte jetzt nur die Forderung des Tages bestehen? Darauf versuchte der sozialdemokratische Ministerpräsident des Landes Hessen, Christian Stock, anläßlich eines Empfangs der Landesregierung an eben jenem 18. Mai 1948 im Festsaal des Frankfurter Palmengartens eine plausible Antwort zu geben. Um die positiven Ansätze von 1848/49 mit bleibendem Gewinn zu revitalisieren, müßte – so Stock in seiner kurzen Ansprache — das für Deutschland typische Auseinanderdriften von Geist und Macht, Idee und Realität, überwunden werden. Er zitierte in diesem Zusammenhang einen Satz des Emigranten Carl Schurz: „(Das Frankfurter Parlament) litt an einem Übermaß von Geist, Gelehrsamkeit und Tugend, aber an Mangel politischer Erfahrungen und Einsicht." Da dieses Urteil auch heute, 1948, nichts an Gültigkeit eingebüßt habe, sei die hessische Landesregierung bestrebt, alles zu unternehmen, „um die Kluft zwischen Politik und Geist zu verkleinern." Der Ministerpräsident gab bekannt, die Regierung habe deshalb beschlossen, „an den Universitäten Frankfurt und Marburg und an der Technischen Hochschule Darmstadt Lehrstühle für wissenschaftliche Politik zu errichten." Weder sollten Berufspolitiker erzogen, noch eine neue Laufbahngruppe geschaffen werden. Stock sagte weiter: „Wir wünschen vielmehr, daß der Hörsaal, in dem ein Professor über Innen- oder Außenpolitik liest, von jedem aufgeschlossenen und unserer Zeit innerlich verbundenen Studierenden aufgesucht wird. Die akademische Jugend soll nicht neben der Politik aufwachsen und im Politiker einen Feind des Geistes und der Wissenschaft sehen. Sie soll erkennen daß der künftige Richter, der Studienrat und der Arzt ihre hohe Aufgabe nur erfüllen können, wenn sie den politischen und gesellschaftlichen Erscheinungen in Vergangenheit und Gegenwart Verständnis entgegenbringen und wenn sie schon von Jugend auf versuchen, die Welt zu verstehen." Stock schloß mit den Worten: „So handeln wir im Jahre 1948 im Gedenken an die Männer von 1848. In diesem Sinne verkünde ich namens der Hessischen Staatsregierung die Errichtung der drei Lehrstühle für Politik an den Hochschulen unseres Landes. Es ist unseres Volkes Wunsch, daß sie dem Frieden der Welt und der gesellschaftlichen Höherentwicklung der Menschheit dienen."[1] Der Beschluß der Landesregierung, die drei Lehrstühle in den Haushalt aufzunehmen, ist im Kabinett am 28. April 1948 gefaßt worden, außerhalb der Tagesordnung.

Die regierungsamtliche Einführung eines selbständigen Faches Politikwissenschaft an den hessischen Universitäten war ein singulärer Vorgang; in keinem anderen Land in den westlichen Besatzungszonen hat sich ähnliches zugetragen. So muß gefragt werden: Warum gerade Hessen? Und warum überhaupt Politikwissenschaft?

II

Wer behauptet, die Politikwissenschaft sei ein Produkt der amerikanischen Erziehungspolitik in Deutschland nach dem Kriege oder ein Import deutscher Emigranten in den USA gewesen, verkennt die Wirklichkeit. Beide Gruppen, Amerikaner wie Emigranten, haben sich zwar für die Errichtung des Faches nachhaltig eingesetzt, durchgesetzt worden ist es aber in erster Linie von deutschen Politikern. Die amerikanische Militärregierung erblickte in der Förderung der Politikwissenschaft ein Instrument ihrer Erziehungspolitik. Sie empfand das Fehlen einer spezifischen „political science", wie sie in den USA bereits seit dem vergangenen Jahrhundert bestand, als einen echten Mangel, dem abzuhelfen sei. Im Unterschied zu den Sowjets unterließen es die Amerikaner jedoch, ihre Vorstellungen autoritativ durchzusetzen – ein allgemeines Charakteristikum ihrer Deutschlandpolitik zumindest seit 1947. Sie wählten vielmehr den Weg der indirekten Einflußnahme und der Überredung, z.B., indem sie finanzielle Zuwendungen in Aussicht stellten. In ihren Bemühungen unterstützt wurden die Amerikaner von einigen wenigen Emigranten, zumeist Vertreter der traditionellen Sozial- und Staatswissenschaften, die mit den deutschen Verhältnissen, den akademischen und wissenschaftlichen Traditionen bestens vertraut waren. Sie stellten gewiß ein wichtiges Bindeglied zwischen der Militärregierung und den deutschen Behörden dar, doch blieb auch ihnen lediglich die Möglichkeit, argumentativ die Einführung einer selbständigen Politikwissenschaft an den Hochschulen vorzubereiten. Die Hauptlast des Etablierungsprozesses lag zweifelsohne bei den deutschen Politikern. Die amerikanische Initiative und das Engagement der Emigranten wären sicherlich ohne Wirkung geblieben, hätten die deutschen Verantwortlichen nicht die Freiräume genutzt, die ihnen geboten wurden. Und die Analyse wird zeigen, daß in Hessen diese Freiräume weidlich genutzt wurden. Freilich bedurfte es dazu einer besonderen situationsspezifischen politischen Konstellation. Der Boden war günstig, auf dem ein solches Unterfangen gedeihen konnte: der traditionell aufgeklärte Liberalismus des Bürgertums, der entschiedene Antinazismus sozialdemokratischer wie christlicher Widerstandsgruppen, die Gemeinsamkeit der großen Parteien in grundsätzlichen Fragen, trotz der Härte, mit der die politische Auseinandersetzung bisweilen geführt wurde, die glückliche Ansammlung exzellenter Politiker und Fachleute, ohne deren Existenz bestimmte geistige Tendenzen nicht in pragmatische Politik umgesetzt werden könnten, ein kleiner Kreis von engagierten Intellektuellen, die diesen Vorgang der – wie man heute sagen würde – Implementierung beratend oder publizistisch unterstützten.[2] Man sollte sich davor hüten, eine der vorerwähnten Komponenten herauszugreifen und sie als alleinige Erklärungsmöglichkeit zu verabsolutieren. Im vornhinein darf aber gesagt werden, daß die Begründung der Politikwissenschaft in Hessen vornehmlich ein Werk der Sozialdemokraten, in Zusammenarbeit mit dem Kultusminister Erwin Stein (CDU), gewesen war.

Die Einführung einer selbständigen Politikwissenschaft in die Universitäten wurde um so dringender erachtet, als sich das Fächerkonglomerat der traditionellen „politischen Wissenschaften" in Deutschland vor 1945 in hohem Maße kompromittiert hatte. Das galt insbesondere für das Staatsrecht und die Geschichtswissenschaft, weniger für Soziologie und Nationalökonomie. Dem Staatsrecht blieb in der Weimarer Zeit weitgehend die Einsicht versagt, die verfassungsmäßigen Institutionen und Verfahrensweisen im Lichte demokratischer Normen zu beurteilen und sich tatkräftig für ihre Erhaltung einzusetzen. Der vorherrschende Legalismus, gepaart mit einem fatalistisch anmutenden wertrelativistischen Räsonnieren, das allenfalls noch eine diffuse „normative Kraft des Faktischen" gelten lassen wollte, sollte sich verheerend auswirken. Die Historiker wiederum waren nicht in der Lage, ihr überkommenes Denken in den Schablonen des Nationalstaates preiszugeben, auf dessen Stabilisierung und ideelle Überhöhung ihr wissenschaftliches und politisches Wirken ausgerichtet war. Sowohl das Staatsrecht als auch die Geschichtswissenschaft waren in ihrem Kern konservativ und standen der Demokratie reserviert bis feindlich gegenüber. Sie paßten sich dem Zeitgeist an, die Demokratie ihrem Wesen nach als „undeutsch", als ein der Natur der Deutschen unangemessenes Ideal zu charakterisieren. Es wird so verständlich, warum die Träger des Demokratisierungsprozesses nach 1945 es nicht für ratsam hielten, diesen Wissenschaften die Erziehung zur Demokratie im akademischen Bereich anzuvertrauen. Die Probleme der Zeit und die Gestaltung der Zukunft erforderten neue Fragestellungen, eröffneten neue Fragehorizonte, die mit den althergebrachten Begriffen und Instrumenten nicht mehr auszumessen waren. Erst diese Erkenntnisse sowie die Antizipation, Staatsrecht wie Geschichtswissenschaft kapitulierten auch weiterhin vor der Aufgabe, ihre jeweiligen Prämissen kritisch zu überprüfen, ermöglichten in entscheidendem Maße die hochschulpolitische Durchsetzung des Faches Politikwissenschaft.

Die Widerstände der Universitäten vorausahnend, glaubten damals die Verantwortlichen noch, eine wissenschaftlich fundierte Politiklehre außerhalb der akademischen Institutionen in separaten Hochschulen für Politik betreiben zu müssen. So wurde in Berlin die „Deutsche Hochschule für Politik" gegründet, die versuchte, an die Tradition der 1920 geschaffenen Vorgängerin gleichen Namens anzuknüpfen. Eine weitere außerakademische Anstalt war die 1947 in Wilhelmshaven gegründete „Hochschule für Arbeit, Politik und Wirtschaft". Beide Hochschulen verdankten ihre Entstehung der Initiativen sozialdemokratischer Politiker. An den Aufbau parteipolitischer „Kaderschmieden" ist jedoch niemals gedacht worden.

Die Verantwortlichen hatten jedoch schnell erkannt, daß die Domestizierung einer eigenständigen Politikwissenschaft ohne die Unterstützung der Universitäten nicht zu schaffen war. Die Anstöße, die vor allem von der Berliner Hochschule ausgegangen waren, waren einfach zu schwach. So unternahm es wiederum die hessische Landesregierung, unter Federführung des Kultus- und Justizministeriums, vornehmlich die Vertreter der Universitäten und der Justizverwaltungen der Länder der westlichen Besatzungszonen zu einer Konferenz einzuladen, um sie mit dem Plan der Ausbildung einer Politikwissenschaft sui generis bekanntzumachen. Diese Konferenz fand im September 1949 in Waldleiningen statt. Verlauf und Ergebnis dieser Konferenz stießen auf den erbitterten Widerstand der Universitäten. Sie erblickten in den vorgesehenen Maßnahmen einen „coup d'état", den Universitäten sozusagen auf dem Verordnungswege eine wissenschaftliche Disziplin aufzuoktroyieren, von der man sich noch kein klares Bild zu machen wußte. Zwar akzeptierten sie die Notwendigkeit einer verstärkten politischen Bildung an den Hochschulen, doch nicht im Gewande eines neuen Faches. Den Universitäten erschien es völlig ausreichend, politische Bildung im Kontext des herkömmlichen „Studium Generale" zu betreiben. Erst im Jahre 1954 gab die Westdeutsche Rektorenkonferenz offiziell ihren Widerstand gegen die Aufnahme der Politikwissenschaft in den Kreis der akademischen Fächer auf.[3]

III

In Hessen wurden nicht nur Lehrstühle für wissenschaftliche Politik eingerichtet oder Konferenzen organisiert, die der weiteren Verbreitung des Faches dienen sollten. In Hessen hat man auch eine gewisse Zeit die Möglichkeit geprüft, eine besondere Hochschule für Politik (HfP) in Frankfurt zu errichten – noch bevor man sich für die drei Lehrstühle entschieden hatte.

An dem Plan, eine Hochschule für Politik zu gründen, war die Landesregierung zunächst nicht unmittelbar beteiligt. Er fußte auf Überlegungen des emigrierten Historikers Hajo Holborn. Holborn war Professor für Geschichte und internationale Beziehungen an der alten „Deutschen Hochschule für Politik" in Berlin. Ihm schwebte der Aufbau einer ähnlich konzipierten und organisierten Hochschule in Frankfurt vor. Wahrscheinlich auf Vermittlung des früheren Redakteurs der „Frankfurter Zeitung", Dolf Sternberger, konnte Walter Kolb, der populäre sozialdemokratische Oberbürgermeister der Stadt, für dieses Vorhaben gewonnen werden. Das war im Spätjahr 1947. Kolb spielte mit dem Gedanken, aus Anlaß der bevorstehenden Jahrhundertfeier der Eröffnung des Paulskirchenparlaments die Hochschule als eine Art Geburtstagsgeschenk in Form einer Stiftung präsentieren zu können. Es gelang, weitere Persönlichkeiten des öffentlichen Lebens für diesen Plan zu gewinnen. Eine Kommission wurde gebildet, die die mit der Errichtung der Hochschule zusammenhängenden Probleme erörtern sollte. Dieser gehörten neben Kolb und Sternberger u.a. der Rektor der Frankfurter Universität, Walter Hallstein, an, der Völkerrechtler und aus der Emigration zurückgekehrte Ernst Wilhelm Meyer und Ludwig Bergsträsser, der in der Frühphase der hessischen Politik nach dem Kriege von großem Einfluß gewesen war.

Arbeitsgrundlage der Diskussion in der Kommission bildete ein von Sternberger vorgelegtes Exposé. In diesem wurde grundsätzlich zum Ausdruck gebracht, daß nur die Errichtung einer besonderen HfP den rechten „Weg zu einer höheren politischen Bildung" weisen könne; die Eingliederung einer „politischen Wissenschaft" in die Universitäten sollte dagegen nicht erwogen werden, da weder auf herausragende Forscherpersönlichkeiten zurückgegriffen werden könne, die imstande wären, das neue Fach würdig zu vertreten, noch eine Tradition vorhanden sei, auf die man sich berufen könne. Sternberger war der Ansicht, eine Hochschule für Politik sei besser dazu geeignet, die politische Bildung im demokratischen Sinne in die Parlamente, Regierungen, Parteien und Verwaltungen hineinzutragen als eine Universität, weil dadurch der in Deutschland traditionelle Gegensatz von Intellekt und Macht überwunden werden könne. Grundsätzlich mahnte er, die Lehre an der zu errichtenden Hochschule nicht an einen bestimmten Ausbildungsgang anzubinden. Gemäß dem Prinzip des „demokratischen Zugangs" sollte möglichst vielen die Chance geboten werden, ein politisches Studium zu ergreifen. Die Landesregierung zeigte sich nicht abgeneigt, das Projekt zu unterstützen, ebenso die Amerikaner. Hallstein als oberster Repräsentant der Universität nahm es sichtlich mit Erleichterung auf, daß die politische Bildung außerhalb des akademischen Bezirks konzentriert würde, denn gegenüber politischen Tagesfragen könne die Universität keine „geistige Führung" beanspruchen.[4]

Wie sollte nun die Aufgabenstellung der Hochschule umschrieben werden? Eine wesentliche Rolle spielte dabei die Frage um das Verhältnis von theoretischer und praktischer Lehrmethode. Die Ansichten waren darüber geteilt. Die eine Gruppe – dazu gehörte Bergstraesser – setzte eher auf die Bevorzugung des praktischen Elements, da ein Zuviel an Theorie dem Wesen des Politischen nicht entspräche. Der anderen Gruppe war es demgegenüber eher darum zu tun, die theoretische Ausbildung zu stärken, da es auch zu den Aufgaben einer Hochschule gehören sollte, eine Theorie der Politik zu entwerfen. Man einigte sich dahingehend, eine gesunde Mischung von Theorie und Praxis anzustreben, was sich auch und vor allem in der Zusammensetzung des Lehrpersonals niederschlagen sollte. Die Hochschule sollte fünf Institute umfassen: für allgemeine Politik; für innere Politik, Verfassungs- und Verwaltungslehre; für äußere Politik, Weltpolitik und Völkerrecht; für Wirtschaftspolitik und Soziologie; für „geistige internationale Zusammenarbeit". Entsprechend sollten fünf hauptamtliche Dozenten berufen werden, die ihrem Rang nach ordentlichen Professoren gleichzustellen waren. Als Ziel der Hochschule wurde angegeben: „Die Hochschule für Politik hat die Aufgabe, im Dienste der abendländischen Kultur und Demokratie politische Wissenschaft durch Lehre und Forschung zu fördern." Bezeichnend ist auch der „Vorspruch" eines „vorläufigen Diskussionsentwurfs einer Satzung„": „die Hochschule für Politik, gegründet inmitten größter Not auf allen Gebieten deutschen Lebens durch das Land Hessen, die Stadt Frankfurt a.M. und deutsche Bürger . . ." Hinter diesen Absichtserklärungen steckte die Überzeugung, die Hochschule allen Schichten der Bevölkerung zu öffnen; insbesondere richteten sie sich an Erzieher, Journalisten und Verwaltungsjuristen. Ein Regierungsvertreter gab auch zu verstehen, daß die Hochschule durchaus in der Lage sein könne, die Ausbildung der Lehrer für Gemeinschaftskunde zu übernehmen, sofern die erforderlichen organisatorischen Voraussetzungen geschaffen würden.

An eine rasche Realisierung des Vorhabens war jedoch vorerst nicht zu denken. Zu groß waren die organisatorischen und vor allem auch finanziellen Schwierigkeiten. Der Hauptgrund für diese Verzögerung und letztlich auch für das Scheitern des Projekts ist in den Unstimmigkeiten innerhalb des hessischen Kabinetts zu suchen. Ausschlaggebend dürften wohl die finanziellen Engpässe gewesen sein, von denen das Land Hessen erheblich betroffen war. Aus diesem Grunde hatte sich die Regierung für die – man muß wohl so sagen – „kleinere Lösung" ausgesprochen, die Schaffung der drei Lehrstühle.

Das Problem „Hochschule für Politik" war aber damit noch keineswegs vom Tisch. Ein Kabinettsausschuß wurde eingesetzt, bestehend aus je einem Vertreter der Staatskanzlei, des Finanz-, Innen-, Kultus- und Justizressorts sowie des Ministeriums für politische Befreiung, mit dem Ziel, das weitere Vorgehen zu beraten. Dem Chef der Staatskanzlei, Hermann L. Brill, war aufgetragen, die Arbeit des Ausschusses zu koordinieren. Brill war eine der Zentralfiguren der hessischen SPD nach dem Kriege. Bereits im „Buchenwalder Manifest ‚Für Frieden, Freiheit, Sozialismus'", das Brill in jenem Konzentrationslager verfaßt hatte, hatte er sich dafür ausgesprochen, „Landes- und Hochschulen für Politik" zu errichten.[5]

Die Probleme tauchten auf, als sich der einflußreiche Finanzminister Werner Hilpert vom Koalitionspartner CDU, Stellvertreter von Ministerpräsident Stock, beharrlich geweigert hatte, einen Vertreter seines Ministeriums in die interministerielle Kommission zu berufen. Hilpert hielt die Errichtung der Hochschule angesichts der prekären Haushaltslage für unangebracht und nach außen hin nicht für vertretbar; das galt auch für die Etatisierung der drei Lehrstühle. Das Staatsministerium war jedoch anderer Ansicht. Unter allen Umständen sollte der Plan der Errichtung der Lehrstühle in die Tat umgesetzt werden, ein Sparen am falschen Platze sollte es nicht geben. Ferner ging das Staatsministerium davon aus, an der Gründung der Hochschule weiterhin festzuhalten; ihre Existenz sei für den demokratischen Staat unentbehrlich. Nachdem sich der Streit um die Hochschule ungefähr ein halbes Jahr hingezogen hatte, ohne daß eine Verständigung erreicht werden konnte, versuchte der Innenminister Heinrich Zinnkann (SPD) zu vermitteln. Er schlug vor, auf eine enge Kooperation mit den bereits bestehenden Hochschulen in Berlin und Wilhelmshaven hinzuarbeiten. Dieser Vorschlag kam jedoch nicht zum Tragen, da die Staatskanzlei mit der Berliner Konzeption einer betont wissenschaftlichen Orientierung der Lehre nicht einverstanden war. Schließlich wollte man keine Gelehrtenrepublik, sondern eine Erziehungsanstalt aufbauen, in der die praktische Politik im Zentrum stehen sollte. Auch ein Vorschlag des Kultusministers Stein, die übrigen Länder der westlichen Besatzungszonen in die Planung und Finanzierung miteinzubeziehen, stieß auf Ablehnung. Die Fürsprecher des Projekts dachten überhaupt nicht daran, den hessischen „Avantgardismus", wie einer von ihnen es in einem Memorandum zur fraglichen Angelegenheit plakativ zum Ausdruck gebracht hatte, zu verleugnen und so die pädagogische Ausrichtung zu verwässern. Da niemand sich zu einem Kompromiß verstehen wollte, mußte das Projekt zwangsläufig scheitern – sehr zum Kummer der Amerikaner übrigens, die sich bereit erklärt hatten, materiellen Beistand zu leisten.

IV

Was blieb, waren die drei Lehrstühle, eine Art Ersatzlösung, wie aus dem Kultusministerium zu hören war.[6] Auch in diesem Falle kann von einem einheitlichen Vorgehen der Regierung nicht gesprochen werden. Denn wie schon bei der Hochschule war Finanzminister Hilpert, wie bereits kurz erwähnt, nicht bereit, seine Zustimmung zur Etatisierung der Lehrstühle zu geben. Er machte geltend, daß die Öffentlichkeit angesichts der unermeßlichen Not, die im Lande herrsche und zu deren Beseitigung alle nur erdenklichen Ressourcen des Staatshaushaltes eingesetzt werden müßten, für eine derartige Maßnahme kein Verständnis aufbringen würde. Stattdessen schlug Hilpert vor, die bestehenden Lehrstühle für Staatswissenschaften entsprechend umzuwidmen. Hilpert konnte sich jedoch nicht durchsetzen. Ende 1948 wurde Kultusminister Stein beauftragt, in Verhandlungen mit Personen einzutreten, die für die Besetzung der einzelnen Lehrstühle in Frage kämen. Es dauerte allerdings bis zum Mai 1949, bis der Finanzminister seine Obstruktionspolitik aufgab.

Eine der ersten Reaktionen nach Bekanntgabe des Kabinettsbeschlusses vom 28. April 1948 war, daß Namen von Persönlichkeiten in Umlauf gebracht wurden, die von verschiedener Seite für die Besetzung der Lehrstühle in die engere oder weitere Wahl gezogen wurden. Es handelte sich dabei um Personen unterschiedlichster Herkunft, unterschiedlichster Ausbildung, unterschiedlichster wissenschaftlicher oder politischer Erfahrung. Unter den 32 Namen, die, soweit bekannt, mit den Lehrstühlen in Verbindung gebracht wurden, finden sich Bekannte wie weniger Bekannte. Zur ersten Gruppe sind zu zählen: Ludwig Bergsträsser, Eugen Kogon, Klaus Mehnert, Theodor Eschenburg, Ernst Fraenkel, Martin Drath, Gerhard Leibholz, Arcadius R.L. Gurland, Wolfgang Abendroth, Carlo Schmid, Otto Kirchheimer, Adolf Grabowsky, Max Horkheimer, Ernst W. Meyer, Benedikt Kautsky, Karl Korsch, Leo Kofler, Herbert Marcuse, Hans Gerth, Karl-Dietrich Erdmann, Viktor Agartz, Fritz Eberhard. Zur Gruppe der weniger Bekannten sind zu rechnen: der damalige Vizepräsident der Industrie- und Handelskammer Frankfurt, Arndt, der bereits bei der Planung der Hochschule für Politik mitgewirkt hatte; Ludwig Freund, Anfang der 30er Jahre führendes Mitglied des nationalkonservativen Reichsverbands jüdischer Frontsoldaten, danach Emigration in die USA, dort Professor für Soziologie und Politik in Wisconsin, Berater der US-Armee; die Historiker Helmut Röhr, damals Marburg, Wilhelm Mommsen und Johann Albrecht von Rantzau; der Rechtsphilosoph Jürgen von Kempski; Dietrich Mende, in der Weimarer Zeit als Statistiker tätig, Emigration nach Großbritannien, dort Assistent der wissenschaftlichen Abteilung des Foreign Office; das frühere Mitglied des Auswärtigen Amtes, Henry Paul Jordan, der in der Emigration an verschiedenen amerikanischen Universitäten lehrte; der Heidelberger Kultursoziologe Hans von Eckardt, ein Alfred-Weber-Schüler. Von der akademischen Ausbildung her gesehen waren es in der Mehrzahl Historiker, wenige Juristen und Staatswissenschaftler. Einige wirkten als Publizisten (wie Kogon bei der katholisch-konservativen Zeitschrift „Schönere Zukunft" in Österreich, nach dem Kriege bei den von ihm und Walter Dirks herausgegebenen „Frankfurter Heften"; wie Mehnert in Moskau, im Fernen Osten und nach dem Kriege in Deutschland bei „Christ und Welt"). Ungefähr die Hälfte der Aufgeführten kam aus der Emigration zurück nach Deutschland. Manche hatten Erfahrungen in der politischen Praxis sammeln können (wie etwa Bergsträsser, zunächst in der Deutschen Demokratischen Partei, dann in der SPD; wie etwa Kogon bei den Christlichen Gewerkschaften in Österreich). Etwas mehr als die Hälfte der erwähnten Kandidaten wurde in die engere Wahl einbezogen. Doch wer sollte den Zuschlag jeweils erhalten? Bei der Brisanz der Angelegenheit, bei der Diversifikation der politischen Meinungen und Erfahrungen keine leichte Aufgabe. Eines bleibt auf jeden Fall festzuhalten: Stellt man die Umstände und Motive in Rechnung, die zu der Errichtung der Lehrstühle geführt haben, so hat das Kriterium der wissenschaftlichen Qualifikation nur bedingt den Ausschlag gegeben. So sehr die Etatisierung der Lehrstühle eine bewußte politische Entscheidung war, so sehr waren die Verantwortlichen in Hessen darauf aus, deren Besetzung zumindest partiell in ihrem Sinne zu gestalten. Und es ist nicht zu verkennen, daß sich dabei insbesondere die SPD hervortat. Die CDU scheint sich eher zurückgehalten zu haben; jedenfalls habe ich keine Zeugnisse finden können, die das Gegenteil behaupten.

In einem Lagebericht von Kultusminister Stein vom 1. Juni 1949 wurde

Kogon für Frankfurt, E.W. Meyer für Marburg und Bergsträsser für Darmstadt vorgeschlagen. In dem Bericht hieß es, die drei Genannten seien mit einer eventuellen Berufung einverstanden. Zwei Tage, bevor er aus dem Amt des Staatssekretärs ausschied, bat Hermann L. Brill Justizminister Zinn, dieser möge den Ministerpräsidenten Stock dahin zu überreden suchen, den Vorschlägen des Kultusministers nicht zu folgen. Er hatte die Stein'sche Kabinettsvorlage einer herben Kritik unterzogen, die sich vor allem auf Kogon und Meyer bezog. Kogon wurde von Brill durchaus als akademischer Lehrer anerkannt; er werde aber sicherlich von den sozialdemokratischen Ministern abgelehnt, da Kogon aktiver Vertreter der Ständestaatstheorie und Angehöriger der christlichen und nach 1934 gleichgeschalteten Gewerkschaften Österreichs gewesen sei; darauf sei sein Antinationalsozialismus überhaupt erst zurückzuführen. Gegen Meyer brachte Brill vor, dieser sei Mitglied der CDU, besitze erhebliche Vorbehalte gegenüber der Institution der politischen Partei und sei ein Anhänger des relativen Mehrheitswahlrechts und einer ständischen Kammer. Brill schlug stattdessen Ernst Fraenkel für Frankfurt vor, da dieser die angelsächsische Politiktradition besser verstehe und vertreten könne als der, wie Brill sagte, „Allerweltsreisende" Meyer. Fraenkel hatte bereits zuvor einen Lehrauftrag für anglo-amerikanische Politik in Frankfurt angenommen. Ein anderer Wunschkandidat Brills war Fritz Eberhard. Nach Brills Auffassung sollte Eberhard, der auf der Liste der Marburger Philosophischen Fakultät stand, nach Darmstadt geholt werden, damit er den Technikern und Naturwissenschaftlern an der Technischen Hochschule sein breites Wissen vermitteln könne; außerdem habe Eberhard politisch in der Illegalität gearbeitet und sich in einem 1943 erschienenen Buch mit dem Titel „The next Germany" für eine demokratische Regierungsweise ausgesprochen. Auch Benedikt Kautsky, der jüngste Sohn Karl Kautskys, spielte in den diesbezüglichen Überlegungen Brills ein bestimmte Rolle.

Dem sozialdemokratischen Teil der hessischen Landesregierung war es darum zu tun, möglichst zwei der drei Ordinariate mit Parteigenossen oder zumindest mit der Partei nahestehenden Wissenschaftlern zu besetzen. Dieser Wunsch ist einem Schreiben Justizministers Zinn, der in dieser Angelegenheit großes Engagement zeigte, an Ministerpräsident Stock vom 10. Januar 1950 zu entnehmen. In einem im September des gleichen Jahres angefertigten vertraulichen Bericht des sozialdemokratischen Ministerialdirigenten im Kultusministerium, Viehweg, heißt es: „Die Lehrstühle . . . sind seiner Zeit auf die Initiative der SPD hin geschaffen worden. Es erscheint mir unerläßlich, daß mindestens einer dieser Lehrstühle mit einem Gelehrten besetzt wird, der in seiner Lehrtätigkeit auch die Auffassungen der SPD zu Worte kommen läßt." Es scheint geboten, den fraglichen Lehrstuhl noch in dieser Legislaturperiode zu besetzen. Doch mit wem? Die Berufungspolitik der SPD schien in eine Sackgasse geraten zu sein. Bezeichnend dafür ist ein Schreiben des Ministerpräsidenten Stock an Justizminister Zinn vom 27. April 1950. Darin hieß es: „Ich habe somit keinen Parteigenossen. Kannst Du mir nicht neue Vorschläge, die Genossen sind, unterbreiten? Die Sache eilt." Bislang seien die sozialdemokratischen Kandidaten nicht zum Zuge gekommen.

Es ist für den Betrachter schwierig, sich in diesem Dickicht der Vorschläge, Streichungen, Neubenennungen, des Hin- und Hergeschiebes von Kandidaten, des Pro und Contra, zurechtzufinden. Dies gilt vor allen Dingen für die jeweilige Situation an den betroffenen Hochschulen selbst. Der Reihe nach soll nun ein wenig Licht in das Gestrüpp der Berufungspolitik gebracht werden.

Am raschesten ist die Entscheidung hinsichtlich der Besetzung des Lehrstuhls an der Universität Frankfurt gefallen. Dort hatte sich eine Einigung dahin gehend abgezeichnet, Ernst W. Meyer zu berufen. Ihn empfahl die Rechtswissenschaftliche Fakultät. In dem oben erwähnten vertraulichen Bericht des sozialdemokratischen Ministerialdirigenten Viehweg hieß es, Meyer sei auf Vorschlag der CDU berufen worden.

Der entsprechende Beschluß der Regierung datiert vom 19. April 1950. Doch bereits im November 1951 wurde der Lehrstuhl vakant, da sein erster Inhaber es vorgezogen hatte, den Posten des deutschen Botschafters in Indien anzunehmen. Das Personenkarussell begann sich von neuem zu drehen. Die Universität entschied sich schließlich für Carlo Schmid. Dahinter witterte man aber ein parteipolitisches Manöver. Die Presse schrieb, Schmid sei selbst daran interessiert gewesen, nach Frankfurt zu kommen; ebenso schätze sich die hessische SPD glücklich, einen eigenen Mann mit dem problematischen Amt betrauen zu können. Später gab Schmid zu Protokoll, Georg August Zinn, der neue Ministerpräsident, habe ihn gedrängt, die Professur anzunehmen. Seine Ernennung erfolgte am 8. April 1953.

In Marburg hatte die zuständige Philosophische Fakultät, der damals noch die Naturwissenschaftler angehörten, in ihrem ersten Vorschlag Anfang 1949 auf die erste Stelle Ernst W. Meyer, auf die zweite Mehnert und auf die dritte Ludwig Freund gesetzt; nachträglich nominierte sie als Nr. vier Fritz Eberhard und als Nr. fünf Theodor Eschenburg. Kultusminister Stein ersuchte Ministerpräsident Stock, Eschenburg zu berufen: Meyer würde mehr und mehr mit Frankfurt in Verbindung gebracht, Mehnert sei wegen seiner früheren Mitarbeit an nationalsozialistischen Zeitungen nicht tragbar, Freund sei schon vorher abgelehnt worden und Eberhard sei inzwischen Intendant des Süddeutschen Rundfunks geworden. Umgehend hat der Nachfolger Brills in der Staatskanzlei, Bach, bei Carlo Schmid in Tübingen angefragt, ob Eschenburg Parteimitglied sei bzw. ob er sich für den Lehrstuhl eigne. Die Antwort kam prompt: Eschenburg sei nicht Mitglied der SPD; er „dürfte wohl als fortschrittlich orientierter Liberaler politisch richtig qualifiziert sein". „Der Umstand, daß er kein Sozialdemokrat ist, hindert ihn nicht daran, die SPD in ihrer Bedeutung für den Aufbau Deutschlands und Europas vorurteilslos zu würdigen."

Auch der Heidelberger Kultursoziologe Hans von Eckardt ist nach dieser Methode auf seine Zuverlässigkeit hin überprüft worden: „Aus Gründen unserer Parteipolitik" ersuchte Staatssekretär Bach den Heidelberger SPD-Ortsverein um Auskunft, ob von Eckardt Parteimitglied sei. Das Bezirkssekretariat der Heidelberger SPD antwortete am 28. Januar 1950: Eckardt sei seit dem 1. Oktober 1948 Parteimitglied; er habe sich für die Partei als Referent gut eingesetzt. In Marburg war von Eckardt allerdings nicht erwünscht. Mit Carlo Schmid war ein weiterer SPD-Kandidat in den Vordergrund gerückt worden, diesmal von Kultusminister Stein. Stock und Zinn haben allerdings an der Ernsthaftigkeit Schmids, nach Marburg zu gehen, gezweifelt; ihrer Ansicht nach habe sich Schmid nur deswegen vorschlagen lassen, um seine Stellung in

Tübingen zu stärken. Der Kultusminister wollte Schmid berufen, falls die Universität sich außerstande gesehen hätte, eine Liste vorzulegen. Die Philosophische Fakultät äußerte gleichwohl schwere Bedenken gegenüber Schmid. Diese bezogen sich sowohl auf die politischen Auffassungen des Politikers als auch auf den Umstand, ob sich Schmid voll seiner Aufgabe überhaupt widmen könne.

Stein beschwerte sich bei Ministerpräsident Stock über die Nichtbeachtung des ministeriellen Vorschlages seitens der Universität. Wenn der Grundsatz der politischen Neutralität im akademischen Bereich verletzt werde, so sei dies „abwegig", dann könne niemand mehr Professor werden, der sich politisch betätige.

Gleichwohl war die Fakultät nicht untätig geblieben. Als Orientierungshilfe legte sich die Berufungskommission eine Art Klassifikationsschema zurecht, in das die infragekommenden Lehrstuhlanwärter eingeordnet wurden. Die erste Gruppe umfaßte Persönlichkeiten, die aus der Wissenschaft kamen, sich aber für Probleme der politischen Bildung und der politischen Praxis interessierten. Dazu gehörten der Historiker Johann Albrecht von Rantzau, Privatdozent in Hamburg, der Rechtsphilosoph Jürgen von Kempski und Wolfgang Abendroth von der Wilhelmshavener Hochschule. Die zweite Gruppe umfaßte Praktiker aus der Politik, die wissenschaftliche Ambitionen besaßen: Dietrich Mende und Henry Paul Jordan. Gerade an der Person des zuletzt Genannten läßt sich sehr schön demonstrieren, nach welchen Kriterien die Lehrstühle besetzt werden sollten bzw. mußten. Jordan stand bis 1933 im Dienst des Auswärtigen Amtes. Nach seiner Entlassung emigrierte er in die USA und lehrte dort an verschiedenen Hochschulen. Im Jahre 1950 hielt er im Auftrage von HICOG Vortragsreisen in Deutschland über aktuelle politische Probleme. In einem unveröffentlichten Manuskript „Zur politischen Erziehung in Deutschland" setzte er sich nachhaltig für die Einführung einer „Wissenschaft von der Politik" oder – wie er den angelsächsischen Ausdruck „political science" übersetzte – „Vergleichenden Staatskunde" ein. Es sei dringend erforderlich, das Fach im Lehrplan zu verankern. Die Kenntnis der politischen Systeme anderer Länder sollte wesentlich dazu dienen, gravierende Fehlurteile zu vermeiden. Gelegentliche Vorlesungen oder ein Studium Generale in Politik würden nicht ausreichen. Am 27. August 1950 teilte er Stock mit, daß er sich in Marburg beworben habe. Jedoch würden ihm einige Mitglieder der Fakultät den Vorwurf machen, als „seit langem ‚Unbeteiligter'" an die Probleme der deutschen Innenpolitik heranzugehen. Ungefähr vier Wochen später ging bei Staatssekretär Bach ein Schreiben ein, dessen Absender, der Professor am Brooklyn College in New York, Fritz Karsen – ein früheres SPD-Mitglied, das emigrieren mußte und nach dem Kriege in der Erziehungsabteilung der amerikanischen Militärregierung für die Universitäten zuständig war – Jordan wärmstens empfahl. Jordan habe stets „die Anschauungen der fortschrittlichen und freiheitlichen Gruppen vertreten." Dem bereits mehrfach erwähnten vertraulichen Bericht des Ministerialdirigenten im Kultusministerium, Viehweg, ist zu entnehmen, daß Minister Stein die Mitteilung, Jordan würde sich auf der Marburger Vorschlagsliste befinden, „mit großer Freude" aufgenommen habe; schließlich sei dieser Vetter eines ehemaligen Landtagsabgeordneten der CDU. Viehweg charakterisierte

Jordan jedoch dahin gehend, daß dieser keine CDU-Politik zu betreiben scheine, eher der SPD nahestehe. Noch Mitte November 1950 rechnete Jordan insgeheim mit seiner Berufung, da ihm von der Staatskanzlei geraten wurde abzuwarten; die Angelegenheit sollte auf jeden Fall vor den anstehenden Landtagswahlen – sie fanden am 19. November 1950 statt – geregelt werden.

Eine endgültige Entscheidung war aber schon Ende Oktober gefallen. Am 21. 10. wurde Kultusminister Stein mitgeteilt, daß der Ministerpräsident sich für Abendroth entschieden habe. Wenige Tage später wurde dieser durch Beschluß des Kabinetts auf den Lehrstuhl ernannt. Der taktischen Überlegung eines hohen Beamten des Kultusministeriums, die Besetzung des Lehrstuhls solange hinauszuschieben, „bis eine weniger dogmatisch eingestellte Koalitionsregierung (!) die Besetzung strittig" mache, war der Boden entzogen. Die Berufung Abendroths kam für viele überraschend. Sie erfolgte gegen den Willen Steins, der Abendroth als noch etwas „wirr", als noch nicht genug gefestigt charakterisiert hatte. Abendroth habe man Stock aus bestimmten SPD-Kreisen „aufgenötigt".

Mitte Juni 1949 ging Ludwig Bergsträsser noch davon aus, daß er auf den Lehrstuhl für wissenschaftliche Politik an der TH Darmstadt berufen werde. Der Ministerpräsident hatte ihm offenbar zugesagt, sich für ihn einzusetzen. Die sozialdemokratischen Mitglieder im Kabinett hatten ihn aber fallen lassen müssen, da Bergsträsser sich bereits im Pensionsalter befand und so aus beamtenrechtlichen Gründen den Lehrstuhl nicht übernehmen konnte. In einem persönlichen Schreiben an Stock hat sich der Betroffene bitter über diese Vorgehensweise beklagt. Bergsträsser scheint überhaupt zu einer tragischen Figur der hessischen Nachkriegspolitik geworden zu sein: Weder gehörte er einem Kabinett an noch wurde er für das Ministerpräsidentenamt nominiert; beides hatte er anvisiert. Und nun die Mißachtung seiner persönlichen Pläne in Darmstadt! Doch nun nimmt das an sich schon ungewöhnliche Procedere um die Besetzung des Darmstädter Lehrstuhls bizarre Formen an, die Ungereimtheiten in der hessischen Berufungspolitik werden um ein Nuance reicher: Am 17. August 1949 teilt das Kultusministerium Bergsträsser mit, das Kabinett habe ein paar Tage zuvor beschlossen, ihn nach Darmstadt zu berufen. Umgehend meldete dieser besondere Wünsche an: Wissenschaftliche Politik sollte bei Zwischen- und Diplomprüfungen Gegenstand von Prüfungen sein. Ein Seminar sollte errichtet werden, an dem Bergsträsser einen festen Schülerkreis um sich scharen wollte.

Die Hochschule empfand diese Entscheidung als eine Herausforderung ihrer traditionell und verfassungsmäßig verbrieften Autonomie; immerhin hatte sie im Juli selbst eine Berufungsliste eingereicht, auf der der als „untadelig" eingestufte Historiker Karl-Dietrich Erdmann an erster, Hans von Eckardt, der von seinem Lehrer Alfred Weber nachdrücklichst empfohlen worden sei, an zweiter und Viktor Agartz, der bekannte sozialdemokratische Wirtschaftswissenschaftler und Gewerkschaftler, an dritter Stelle aufgeführt worden war. Sie kritisierte grundsätzlich, daß die Regierung Anstalten gemacht habe, gleichsam hinter ihrem Rücken aus angeblich eigener Machtvollkommenheit bei der Erstbesetzung des Lehrstuhl das entscheidende Wort zu behalten: „Wem an der politischen Erziehung des deutschen Volkes etwas gelegen ist, der wird es nur bedauern, wenn ein Lehrstuhl für politische Wissenschaften auf einer solchen Grundlage ins Leben gerufen wird." Wenn voreilige Entscheidungen gefällt und diese sich noch als Falsch erweisen würden, so würde das neue Fach von vornherein diskreditiert sein.

Nach Lage der Dinge haben die Einwände der Hochschule das Verfahren zumindest gebremst, wenn nicht gar ihm eine andere Richtung gegeben. Erst im Januar 1950 wurden neue Aktivitäten sichtbar. Doch dauerte es wiederum ein Jahr, bis beim Ministerium – die SPD stellte in der Zwischenzeit auch den Kultusminister – eine neue Berufungsliste einging mit Eugen Kogon an erster Stelle. Ein weiteres Mal machte die Berufungskommission geltend, wie schwierig es doch gewesen sei, akzeptable Wissenschaftler für diese Professur ausfindig zu machen, die politisch und charakterlich „einwandfrei" seien. Vorbehalte seitens der Regierung gab es nun nicht mehr. Am 16. Februar 1951 teilte das Kultusministerium Kogon mit, daß dieser als Lehrstuhlinhaber vorgesehen sei.

Die Besetzung der einzelnen Lehrstühle dauerte im Durchschnitt etwa zwei Jahre. Dies erscheint angesichts der Tatsache, daß es sich hierbei um ein völlig neues wissenschaftliches Fach handelte und angesichts der damit verbundenen politischen Brisanz als durchaus angemessen. Die betroffenen Hochschulen haben ihr unverhofftes Geschenk nolens volens annehmen müssen. Handelte es sich dabei womöglich um ein „trojanisches Pferd", das ihnen gefährlich werden könnte? Sie suchten unter allen Umständen, die historisch gewachsenen Errungenschaften der akademischen Selbstbestimmung und -verwaltung vor übermäßiger politischer und staatlicher Infiltrierung zu schützen. Immerhin mußten sie damit rechnen, spätestens seit der Rede des Kultusministers Stein im Landtag am 19. März 1947 über die Reorganisation des Hochschulwesens. Eindringlich warnte dieser davor, daß ein Zuviel an Autonomie zwangsläufig zur Isolierung der Hochschulen führen würde; dies widerspräche dem Demokratisierungsgebot der Stunde.[7] Und schließlich war da noch die „Affäre Brill", die Verleihung der Honorarprofessur an Brill durch Kultusminister Stein an der Rechtswissenschaftlichen Fakultät der Universität Frankfurt, eine Handlung, die diese als Affront bezeichnet hatte.[8] Andererseits mußten sich die Hochschulen eingestehen, daß die Politiker in vielerlei Hinsicht den längeren Atem besaßen und Dinge durchsetzen konnten, die den Hochschulen unangenehm sein würden. Gerade in einer Zeit des tiefgreifenden Wandels von Staat und Gesellschaft schien es vorteilhafter, sich mit den staatlichen Autoritäten zu arrangieren und Kompromisse einzugehen.

Die Vorstellung von dem, was ein Professor für Politik lehren und forschen solle, war kaum entwickelt, besonders nicht bei den Regierenden, die eher darauf aus waren, ihnen genehme Persönlichkeiten zu berufen. Dagegen war das Bedürfnis der Hochschulen an einer adäquaten Umschreibung des Sachgebietes der neuen Wissenschaft stärker ausgeprägt. Im Verlauf des Institutionalisierungsprozesses stellte sich dieses Problem meistens dann, wenn die jeweilige Hochschule entscheiden mußte, welcher Fakultät die Politikwissenschaft zugeordnet werden sollte. An der TH Darmstadt war dies kein Problem; hier kam nur die Fakultät für Kultur- und Staatswissenschaften in Frage. Das Fach sollte vor allem auf die Neuere Geschichte und die Soziologie hin entworfen werden. In Marburg wurde der Lehrstuhl nach einem kurzen Streit der Philosophischen

Fakultät zugewiesen, da dieser die beiden in den zwanziger Jahren gegründeten politischen Institute, das „Institut für Auslandskunde und internationale Beziehungen" und das „Institut für Europa-Forschung", zugeordnet waren.

In Frankfurt hingegen hat sich über die Fakultätszuordnung der Politikwissenschaft eine bemerkenswerte Diskussion entzündet. Sie soll hier kurz wiedergegeben werden, um so die Unsicherheit der Hochschule gegenüber dem neuen Fach zu demonstrieren. Der Senat der Universität beabsichtigte zunächst, den Lehrstuhl keiner Fakultät anzugliedern, sondern dem Rektorat direkt zu unterstellen. Zwar sei die Politikwissenschaft – so wurde argumentiert – in der Wirtschafts- und Sozialwissenschaftlichen Fakultät eigentlich am besten aufgehoben; doch könnten ebenso historische, juristische oder philosophische Betrachtungsweisen gewählt werden, was die Fakultätsfrage wieder offen lasse. Die Universität berief sich dabei auf tiefere Absichten der Landesregierung, mit der Politikwissenschaft kein bestimmtes Wissensfach oder eine bestimmte Lehrmethode im Auge gehabt zu haben. Die Universitätsleitung rückte jedoch von ihrem Vorhaben ab und überstellte den Lehrstuhl der Wirtschafts- und Sozialwissenschaftlichen Fakultät. Diese sah darin einen Oktroi. In der Begründung der Fakultät hieß es, die Politikwissenschaft müsse unter sehr verschiedenen Voraussetzungen betrieben werden, u.a. müsse auch die Außenhandelspolitik einbezogen werden, was für seine Eingliederung in die Rechtswissenschaftliche Fakultät spreche. Diese wiederum vertrat die Ansicht, die Politiklehre gehöre in den Bereich der Sozialwissenschaften; sie müsse sich als Wissenschaft sui generis begreifen, nur dann hätte sie eine Chance, die geistigen Impulse zu geben, die man von ihr erwarte. Ende Januar 1951 bestätigte der Senat jedoch seinen früher gefaßten Beschluß und beließ das Fach in der Wirtschafts- und Sozialwissenschaftlichen Fakultät. Wohl als Ausgleich gedacht sollte der erste Lehrstuhlinhaber Meyer einen Sitz in der Rechtswissenschaftlichen Fakultät ad personam erhalten.

V

Auch für eine Analyse der Entwicklung der Politikwissenschaft in Hessen gilt die Maxime: Sie läßt sich erst verstehen, wenn die Gesamtentwicklung des Faches in der Bundesrepublik in den Blick genommen wird. Mit Sicherheit trifft diese Feststellung auf den Bereich des institutionellen Ausbaus der Politikwissenschaft zu. Dieser ist gekennzeichnet durch Anstieg der Personalstellen auf allen Ebenen, durch konsequenten Aufbau von Instituten und Seminaren.

Bis um 1960 bestanden in der Bundesrepublik insgesamt 24 Professorenstellen; davon entfielen allein zehn Lehrstühle auf Berlin, drei auf Hessen. Im Jahre 1961 schlug der Soziologe Rainer M. Lepsius in einer Denkschrift für die Deutsche Forschungsgemeinschaft vor, an jeder Universität als Mindesvertretung drei planmäßige Lehrstühle für Politikwissenschaft (je einen für politische Theorie, Regierungslehre und Internationale Politik) einzurichten. Dadurch sollte die vorhandene Konzentration der Kräfte auf einige wenige Hochschulorte aufgebrochen und eine ausgewogene Repräsentanz des Faches im gesamten Bundesgebiet angestrebt werden.[9] Sowohl in der Bundesrepublik insgesamt als auch in Hessen konnte diese Forderung nicht eingelöst werden – zumindest in dem Zeitraum nicht, in dem die alten Hochschulstrukturen noch in Geltung waren. Anfang der 60er Jahre errichtete das Land Hessen an der TH Darmstadt und in Frankfurt je einen weiteren Lehrstuhl, in Marburg ein Extraordinariat. Nach Darmstadt wurde Arcadius R.L. Gurland berufen. Gurland leitete von 1950–1954 das Berliner Institut für politische Wissenschaft. Er kam von der Nationalökonomie her. In der Weimarer Zeit war er Mitarbeiter bei verschiedenen sozialistischen Zeitschriften. Über Belgien und Frankreich emigrierte er 1940 in die USA und fertigte unter anderem Forschungsarbeiten für das Institut für Sozialforschung an. Das Marburger Extraordinariat wurde mit dem Zeithistoriker Erich Matthias, ein leitender Mitarbeiter in der „Kommission für die Geschichte des Parlamentarismus und der politischen Parteien", besetzt. Nach Frankfurt wurde Iring Fetscher berufen, der in Tübingen Assistent bei Eduard Spranger war. Ferner wurde in Gießen ein erster Lehrstuhl errichtet. Gießen war 1948 nicht berücksichtigt worden, da es damals noch keine vollwertige Universität war. Auf den Lehrstuhl wurde der Arbeitsrechtler Thilo Ramm berufen.

Insgesamt gab es an den hessischen Universitäten um 1969/70 sieben Professuren für Politikwissenschaft.[10] Fügen wir die entsprechenden Lehrstühle an den ehemaligen Hochschulen für Erziehung in Frankfurt und Gießen, später Abteilungen für Erziehungswissenschaft, nach der Novellierung des Hochschulgesetzes 1970 in die jeweilige Universität eingegliedert, hinzu, so kommen wir auf insgesamt 13 Lehrstühle.

Neben den Professoren lehrten um 1968/69: an der TH Darmstadt ein wissenschaftlicher Rat, ein akademischer Rat und fünf wissenschaftliche Assistenten; in Frankfurt fünf Assistenten; in Gießen ein Assistent; in Marburg ein Oberassistent, ein akademischer Rat, fünf Assistenten und ein Kustos. Für die Abteilungen für Erziehungswissenschaft lassen sich ermitteln: für Frankfurt sechs Assistenten; für Gießen ebenfalls sechs Assistenten (in beiden Fällen ohne die für den Hochschulunterricht freigestellten Studienräte). Alles in allem ergibt dies für Hessen: 13 Professoren, einen wissenschaftlichen Rat, zwei akademische Räte, einen Kustos sowie 28 Assistenten. Ein Vergleich mit dem Jahre 1960 zeigt den quantitativen Anstieg: insgesamt drei Lehrstühle, ein Privatdozent, ein Oberassistent, vier Assistenten. In der Zeit nach 1970 erfolgte eine regelrechte Explosion der Planstellen an den Hochschulen, die sich ungefähr bis Mitte der 70er Jahre bemerkbar machte; danach blieben die Personalstellen zahlenmäßig relativ konstant: 1974/75 lehrten in Darmstadt fünf Professoren, zwei Dozenten und zwei wissenschaftliche Mitarbeiter, 1986/87 im Vergleich sechs Professoren, ein Privatdozent und fünf wissenschaftliche Mitarbeiter; in Gießen 1974/75 acht Professoren, drei Dozenten, im Vergleich 1984/85 6 Professoren, drei Privatdozenten und ein Hochschulassistent; in Marburg 1977/78 neun Professoren, drei Dozenten, im Vergleich 1986/87 zehn Professoren, ein Privatdozent (jeweils ohne wissenschaftliche Mitarbeiter); in Frankfurt 1977 zehn Professoren, drei Privatdozenten (ohne die Studienräte im Hochschuldienst und ohne Lehrbeauftragte), im Vergleich 1986 elf Professoren und drei Privatdozenten.

Die Zunahme des Lehrpersonals bis Mitte der 70er Jahre und der damit einhergehende allgemeine Aufschwung der Politikwissenschaft erklärt sich zu einem großen Teil aus der verstärkten Einbeziehung des Faches in die Lehrerbildung und dem sich daraus ergebenden enormen Anstieg der Politikstudenten. Während sich z.B. die Zuwachsraten der Studierenden insgesamt zwischen 1965 und 1970 auf 44,1% und zwischen 1970 und 1975 auf 55,5% beliefen, lauten die entsprechenden Zahlen für die Politologie-Studenten 124,2% bzw. 140,9%.[11] Ganz allgemein übten die Sozialwissenschaften auf diejenigen Studenten eine große Attraktivität aus, die in ihnen ein Mittel sahen, in „emanzipatorischer Absicht" Front gegen die restaurativen Tendenzen und Strukturen des „CDU-Staates" zu machen. Danach machte sich allerorten die restriktive Einsparungspolitik der Landesregierungen auf dem Hochschulsektor bemerkbar.

Heute ist die Stimmung unter den Vertretern des Faches – nicht nur in Hessen – vom Professor bis hinunter zum Assistenten eher gedrückt. Die Zukunft erscheint ungewisser denn je. Bei Stellenstreichungen müssen die Sozialwissenschaften in der Regel ohnmächtig zuschauen, wie sie gegenüber den Naturwissenschaften benachteiligt werden. Vorbei sind die Zeiten, als der Darmstädter Privatdozent Robert Schmidt in einer Denkschrift aus dem Jahre 1963 dargelegt hatte, die Einführung eines Studienganges für Diplom-Politologen an der Technischen Hochschule trüge dazu bei, den Kontakt des Faches mit den natur- und technologiewissenschaftlichen Disziplinen für beide Seiten fruchtbar zu intensivieren.[12] Immerhin hatte Schmidt weitsichtig auf die Notwendigkeit hingewiesen, die angehenden Diplom-Politologen mit den zunehmend in Gebrauch kommenden Rechenanlagen vertraut zu machen – eine Forderung, die heute in aller Munde ist.

VI

In keiner Sozial- oder Geisteswissenschaft spielten Wertfragen eine derart zentrale Rolle wie in der Politikwissenschaft. Übrigens ist dies im Jahre 1987 nicht anders als in den 50er Jahren, daran ändern auch die Computer nichts. Die Politikwissenschaft konnte nicht auf die normative Dimension als ihr unverwechselbares Attribut verzichten, wollte sie als Wissenschaft einer neuen Zeit sich nicht selbst in Frage stellen. In dieser Hinsicht gab es unter den Fachvertretern – zumindest bis weit in die 60er Jahre hinein – einen Konsens. Der höchste Wert, zu dem man sich bekannte, war „Demokratie": Die Politikwissenschaft war in ihrem substantiellen Kern „Demokratiewissenschaft". Sie hat sich nicht erst dazu entwickeln müssen, sie war es schon von Anfang an. Das gleichsam hymnische Bekenntnis zur Demokratie – ihren Normen, Institutionen und Verfahrensregeln – entsprang einer trutzigen Verteidigungshaltung gegenüber den „Feinden" der Demokratie. Die Einstellung der Politikwissenschaftler war Derivat eines allgemeinen Zeitbewußtseins, den erklärten Feind der Demokratie, des westlich orientierten Gemeinwesens, in den totalitären Systemen zu sehen. Bei aller Unterschiedlichkeit im Detail herrschte in der Ablehnung von Ideologie und Praxis des Totalitarismus unter den Vertretern der Politikwissenschaft Einigkeit. In dieser Situation sind Rufe untergegangen wie diejenigen von Abendroth, der mahnte, die demokratischen Prinzipien nicht überzubewerten oder sie gar unkritisch zu verherrlichen. Er hielt es für eine verkürzte Sichtweise, „die nationalsozialistische oder von einer anderen Ideologie her bestimmte ‚politische Schulung' durch eine ‚demokratische Schulung' zu ersetzen."

Das Forschungsvolumen der Politikwissenschaft bis etwa um die Mitte der 60er Jahre spiegelte den ideologischen Antagonismus von Demokratie und Totalitarismus getreulich wider. Die einschlägigen Studien aus den Bereichen der Ideengeschichte, der Regierungslehre und der internationalen Beziehungen – den drei großen Hauptarbeitsgebieten der Politikwissenschaft – sind konkrete Zeugnisse dieser Denkhaltung. Sieht man einmal vom Bereich der internationalen Beziehungen ab, dem schwächsten Glied in der Politikwissenschaft bis zum Beginn der 70er Jahre, so haben die führenden Vertreter des Faches an den hessischen Universitäten versucht, den starren Demokratie-Totalitarismus-Gegensatz zu überwinden, haben versucht, in differenzierten Analysen in den Gebieten Ideengeschichte und Regierungslehre, Einseitigkeiten und Vorurteile der herrschenden Lehre zu benennen und alternativer Interpretationen vorzulegen. So wurden die politischen Ideen im allgemeinen danach beurteilt, ob sie entweder die Formierung des westlichen Demokratieverständnisses mitbegründet hatten oder ob sie als Vorboten des totalitären Denkens zu charakterisieren waren. Zu den intellektuellen Vorläufern der demokratischen Herrschaftsordnung zählte man z.B. Aristoteles, Thomas von Aquino, Montesquieu, Kant oder Tocqueville. Ihnen wurden die Vordenker des Totalitarismus gegenübergestellt wie Rousseau, Hegel, Marx und andere. Die Arbeiten von Iring Fetscher über Hegel, Rousseau und Marx sind Zeugnisse, die die Ansicht verstärken sollen, daß man mit simpler Schwarz-Weiß-Malerei den Intentionen der behandelten Philosophen keinesfalls gerecht werden könne. Die Quintessenz von Fetschers Buch über Rousseau z.B. besteht ja gerade darin, diesen vom Verdacht, den Totalitarismus intellektuell vorbereitet zu haben, zu entlasten.

In Bezug auf die Analyse der Innenpolitik der Bundesrepublik war der Vergleich von Verfassungsnorm und Verfassungswirklichkeit ein zentraler Topos der Forschung. Insbesondere Abendroth hat hier stilbildend gewirkt. Ihm kam es nicht so sehr darauf an, beide Sphären einander gegenüberzustellen, um dann nur noch die Diskrepanzen aufzuzeigen. Abendroth war es vielmehr darum zu tun, die politische Wirklichkeit daraufhin zu prüfen, inwieweit sich in ihr eine konkrete Manifestierung der Verfassungsnormen, d.h. der obersten Strukturprinzipien der Verfassung gemäß der „ratio legislatoris", noch nicht erkennen ließe. Eine Verschiebung des Verfassungsrechts durch eine Verfassungswirklichkeit ließ er nicht gelten. Die soziale Realität betrachtete Abendroth nicht als „mögliche zusätzliche Rechtsquelle" oder als „Auslegungsmittel". Seine Ansichten müssen vor dem Hintergrund seiner Option für die Verwirklichung des in der Verfassung niedergelegten Sozialstaatsprinzips und seines Plädoyers für die sozialistischen und gewerkschaftlichen Kräfte, die allein diesem Prinzip zum Durchbruch verhelfen könnten, gesehen werden. Verallgemeinernd läßt sich die Grundhypothese, die sein Denken durchzog, wie folgt bestimmen: Je größer die Chancen der Beteiligung der Bürger am politischen Willensbildungsprozeß, desto eher darf sich ein Gemeinwesen „Demokratie" nennen. Es handelt sich hier um nichts anderes als um die bekannte These von der sich jeweils herzustellenden Identität von Regierenden und Regierten.

Das zweite große Anliegen Abendroths bestand in der Aufarbeitung der nationalsozialistischen Vergangenheit. Zu diesem Zweck richtete er eine Schriftenreihe ein, in der bis 1960 sieben Arbeiten erschienen: Dabei standen konkrete Probleme und Themenbereiche im Vordergrund: Arbeiten über die Hitler-Jugend (Arno Klönne), über die SS (Ermenhild Neusüss-Hunkel), über Nationalsozialismus und Gewerkschaftsbewegung (Hans-Gerd Schumann) oder über die evangelische Jugend im Dritten Reich (Manfred Priepke). Aus der kritischen Durchdringung der Vergangenheit sollten Lehren für den Aufbau einer stabilen, sozialstaatlich geprägten Demokratie gezogen werden.

Eine in der Tat singuläre Stellung der Politikwissenschaft in Hessen im Rahmen der Gesamtentwicklung des Faches in der Bundesrepublik kann erst unter Berücksichtigung des Faktors „Schulenbildung" festgestellt werden. „Schule" ist mehr oder weniger eine conditio sine qua non dessen, was man auch allgemeiner mit „Vertrieb" oder „Transfer" von wissenschaftlichem Wissen bezeichnen könnte. In der Terminologie der Wissenschaftssoziologie gibt es dafür den Ausdruck „Diffusion". Vereinfacht gesagt, geht es dabei um folgendes: Eine wissenschaftliche, auf einer bestimmten Theorie beruhenden, mit bestimmten Methoden herausgearbeiteten Erkenntnis bleibt solange wirkungslos, solange ihr die Zugänge zu den Vermittlungskanälen nach außen verwehrt bleiben. Es genügt nicht, eine bestimmte Meinung zu einem bestimmten Problem zu haben, es müssen vielmehr Wege gesucht werden, um diese Meinungen auch mit Nachdruck artikulieren zu können, um die gewünschte Resonanz zu erhalten. Die Formierung in „Schulen" ist ein solcher Weg. Nach der Definition des amerikanischen Wissenschaftssoziologen Tiryakian läßt sich dann von einer wissenschaftlichen „Schule" sprechen, wenn zumindest drei Bedingungen erfüllt sind: Es muß einen Gründer geben, eine charismatische Persönlichkeit, der einen unerschütterlichen Glauben an das Bild der sozialen Wirklichkeit, das er durchsetzen will, besitzt; die Anbindung möglichst an eine Universität muß erstrebt werden; ein Mitteilungsorgan im weiteren Sinne muß vorhanden sein.[13] Alle diese drei Voraussetzungen waren in Marburg gegeben. Man hat deshalb auch von der „Marburger Schule" mit Abendroth als ihrem „Haupt" gesprochen. An keiner anderen Hochschule in Hessen war eine ähnlich gelagerte Konstellation vorzufinden. Weder Carlo Schmid in Frankfurt noch Eugen Kogon in Darmstadt haben schulbildend gewirkt.

Für die Verbreitung der Forschungsergebnisse der „Marburger Schule" haben nicht nur die Publikationen in Buch- und Aufsatzform, die Schriftenreihen oder die bekannte, zum erstenmal 1968 erschienene „Einführung in die Politische Wissenschaft" gesorgt.[14] Eine vielleicht größere Bedeutung kam in diesem Zusammenhang weniger dem gedruckten als dem gesprochenen Wort zu. Die Lehrtätigkeit Abendroths mußte auf die Studenten – nicht allein in Marburg – eine faszinierende Anziehungskraft ausgeübt haben: „Schulbildende Kraft ist nicht allen Universitätslehrern eigen – dazu gehört nicht nur die eigene wissenschaftliche Leistung, sondern auch die Fähigkeit, andere zur Leistung zu motivieren und ihnen einen Orientierungs- und Bezugszusammenhang zu liefern (durch die Theorie und, vielleicht nicht weniger wichtig, auch in der Praxis durch Diskussionsmöglichkeiten) . . ."[15] Charakteristisch für Marburg ist eine relativ geringe Fluktuation des wissenschaftlichen Lehrkörpers, seine Zusammensetzung ist über Jahre hinweg konstant geblieben. Einige heute dort lehrende Professoren waren bereits als Assistenten in Marburg tätig. Der Vorteil war, daß die Homogenität der „Schule" erhalten blieb, wenn nicht gar sich verstärkte, und die Kontinuität des erkenntnisleitenden Paradigmas, die Indienststellung der wissenschaftlichen Arbeit in die Ziele der Arbeiterbewegung, garantiert blieben. Es war gerade diese scharfe Akzentuierung ihres Paradigmas, die die „Marburger Schule" ins Gerede gebracht, die zu den weithin vernehmlichen Friktionen und Irritationen in den späten 60er und weiten Teilen der 70er Jahre geführt haben. Mit diesem Hinweis soll es jedoch sein Bewenden haben. Ob nun der Fachbereich Gesellschaftswissenschaften der Universität Marburg, in den die Politikwissenschaft eingegliedert ist, eine „rote Kaderschmiede" gewesen sei oder lediglich ein Ort „fortschrittlich-kritischen" Forschens, kann in diesem Zusammenhang nicht entschieden werden. Dazu bedürfte es einer eigenständigen Analyse.

Für die Politikwissenschaft in Hessen charakteristisch ist der rege Austausch von Wissenschaftlern untereinander. So wanderten Schüler von Abendroth an die Gesamthochschule Kassel (wie Jörg Kammler oder – via Gießen – Lothar Döhn und Franz Neumann) oder nach Gießen (wie Kurt Kliem). Hans-Gerd Schumann war in den 50er Jahren Oberassistent bei Abendroth und lehrt heute als Nachfolger Kogons in Darmstadt. Ernst-Otto Czempiel war zunächst wissenschaftlicher Assistent bei Kogon, später Privatdozent, Ende der 60er Jahre Professor in Marburg, bis er zu Beginn der 70er Jahre nach Frankfurt berufen wurde. Gottfried Erb begann als wissenschaftlicher Assistent bei Kogon, war später Professor und lehrt heute in Gießen. Berufungen an Universitäten außerhalb Hessens können als Indiz dafür gewertet werden, daß der Einfluß der für Hessen typischen politikwissenschaftlichen Forschung und Lehre sich erweitert hat. Man denke an die Berufung von Kurt Lenk von Marburg nach Erlangen (jetzt Aachen), von Rudolf Billerbeck von Darmstadt nach Bremen, von Graf Kielmansegg von Darmstadt nach Köln (jetzt Mannheim), von Dieter Senghaas von Frankfurt nach Bremen, von Jürgen Seifert von Darmstadt nach Hannover, von Walter Euchner von Frankfurt nach Göttingen, von Wilfried Röhrich von Frankfurt nach Kiel, von Axel Görlitz von Frankfurt an die PH Ludwigsburg. Ich mag mich täuschen, aber es scheint, daß der umgekehrte Fall, die Berufung von außerhalb nach Hessen, seltener war.

Wie dem auch sei, in der Gesamtperspektive haben die Vertreter des Faches an den hessischen Universitäten die Entwicklung der Politikwissenschaft in der Bundesrepublik nachhaltig geprägt. Diese Feststellung bezieht sich sowohl auf die Wahl der Gegenstandsbereiche als auch auf die Hintergrundphilosophie. Was die Gegenstandsbereiche anbelangt, so befindet sich eines der wenigen Zentren der Erforschung der Internationalen Beziehungen in der Bundesrepublik in Frankfurt. Nimmt man einmal die besondere Situation in Berlin aus, so war meines Wissens Ernst-Otto Czempiel der erste Lehrstuhlinhaber für Internationale Beziehungen in der Bundesrepublik. Die Themenbereiche Marxismus, Arbeiterbewegung, DDR trifft man insbesondere in Marburg an, ebenso die Faschismusforschung.

Faßt man die Hintergrundphilosophie in einem Wort zusammen, so ist wohl der Ausdruck „Systemkritik" durchaus angemessen. Die immanente Systemkritik, die sich den Prinzipien des sozialen Rechtsstaats verpflichtet weiß und durch einen aufklärerischen Impetus motiviert ist, sehe ich vor allem in Darmstadt und Frankfurt, die marxistisch inspirierte Systemkritik, die Grenze zur Orthodoxie gelegentlich nicht mehr wahrnehmend, vor allem in Marburg. Dagegen liegt hinsichtlich ihres Theorieanspruchs die Politikwissenschaft in Hessen voll im Trend der Gesamtentwicklung des Faches in der Bundesrepublik, was heißt: ein Mehr an Theorie, ein Mehr an begrifflicher Abstraktion, ein Mehr an methodischer Strenge. Das bildhaft-belehrende Räsonnieren verschwindet, und an seine Stelle tritt eine abstrakte Terminologie, die symbolhaft die Verwissenschaftlichung und damit auch den „Fortschritt" der Wissenschaft anzeigen soll. Geschah dies im Sinne des Erfinder?

Anmerkung

1 Von Weimar nach Wiesbaden. Reden und Schriften von Christian Stock (1884–1967). Zum 100. Geburtstag im Auftrag der Christian- und Anni-Stock-Stiftung, bearb. u. mit einer biographischen Skizze versehen von Armin Hildebrandt. Darmstadt: Reba-Verlag, 1984, S. 117ff. – Wird weiter nichts angemerkt, so beziehen sich die einzelnen Angaben auf die entsprechenden Partien meiner Dissertation „Politikwissenschaft als Alternative – Stationen einer wissenschaftlichen Disziplin auf dem Wege zu ihrer Selbständigkeit in der Bundesrepublik Deutschland 1945–1965". Diss. phil. Heidelberg 1985, jetzt erschienen im Studienverlag Dr. N. Brockmeyer, Bochum, 1988.
2 Vgl. dazu allgemein: Walter Mühlhausen: Hessen 1945–1950. Zur politischen Geschichte eines Landes in der Besatzungszeit. Frankfurt: Insel, 1985, passim.
3 Für den in Kap. II erörterten Gesamtzusammenhang vgl. meinen knappen Aufsatz „Die Durchsetzung der Politikwissenschaft an deutschen Hochschulen und die Entwicklung der Deutschen Vereinigung für Politische Wissenschaft", in: Politikwissenschaft in der Bundesrepublik Deutschland. Entwicklungsprobleme einer Disziplin, hrsg. von Klaus von Beyme. PVS-Sonderheft 17/1986, S. 62–77.
4 Vgl. dazu auch die Rede Hallsteins beim Akademischen Festakt der Universität anläßlich der Paulskirchenfeier am 18. Mai 1948, Frankfurt: Klostermann, 1949 (Frankfurter Universitätsreden, Heft 1), S. 14ff.
5 Vgl. Manfred Overesch: Deutschland 1945–1949 Vorgeschichte und Gründung der Bundesrepublik. Ein Leitfaden in Darstellung und Dokumenten. Königstein/Ts.: Athenäum/Droste, 1979, S. 175.
6 Für dieses Kapitel wurden neben den in meiner Dissertation aufgeführten Aktenstücken zusätzlich verwendet: aus dem Bestand des Hessischen Hauptstaatsarchivs, Wiesbaden, Nr. 502/506 und Nr. 502/365; aus dem Bestand des Staatsarchivs Darmstadt der Nachlaß Stock (Abtl. 027, daraus Nr. 533 und Nr. 545).
7 Vgl. stenogr. Prot. d. Hess. Landtags, I. Wahlperiode, 5. Sitzung v. 19. 3. 1947, vor allem S. 56.
8 Vgl. Landtagsdebatte v. 28. 7. 1948. Stenogr. Prot. 44. Sitz. des Hess. Landtags, I. Wahlperiode, S. 1563ff.
9 Rainer M. Lepsius: Denkschrift zur Lage der Soziologie und der Politischen Wissenschaft. Im Auftrag der Deutschen Forschungsgemeinschaft. Wiesbaden, 1961.
10 Die Angaben sind den entsprechenden Personal- und Vorlesungsverzeichnissen entnommen.

11 Vgl. dazu die in Anm. 3 genannte Arbeit, S. 67.
12 Robert H. Schmidt: Denkschrift: Einführung eines Studiengangs für Diplom-Politologen an der Technischen Hochschule Darmstadt und Errichtung eines „Darmstädter Instituts für Politologie" (DIfP) an der Technischen Hochschule Darmstadt. Darmstadt, 1963, S. 5ff.
13 Edward A. Tiryakian: Die Bedeutung von Schulen für die Entwicklung der Soziologie. in: Wolf Lepenies (Hrsg.): Geschichte der Soziologie. Studien zur kognitiven, sozialen und historischen Identität einer Disziplin. Bd. 2. Frankfurt: Suhrkamp, 1981, S. 49f.
14 Wolfgang Abendroth / Kurt Lenk (Hrsg.): Einführung in die politische Wissenschaft. Bern–München: Francke, 1968.
15 Dieter Kramer: „Marx an der Uni": Zur Tätigkeit von Wolfgang Abendroth in Marburg, in: Universität und demokratische Bewegung. Ein Lesebuch z. 450-Jahrfeier d. Philipps-Universität Marburg, hrsg. v. Dieter Kramer u. Christian Vanja. Marburg: Verlag Arbeiterbewegung u. Gesellschaftswissenschaft, 1977, S. 279.

Gert Krell

Friedensforschung in Hessen –
Zur Geschichte und Entwicklung der HSFK

1. Vorbemerkung

Nach über fünfzehn Jahren Existenz hat ein Institut wie die Hessische Stiftung Friedens- und Konfliktforschung (HSFK) in Frankfurt nicht nur seine eigene Geschichte, sei es als Abfolge von Publikationen mit serienmäßiger Numerierung oder ohne, sei es als Geschichte der Arbeitsbeziehungen einer sich zwar verändernden, aber in einem Kern auch konstanten und relativ früh konsolidierten Gruppe von Wissenschaftlern und technischen Mitarbeitern. Die HSFK ist inzwischen ein Stück hessischer Landesgeschichte und jetzt schon mehr als eine Episode sozialdemokratischer bzw. sozial-liberaler Wissenschaftspolitik. Und sie ist Teil einer hessischen und bundesrepublikanischen Geschichte, in der Frieden und damit auch Friedensforschung politisch-symbolisch stark besetzte und kontroverse Begriffe waren und noch oder wieder sind. Gerade deshalb ist die Entwicklung der HSFK ein Stück Wissenschaftsgeschichte, aus dem sich Hinweise über das Verhältnis zwischen Gesellschaft und Wissenschaft, hier insbesondere der Politikwissenschaft ergeben. Und natürlich auch Wissenschaftsgeschichte mit ihren eigenen, wenn auch historisch und soziologisch vermittelten Konjunkturzyklen, in denen Theoreme und Theorien entwickelt, empirisch getestet und verändert bzw. verworfen werden. Alle diese Dimensionen müssen zur Sprache kommen, wenn von den Leistungen und von den Problemen der inneren und äußeren Entwicklung eines Friedensforschungsinstituts in Hessen die Rede sein soll. Daß diese Rede dabei von einem Beteiligten geführt wird, hat Vor- und Nachteile.[1] Sie hat den Vorteil der intimen Kenntnis, den Nachteil der fehlenden Distanz. Schon jedes Institutsmitglied würde über Geschichte und Entwicklung der HSFK anders schreiben, würde andere Akzente setzen, wie die internen Diskussionen über dieses Papier gezeigt haben. Aber es wurde auch deutlich, daß hier nicht nur ganz persönliche Eindrücke formuliert worden sind. Freilich können die Elemente der Selbstkritik, die der Beitrag enthält, nicht allen Einwänden von innen oder außen gerecht werden. Denn selbstverständlich wird hier auch Position bezogen.

2. Zur Entwicklung des Instituts: Rahmendaten, Selbstverständnis und Arbeitsformen, Arbeitsschwerpunkte

2.1 Rahmendaten

Die HSFK wurde im Juli 1970 durch Kabinettsbeschluß der damaligen Landesregierung unter Ministerpräsident Osswald als unabhängige Stiftung öffentlichen Rechts mit Sitz in Frankfurt gegründet. Sie nahm Anfang 1971 ihre Arbeit auf, die Aufbauphase war Mitte der siebziger Jahre abgeschlossen. Seitdem beschäftigt die HSFK fünf Forschungsgruppenleiter, seit 1980 im Verhältnis 4:1 nebenamtliche zu hauptamtlichen,[2] und zwar für folgende Forschungsgruppen: Forschungsgruppe Internationale Rüstungsdynamik und Rüstungskontrolle (früher: Systemgruppe), Forschungsgruppe USA, Forschungsgruppe Sozialistische Länder, Forschungsgruppe BRD und Westeuropa, Forschungsgruppe Politische Psychologie/Friedenserziehung (früher: Praxisgruppe). Die vier nebenamtlichen Forschungsgruppenleiter sind Professoren im Fachbereich Gesellschaftswissenschaften der Universität Frankfurt, drei davon in der Abteilung Internationale Beziehungen. Die Zahl der wissenschaftlichen Mitarbeiter in den Forschungsgruppen schwankt seit Mitte der siebziger Jahre zwischen 13 und 19, als Orientierungsgröße hat sich eine Zahl von 15 für längerfristig zu beschäftigende Mitarbeiter herausgebildet, für die gegenwärtig neun Planstellen zur Verfügung stehen. Außerdem arbeiten an der HSFK ein wissenschaftlicher Redakteur und ein Referent für Öffentlichkeitsarbeit, beide teilzeitbeschäftigt. Hinzu kommen ein Verwaltungsleiter und bis zu 20 technische Mitarbeiter, etwa die Hälfte davon als Teilzeitbeschäftigte. Die Arbeitsstelle Friedensforschung in Bonn, die 1984 nach Auflösung der Deutschen Gesellschaft für Friedens- und Konfliktforschung (DGFK) gegründet wurde und Auskunfts- und Beratungsfunktionen für den gesamten Bereich der Friedensforschung wahrnimmt, untersteht mit ihren vier Mitarbeitern ebenfalls der Verwaltung der HSFK, sie wurde einer Empfehlung des Wissenschaftsrates entsprechend als Außenstelle der HSFK eingerichtet, sie wird aber zu 80% vom Bund finanziert.

Die Grundfinanzierung des Landes Hessen für die HSFK überschritt Mitte der siebziger Jahre die Millionengrenze, für 1987 beläuft sich die Zuweisung auf 1 952 000 DM.[3] Dieser beachtliche Zuwachs wird jedoch zu einem großen Teil von den gestiegenen Personalkosten aufgezehrt. Bei einem Personalkostenanteil von ca. 80% benötigt die HSFK je nach Lage der Dinge (tarifliche Erhöhungen, Personen- und Familienstandsentwicklung, Altersstruktur) jährliche Erhöhungen bis zu 5%, um ihren Bestand fortschreiben zu können. Solche Zuwachsraten ließen sich nicht immer realisieren. 1984/85 wurde dann, als Teil der politischen Absprachen zwischen SPD und Grünen, der Sockelbetrag für die HSFK um 500 000 DM angehoben. Diese Aufstockung hat erheblich zur Konsolidierung der Finanzlage des Instituts beigetragen. Für die weitere finanzielle Entwicklung der HSFK wird es – und zwar unabhängig von den politischen Rahmenbedingungen – von Bedeutung sein, ob sich die erneute Akkumulation eines bloßen Fortschreibungsdefizits vermeiden läßt. Zusätzlich zur Grundfinanzierung wirbt die HSFK Drittmittel, d.h. Zuschüsse zu einzelnen Projekten, ein bei Einrichtungen der Forschungsförderung wie z.B. der Deutschen

Forschungsgemeinschaft oder der Stiftung Volkswagenwerk, neuerdings auch bei amerikanischen Stiftungen. Die Höhe dieser Mittel schwankt zwischen 500000 und 750000 DM pro Jahr. Diese Zuschüsse sind natürlich nicht zuverlässig kalkulierbar. Ein Verhältnis von 2:1 bis 3:2 Eigenmittel zu Drittmitteln (nur bezogen auf Mittel für die Projektmitarbeiter, also ohne die gesamte Grundausstattung einschließlich Verwaltung) hat sich im Laufe der Jahre für die HSFK als tragfähig erwiesen. Mit dieser Ausstattung gehört die HSFK weltweit zu den größten Forschungsinstituten, die ausschließlich auf dem Gebiet der Friedens- und Konfliktforschung tätig sind. Ihre Bibliothek ist mit rund 20000 Bänden, mit ca. 8500 US-Dokumenten und mit 170 Zeitschriften die bedeutendste Fachbibliothek zum Forschungsgebiet in der Bundesrepublik.

2.2 Selbstverständnis und Arbeitsformen

Die Aufgaben der HSFK sind in ihrer Verfassung festgelegt[4]: „Die Hessische Stiftung Friedens- und Konfliktforschung untersucht die Ursachen, den Austrag und die Möglichkeit der Lösung oder Regelung von Konflikten. Sie beschränkt sich in ihrer Forschung nicht nur auf die Analyse von Konfliktbedingungen, sondern will auf der Basis solcher Untersuchungen innovative Transformations- und Lösungskonzepte entwickeln, in denen abnehmende Gewalt, zunehmende soziale Gerechtigkeit und politische Freiheit im internationalen System und in den einzelnen Gesellschaften verbunden werden können. Die Stiftung trägt dazu bei, daß die Erkenntnisse der Friedens- und Konfliktforschung in der Öffentlichkeit und insbesondere in der politischen Bildung wirksam werden."

Und weiter heißt es im Entwurf des ersten großen Forschungsprogramms von 1971[5]: „Am erkenntnisleitenden Begriff des Friedens orientiert, analysiert die HSFK die Ursachen internationaler Konflikte, die in den gesellschaftlich bedingten Verhaltensweisen der Konfliktparteien und ihrer Interaktion begründet sind. Solche Struktur- und Prozeßanalysen sollen systematische und kumulierbare Ergebnisse produzieren, aufgrund derer das Verhalten von Konfliktparteien transparent gemacht, erklärt und prognostiziert werden kann. Damit wird das Verständnis von Konflikten erweitert und in einer Weise verändert, die ein progressives, friedensförderndes Konzept von Außenpolitik und internationaler Politik ermöglicht."

Nicht die Orientierung an Werten (hier: Gewaltminderung und Gewaltverzicht, soziale Gerechtigkeit, politische Freiheit) als solche ist auffällig an dieser Programmatik, sondern allenfalls das Bekenntnis und die ausdrückliche Verpflichtung einer Wissenschaft als Wissenschaft auf diese Werte. Kenneth Boulding hat deshalb auch von der Friedensforschungsbewegung gesprochen. Sie bestehe im Kern aus einer Gruppe von Personen, die sich wissenschaftlichen Methoden zur Untersuchung sozialer Systeme und der praktischen Anwendung ihrer Erkenntnisse verpflichtet fühlen mit dem Ziel der Verbesserung der Lage der Menschheit, insbesondere der Minderung der Kosten von Konflikten, vor allem ihrer gewalttätigen und destruktiven Aspekte. Ernst-Otto Czempiel hat, lange bevor sich die Friedensforschung in der Bundesrepublik etablieren konnte, darauf aufmerksam gemacht, daß schon das Fach Internationale Politik aus dem Friedensbedürfnis entstanden und an der Zielsetzung des Friedens orientiert geblieben ist.[6] Ein solcher Ansatz, der sich auf verschiedene geistesgeschichtliche Traditionen wie z.B. die Aufklärung oder den christlichen Pazifismus zurückführen läßt, ist nicht voraussetzungslos. Er beruht einmal auf der Vermutung bzw. der begründbaren Annahme, daß Krieg und Gewalt Ereignisse bzw. Verhaltensweisen sind, die unter benennbaren oder zu erforschenden Umständen mehr oder weniger wahrscheinlich sind. Zum zweiten auf der Prämisse, daß die internationalen Beziehungen, so wie sie zur Zeit organisiert sind, auch der Veränderung bedürfen. Oder wie es Egbert Jahn einmal formuliert hat: Friedensforschung strebe Gesellschaftsveränderung an, weil die Wirklichkeit mit ihren (damals) 120 Kriegen und 25 Millionen Kriegstoten seit 1945, mit ihren jährlich 10 Millionen Hungertoten und mit ihrem unbeschreiblichen materiellen und psychischen Elend, mit ihrer permanenten Drohung des totalen Krieges und den dazu erforderlichen finanziellen und psychologischen Vorbereitungen nicht in ihrer gegenwärtigen und nicht in ihrer in die Zukunft bloß verlängerten Form erhaltenswert sei.[7] Es ist diese Dimension der Friedensforschung als „Veränderungswissenschaft", die immer wieder Anstoß erregt (vgl. dazu Abschnitt 3). Aber der Ansatz der Friedensforschung läßt sich natürlich auch anders definieren: es sind nicht die Friedensforscher, die die Welt verändern wollen – was ohnehin eine Anmaßung wäre –, die Welt hat sich durch Naturwissenschaft und Technik schon so weit verändert, daß es nunmehr darauf ankommt, Möglichkeiten und Bedingungen des kollektiven Überlebens zu formulieren. Völlig unabhängig von der Begründung bleibt unbestreitbar, daß über die Formen der Veränderung bzw. Anpassung wissenschaftlich gestritten werden kann, kontrovers diskutiert werden muß, gerade in der Friedensforschung selbst.

Ein weiteres Kennzeichen der Friedensforschung ist ihre internationale Orientierung, sie bezieht sich weniger als die traditionellen Institute für Außenpolitik auf den jeweiligen Nationalstaat oder das jeweilige Bündnissystem. Eine nationale Friedensforschung wäre ein Widerspruch in sich, da gerade das klassische System der Nationalstaaten mit seinen Machtrivalitäten einen wichtigen Faktor des Unfriedens darstellt. Die Friedensforschung ist eher „weltbürgerlich" orientiert. Und sie ist drittens auf Interdisziplinarität hin angelegt, d.h. sowohl in ihren Fragestellungen wie ihren methodischen Zugängen nicht auf Abgrenzung von anderen Disziplinen aus – was im übrigen eine präzise Definition voraussetzen würde –, sondern auf wechselseitige Anregung. Dies sind allgemeine Zielsetzungen und zugleich Ansprüche. Daß es bei dem Versuch, sie einzulösen, erhebliche methodische und praktische Probleme gegeben hat und weiterhin geben wird, kann nicht überraschen und spricht nicht gegen den Versuch. Aber die Frage muß gestellt werden, inwieweit und in welcher Form die HSFK diese Ansprüche formuliert und realisiert nicht nur in ihren Schriften und anderen Beiträgen, mit denen sie sich an die Öffentlichkeit oder einzelne Gruppen wendet, sondern auch in ihren internen Arbeits- und Entscheidungsprozessen. Es erschiene zumindest fragwürdig, wenn sich eine Gruppe, die über Rüstung, über Macht und Kompromiß, über Bedrohungsvorstellungen und Feindbilder arbeitet, keine Rechenschaft ablegen würde über ihre eigenen

Konflikte und Konfliktregelungsmechanismen, auch wenn die Dimensionen natürlich nicht ohne weiteres vergleichbar sind. Wenn man die verfassungsmäßige Orientierung der HSFK an Gewaltminderung und sozialer Gerechtigkeit sowie politischer Freiheit auf die vergleichsweise harmlose Ebene des Instituts übertragen will, dann muß man u.a. über die Verteilung des Arbeitsplatzrisikos, über die Arbeitsteilung zwischen Männern und Frauen, über die Formen der Mitbestimmung und über Konkurrenz und Kooperation zwischen den verschiedenen Positionen und Orientierungen reden:

– Die Entscheidungsgremien der HSFK haben früh akzeptiert, daß auch aus Drittmitteln finanzierte Projektmitarbeiter längerfristig am Institut bleiben können, ein durchaus nicht allgemein übliches Verfahren. Zweifellos hat das Institut davon profitiert. Es hat auf diese Weise die Herausbildung und Kontinuität einer breiteren Expertise sicherstellen können. Das Zwei-Klassen-System unter den Mitarbeitern – Planstelleninhaber versus über Drittmittel finanzierte Projektmitarbeiter – war von Anfang an dadurch eingeschränkt, daß keine Unterschiede in den satzungsmäßigen Mitwirkungsrechten gemacht wurden. Eine einheitliche Regelung, die das Finanzierungsrisiko, die Vorleistungen für das Einwerben von Drittmitteln sowie den besonderen Aufwand, der sich aus den Leistungsnachweisen und der Leistungskontrolle während des Projektverlaufs (z.B. Zwischenberichte) ergeben, gleichmäßig auf alle Mitarbeiter verteilt, haben wir jedoch nicht gefunden, obwohl es Bemühungen in dieser Richtung gab, insbesondere in der ersten Hälfte der siebziger Jahre. Die Konfliktregulierungsmechanismen sind zum Teil rein formale, zum Teil solidarische. Insgesamt kann man von einem gemäßigten Zwei-Klassen-System sprechen, das sicher für eine Reihe von Planstelleninhabern Vorteile gebracht hat und noch bringt. Die hohe Erfolgsquote der HSFK bei Drittmittelanträgen hat die Zahl der Konfliktfälle gering gehalten. Die ohnehin gegebene Tendenz zu solidarischen Lösungen wird gestützt durch die über Zeit wachsenden arbeitsrechtlichen Ansprüche aller Mitarbeiter, auch der projektfinanzierten. Daraus ergibt sich freilich eine neue Diskriminierung. Jüngere Mitarbeiter kann die HSFK jetzt, wenn überhaupt, tatsächlich nur noch bis zu fünf Jahren beschäftigen, wenn sie nicht noch mehr rechtliche und finanzielle Risiken auf sich nehmen will. Die Fluktuation bietet, im Gegensatz zur Frühphase des Instituts, kaum noch einen Ausweg, da sich die Berufsperspektiven im Bereich der sozialwissenschaftlichen Forschung und im Bildungs- und Ausbildungssektor insgesamt erheblich verschlechtert haben. So hoch Kontinuität und über Jahre gewachsene Expertise einzuschätzen sein mögen, der Mangel an personeller Flexibilität birgt auch die Gefahr einer Überalterung des Instituts.

– Dies ist noch in anderer Hinsicht problematisch, denn in der Beschäftigung nach Geschlechtern bietet auch die HSFK das vertraute konservative Bild. Die Arbeitsteilung verläuft entlang der klassischen Grenzen: die Wissenschaftler sind in der Regel Männer, die technischen Mitarbeiter in der Regel Frauen, vorwiegend Sekretärinnen. Hinzu kommt eine unter dem Gesichtspunkt der Friedensforschung besonders brisante zweite Verteilung: der ganze Bereich der Rüstungsdynamik, Rüstungskontrolle und Sicherheitspolitik wird nahezu ausschließlich von Männern bearbeitet, die wenigen Frauen konzentrieren sich in der Forschungsgruppe Politische Psychologie/Friedenserziehung. Es läßt sich argumentieren, daß sich in dieser Abspaltung gesellschaftliche Strukturen des Unfriedens widerspiegeln, wie das Ute Volmerg erst kürzlich getan hat.[8] Zureichend gesichert ist die These, daß Sicherheitspolitik (und Friedensforschung) anders aussähen, wenn sie von Frauen (oder von mehr Frauen) betrieben würde, nicht.[9] Aber das gegebene Ungleichgewicht im Institut läßt sich nicht leugnen. Auf der Ebene der Forschungsgruppenleiter waren alle Positionen bisher Männern vorbehalten. Immerhin war das Verhältnis der Geschlechter auf der Ebene der Mitarbeiter in den siebziger Jahren weit ausgewogener, zeitweise nahezu paritätisch. Also müßte man nicht nur fragen, sag' mir wo die Frauen sind, sondern auch, sag' mir, wohin die Frauen gegangen sind. Die Antworten entsprechen den üblichen Erfahrungswerten, was das Problem keineswegs verringert. Über eine Quotenregelung wurde jedenfalls in der HSFK bisher nicht diskutiert, die Diskussion ist heute angesichts der mangelnden Fluktuation fast müßig. Friedensforschung – eine männliche Wissenschaft? Hier ist Wandel vonnöten, und die Selbstorganisation der Frauen im Institut ist ein ermutigendes Zeichen.

– Was die Entscheidungsstrukturen des Instituts angeht, so war es die erklärte Absicht der Gründer, möglichst viel Demokratie zu ermöglichen. Das Institut hat keinen Direktor, sondern einen vom Forschungsrat jeweils für zwei Jahre zu wählenden Vorstand, dessen Zusammensetzung allerdings quotiert ist: zwei Forschungsgruppenleiter und zwei wissenschaftliche Mitarbeiter, wobei die Geschäftsführung einem der beiden Forschungsgruppenleiter zufällt. Der Vorstand führt die Geschäfte des Instituts, er entwirft den Haushaltsplan und stellt die Mitarbeiter ein. (Die Forschungsgruppenleiter werden vom Stiftungsrat, einem Aufsichtsgremium, das zu je einem Drittel mit Vertretern der Landesregierung, kooptierten Persönlichkeiten des öffentlichen Lebens und drei vom Forschungsrat gewählten Vertretern des Instituts besetzt ist, berufen.) Der Forschungsrat, dem alle Forschungsgruppenleiter, wissenschaftlichen Mitarbeiter, der Verwaltungsleiter und zwei gewählte Vertreter der technischen Mitarbeiter angehören, entscheidet über das Forschungsprogramm, er verabschiedet den Haushalt und wirkt bei der Einstellung der wissenschaftlichen Mitarbeiter mit. Die Satzung sieht zum Teil komplizierte Verfahren für den Fall eines Konflikts zwischen Vorstand und Forschungsrat vor, sie sind jedoch bisher nicht zur Anwendung gekommen. Der Proporz zwischen den Forschungsgruppen hat sich als wichtigstes Konfliktregulierungsinstrument erwiesen. Auf dieser Grundlage verfahren die Forschungsgruppen weitgehend autonom. Ihren Empfehlungen für Projektanträge bzw. für Einstellungen folgen sowohl Forschungsrat wie Vorstand in der Regel. Alle Fragen, die das Institut als ganzes betreffen wie z.B. die Einstellung von Forschungsgruppenleitern oder eines Redakteurs erfordern weitgehenden Konsens. Hier wird meist nicht auf der Grundlage formaler Abstimmungen entschieden, hier hat jeder Forschungsgruppenleiter bzw. jede Forschungsgruppe eine Vetoposition.

In den Forschungsgruppen selbst laufen die Entscheidungsprozesse unterschiedlich, der Grad an Abhängigkeit wird sicher von einzelnen Mitarbeitern verschieden beurteilt. Durch die gewachsene wissenschaftliche Qualifikation und Selbständigkeit der Mitarbeiter haben sich Veränderungen in der Rolle der Forschungsgruppenleiter ergeben, in der Tendenz werden sie zum primus inter pares. Hier kommt es jetzt darauf an, den inhaltlichen Zusammenhang der einzelnen Forschungsgruppen zu wahren, ihr Auseinanderfallen in Einzelprojekte bzw. Mini-Forschungsgruppen zu verhindern.

Schon auf der formalen Ebene ist die HSFK also als Mischsystem organisiert. Ihre Struktur enthält hierarchische, proporz-demokratische, repräsentativ-demokratische und konsens-demokratische Elemente. Ihre Entscheidungsprozesse laufen nicht eindeutig hierarchisch, aber auch nicht völlig demokratisch. Aus dem Nebeneinander von Vorstand, Forschungsgruppen samt Forschungsgruppenleitern und Forschungsrat mit nicht immer eindeutig abgrenzbaren Kompetenzen ergeben sich häufig langwierige Abstimmungsprozesse. Auf der anderen Seite tragen die vielfältigen Mitwirkungsmöglichkeiten, der Zwang zur Transparenz und die Tendenz zur Konsensbildung erheblich zum inneren Vertrauen in die Institution bei.

– Strukturen allein garantieren nicht die fruchtbare Auseinandersetzung, Proporz und Mitwirkung setzen nicht von sich aus Produktivität frei. In der Tat waren die Rivalitäten zwischen den einzelnen Forschungsgruppen bzw. zwischen unterschiedlichen politischen und wissenschaftlichen Orientierungen in der Frühphase des Instituts sehr ausgeprägt. Wie in vielen anderen sozialen Bezügen erfolgte die Stabilisierung nach innen oft über die Abwertung des Gegenüber. Der Ost-West-Konflikt, den wir analysieren, wirkte sich im Institut selbst aus. In einem langjährigen, teils bewußten teils unbewußten Prozeß haben wir gelernt, den Pluralismus im Institut anzuerkennen und als Chance zu begreifen. Es wird kaum je möglich sein, die Expertise von 15 bis 20 Sozialwissenschaftlern unmittelbar zu integrieren, so wie es ursprünglich wohl gelegentlich gedacht war. Auf der anderen Seite haben sich neben der Arbeitsteilung zwischen den Forschungsgruppen zahlreiche Formen der forschungsgruppenübergreifenden Zusammenarbeit entwickelt, die sich in vielen Projekten und Publikationen niederschlagen, wie z.B. jüngst bei der Erarbeitung eines Reports zu Reykjavik und dem Stand der Genfer Verhandlungen im Frühjahr 1987, an der sich sechs Mitarbeiter aus drei Forschungsgruppen beteiligten.[10] Besondere Erwähnung verdient in diesem Zusammenhang das Friedensgutachten, das die HSFK gemeinsam mit dem Hamburger Institut für Friedensforschung und Sicherheitspolitik und der Forschungsstätte der Evangelischen Studiengemeinschaft in Heidelberg 1987 zum ersten Mal herausgegeben hat.[11] Überlegungen zu einem Jahrbuch oder einem Jahresgutachten hatte es in der HSFK immer schon gegeben, sie erhielten neuen Auftrieb durch die Verbesserung der Finanzlage Mitte der achtziger Jahre. Im Forschungsrat wurden über einen langen Zeitraum die verschiedensten Konzepte erörtert. Daneben stellte sich die Frage, ob die Friedensforschungsinstitute in der Bundesrepublik in eine Jahrbuchkonkurrenz treten würden oder ob hier auch auf der nationalen Ebene Kooperation möglich sein sollte. Beides, die Kooperation in der HSFK – nicht nur das Konzept insgesamt, auch die Einzelbeiträge aus dem Institut wurden im Forschungsrat mehrfach diskutiert – und die Kooperation mit den anderen Instituten erwiesen sich als Herausforderungen, die den ersten Anlauf scheitern ließen. So wie das Projekt dann im zweiten Anlauf abgeschlossen werden konnte, gibt es – was den Anteil der HSFK angeht – einen guten Überblick über die bei allen verbliebenen Unterschieden im einzelnen gemeinsame Orientierung des Instituts.

– Interdisziplinarität war immer eine der von innen und von außen gestellten Forderungen an die Friedensforschung. Friedensforschung will keine neue Disziplin sein, sondern in den verschiedenen bestehenden Disziplinen vernachlässigte Dimensionen der Konfliktanalyse unter gemeinsamer Fragestellung zusammenführen. In der HSFK arbeiten Politologen, einige auch mit Geschichte oder Sprachen (z.B. Anglistik, Slawistik) als Teil ihrer Ausbildung, Psychologen, Soziologen, Volkswirtschaftler, Pädagogen und Naturwissenschaftler. Das hört sich besser an als es in Wirklichkeit ist, denn das Schwergewicht liegt eindeutig bei der Politikwissenschaft, die anderen Disziplinen sind meist nur durch einen oder zwei Mitarbeiter vertreten. Auch in der Frage der Interdisziplinarität haben sich Vorstellungen aus der Gründungszeit der Friedensforschung in Hessen als unrealistisch erwiesen. Die Kommunikation der politikwissenschaftlich orientierten Friedensforschung mit anderen Disziplinen, auch außerhalb der HSFK, ist dort am erfolgreichsten, wo einzelne Friedensforscher selbst – teilweise aufgrund einer eigenen Doppelqualifikation – die Grenzüberschreitung und die reizvolle, aber auch schwierige Rolle der Vermittlung riskiert haben. In einigen Fällen wird so eine echte Transdisziplinarität erreicht, in anderen Fällen bleibt es bei einer deutlicheren Arbeitsteilung zwischen den Disziplinen.[12] Das größte Gewicht hat die Intradisziplinarität behalten, die Kommunikation zwischen Spezialisten für einzelne politische Segmente der Ost-West-Beziehungen, so wie sie durch die Struktur der Forschungsgruppen vorgezeichnet ist.

– In der Aufteilung nach Forschungsgruppen dokumentiert sich auch die internationale Orientierung des Instituts, mit der die Rivalität zwischen den Nationen und Bündnissen, ansatzweise auch die nationale deutsche Frage selbst zum Gegenstand der Reflexion gemacht wird.[13] Ob die HSFK bei dieser Aufgabe glaubwürdig geblieben ist, läßt sich nicht leicht entscheiden, schon gar nicht von innen heraus. Bekannt ist, daß die deutschsprachigen Schriften aus dem Institut in Skandinavien gelesen werden und auch bei Experten in der DDR, in Osteuropa und in der Sowjetunion Aufmerksamkeit finden, obwohl – oder vielleicht gerade weil – die HSFK auch zum realen Sozialismus und seiner Außenpolitik kritische Distanz wahrt. Es hat immer wieder Kontakte zu einzelnen Wissenschaftlern in Osteuropa und in der Sowjetunion sowie Forschungsaufenthalte von Mitarbeitern der HSFK dort bzw. von Forschern aus diesen Ländern in der HSFK gegeben. Insgesamt gesehen waren diese Kontakte jedoch eher sporadisch. Erst in jüngster Zeit bieten sich Gelegenheiten für eine Verstetigung der Kontakte durch Konferenzen und Austausch von wissenschaftlichen Mitarbeitern und Stipendiaten. Die West-Kontakte der HSFK waren immer wesentlich intensiver, und zwar – auch dies Ausdruck politischer Verhältnisse – in erster Linie in die USA, mit den vertrauten Asymmetrien. Die amerikanische Literatur ist unverzichtbare Grundlage für fast alle Arbeiten über Rüstungsdynamik und Rüstungskontrolle, die deutschen Beiträge werden in den USA in der Regel nur auf dem Umweg über die Übersetzung rezipiert. Immerhin sind durch Veröffentlichungen von HSFK-Mitarbeitern in englischsprachigen Zeitschriften oder durch Konferenzen einige Arbeiten des Instituts auch im angelsächsischen Sprachraum bekannt geworden. Die HSFK hat seit einigen Jahren einen engen Kontakt zum Peace Studies Program der Cornell

University in Ithaca, New York, und sie wird ab 1988 zunächst für drei Jahre amerikanischen Politikwissenschaftlern längere Forschungsaufenthalte im Institut ermöglichen. Auch die Kontakte zu westeuropäischen Instituten bzw. zu europäischen Institutionen werden in jüngster Zeit weiter ausgebaut, u.a. im Rahmen des Forschungsprojekts über die Westeuropäisierung der Sicherheitspolitik. Es ist nicht ganz ohne Ironie, daß ein neues Kooperationsprojekt über die westeuropäische Nonproliferatonspolitik – ein Projekt, das ein Mitarbeiter der HSFK organisiert und leitet – von einer amerikanischen Stiftung finanziert wird. Die Förderung durch eine weitere amerikanische Stiftung, in deren Forschungswettbewerb die HSFK von allen Instituten in Europa den größten Zuschlag erhielt, wird dem Institut den Ausbau der Kontakte zu jüngeren amerikanischen und osteuropäischen Wissenschaftlern erleichtern. Selbstkritisch bleibt festzuhalten, daß die HSFK trotz ihrer gewachsenen internationalen Kontakte in ihrer Forschung Problemlagen vernachlässigt hat, die über die Rahmenbedingungen deutscher Friedens- und Sicherheitspolitik im weitesten Sinne hinausgehen. Fragen internationaler Ordnung kommen zu kurz.[13a]

– Der Theorie-Praxisbezug soll der letzte Punkt sein, den ich in diesem Abschnitt behandeln will, aber eigentlich war er schon die ganze Zeit Thema. In den Anfängen der Friedensforschung haben gelegentlich Vorstellungen von einer radikalen Aufhebung der Differenz zwischen Forschung und praktischer Politik eine Rolle gespielt. In der HSFK sollte das Problem ursprünglich so gelöst werden, daß eine der Forschungsgruppen (die Forschungsgruppe Politische Psychologie/Friedenserziehung, die damals noch „Praxisgruppe" hieß), sich besonders um die Vermittlung der Forschung kümmern würde. Diese Konstruktion konnte zu dem Mißverständnis führen, daß die einen Kollegen forschen, die anderen deren Ergebnisse umsetzen. Die tatsächliche Praxis sah von Anfang an so aus, daß alle Forschungsgruppen an verschiedenen Formen der Umsetzung ihrer Forschungsergebnisse beteiligt waren. Andererseits hat die früher so genannte Praxisgruppe von Anfang an den allgemeinen Gegenstand Konflikt, Gewalt, Rüstung selbst immer als Forschungsgegenstand betrachtet, nur sind die Methoden und Fragestellungen zum Teil andere als bei den stärker auf Außenpolitik und internationale Beziehungen hin ausgerichteten Forschungsgruppen. Die Forschungsgruppe Politische Psychologie/Friedenserziehung hat allerdings mit dem Projekt „Polarisierung und Integration" eine sehr enge Verbindung zwischen Theorie und Praxis, zwischen Forscher und Gegenstand sowie zwischen Forschung und Vermittlung erreicht, eine Einheit, die sich in anderen Projekten nicht realisieren läßt (vgl. dazu Abschnitt 2.3).

Daß Friedensforschung Forschung für die Praxis im allgemeinen Verständnis sein muß, ist trivial. Kontrovers konnte nur sein, welchen Stellenwert die Grundlagenforschung im Verhältnis zu mehr auf die Aktualität bezogenen Arbeiten haben würde und welcher Begriff von Praxis diese Arbeiten anleiten sollte. Diese Kontroversen, die sich jedem Forscher immer wieder neu stellen, sind in der Tendenz zugunsten einer Konzentration auf stärker aktuelle Problemstellungen und zugunsten einer pragmatisch-reformistischen Orientierung entschieden worden. Darauf wird zurückzukommen sein.

Anspruch und Auftrag, in der politischen Bildung und Ausbildung wirksam zu werden, zeigen sich einmal in einer engen Verbindung zu den hessischen

Universitäten. Vier der fünf Forschungsgruppenleiter sind hauptamtlich Hochschullehrer an der Universität Frankfurt, viele Mitarbeiter übernehmen Lehraufträge an hessischen Hochschulen, in Frankfurt, Wiesbaden, Gießen, Darmstadt oder Marburg. Mitarbeiter aus verschiedenen Forschungsgruppen haben sich an der Arbeitsgruppe „Sicherheitspolitik im Unterricht" beteiligt, die vom Hessischen Kultusministerium ins Leben gerufen wurde. In dieser Arbeitsgruppe arbeiten Vertreter des Ministeriums, der Lehrerfortbildung, der Bundeswehr und der HSFK sowie Lehrer aus den Sekundarstufen I und II mit. Die Gruppe hat bisher vier zum Teil sehr umfangreiche Unterrichtsmodelle mit Materialien und didaktischen Überlegungen zusammengestellt.[14]

Mitarbeiter der HSFK wirken jedes Jahr bei etwa 300 Veranstaltungen (Vorträge, Podiumsdiskussionen, Seminare) mit, ungefähr die Hälfte davon im Raum Hessen. Auch bei den Forschungsprojekten sucht die HSFK den unmittelbaren Bezug zur Umgebung, so z.B. mit Arbeiten über die militärische Bedeutung des Frankfurter Flughafens oder über die politischen Auseinandersetzungen um die Startbahn West und jetzt wieder mit einer Untersuchung über militärische Belastungen in Hessen.[15]

Auch in den Publikationsformen spiegelt sich das Selbstverständnis des Instituts. Im Laufe der Jahre hat die HSFK vier Typen von Veröffentlichungen entwickelt, die ausdrücklich als Produkte des Instituts gekennzeichnet sind und vertrieben werden.[16] Das ist einmal die in der edition suhrkamp erscheinende Hauszeitschrift der HSFK: „Friedensanalysen. Für Theorie und Praxis". Sie hat sich im Laufe der Zeit auch äußerlich zu einer Folge von Sammelbänden zu einzelnen Schwerpunktthemen der Friedensforschung entwickelt.[17] Das ist zum zweiten die Reihe im Campus-Verlag, in der ein Teil der Studien aus dem Institut erscheint. Die stark wissenschaftliche Orientierung der meisten dieser Studien – viele sind aus Dissertationen hervorgegangen – bedingt eine relativ niedrige Auflage. Die eher marktchancen-verdächtigen Arbeiten erscheinen in der Regel in Taschenbuchverlagen. Die dritte Gruppe von Veröffentlichungen sind die HSFK-Reports, wissenschaftlich fundierte Stellungnahmen und Erörterungen aktueller und häufig kontroverser Themen, meist aus dem Bereich der Sicherheits- und Entspannungspolitik. Die Reports sollen Orientierungshilfen bieten für die Parteien und ihre Abgeordneten, die einschlägigen Ministerien und andere staatliche Institutionen ebenso wie für Verbände und gesellschaftliche Gruppen, wissenschaftlich interessierte und politisch engagierte Bürger.[18] Als vierte Reihe ist seit Beginn der achtziger Jahre „Friedensforschung aktuell" hinzugekommen, eine Art Newsletter, der schon von der Aufmachung her für ein breites Publikum gedacht ist. „Friedensforschung aktuell" erscheint drei- bis viermal im Jahr und behandelt auf sechs bis acht DIN A 4-Seiten jeweils ein aktuelles Thema.

2.3 Arbeits- und Forschungsschwerpunkte

Die erste Forschungsphase des Instituts umfaßt die Zeit von der Gründung bis in die zweite Hälfte der siebziger Jahre. Sie ist gekennzeichnet durch thematische Konzentration und ein eindeutiges Schwergewicht auf der Grundlagenforschung. Noch die heutige Struktur der HSFK geht auf das erste Forschungsprogramm zurück, auf das für einige Jahre alle Mitarbeiter des Instituts hin orientiert waren: Die Rüstungsdynamik im Ost-West-Konflikt und die Möglichkeiten ihrer Beeinflussung.[19] Forschungsstrategisch war geplant, den Zusammenhang von Konflikt und Rüstung in relevanten Bezügen zu erfassen, und zwar einmal durch Systemanalysen. Auf der Ebene des internationalen Systems sollten Rüstungsprozesse und Konfliktverläufe daraufhin überprüft werden, ob und in welcher Weise sie voneinander abhängen. Dazu sollten Zeitreihen mit Indikatoren (Rüstungskalender, Transaktionskalender, Konfliktkalender) gebildet und miteinander in Beziehung gesetzt werden. Die Systemebene sollte ergänzt werden durch Analysen von vier Akteuren (USA, UdSSR, BRD, DDR). Diese akteursbezogenen Analysen sollten Ursachen und Zusammenhänge politischer, militärischer und wirtschaftlicher Funktionen von Rüstung erfassen, und zwar auf der Ebene einzelner Entscheidungen. Die Zusammenschau dieser beiden parallel laufenden Forschungsschritte sollte die Erarbeitung komplexer Theorien insbesondere über Rüstungsdynamik als innergesellschaftlich, außenpolitisch oder systemisch bedingten Prozeß ermöglichen, die dann die Grundlage für Transformationsstrategien bieten sollten. Dieses anspruchsvolle Forschungsdesign hat eine Fülle von Einzeluntersuchungen und zusammenfassenden Überlegungen angeregt.[20] Im Laufe der zweiten Hälfte der siebziger Jahre trat die HSFK in eine zweite Forschungsphase ein. Rüstungsdynamik und Rüstungskontrolle bleiben ein wichtiger Schwerpunkt der Institutsarbeit. Kennzeichnend für die weitere Entwicklung ist aber schon hier die höhere Spezialisierung und die stärkere Orientierung an aktuellen Themenstellungen.

Gegenwärtig und erstmalig sind nahezu alle relevanten Bereiche der aktuellen Rüstungsdynamik im Institut abgedeckt, mit Ausnahme der chemischen Waffen und der konventionellen Rüstungsexporte. Es werden Expertisen erarbeitet zu SDI, zu den strategischen Offensivwaffen, den Mittelstreckenwaffen, zur taktischen Raketenabwehr, der konventionellen Rüstung in Europa, der Seerüstung und der Nonproliferationsproblematik. Hinzugekommen sind jedoch eine Reihe von Themenbereichen, die früher kaum eine oder jedenfalls nur eine sehr geringe Rolle gespielt haben. Das gilt insbesondere für den KSZE-Prozeß mit allen drei Körben sowie die KVAE, es gilt aber auch für Themen wie den Handel insgesamt, insbesondere die amerikanische Außenhandelspolitik, und zwar im Hinblick auf ihr Konflikt- bzw. Kooperationspotential im West-Ost wie im West-West-Verhältnis. Es gilt für Energie- und Umweltpolitik, aber auch für Themen wie Eurokommunismus, Ost-West-Konflikt und Dritte Welt, neuerdings für Fragen der nationalen Identität in der DDR und der Bundesrepublik sowie die Westeuropäisierung der Sicherheitspolitik. Auch bei diesen Themen, die mit Ausnahme der KSZE und des Europäisierungsprojekts meist nur von einzelnen Kollegen bearbeitet werden, wird deutlich, daß die HSFK sich in ihren Forschungen stärker als zuvor an Fragestellungen der praktischen Politik orientiert. Die HSFK formuliert ihre Themen bewußt im Kontext der gesellschaftlichen Debatte. Aus den zum Teil sehr heftig geführten Auseinandersetzungen zwischen einzelnen Friedensforschern und Militärexperten sowie Vertretern der betroffenen Bundesministerien über das Kräfteverhältnis bei den Mittelstreckenwaffen – ein Nebenschauplatz der Nachrüstungskontroverse – hatte sich seinerzeit die sog. Datengruppe gebildet, die von der HSFK mit betreut wurde. Aus ihr sind zwei Sammelbände hervorgegangen, die sich mit Fragen der Beurteilung militärischer Potentiale auseinandersetzen.[21] Auch an der Debatte über alternative Formen militärischer Friedenssicherung beteiligt sich die HSFK, etwa mit Arbeiten über atomwaffenfreie Zonen und Vertrauensbildung.[22] Was die im engeren Sinne militärische Diskussion über Verteidigungskonzepte betrifft, so betrachtet sich das Institut jedoch eher als Beobachter.

Aus dem gewachsenen Interesse der Kirchen an sicherheitspolitischen Fragen haben sich Kontakte zur moraltheologischen Diskussion ergeben, die sich u.a. in Beiträgen von HSFK-Mitarbeitern bzw. in gemeinsamen Publikationen niederschlagen. Ebenfalls ein Ergebnis der öffentlichen Debatte sind Bemühungen des Instituts um eine stärkere Zusammenarbeit mit Naturwissenschaftlern, insbesondere Physikern. Erstes Ergebnis dieser Kooperation war die Veröffentlichung eines Reports über Laserwaffen, deren voraussichtliche Konsequenzen für die Rüstungsdynamik und über Möglichkeiten der präventiven Rüstungskontrolle. In diesem Zusammenhang ist auch auf Kontakte zur Technischen Hochschule in Darmstadt hinzuweisen, in der ein naturwissenschaftlich-technischer Schwerpunkt der Rüstungskontrollforschung aufgebaut wird.

Die Forschungsgruppe Politische Psychologie/Friedenserziehung hat von Beginn ihrer Arbeit an Projekte verfolgt, die einen direkten Bezug zum pädagogischen Alltag oder zu Sozialisationserfahrungen in Familie und Gesellschaft haben. Dazu gehörten Themen wie Vorurteile und Feindbilder, Kinder und Krieg, Liebe und Haß im Unterricht, Aggression und Apathie im Schulalltag, Sozialpädagogik und soziales Lernen, Gewalt in der Familie. Aus solchen Projekten sind – wenn man von den Titeln von Dieter Senghaas absieht – die auflagenstärksten Arbeiten der HSFK, etwa die Bücher von Hans Nicklas/Änne Ostermann bzw. von Christian Büttner, hervorgegangen.[23] Auch in dieser Gruppe war die theoretische Orientierung in der Anfangsphase am stärksten. Hier sind insbesondere die Arbeiten von Ute Volmerg und Birgit Volmerg über Aggressionstheorie, über Alltagsbewußtsein und über Kriegsängste und Sicherheitsbedürfnisse zu nennen.[24] Auf gesellschaftliche Entwicklungen der letzten Jahre reagiert ein neues Projekt dieser Gruppe, das Reaktionsformen etablierter Institutionen auf neue soziale Bewegungen bzw. neues gesellschaftliches Konfliktpotential (Protestbewegung, Friedensbewegung, soziale Deklassierung) untersucht unter der Fragestellung: Integration oder Polarisierung? Dieses Projekt ist methodisch wohl das zur Zeit interessanteste Vorhaben an der HSFK. Hier wird nicht nur versucht, in Gruppendiskussionsverfahren typischen Einstellungs- und Verhaltensformen von Berufsgruppen, z.B. Bereitschaftspolizisten, Jugendoffizieren oder Angestellten in Sozialämtern, auf die Spur zu kommen, von denen unsere Gesellschaft heute die Bewältigung oder zumindest die Regelung bzw. Milderung polarisierter und zum Teil sogar gewalttätiger politischer Konflikte erwartet. Auch in den Interaktionsformen mit den Friedensforschern selbst, die im Verständnis der ausgewählten Berufsgruppen ja die andere Seite repräsentieren, werden Bedingungen und Chancen für gewaltfreie Auseinandersetzungen analysiert und die institutionellen und psychologischen Mechanismen aufgezeigt, die in der Realität auf beiden Seiten zur Polarisierung (bis hin zum verbalen, politischen oder sogar physischen Vernichtungswillen) führen.

Abschließend soll auf einige Forschungsstränge hingewiesen werden, die nicht ohne weiteres den genannten Schwerpunkten zugeordnet werden können. Dazu rechnen u.a. die Arbeiten von Ernst-Otto Czempiel zur Theorie der internationalen Beziehungen und der amerikanischen Außenpolitik, zuletzt seine neuere Analyse des Friedensbegriffs; oder Beiträge von Egbert Jahn über sowjetische Außenpolitik, etwa eine Kritik der sowjet-marxistischen Lehre vom Gerechten Krieg, eine Analyse der sowjetischen Koexistenzdoktrin oder neuerdings ein Beitrag über die Rolle der Ideologie in der sowjetischen Außenpolitik. Und natürlich müssen die Arbeiten von Dieter Senghaas über die Entwicklungsproblematik und den Nord-Süd-Konflikt erwähnt werden, die zu einem Teil noch während seiner Zeit als Forschungsgruppenleiter in der HSFK entstanden sind. Lothar Brock führt diese Tradition fort. Hier sind auch die erziehungswissenschaftlichen Arbeiten von Hans Nicklas zu nennen.[25]

3. Zum Spannungsverhältnis zwischen Friedensforschung und Gesellschaft: Die HSFK als Gegenstand der politischen Auseinandersetzung

Die HSFK ist das Produkt einer doppelten Parallelentwicklung zwischen einem verstärkten Interesse in den Sozialwissenschaften, insbesondere der Politologie, und in der praktischen Politik an Friedensforschung und zwischen Bemühungen auf Bundesebene wie in Hessen. Bundesweit hatte sich 1968 die AFK, die Arbeitsgemeinschaft für Friedens- und Konfliktforschung konstituiert, die es sich zur Aufgabe machte, „auf wissenschaftlicher Grundlage und in der Praxis Forschungsarbeiten auf dem Gebiet der Friedens- und Konfliktforschung zu fördern".[26] Am 1. September 1969 stellte der neue Bundespräsident Heinemann aus Anlaß des 30. Jahrestages des Kriegsausbruchs die Frage, ob nicht längst in aller Welt und besonders dringlich auch bei uns die wissenschaftliche Erforschung des Friedens die Grundlage aller Grundlagenforschung sein müsse. Die Ursachen des Krieges seien politischer Natur. Die Kriege erwüchsen aus Gewohnheiten, Vorurteilen, Sozialordnungen und Herrschaftsformen. Deshalb brauchten wir eine Erforschung dieser Zusammenhänge, brauchten wir eine Friedensforschung.[27] Die Erinnerung an den Zweiten Weltkrieg und die neue Ostpolitik der sozial-liberalen Koalition bildeten ein zentrales Motiv für das staatliche Interesse an Friedensforschung, das in Bonn zur Gründung der DGFK führte, an der auch die Länder und damit die damalige Opposition sowie gesellschaftliche Akteure beteiligt waren.

In Hessen gab es ein besonderes Interesse an Friedensforschung an den Universitäten Marburg und Frankfurt. In Marburg hatte Egbert Jahn, der 1969 Assistent bei Ernst-Otto Czempiel wurde, 1968 zuerst eine Initiative zur Gründung eines Friedensforschungsinstituts gestartet und dann einen Hochschulbund für Friedens- und Konfliktforschung gegründet. Czempiel, der damals neben Wolfgang Abendroth in Marburg den zweiten politikwissenschaftlichen Lehrstuhl innehatte, plante die Einrichtung einer „Arbeitsstelle für Friedens- und Konfliktforschung" und bat die hessische Landesregierung mit Schreiben vom 8. 7. 1969, also noch vor der Rede des Bundespräsidenten, um Unterstützung. In diesem Schreiben machte Czempiel auf den Nachholbedarf der Bundesrepublik gegenüber den angelsächsischen Ländern und Skandinavien aufmerksam. In Frankfurt engagierten sich besonders Iring Fetscher und sein Assistent Dieter Senghaas, der neuere amerikanische Ansätze der Konfliktforschung mit Traditionen der Frankfurter Schule zu verbinden suchte, für das Forschungsfeld.[28]

Der neue hessische Ministerpräsident Osswald griff die Anregung Czempiels auf und forderte in seiner Regierungserklärung vom 3. 10. 1969 die hessischen Hochschulen auf, ein Sach- und Forschungsprogramm für Friedens- und Konfliktforschung zu entwickeln. Osswald erinnerte an die Ansprache Heinemanns zum 30. Jahrestag des Kriegsausbruchs und nahm die Förderung der Friedens- und Konfliktforschung in sein Regierungsprogramm auf. Es entspreche der Tradition der hessischen Politik, auf diesem Gebiet einen richtungsweisenden Beitrag zu leisten, erklärte er. Am 27. 11. 1969 beschloß die Frankfurter Stadtverordnetenversammlung auf Antrag der FDP-Fraktion, die Stadt Frankfurt als Sitz eines Instituts für Friedens- und Konfliktforschung anzubieten. Es entspreche dem Geist und der Bedeutung der Stadt, dieses Institut in Frankfurt am Main zu errichten, hieß es unter anderem.[29] Im Antrag der FDP war auf die Dringlichkeit des Angebots hingewiesen worden, denn die Konkurrenz sei groß. Marburg habe der hessischen Landesregierung bereits Vorschläge unterbreitet.[30] In der Tat hatte der Senat der Universität Marburg die Initiative an sich gezogen und vorgeschlagen, in Marburg ein Institut bzw. einen Sonderforschungsbereich für Friedens- und Konfliktforschung einzurichten. Dabei stützte sich der Senat auf Vorlagen Czempiels, der für die Federführung vorgesehen war.[31] Im Juni 1970 wurde vom hessischen Kultusminister eine vorbereitende wissenschaftliche Kommission einberufen mit dem Auftrag, einen Entwurf über den Forschungsbereich und die Arbeitsweise eines hessischen Zentrums für Friedens- und Konfliktforschung zu erarbeiten.[32] Die Kommission legte am 26. 6. 1970 einen Vorschlag über Zweck, Aufgabenbereich und Organisation des geplanten Forschungsinstituts vor. Das Hessische Kabinett beschloß am 26. 7. 1970 die Einrichtung der HSFK, am 30. 10. 1970 übergab Ministerpräsident Osswald die Stiftungsurkunde an den vorläufigen Vorstand. In seiner Rede anläßlich der Übergabe erinnerte Osswald an den Nachholbedarf der Bundesrepublik in Sachen Friedensforschung und Friedenspolitik. Die Bundesregierung habe mit der Unterzeichnung des Moskauer Gewaltverzichts- und Kooperationsvertrags einen bedeutenden Schritt getan, um den Frieden sicherer zu machen und auf ein besseres Fundament zu stellen.[33]

Die Gründung der HSFK war also in mehrfacher Hinsicht eine politische Entscheidung, und das Institut hat von Anfang an mit politischen Widersprüchen leben müssen. Die Entscheidung für den Standort Frankfurt war dabei das geringste Politikum. Die Kommission hatte Frankfurt empfohlen, nicht zuletzt wegen der günstigen Verkehrslage. Erleichtert wurde diese Empfehlung durch den Wechsel Czempiels von Marburg nach Frankfurt. Schon im Vorfeld und im

Friedensbewegung hinterherhinkte, ja die Friedensforschung habe sich von der Friedensbewegung isoliert, die seit 1979 eine neue kritische Richtung entwickelt habe, die die alte Grundsatzkritik weiterführe. Die HSFK spiele in der aktuellen Friedensdiskussion keine nennenswerte Rolle.[41]

Die konservative Kritik sieht die Rolle der Friedensforschung in der Bundesrepublik ganz anders. Ihre fundamentalistische Prämisse ist ein pessimistisches Menschenbild. Friedrich Tenbruck z.B. kritisierte in einem frühen Beitrag die Hoffnung, daß es in der Welt anders zugehen könne. Die Erfahrung, von welcher die gesamte Geschichte und alle Kultur zeuge, habe die Menschheit gelehrt, daß ohne Gewalt, Krieg, Ausbeutung und Not nicht gelebt werden könne.[42] Auch für Hans-Joachim Arndt, der für die bayerische Staatsregierung das Gutachten schrieb, mit dem diese nachträglich ihren Austritt aus der DGFK rechtfertigte, war das Programm der Friedensforschung, die Veränderung der sozialen Zustände in gewaltmindernder Absicht, verdächtig. In seinem Gutachten, das nach seinem eigenen Anspruch den Gegenstand (die von der DGFK geförderte Friedensforschung) wertfrei zur Sprache bringen will, tauchen immer wieder spöttische Begriffe wie „weltverbesserisch" oder „veränderungsbeflissen" auf. Veränderungen könne man erst dann anstreben, so Arndt, wenn man vorher die Vermutung von der Vernünftigkeit der Wirklichkeit widerlegt habe.[43] Klaus Hornung schließlich sprach vom Messianismus und der „magischen Glut seines revolutionären innerweltlichen Veränderungswillens", der die Friedensforschung auszeichne.[44]

Dieser Veränderungswille, so die Kritik konservativer Politologen weiter, sei in der Regel oder überwiegend marxistisch geprägt. Arndt, der sich in seinem Gutachten nicht nur gegen Marxismus und Kritische Theorie, sondern auch gegen den Szientismus wandte, kam mit einer geradezu abenteuerlichen Methodik zu der These, daß die „klassenkämpferische Konfliktart" bei den geförderten Projekten das Übergewicht habe.[45] Nach Arndt's Vercodungsregeln fielen auch von der DGFK geförderte Arbeiten aus der HSFK, die sich kritisch mit marxistischen Ansätzen auseinandersetzten, unter diese Kategorie der „klassenkämpferischen Konfliktart". Im übrigen formulierte Arndt das Urteil, daß auch bei den Studien zum Ost-West-Konflikt keine wirklich überragenden Ergebnisse erzielt worden seien, was an der „borniertem Sachgebietsfragestellung, meist eben Entspannung" gelegen habe. Sein Fazit: Nach zehn Jahren Erfahrung stehe fest, daß die Friedensforschung es weder zu herausragenden Ergebnissen gebracht habe noch je werde bringen können.[46] Immerhin war Arndt differenziert genug festzustellen, daß auch die kritische Friedensforschung keinesfalls eine Variante des Sowjetkommunismus vertrat, selbst wenn sie z.B., wie Arndt monierte, das Vorstoßen der Roten Flotte auf die Weltmeere ignoriert haben sollte. Da war Klaus Hornung weniger zimperlich. Ihm geriet Friedensforschung zur Rechtfertigung kulturrevolutionär-sozialistischer Transformation in Westeuropa, die die politisch-militärische Hegemonie der Sowjetunion vorwegnehmend akzeptiere, wenn nicht aktiv herbeiführen wolle. Die Friedensforschung sehe im Kapitalismus die eigentliche Wurzel von Krieg und Aggression, der Freiheitskonsens der westlichen Gesellschaften solle durch Desinformation und Infiltration erschüttert werden.[47]

Den Einfluß dieser so beschriebenen Friedensforschung veranschlagte die konservative Kritik als sehr hoch. Hornung schrieb z.B., die Friedensbewegung in der Bundesrepublik, deren politische und gesellschaftliche Auswirkungen an das Mark der Überlebensfähigkeit dieses Staates und einer freien Gesellschaft gingen, verstehe sich in weiten Teilen als Praxis einer Friedensforschung, die sich selbst gern die „kritische" nenne. Auch Hans-Peter Schwarz nennt die Auswirkungen der Friedensforschung auf das öffentliche Bewußtsein noch in einer neueren Schrift beträchtlich. Alle, die heute für jede Spielart einseitiger Abrüstung offen seien, hätten direkt oder indirekt die weitverbreiteten Lehren der gemäßigten, vor allem aber der utopischen und der marxistischen Friedensforscher verinnerlicht.[48] Am detailliertesten hat die These von der Rolle der Friedensforschung als Motor der Friedensbewegung der amerikanische Politologe Jeffrey Herf entfaltet. Herf, der sich unter anderem auf das Arndt-Gutachten stützt, schreibt, Willy Brandt und die linke SPD hätten seinerzeit die Friedensforschung etabliert, um sich eine Klasse von abhängigen Intellektuellen zur Rechtfertigung ihrer Politik zu schaffen. Diese Friedensforschungsinstitute, Ausdruck des Marsches der Neuen Linken durch die Institutionen, habe die Anti-Raketenkampagne in einer „Mobilisierung von oben" entfacht. Eines der Zentren der Kampagne sei die HSFK gewesen, die zwischen 1980 und 1983 allein über 170 Artikel, Forschungsberichte und Studien veröffentlicht habe.[49] Die Tatsache, daß ein Beitrag mit derart abstrusen Beweisführungen – Inhaltsanalyse wird durch Zitieren der Anzahl von Veröffentlichungen aus einem Publikationsverzeichnis ersetzt – die Gutachterhürden einer der renommiertesten politikwissenschaftlichen Fachzeitschriften in den USA nehmen konnte, unterstreicht, wie groß der Bedarf an Verschwörungstheorien in den Auseinandersetzungen um die Nachrüstung auch auf der amerikanischen Seite war.[50]

Die Friedensforschung galt jedoch bei vielen nicht nur als Sicherheitsrisiko nach außen, sie wurde – es war nahezu unvermeidlich – auch mit dem Terrorismus in der Bundesrepublik in Verbindung gebracht. Meist lief diese Verknüpfung über den Begriff der „strukturellen Gewalt", den der norwegische Friedensforscher Johan Galtung in die Debatte eingeführt hatte.[51] Auch hier war die Kritik von links keine hinreichende Empfehlung. Fritz Welsch aus der DDR nämlich sah zwar einen positiven Ansatz in dem Begriff, da er geeignet sei, besonders krasse Erscheinungen imperialistischer Ausbeutungs-, Unterdrückungs- und Aggressionspolitik zu kritisieren. Gleichwohl sei der Begriff subjektivistisch-idealistisch und unhistorisch. Er dringe nicht zum Wesen der wirklichen Gewaltverhältnisse vor, könne den gesetzmäßigen Zusammenhang zwischen Ökonomie und Politik nicht erfassen. Er bleibe im Rahmen bürgerlicher Verbesserungsversuche der bestehenden kapitalistischen Gesellschaft mit dem notwendigen Attribut einer antikommunistischen Zielsetzung. Als Instrumentarium paritätischer Kritik wirke er objektiv dem Klassenkampf entgegen. Der Subjektivismus der Konzeption erweise sie als kleinbürgerliche Variante der imperialistischen realistischen Schule von der Politik.[52]

Der Anstoß für die konservative Kritik war die vermeintliche „Entgrenzung des Gewaltbegriffs" durch Galtung, in der Autoren wie Arndt oder Hornung mehr oder weniger direkt die Brücke zu den Gewalttätern sahen. Wie schwierig, aber auch wie dringend notwendig der Dialog zwischen Friedensforschern und den dialogbereiten Kritikern über diese und andere Fragen war, zeigt die

Kontroverse zwischen Peter Graf Kielmannsegg und Egbert Jahn über den Begriff der strukturellen Gewalt. Kielmannsegg hatte auf einer wissenschaftlichen Fachtagung über die geistigen und gesellschaflichen Ursachen des Terrorismus im November 1977 die These vertreten, die Entgrenzung des Gewaltbegriffs durch Galtung und die Friedensforschung habe zum Terrorismus beigetragen. Es sei zwar nicht beabsichtigt – Galtung sage ausdrücklich, zur Beseitigung struktureller Gewalt sei personale Gewalt nicht nötig –, aber im Konzept der strukturellen Gewalt sei ein Schema der Rechtfertigung von Gewalt im traditionellen Wortsinn angelegt. Die Wirkungen des Gedankens ließen sich durch den gemachten Vorbehalt nicht unter Kontrolle halten.[53] In seiner ersten Entgegnung begründete Egbert Jahn noch einmal den Ansatz der Friedensforschung als Veränderungswissenschaft.[54] Jahn kritisierte dann die Verbindung zwischen der Entstehung des Begriffs der strukturellen Gewalt und dem politischen Terrorismus, die Kielmannsegg gezogen hatte. Hier handle es sich bestenfalls um eine Korrelation, der Nachweis für den Kausalzusammenhang werde nicht geführt. Es gebe genügend Terroristen auf der Welt, die noch nie von Friedensforschung, Galtung oder struktureller Gewalt gehört hätten. Kielmannsegg könne nicht nachweisen, daß auch nur ein Terrorist durch die Schriften und Reden von Friedensforschern oder überhaupt von Wissenschaftlern der Gegenwart zu seinen Taten motiviert worden sei. Jahn führte weiter aus, die konservative Kritik überschätze insgesamt die Bedeutung geistiger Ursachen sozialen und politischen Verhaltens. Nicht die Suche nach geistigen Vätern führe zu den Wurzeln, umgekehrt, die rasche Aufnahme des Begriffs der strukturellen Gewalt und seine Verwendung zur Legitimation von Verzweiflungstaten seien erklärungsbedürftig. Er selbst sei auch als Hochschullehrer immer für Gewaltlosigkeit eingetreten, aber er verkenne nicht, daß es in der linken Studentenbewegung eine Auseinandersetzung um Gegengewalt versus Gewaltfreiheit gebe. Jahn hielt gleichwohl am Begriff der strukturellen Gewalt fest. Der unverbindliche Terminus der „sozialen Ungerechtigkeit könne nicht mehr darüber hinwegtäuschen, daß der Hungertod von physisch direkt Betroffenen wie von psychisch-intellektuell indirekt Betroffenen als ein Resultat gesellschaftlicher Gewalt erlebt werde. Er sprach den Verdacht aus, daß die Kritik am Begriff der strukturellen Gewalt auch die Funktion habe, bestimmte Formen unnötigen Leidens und Sterbens auf dieser Welt zu verdrängen. Gleichwohl räumte Jahn ein, daß mit dem Begriff der strukturellen Gewalt auch viele Probleme verbunden seien. Das gelte insbesondere für Galtungs weite Definition. (Danach liegt dann Gewalt vor, wenn Menschen so beeinflußt werden, daß ihre tatsächliche körperliche und geistige Selbstverwirklichung hinter ihrer möglichen Selbstverwirklichung zurückbleibt.) Was heiße Selbstverwirklichung, wie erkenne man den Unterschied zwischen dem tatsächlich und dem nur eingebildet Möglichen, wie würden die Prioritäten zwischen verschiedenen tatsächlichen Möglichkeiten bestimmt?

Kielmannsegg hielt daran fest, daß bestimmte Denkfiguren wie „Imperialismus" oder „Gewaltförmigkeit aller gesellschaftlichen Verhältnisse" zum Bedingungsfeld des Terrorismus gehörten. Wie Wirklichkeit erfahren werde, hänge auch von den Deutungsmustern und Situationsdefinitionen ab, die von den Intellektuellen geliefert würden. Kielmannsegg unterstrich die Unzulänglichkeit der Galtungschen Definition, die keine Möglichkeit der Unterscheidung zwischen legitimen und illegitimen Ordnungen menschlichen Zusammenlebens lasse. Jede Form organisierten menschlichen Zusammenlebens stehe so unter einem unwiderleglichen Gewaltverdacht, damit würden aber auch unüberschaubare Möglichkeiten der Rechtfertigung von „Gegengewalt" eröffnet. Es gehe nicht darum, das Elend der Dritten Welt nicht ernst zu nehmen, es gehe um die offenkundigen und elementaren Schwächen eines Konzepts: Welche Folgen sollen als Indikatoren struktureller Gewalt gelten, was sind eindeutig und begründet die Bedingungen, unter denen Folgen als durch strukturelle Gewalt verursacht gelten sollen? Wie soll das Kriterium der Vermeidbarkeit operationalisiert werden? Es sei ja doch ein wichtiger Unterschied, ob Hunger auf agrarische Besitzverhältnisse, traditionelle Einstellungen in der Landbevölkerung, mangelnde Exporterlöse oder eine allen Produktionssteigerungen davonlaufende Bevölkerungsvermehrung zurückzuführen sei. Vermeidbarkeit in irgendeinem Sinne sei immer gegeben, aber wer von da aus einfach auf „strukturelle Gewalt" schließe, arbeite mit einem Konzept ohne jede Substanz und ohne jede analytische Leistungsfähigkeit.[55]

Aus heutiger Sicht erstaunt, wenn man die Frage der Wirkungsanalyse und die polemischen Untertöne auf beiden Seiten ausklammert, das Ausmaß an Gemeinsamkeiten in den Positionen: das Bekenntnis zur Gewaltfreiheit im freiheitlichen Verfassungsstaat und die Problematisierung des Begriffs der strukturellen Gewalt. Es ist sicher nicht zufällig, daß die weite Definition Galtungs in der Friedensforschung nie eine Rolle gespielt hat. Es wäre aber zu fragen, warum gerade diese oben zitierte weite Definition soviel Aufmerksamkeit der Kritiker auf sich ziehen konnte, warum überhaupt die konkrete inhaltliche Entwicklung der Disziplin häufig gar nicht rezipiert und verarbeitet oder aber über einen fundamentalistischen Leisten geschlagen wurde. Es scheint, daß die Friedensforschung in vieler Hinsicht eine Art „Ersatzschlachtfeld" für erbittert geführte außen- und innenpolitische Kontroversen der siebziger und der frühen achtziger Jahre war, es zum Teil immer noch ist. Bei diesen Ersatzgefechten gerieten Anliegen und Leistungen der Friedensforschung nur zu leicht aus dem Blick. Was Friedensforschung tatsächlich ist, läßt sich am Beispiel des Forschungsprozesses zum Thema Rüstungsdynamik demonstrieren, an dem die HSFK maßgeblich beteiligt war.

4. Zur Entwicklung der wissenschaftlichen Diskussion in der HSFK: Die Kontroverse um die Rüstungsdynamik

Als die HSFK ihre Arbeit aufnahm, gab es auch international kaum wissenschaftliche Untersuchungen zum Thema Rüstungsdynamik. Allerdings hatte Dieter Senghaas mit „Abschreckung und Frieden" 1969 und mit „Rüstung und Militarismus" 1972 einen umfassenden theoretischen Entwurf und eine Fülle empirischer Illustrationen zum Thema vorgelegt.[56] Senghaas hatte dabei Elemente aus der Tradition der kritischen Theorie mit der linksliberalen inneramerikanischen Kritik am militärisch-industriellen Komplex und an der amerikanischen Außenpolitik zur Zeit des Vietnam-Krieges in einer fruchtbaren Synthese miteinander verbunden und einen Wechsel im gängigen Paradigma zur Erklärung von Rüstung vorgenommen: weg vom Modell der Interaktion, hin zur konfigurativen Verursachung, bei der allerdings die selbsterzeugten (d.h. „autistischen") Impulse die von außen gesetzten Stimuli überlagern. Ein zweiter Strang der Diskussion ergab sich aus dem verstärkten Interesse in dieser Zeit an marxistischen Ansätzen, was zu einer Reihe von polit-ökonomischen Arbeiten über Kapitalismus und die Bedeutung von Rüstung für den kapitalistischen Reproduktionsprozeß geführt hatte.[57] An diesen beiden Vorgaben, der Senghaasschen Kritik der Abschreckung und dem dazugehörigen Autismusmodell und an der neomarxistischen Kapitalismuskritik mußten sich die Projektmitarbeiter des ersten Forschungsschwerpunktes mit empirischen Untersuchungen abarbeiten. (Die Forschungsgruppe Sozialistische Länder stand vor dem Problem, daß gar keine theoretisch gehaltvollen Ansätze zur Erklärung sowjetischer Rüstung vorlagen und die in der westlichen Diskussion gewonnenen Erklärungsversuche nicht ohne weiteres übertragbar waren. Die Gruppe hat zunächst einen herrschaftssoziologischen Ansatz verfolgt.) In dieser Auseinandersetzung mit dem Senghaasschen Entwurf war auch die frühe Kritik, sei es aus der Friedensforschung selbst, sei es von den kritisierten Vertretern der sogenannten traditionellen sicherheitspolitischen Forschung, zu berücksichtigen.[58] Diese Kritik bezog sich einmal auf die Maßlosigkeit des Senghaasschen Abschreckungsbegriffs (Abschreckung als Konglomerat von Akteuren, Strukturen, Bewußtseinsinhalten und Handlungen, wie es ein Kritiker formulierte), jene Ineinssetzung von Modell und Realität, die es erlaube, Faktoren, die gemeinhin als Ursachen von Abschreckung gesehen werden, in Merkmale oder Konsequenzen umzuwandeln. Die Kritik bezog sich zum zweiten auf die Verkürzung des überlieferten Modells politisch-militärischer Interaktion, das durch die Verkürzung zur Karikatur der Wirklichkeit wurde und so natürlich leicht zu „falsifizieren" war. Sie galt drittens der Überbewertung der innerstaatlichen Antriebsmomente, die – so die Gegenkritik – ja nur deshalb wirksam werden können, weil sie durch die reale politische Bedeutung der herkömmlichen Sicherheitsprämissen gedeckt sind. Die Kritik betonte viertens den Widerspruch zwischen „interessenkalkulierter Manipulation" und „politischer Selbsttäuschung" im Autismus-Konzept, der durch den Interessenbegriff (subjektiv manipulierend-kalkulierend, objektiv verblendet) nur zugedeckt, nicht gelöst werde. Und sie bemängelte schließlich die Entkopplung des eigentlichen Inhalts von der sicherheitspolitischen Dimension des Ost-West-Konflikts, dessen machtpolitisch-ideologische Überlagerung von Senghaas damals als historisch „relativ zufällig" charakterisiert worden war.[59]

Es wurde schon erwähnt, mit welcher Forschungsstrategie die HSFK insgesamt versuchte, das Mischungsverhältnis zwischen manifesten und latenten Funktionen von Rüstung zu bestimmen. Aus heutiger Sicht läßt sich folgendes Fazit ziehen: Die Versuche, den Grad an Wechselwirkung im Rüstungsverhalten des Westens und des Ostens bzw. den Zusammenhang zwischen Konfliktintensität und Rüstung mit quantitativ-statistischen Methoden zu bestimmen, haben sich nicht als tragfähig erwiesen. Die methodischen Probleme solcher Analysen sind immens. Zunächst einmal ist die Datenlage sehr unzuverlässig, das gilt vor allem für die Sowjetunion. Die sowjetischen Angaben sind ausgesprochen dürftig und lassen die tatsächliche Höhe der Rüstungsausgaben und ihrer Entwicklung nicht erkennen. Westliche Expertenschätzungen liegen weit auseinander und werden häufig korrigiert. Auch im Falle der USA, für die eine Fülle von detaillierten Angaben vorliegen, ist eine Aufbereitung der Rohdaten notwendig. Gravierender noch als die Frage der Zuverlässigkeit der Daten ist die nach der Gültigkeit der gewählten Indikatoren und der unterstellten Zusammenhänge. Meist wird bei den quantitativen Untersuchungen angenommen, daß sich die Rüstungspolitik der Supermächte jährlich an den Haushaltsentscheidungen der anderen Seite orientiert. Dieses Modell hat auch im internationalen Forschungsprozeß keinen Bestand haben können. Einmal sind Rüstungsausgaben allgemein ein schlechter Indikator für Rüstungsverhalten. Zum zweiten orientiert sich Rüstungspolitik an verschiedenen militärischen und politischen Signalen der anderen Seite, die über Zeit zu Veränderungen im eigenen Rüstungsverhalten führen können. Das Modell einer in Jahresschritten eng aufeinander bezogenen Interaktion ist jedenfalls außerordentlich fragwürdig und keine solide Grundlage für empirische Untersuchungen. Der Verlauf der Rüstung kann gar nicht den fast jährlichen Schwankungen im aggressiven oder konzilianten Verhalten der Konfliktparteien entsprechen. Solange eine bestimmte Schwelle des Konfliktpotentials nicht unterschritten wird, bleibt auch die Grundvoraussetzung für einen Rüstungswettlauf – und das heißt in einer technologie-intensiven Umwelt auch für wachsende Militarisierung bei einigen Indikatoren – erhalten. Solange die Entscheidungsträger noch möglichere größere Konflikte antizipieren, werden sie auch bei verringerten Spannungszuständen Rüstung nicht zwangsläufig reduzieren. Aus diesen Überlegungen heraus hat die HSFK diesen sehr aufwendigen Weg nicht mehr verfolgt. Stattdessen wurde später am Beispiel der Mittelstreckenwaffen und des konventionellen Rüstungswettlaufs in Europa überprüft, ob sich anhand des Aufbaus von Waffenpotentialen mit den entsprechenden Begründungen Wechselwirkungen nachweisen lassen. Dabei ergab sich, daß die Rüstungsprozesse beider Seiten offensichtlich doch einer militärischen Logik (wie immer rational oder irrational sie eingeschätzt werden bzw. wie brüchig auch immer sie sich im demokratischen oder bürokratischen Entscheidungsprozeß durchsetzen mag) folgen, die sich durchaus an den Rüstungsmaßnahmen der jeweils anderen Seite orientiert und von den wahrgenommenen Bedrohungsmöglichkeiten vor dem Hintergrund strategischer Prämissen gesteuert wird.[60]

Damit wurde also die Erklärung der Rüstungsdynamik in einem etwa zehnjährigen Forschungsprozeß wieder auf den Kopf oder auf die Füße gestellt, aber die Tür zum Autismus-Modell nicht völlig zugeschlagen. Gerade das Insistieren auf einem systemischen Modell der Interaktion markiert eine wichtige Differenz zum nationalstaatliches Handeln nach wie vor entscheidend prägenden Alltagsmodell der Aktion-Reaktion, das die jeweils eigenen Anteile konsequent verleugnet. Das wiederum bleibt in der Tat erklärungsbedürftig. Hier hilft jedoch weder der Rückgriff auf den militärisch-industriellen Komplex noch der auf die politische Ökonomie. In mehreren Einzelanalysen haben verschiedene Autoren der HSFK gezeigt, daß die Bedeutung der ökonomischen Verursachung von Rüstung erheblich überschätzt worden ist. Carola Bielfeldt konnte z.B. für die Bundesrepublik Deutschland und der Verfasser für die Vereinigten Staaten nachweisen, daß Rüstungsausgaben entweder gar nicht oder nur marginal als Krisensteuerungsmittel Verwendung finden. Außerdem kann keine Rede davon sein, daß sich der Rüstungssektor im Kapitalismus notwendigerweise mehr und mehr ausdehne. Monika Medick konnte zeigen, daß der Rüstungsexportschub der Kennedy-Ära nicht von der Industrie ausging, sondern von der politischen Führung, die dabei außenpolitische Kalküle verfolgte. Andere Analysen des amerikanischen Entscheidungsprozesses wiesen nach, daß zur Erklärung von Rüstungsentscheidungen der Abgeordneten und Senatoren die Rüstungsabhängigkeit einzelner Regionen bei weitem nicht die Bedeutung hat wie die ideologische Orientierung der Politiker.[61] Peter Schlotter schließlich, der sich am eingehendsten mit der neueren marxistischen Staatstheorie auseinandersetzte, kam zu dem Ergebnis, daß der Staat gar nicht in der Lage ist, die unterstellten Funktionen zur Sicherung der Akkumulationsbedingungen des Rüstungskapitals stringent wahrzunehmen. Vielmehr müßten gegenüber allen harmonistischen Vorstellungen die Restriktionen staatlicher Rüstungspolitik betont werden, wie begrenzte finanzielle Ressourcen bei gleichzeitigen nicht-militärischen Konkurrenzprogrammen, ein strukturelles Informationsdefizit des Staatsapparats, Priorität aktueller Krisensteuerungsversuche, für die sich die Rüstungsprojekte gerade nicht eignen, internationale Abhängigkeiten und Folgeprobleme früherer Entscheidungen.[62]

Eine Bestätigung von außen für diesen erneuten „stillschweigenden Paradigmenwechsel" hat dann Mitte der achtziger Jahre der Hamburger Friedensforscher Erwin Müller mit einer neuen Analyse der Rüstung der USA geliefert.[63] Müller integriert die bereits erfolgte Kritik der Kritik in einem umfassenden Ansatz und ergänzt sie durch eigene empirische Analysen. Er weist noch einmal nach, wie wenig präzise die zentrale Kategorie der „Innenleitung" selbst war, und er zeigt im Detail, daß die Kritik der Außenorientierung mit einem unrealistischen, mechanistischen Modell der Rüstungsinteraktion arbeitete. In den empirischen Abschnitten setzt sich Müller insbesondere mit dem ökonomischen und politischen Gewicht des Rüstungskomplexes in den USA auseinander. Dabei wird erneut deutlich, daß es sich bei der Rüstungsindustrie keineswegs um einen privilegierten Sektor handelt, ihr Einfluß ist sehr begrenzt. Das Fazit der Untersuchung, die sich auch mit zahlreichen anderen Aspekten der amerikanischen Rüstungspolitik auseinandersetzt (Rolle des Kongresses, der Militärbürokratie, Bedeutung technologischer Innovationen) lautet, daß der Rüstungskomplex innerhalb der politisch-ökonomischen Elite der USA nur ein relativ kleines Segment bildet. Der Komplex habe sich im Rahmen des rüstungspolitischen Interaktionsprozesses als Symptom, keineswegs aber als spiritus rector der amerikanischen Politik erwiesen. Die amerikanische Rüstungspolitik sei im Grunde keineswegs als finaler Vorgang mit binnenpolitisch ausgerichtetem Selbstzweckcharakter zu qualifizieren, sondern in der Hauptsache als instrumental ausgerichtet mit dem Blick auf die internationale Politik und die Weltmachtrolle der Vereinigten Staaten.

Eine Konsequenz aus all diesen Untersuchungen ist, daß das Theorem des militärisch-industriellen Komplexes in der Friedensforschung heute keine Verwendung mehr findet. Die Theorie autistischer Verursachung muß inzwischen ebenfalls als überholt gelten, obwohl sie nach wie vor wichtige Anregungen geben kann. Es sollte in diesem Zusammenhang ausdrücklich betont werden, daß Senghaas immer einen konfigurativen Ansatz vertreten hat, der durchaus Raum für verschiedene Positionen ließ. Insgesamt wird man sagen können, daß die Theoreme, die die gesellschaftlichen, also nicht originär auf den Ost-West-Konflikt bezogenen Verursachungen von Rüstung herausstellten, zwar ihre Berechtigung nicht verloren haben, aber doch in ihrer Bedeutung erheblich relativiert worden sind.[64] Was fehlt, ist ein neues Gesamtbild zur Theorie der Rüstungsdynamik, das einmal die Geschichte des Rüstungswettlaufs im Ost-West-Konflikt nach 1945 differenziert politologisch aufarbeitet und zum zweiten Forschungen über andere Rüstungswettläufe einschließlich der Zeit vor 1945 integriert.

In der Rückschau fällt auf, daß die Anerkennung, die gerade Stratmann als der wohl scharfsinnigste frühe Kritiker der Autismustheorie dem Senghaasschen Ansatz auch zollte, völlig unberücksichtigt blieb. Im Grunde hat Stratmann damals eine mögliche Synthese vorweggenommen. Er lobte ausdrückliche die kritische Darstellung der technologischen, interessenmäßigen und psychologischen Elemente, die die ständige Dynamisierung des Rüstungswettlaufs bewirken. Er stimmte zu, daß Rüstung nicht nur Mittel zum Zweck, sondern auch latenter Selbstzweck sei, d.h. er akzeptierte die tendenzielle Wirksamkeit mancher im Autismus-Konzept angesprochenen Mechanismen des Abschreckungssystems. Er konzedierte die Gefährlichkeit der Ausrichtung von Außenpolitik an „potentiell irrational auffüllbaren Leerformeln" wie national security z.B., und er teilte die begründete Skepsis gegenüber der naiven Annahme, daß Rationalität die verteidigungspolitischen Entscheidungen von Regierungsmaschinerien kennzeichne.[65] Auch bei Müller bleibt ein Anknüpfungspunkt zu Senghaas. Müller sieht durchaus Elemente von Realitätsblindheit in der Außenpolitik der USA, insbesondere in der Militärstrategie, Elemente jener „aberwitzigen Rationalität", die für Senghaas einer der Ausgangspunkte der Autismus-Theorie war.

Die zentrale Bedeutung der Militärpolitik als Funktion außengerichteten Handelns ist jedoch heute in der Friedensforschung nicht mehr umstritten. Zwei Erklärungen, die beide die Relevanz der Interaktion unterstreichen, haben wieder an Gewicht gewonnen. Die eine knüpft an ältere Versuche zu Theorien über Hegemoniezyklen an. Danach wäre Rüstung im Ost-West-Konflikt doch in erster Linie abzuleiten von der politisch-ideologischen Konfliktdimension. Die zweite Erklärung betont die verstärkenden Rückwirkungen der Rüstungsprozesse auf die Konfliktdimension und die Bedeutung des Sicherheitsdilemmas. Die nicht ausreichend organisierte und regulierte Struktur des internationalen Systems wird hier verantwortlich gemacht dafür, daß die Interaktion nicht als Interaktion problematisiert, sondern Rüstung nach wie vor als notwendige Abgrenzung und Absicherung begriffen und legitimiert wird. Beide Erklärungsversuche fordern Strategien, die auf Ausgleich unterschiedlicher Interessen und auf Vertrauensbildung zielen. Diese Entwicklung könnte ein Grund sein für die stärker pragmatische Orientierung der HSFK, reicht aber zur Begründung sicher nicht aus.

5. Hessische Stiftung Friedens- und Konfliktforschung: Von der Polarisierung zur Integration?

Die institutionengebundene Friedensforschung hat durch die Art ihrer Etablierung und Förderung sowie durch ihren Auftrag und ihren Anspruch von Beginn an die Aufmerksamkeit der politischen Öffentlichkeit auf sich gezogen und auch herausgefordert. An diese Friedensforschung werden, mehr als an die universitätsgebundene Forschung, politische Anforderungen gestellt oder zumindest politische Erwartungen geknüpft. Friedensforschung soll ihren Nutzen unter Beweis stellen, wobei Nutzen natürlich unterschiedlich definiert wird. Damit sind Chancen und Risiken verbunden. Die Analyse der Konfliktstruktur im Ost-West-Konflikt forderte zwangsläufig die Kritik der polarisiert in Ost und West am Konflikt Beteiligten heraus, die Kritik derjenigen, die prinzipiell nicht an Vermittlung, sondern nur an entschiedener Parteinahme interessiert waren. Im Zuge des Entspannungsprozesses hat sich diese Polarisierung gerade in Mitteleuropa, und zwar innen- wie außenpolitisch, abgeschwächt. Dieser Prozeß hat die Polarisierten verändert, mit Rückwirkungen auf ihr Verhältnis zur Friedensforschung. In diesem Verhältnis hat sich auch die Friedensforschung gewandelt. Die politikwissenschaftliche und politische Orientierung der HSFK war in der ersten Hälfte der siebziger Jahre zum Teil radikal gesellschaftskritisch. Zwar war das Anliegen der empirisch-analytischen Stückwerkswissenschaft in der Tradition des kritischen Rationalismus auch damals schon vertreten, aber Fragestellungen und methodische Impulse aus dem Umfeld der kritischen Theorie und der politischen Ökonomie überwogen. Diese Relation hat sich verändert, ohne daß sich das am Austausch von Personen oder Schulen festmachen ließe. Beim Versuch der Selbstverständigung darüber, was die Ursachen für diesen Wandlungsprozeß sein könnten, lassen sich verschiedene Erklärungsmöglichkeiten finden. Da ist einmal der allgemeine politikwissenschaftliche Trend zu nennen. Das Interesse an marxistischen und radikal gesellschaftskritischen Ansätzen ist insgesamt zurückgegangen bzw. von mehr industriegesellschaftskritischen Orientierungen abgelöst worden. Insofern folgt die Friedensforschung einer allgemeinen Tendenz in den Sozialwissenschaften.[66] Aber es gibt auch spezifische Bedingungen der Friedensforschung, die für die genannten Veränderungen verantwortlich sein können. Dazu gehört der natürliche bzw. soziologisch und psychologisch erklärbare Mechanismus, nach dem eine neue „Disziplin" ihre Identität zunächst durch provokative Theoreme und durch polemische Abgrenzung ausbildet; oder wie es Kenneth Boulding einmal formuliert hat: „Jede erste Generation einer neuen Wissenschaft neigt zur Selbstüberschätzung und Disziplinlosigkeit".[67] Heute schreiben Friedensforscher (oder zumindest Sympathisanten) der ersten Stunde (selbst) kritisch über die Vorstellung einer „Superwissenschaft der allumfassenden gesellschaftswissenschaftlichen Synthese" und von einem „Ballast an Versprechungen und Forderungen".[68] Im Laufe eines mehrjährigen Forschungsprozesses ist über spezialisierte und detaillierte Analysen eine gewisse Akademisierung eingetreten, die wieder zu einem verstärkten Austausch mit den etablierten wissenschaftlichen Traditionen führt. Hinzu kommt, daß sich Grundlagenforschung zwar nie erschöpft, aber auch ihre Konjunkturen hat. Im Vergleich zum Beginn der siebziger Jahre gibt es heute eine große Anzahl von fundierten Beiträgen zu verschiedenen Aspekten der internationalen Rüstungsdynamik. Die wichtigsten Kontroversen sind bekannt; sie sind vielleicht nicht endgültig entschieden, aber eindeutige oder gar provokative Aussagen lassen sich kaum noch guten Gewissens vertreten, manche Forschungswege, die solche Eindeutigkeiten nahezulegen suchten – etwa über den Zusammenhang zwischen Rüstung und Krieg, zwischen Rüstung und Kapitalismus oder über die primär gesellschaftliche Verursachung von Rüstung – haben sich als unzureichend erwiesen. Auch von daher wird die Neigung verständlich, sich mehr den kurz- und mittelfristig möglichen Chancen für die Verbesserung der Bedingungen von Entspannung und Rüstungsbegrenzung zuzuwenden.

Diese Tendenz wird gestützt durch die politischen Erfahrungen der ersten Generation der in Instituten organisierten Friedensforscher. Die Erwartungen dieser Generation über die Veränderbarkeit des Ost-West-Konflikts und damit auch die Wirkungsmöglichkeiten radikaler Ansätze waren zu Beginn der siebziger Jahre weit gesteckt. Diese Erwartungen wurden bald enttäuscht, die Ansprüche auch an die eigene Programmatik wurden reduziert. Mit dem Aufkommen einer neuen Friedensbewegung Ende der siebziger/Anfang der achtziger Jahre sah sich die Friedensforschung dann zum Teil mit ihrer eigenen alten Radikalität konfrontiert, was zu wichtigen Anregungen, aber auch zu Spannungen mit dem Teil des politischen Spektrums geführt hat, der oft als Produkt der Friedensforschung mißverstanden wird.[69]

Der so früh verstorbene Christian Potyka, ein unbestechlicher Beobachter der Friedensforschung in den siebziger Jahren, hat den Wandlungsprozeß der HSFK von außen verfolgt. Nach fünf Jahren HSFK schrieb Potyka, die „forschenden Ritter ohne Furcht und Tadel" seien in jüngster Zeit zurückhaltender geworden. Die Theoreme muteten nicht mehr gar so anspruchsvoll und für die praktische Politik unverbindlich an. Die Analyse dieser Welt scheine wieder größeres Gewicht zu haben.[70] Zwei Jahre später meinte er, die Neuorientierung ziele auf eine stärker an den Erfordernissen der praktischen Politik und des Überlebens durch Kooperation im Ost-West-Konflikt ausgerichteten Arbeit. Zu strammer Strategieforschung werde das gleichwohl nicht führen, dazu bleibe der reformerische, auf Veränderung ausgerichtete Elan der HSFK-Mitarbeiter zu groß. Für das gute Betriebsklima und die relative Fruchtbarkeit der HSFK machte Potyka drei Faktoren verantwortlich: die innere Liberalität, die es einzelnen Mitarbeitern ermöglichte, sich unterschiedlich zu entwickeln und sich einen Namen zu machen, ohne sich an den Denkkategorien der Gründergeneration auszurichten; zweitens das Aufbrechen des Zwei-Klassensystems unter den Mitarbeitern und schließlich die Aufhebung der politischen Fraktionsbildung der ersten Jahre zwischen „Linken und weniger Linken". Dazu, so Potyka, trugen die Lernprozesse der einzelnen in der Auseinandersetzung mit dem jeweiligen Forschungsgegenstand bei. Die Ansichten über gesellschaftliche Prozesse und politische Mechanismen hätten sich differenziert. So seien die Meinungen der Mitarbeiter, gemessen an der Gesamtgesellschaft, sicher noch nicht „pluralistisch", jedoch pluralistischer als vor Jahren. Friedensforschung in Frankfurt strebe nicht nur nach Veränderung; sie verändere auch den, der dieses Geschäft betreibe. Auf diese Weise komme die HSFK der „Realität" wieder näher — wie sich auch umgekehrt mancher dem Institut nähere, dem dies einst an der Wiege nicht gesungen worden sei.⁷¹

Die letzte Bemerkung war wohl eine Anspielung auf die veränderte Einstellung gegenüber dem Institut bei Teilen der hessischen CDU. Nach dem Wahlsieg in Frankfurt war die CDU dort zunächst an das Land Hessen herangetreten mit der Aufforderung, den Mietzuschuß für die HSFK zu übernehmen. Dies ging auf einen entsprechenden Antrag der CDU-Fraktion vom Sommer 1977 zurück. Der hessische Kultusminister Krollmann erinnerte jedoch mit Schreiben vom 2. 2. 1978 die Stadt Frankfurt daran, daß die Wahl dieses Ortes als Sitz der Stiftung entscheidend durch die Bereitschaft der Stadt beeinflußt worden sei, bei der Unterbringung der HSFK behilflich zu sein und einen Teil der Mietkosten zu übernehmen. Die Stadt Frankfurt entschied sich, den Mietzuschuß weiterzuzahlen, und Oberbürgermeister Wallmann nahm auch den ihm qua Amt und Tradition angebotenen Sitz im Stiftungsrat des Instituts an. Zehn Jahre später, nach dem Wechsel auch im Wiesbadener Landtag, hat der für die HSFK zuständige Minister Wolfgang Gerhardt (FDP) auf der Stiftungsratssitzung im August 1987 erklärt, daß die neue Koalition die HSFK weiter unterstützen werde. Ein Rückblick auf das Jahr 1977 mag verdeutlichen, wie sehr sich die Rahmenbedingungen auch für die Kritiker des Instituts verändert haben. Damals hatte der Fraktionsvorsitzende der CDU in Wiesbaden, Gottfried Milde, noch eine Einladung des HSFK-Vorstands zu einem Symposium über das Thema „Neue Schritte in der Entspannungspolitik" abgelehnt, u.a. mit der Begründung, es gebe keinen Entspannungsprozeß.⁷² Heute ist es die CDU, die zusammen mit der FDP die Entspannungspolitik der sozial-liberalen Koalition aus den siebziger Jahren fortführt. Die Entspannung zeigt sich auch im Verhältnis zur HSFK. Im Herbst 1986 hat zum ersten Mal eine größere Gruppe von Landtagsabgeordneten der CDU der HSFK einen Besuch abgestattet und sich vor Ort über die Arbeit des Institut informiert.

Dies führt mich zu einer letzten Bemerkung zum Thema staatlich geförderte Friedensforschung. Wolf-Dieter Narr hat in einem Blick auf fünfzehn Jahre Friedensforschung die friedensforscherische Naivität kritisiert, zu vermeinen, Friedensforschung im emphatischen Sinne auf Dauer mit Hilfe eines Füllhorns staatlicher und parastaatlicher Förderung treiben zu können, und er bemängelt die fehlende Herrschaftskritik.⁷³ Die negative Konsequenzen aus einer solchen These wäre, Friedensforschung den verbeamteten Hochschullehrern bzw. den sich nur aus Spenden, Mitgliedsbeiträgen und Drittmitteln finanzierenden Einrichtungen zu überlassen. Eine positive Konsequenz wäre, staatlich geförderte Friedensforschung als Chance zu begreifen. Staatlich geförderte Friedensforschung bedeute für die Politik die Bereitschaft, ihr Monopol über den Friedensbegriff aufzugeben und sich der Kritik und der Beratung zu stellen. Sie bedeutet für die Friedensforschung die Herausforderung, sich einer breiteren demokratischen Legitimation und Kritik auszusetzen als die universitäre oder privat bzw. durch die Parteien finanzierte Forschung. Das kann zu einer langweiligen und banalen Ausgewogenheit führen, dem, was Egbert Jahn einmal den „neue(n) bundesdeutsche(n) Mitteextremismus"⁷⁴ genannt hat, oder aber das Bemühen anspornen, durch die Arbeit selbst und ihr Gewicht zu überzeugen.⁷⁵ Eine Friedensforschung, die sich als bloße Antiregierungswissenschaft verstünde, könnte in ihrer Kritik verharren, ohne sich auf die Verantwortung für real mögliche Veränderungen einzulassen. Sich in ihrem Verhältnis zu dieser Realität eine schöpferische und produktive Unabhängigkeit zu erhalten, ist die eigentliche Herausforderung für die HSFK. Dabei sind für die weitere Entwicklung auch selbstkritische Fragen zu stellen, z.B. über den Verlust an Grundlagenforschung. Das Ziel der äußeren und inneren Gewaltminderung – auch in den politischen Umgangsformen – wird in jedem Fall eine zentrale Grundorientierung bleiben. Oder wie es Christian Büttner und Ute Volmerg einmal in der Analyse einer Pro und Contra-Sendung zum Thema Neutronenwaffe formulierten: „(Diese) Überlegungen können auch zu der Entscheidung führen, sich an Veranstaltungen nicht zu beteiligen, die von vornherein auf Sieg oder Niederlage und nicht auf Vermittlung angelegt sind."[76]

Anmerkungen

1 Der Verfasser ist seit 1971 mit mehreren Unterbrechungen wissenschaftlicher Mitarbeiter bzw. Forschungsgruppenleiter (seit 1980) bei der HSFK. Er ist zur Zeit außerdem geschäftsführendes Vorstandsmitglied.
2 Zeitweise waren nur drei bzw. vier der Forschungsgruppenleiterstellen besetzt. Außer dem Verfasser sind Lothar Brock, Ernst-Otto Czempiel, Egbert Jahn und Hans Nicklas Forschungsgruppenleiter am Institut. Frühere Forschungsgruppenleiter waren Klaus Jürgen Gantzel (bis 1975) und Dieter Senghaas (bis Anfang 1978).
3 Der Mietzuschuß der Stadt Frankfurt für die HSFK hat sich im gleichen Zeitraum ebenfalls fast verdoppelt, von DM 75 000 auf DM 130 000 im Jahre 1987. Die Erhöhung geht allein auf entsprechende Steigerungen bei den Kosten für Raummiete und Heizung zurück.
4 Verfassung der HSFK, Artikel III.
5 Mitteilungen der HSFK 2/1971, S. 1.
6 Vgl. Kenneth Boulding, Möglichkeiten und Grenzen interdisziplinärer Friedensforschung, in: DGFK-Informationen 1/78, S. 1–8, dort S. 1; Ernst-Otto Czempiel, Die Lehre von den internationalen Beziehungen: Entstehung und Aufbau, Politische Vierteljahresschrift VI, 3 (September 1965), S. 270–290.
7 Egbert Jahn, Das Theorem der „Strukturellen Gewalt" als eine angebliche geistige Ursache des Terrorismus, in: DGFK-Informationen 1/79, S. 23–29, dort S. 24–25.
8 Ute Volmerg, Sag mir wo die Frauen sind: Friedensforschung – eine männliche Wissenschaft?, in: Gruppendynamik 3/1987, S. 205–215.
9 Vgl. zu diesem Thema die Beiträge in: antimilitarismus information XVII, 8 (August 1987) unter dem Sammeltitel „Frauen haben kein Vaterland...".
10 Gert Krell / Bernd W. Kubbig / Harald Müller / Thomas Risse-Kappen / Hans Joachim Spanger / Jürgen Wilzewski, Von der Rüstungskontrolle zur Abrüstung? Zum Stand der Genfer Verhandlungen nach Reykjavik, HSFK-Report 1/1987.
11 Gert Krell / Egon Bahr / Klaus von Schubert (Hrsg.), Friedensgutachten 1987, Frankfurt 1987. Inzwischen ist 1988 das zweite Friedensgutachten erschienen.
12 Vgl. folgende Beispiele für Grenzüberschreitungen von der Politikwissenschaft zur Psychologie, Ökonomie, Soziologie, Theologie und Literaturwissenschaft: Ute Volmerg, Jugendoffiziere im Konflikt mit der Friedensbewegung, HSFK-Report 1987; Christian Büttner, Alternativen zur Tradition: Fortbildungsseminare zur Integrationsfähigkeit gesellschaftlicher Institutionen, MS., Frankfurt 1987; Reinhard Rode / Hanns-D. Jacobsen

(Hrsg.), Wirtschaftskrieg oder Entspannung: Eine politische Bilanz der Ost-West-Wirtschaftsbeziehungen, Bonn 1984; Gert Krell, Capitalism and Armaments: Business-Cycles and Defense Spending in the United States 1945–1979, in: Journal of Peace Research 3/1981, S. 221–240; Mathias Jopp, Militär und Gesellschaft in der Bundesrepublik: Das Beispiel der Bildungsreform in der Bundeswehr, Frankfurt 1983; Thomas Risse-Kappen, Das Doppelgesicht der Abschreckung: Politikwissenschaftliche Anmerkungen zu den kirchlichen Kontroversen um nukleare Abschreckung und Kriegführung, und ders. (mit H.-J. Schmidt und G. Krell), Die Herausforderung der Nuklearrüstung: Gutachten zum Pastoralbrief der US-Bischofskonferenz zu Krieg und Frieden, beides in: Franz Böckle / Gert Krell (Hrsg.), Politik und Ethik der Abschreckung: Theologische und sozialwissenschaftliche Beiträge zur Herausforderung der Nuklearwaffen, Mainz und München 1984; Reiner Steinweg (Hrsg. mit W. Heidefuß und P. Petsch), Weil wir ohne Waffen sind: Ein theaterpädagogisches Forschungsprojekt zur politischen Bildung, Frankfurt 1986.
13 Vgl. dazu Gert Krell, Ostpolitik Dimensions of West German Security Policy, in: Helga Haftendorn / Samuel Wells (eds.), West German Ostpolitik and the Atlantic Alliance (i.D.). Bruno Schoch bearbeitet z.Zt. für die Forschungsgruppe sozialistische Länder ein Projekt über die nationale Frage in der DDR.
13a Vgl. aber z.B. demnächst die Beiträge von Brock, Krell, Müller und Rode über den Nord-Süd Konflikt, über Kriege in der Dritten Welt, über die internationale Energie- und Umweltproblematik sowie über Strukturen und Tendenzen des Weltwirtschaftssystems, in: Manfred Knapp / Gert Krell (Hrsg.), Internationale Politik: Eine Einführung, München und Wien 1989 (i.V.).
14 Zuletzt Mathias Jopp / Peter Schlotter / Hans-Joachim Schmidt (mit Arbeitsgruppe Sicherheitspolitik), Gleichgewicht-Rüstungskontrolle-Abrüstung, hrsg. vom Hessischen Institut für Bildungsplanung und Schulentwicklung, Wiesbaden 1984.
15 Harald Müller / Hans-Joachim Schmidt, Startbahn für die Militärs? Zur sicherheitspolitischen Bedeutung des Frankfurter Flughafens, HSFK-Report 1982; Egbert Jahn, Zum Startbahn-Konflikt: Ursachen der Gewalttätigkeiten, Chancen für den regionalen Frieden und Lehren für zukünftige Konflikte, HSFK-Report 1984; Hans-Joachim Schmidt, Militärische Belastungen in Hessen, HSFK-Report 1988 (i.V.).
16 Diese HSFK-Veröffentlichungen sind nur ein kleiner Ausschnitt aus den gesamten Publikationen der Mitarbeiter, vgl. dazu HSFK (Hrsg.), Publikationen 1971–1986: Gesamtverzeichnis, Frankfurt o.J. (1987). Dieses Verzeichnis kann auf Anforderung kostenlos zugestellt werden.
17 Die Friedensanalysen werden zusammen mit der Arbeitsgemeinschaft für Friedens- und Konfliktforschung (AFK) herausgegeben. Einige der älteren Taschenbuchnummern haben inzwischen die zweite oder sogar die dritte Auflage erreicht. Das liegt zum einen daran, daß dieser Typ einer wissenschaftlichen Zeitschrift von Anfang an nicht den üblichen organisatorischen Pfaden gefolgt ist, zum anderen dürfte es der unendlichen Sorgfalt ihres Herausgebers Reiner Steinweg zu verdanken sein. Vgl. zuletzt Reiner Steinweg (Red.), Kriegsursachen, Friedensanalysen 21, Frankfurt 1987.
18 Eine Variante der Reports sind die Forschungsberichte der HSFK, die sich am wissenschaftlichen Fachpublikum orientieren und Zwischenergebnisse aus den Forschungsprojekten darstellen.
19 Zur Begründung vgl. Mitteilungen der HSFK 2/1971, S. 4–5.
20 Entscheidende Anregungen, aber auch Herausforderungen gingen vor allem von Dieter Senghaas' Arbeiten aus, insbesondere Abschreckung und Frieden, 3. Aufl., Frankfurt 1981 sowie Rüstung und Militarismus, Frankfurt 1972. In dem genannten Zusammenhang sind u.a. folgende Arbeiten zu nennen: Einmal die umfangreiche (9 Bände) und aufwendige, weil zum Teil quantitativ verfahrende Untersuchung über außenpolitisch relevante Feindbilder in der Bundesrepublik, insbesondere Feindbilder in Schulbüchern und Regierungserklärungen sowie Bundestagsreden; oder die vierbändige Untersuchung über die

sozialstrukturellen Grundlagen der Außenpolitik sozialistischer Länder. Besonders hervorzuheben wäre hier die Arbeit des so früh verstorbenen Stephan Tiedtke über den Warschauer Pakt, in der er sich u.a. mit der gesellschaftlichen Funktion des militärischen Überlegenheitsanspruchs und der Bedeutung und Rolle der kleineren Warschauer Pakt-Bündnispartner auseinandersetzt; eine Arbeit, die später Fortsetzungen gefunden hat in Untersuchungen über die Rahmenbedingungen der sowjetischen MBFR-Politik und die Reaktionen in der Sowjetunion auf die westliche Sicherheitsdebatte. In diesem Kontext ist auch hinzuweisen auf die Studie von Jutta Tiedtke über die innenpolitischen Probleme der Umrüstungspolitik Chruschtschows Ende der fünfziger/Anfang der sechziger Jahre. (Vgl. die Zusammenfassung von Hans Nicklas und Klaus Jürgen Gantzel, Außenpolitische Freund-Feind-Bilder in der Bundesrepublik 1949–1971, in: DGFK (Hg.), Forschung für den Frieden. Fünf Jahre DGFK. Eine Zwischenbilanz, Boppard 1975, S. 231–244; auch in: HSFK (Hrsg.), Europäische Sicherheit und der Rüstungswettlauf, Frankfurt 1979, S. 185–199; siehe auch die Beiträge von Lißmann/Nicklas/Ostermann, Becker/Gantzel und Becker/Nicklas, in: Friedensanalysen 1/1975; die Zusammenfassung von R. Arons / U. Freier / E. Jahn / U. Stehr / J. Tiedtke / St. Tiedtke, Soziopolitische Grundlagen der Außenpolitik sozialistischer Länder in Osteuropa am Beispiel der Planung der Europäischen Konferenz für Sicherheit und Zusammenarbeit in der UdSSR und in der DDR, in: HSFK, Europäische Sicherheit, S. 118–127 oder den Beitrag von Egbert Jahn und Jutta Tiedtke, Politische Strömungen in der sowjetischen Entspannungspolitik, in: Friedensanalysen 9/1979, S. 50–80. Stephan Tiedtke, Die Warschauer Vertragsorganisation: Zum Verhältnis von Militär- und Entspannungspolitik in Osteuropa, München und Wien 1978; ders., Rüstungskontrolle aus sowjetischer Sicht: Die Rahmenbedingungen der sowjetischen MBFR-Politik, Frankfurt 1980; ders., Abschreckung und ihre Alternativen: Die sowjetische Sicht einer westlichen Debatte, Heidelberg, Forschungsstätte der evangelischen Studiengemeinschaft, 1986. Jutta Tiedtke, Abrüstung in der Sowjetunion: Wirtschaftliche Bedingungen und soziale Folgen der Truppenreduzierung von 1960, Frankfurt 1985.) Ein weiterer Schwerpunkt in dieser ersten Forschungsphase waren Analysen der amerikanischen Rüstung und Außenpolitik, z.B. die Arbeit von Monika Medick über die amerikanische Rüstungsexportpolitik der sechziger Jahre oder die Studie des Verfassers über die politischen Auseinandersetzungen um den SALT-I-Vertrag und die Rüstungs- und Rüstungskontrollpolitik der Nixon-Ära. Noch deutlicher im Grenzbereich von Politik und Ökonomie angesiedelt war die Untersuchung von Carola Bielfeldt über Rüstungsausgaben und Staatsinterventionismus am Beispiel der Bundesrepublik Deutschland, eine gerade was die Datenbasis anlangt in vieler Hinsicht grundlegende Arbeit, oder die Analyse von Peter Schlotter über die Beschaffung des Starfighters und der Phantom. (Monika Medick, Waffenexporte und Auswärtige Politik der Vereinigten Staaten: Gesellschaftliche Interessen und politische Entscheidungen, Meisenheim 1976; Gert Krell, Rüstungsdynamik und Rüstungskontrolle: Die gesellschaftlichen Auseinandersetzungen um SALT in den USA 1969–1975, Frankfurt 1977; Carola Bielfeldt, Rüstungsausgaben und Staatsinterventionismus: Das Beispiel der Bundesrepublik Deutschland 1950–1971, Frankfurt 1977; Peter Schlotter, Rüstungspolitik in der Bundesrepublik – Die Beispiele Starfighter und Phantom, Frankfurt 1975). Zur inhaltlichen Gesamttendenz dieses Forschungsprozesses vgl. Abschnitt 4.

21 Erhard Forndran / Gert Krell (Hrsg.), Kernwaffen im Ost-West-Vergleich: Zur Beurteilung militärischer Potentiale und Fähigkeiten, Baden-Baden 1984; Erhard Forndran / Hans-Joachim Schmidt (Hrsg.), Konventionelle Rüstung im Ost-West-Vergleich. Zur Beurteilung militärischer Potentiale und Fähigkeiten, Baden-Baden 1986.

22 Vgl. etwa Berthold Meyer, Atomwaffenfreie Zonen und Vertrauensbildung in Europa, Frankfurt 1985.

23 Vgl. etwa Hans Nicklas / Änne Ostermann, Vorurteile und Feindbilder: Materialien, Argumente und Strategien zum Verständnis von Mechanismen, die die Menschen dazu brin-

gen, einander zu hassen, 3. Aufl., Weinheim 1984; Christian Büttner (Hrsg.), Zauber, Magie und Rituale: Pädagogische Botschaften in Märchen und Mythen, München 1985; ders. / Hans Nicklas u.a., Wenn Liebe zuschlägt: Gewalt in der Familie, München 1984.

24 Vgl. etwa Ute Volmerg, Gesellschaftliche Verhältnisse und individuelles Verhalten in der Aggressionsforschung: Eine kritische Bestandsaufnahme, in: Friedensanalysen 5/1977, S. 17–84; Thomas Leithäuser / Birgit Volmerg / Ute Volmerg, Kriegsängste und Sicherheitsbedürfnis: Zur Sozialpsychologie des Ost-West-Konflikts im Alltag, Frankfurt 1983.

25 Ernst-Otto Czempiel, Internationale Politik: Ein Konfliktmodell, Paderborn 1981; ders. (Hrsg.), Amerikanische Außenpolitik im Wandel: Von der Entspannungspolitik Nixons zur Konfrontation unter Reagan, Frankfurt 1982; ders., Friedensstrategien, Paderborn 1986. Egbert Jahn, Eine Kritik der sowjet-marxistischen Lehre vom ‚Gerechten Krieg', in: Reiner Steinweg (Red.), Der gerechte Krieg: Christentum, Islam, Marxismus, Friedensanalysen 12/1980, S. 163–185; ders., Der Einfluß der Ideologie auf die sowjetische Außen- und Rüstungspolitik, Osteuropa 36, 5 bis 7 (Mai, Juni, Juli 1986), S. 356–374, 447–461, 509–521. Dieter Senghaas, Weltwirtschaftsordnung und Entwicklungspolitik. Plädoyer für Dissoziation, Frankfurt 1977 und ders. (Hrsg.), Kapitalistische Weltökonomie: Kontroversen über ihren Ursprung und ihre Entwicklungsdynamik, Frankfurt 1979. Lothar Brock, Der Nord-Süd Konflikt: Geschichte, Erscheinungsformen und weltpolitische Bedeutung der Fehlentwicklungen in der Dritten Welt, in: Knapp/Krell, Internationale Politik (Anmkg. 13a); ders., Auf dem Weg zu einer neuen Weltmilitärordnung? Zusammenhänge und Widersprüche der globalen militärischen Entwicklung, in: Friedensanalysen 22/1988 (i.D.); ders. (zusammen mit Hans-Joachim Spanger), Die beiden deutschen Staaten in der Dritten Welt, Opladen 1987. Hans Nicklas / Anne Ostermann, Zur Friedensfähigkeit erziehen: Soziales und politisches Lernen als Unterrichtsthema, München–Berlin–Wien 1976; Hans Nicklas, Friedenspädagogik und Paradigmenwechsel, in: Peter Heitkämper (Hrsg.), Neue Akzente der Friedenspädagogik, Münster 1984, S. 56–59; ders., Interkulturelles Lernen als Kommunikationsproblem, in: Deutsch-Französisches Jugendwerk (Hrsg.), Von der Versöhnung zum Alltag interkultureller Beziehungen – Deutsch-Französischer Jugendaustausch, Arbeitstexte 10/1984 (Sonderheft) u.v.a. Auch die jüngeren Mitarbeiter steuern – wie bei ihren Kollegen zunächst meist über Dissertationen – Beiträge zur theoretischen Diskussion bei, so Bernd Kubbig, Harald Müller oder Thomas Risse-Kappen zur Außenpolitik bürgerlicher Gesellschaften am Beispiel der Nonproliferations- bzw. der Energiepolitik der USA oder der sicherheitspolitischen Debatte in der Bundesrepublik oder Mathias Jopp mit einer militärsoziologischen Studie über die Bildungsreform der Bundeswehr. (Vgl. Bernd W. Kubbig, Nuklearenergie und nukleare Proliferation: Die inneramerikanischen Auseinandersetzungen um die Grundsätze der US-Nonproliferationspolitik 1974–1980, Frankfurt 1981; Harald Müller, Vom Ölembargo bis zum National Energy Act: Amerikanische Energiepolitik zwischen gesellschaftlichen Interessen und Weltmachtanspruch, 1973–78, Frankfurt 1988, i.E.; Thomas Risse-Kappen, Die Krise der Sicherheitspolitik: Neuorientierungen und Entscheidungsprozesse im politischen System der Bundesrepublik Deutschland 1977–1984, Mainz und München 1988, i.D.; Jopp, Militär und Gesellschaft (Anmkg. 12).

26 Vgl. Helmut Rosenfeld, Forschungs- und Förderungsprobleme der Friedensforschung in der Bundesrepublik, in: AFK (Hrsg.), Jahrbuch für Friedens- und Konfliktforschung 1/1971, S. 283–299.

27 Abdruck der Rede im Wortlaut in: Frankfurter Allgemeine Zeitung vom 2. 9. 1969, S. 3.

28 Vgl. auch Dieter Senghaas, Einige Überlegungen zur Friedens- und Konfliktforschung und einige Projektvorschläge für ein Friedensforschungsinstitut in Frankfurt am Main, MS. 1970.

29 Mitteilungen der HSFK 1/1971, S. 2.

30 Frankfurter Neue Presse vom 31. 10. 1969.

31 Die Welt vom 24. 12. 1969.
32 Mitglieder der Kommission waren: Wolfgang Abendroth, Gerhard Brandt, Ernst-Otto Czempiel, Iring Fetscher, Klaus Jürgen Gantzel, Jürgen Habermas, Theo Herrmann, Claus Koch, Eugen Kogon, Hans Nicklas und Dieter Senghaas.
33 Mitteilungen der HSFK 1/1971, S. 12.
34 Frankfurter Rundschau vom 3. 8. 1970.
35 Vgl. Frankfurter Allgemeine Zeitung vom 26. 9. 1975 und Hessische Allgemeine vom 8. 11. 1976; Bergen-Enkheimer Zeitung vom 17. 3. 1977. Nebenbei: Sichere Staatsstellen haben nur die nebenamtlichen Forschungsgruppenleiter, also über das Institut niemand.
36 Bayernkurier vom 1. 12. 1973.
37 Vgl. den Bericht von Christian Potyka in der Süddeutschen Zeitung vom 17. 10. 1974.
38 In der Kritik an der Friedensforschung wird nicht bei allen Autoren ausdrücklich auf die HSFK Bezug genommen. Meistens werden aber auch Mitglieder der HSFK als Autoren angesprochen. Ich habe mich im folgenden auf die Aspekte der Debatte konzentriert, die durch Beiträge von Mitarbeitern der HSFK mit geprägt worden sind.
39 Jürgen Reusch, Friedensforschung in der Bundesrepublik, Entwicklung, Positionen, Perspektiven, Frankfurt 1986, S. 211.
40 Ebda., S. 43, 81, 82 (Zitat) und 172 (Zitat). Der DDR-Autor Fritz Welsch schreibt, Egbert Jahn „orakele" über den militärisch-industriellen Komplex in sozialistischen Ländern, vgl. sein Buch Friedenssehnsucht und Friedenskampf: Zur Auseinandersetzung mit der bürgerlichen Friedensforschung, Berlin 1980, S. 66.
41 Reusch, Friedensforschung, S. 34−44, 82f., 277, 324.
42 Friedrich Tenbruck, Friede durch Friedensforschung? Ein Heilsglaube unserer Zeit, Frankfurter Allgemeine Zeitung vom 22. 12. 1973. Tenbrucks Beitrag war eine der wortgewalttätigsten Attacken auf die Friedensforschung.
43 Hans-Joachim Arndt, Die staatlich geförderte Friedens- und Konfliktforschung in der Bundesrepublik Deutschland von 1970 bis 1979, München o.J. (1981), S. 64. Es ist interessant, daß sich Arndt bei seiner Kritik häufig auf die Studie von Gertrud Kühnlein stützt, die von einer marxistischen, aber nicht pro-sowjetischen Position aus die kritische Friedensforschung beurteilt, vgl. dies., Die Entwicklung der kritischen Friedensforschung in der Bundesrepublik Deutschland: Untersuchung und Kritik einer neuen Wissenschaft, Frankfurt 1978.
44 Klaus Hornung, Frieden in Freiheit staat Frieden der Unterwerfung, in: ders. (Hrsg.), Frieden ohne Utopie, Krefeld 1983, S. 11−32, das Zitat S. 14.
45 Vgl. die Kritik von Hubert Feger und Dieter Senghaas, in: DGFK (Hrsg.), Stellungnahmen zu dem von der Bayerischen Staatsregierung in Auftrag gegebenen Gutachten über die Förderungstätigkeit der HSFK, Bonn 1981. Die Kritik von Senghaas ist auch erschienen unter dem Titel „Neue Kampagne gegen Friedensforschung", Leviathan Bd. 9 (1981), Heft 3/4, S. 611−620.
46 Hans-Joachim Arndt, Betrachtungen zu Geschichte, Wesen und Kritik der Friedensforschung, in: Hornung, Frieden (Anmkg. 44), S. 52−90, S. 73, 83, 86.
47 Hornung (Anmkg. 44), S. 12 bis 14 und S. 20.
48 Ebda., S. 11 und 30; Hans-Peter Schwarz, Die gezähmten Deutschen: Von der Machtbesessenheit zur Machtvergessenheit, Stuttgart 1985, S. 134.
49 Jeffrey Herf, War, Peace and the Intellectuals: The West German Peace Movement, in: International Security 10, 4 (Spring 1986), S. 172−200, S. 193.
50 Vgl. im übrigen meine Kritik im einzelnen in: International Security 11, 2 (Fall 1986), S. 193−198.
51 Johan Galtung, Gewalt, Frieden und Friedensforschung, in: Dieter Senghaas (Hrsg.), Kritische Friedensforschung, Frankfurt 1971, S. 55−104.
52 Welsch (Anmkg. 40), S. 47.

53 DGFK-Informationen 1/79, S. 21.
54 Ebda., S. 23–29.
55 DGFK-Informationen 1/80, S. 23–25.
56 Vgl. Anmkg. 20.
57 Vgl. z.B. Paul A. Baran / Paul M. Sweezy, Monopolkapital, Frankfurt 1967; Michael Kidron, Rüstung und wirtschaftliches Wachstum: Ein Essay über den westlichen Kapitalismus nach 1945, Frankfurt 1971; Ernest Mandel, Der Spätkapitalismus: Versuch einer marxistischen Erklärung, Frankfurt 1972.
58 Vgl. insbesondere Erhard Forndran, Abrüstung und Friedensforschung: Kritik an E. Krippendorff, D. Senghaas und Th. Ebert, Düsseldorf 1971; Horst-Dieter Rönsch, Zur Friedensforschung, in: Politische Vierteljahresschrift XIII, 2 (Oktober 1972), S. 244–253; Josef Joffe, Abschreckung und Abschreckungspolitik, in: AFK-Jahrbuch 1/1971 (Anmkg. 26), S. 133–157; K.-Peter Stratmann, Vom Autismus kritischer Friedensforschung: Zur Kritik der Kritik, in: Manfred Funke (Hrsg.), Friedensforschung: Entscheidungshilfe gegen Gewalt, Bonn (Schriftenreihe der Bundeszentrale für politische Bildung) 1975, S. 397–423; ders., Diskussionsbeitrag zum Referat von Dieter Senghaas, in: AFK-Jahrbuch 1/1971, S. 201–204.
59 Stratmann, Diskussionsbeitrag (Anmkg. 58).
60 Gert Krell / Hans-Joachim Schmidt, Der Rüstungswettlauf in Europa: Mittelstreckensysteme, konventionelle Waffen, Rüstungskontrolle, Frankfurt 1982. Vgl. auch Thomas Risse-Kappen, Applying Arms Race Theory to NATO's Nuclear Weapons Deployments, in: Bulletin of Peace Proposals 17, 2 (1986), S. 207–212.
61 Auf welche Vorbehalte auch bei nicht marxistisch orientierten Kollegen diese Korrekturen stießen, zeigt die Sammelbesprechung von Hans-Günter Brauch, Entwicklungen und Ergebnisse der Friedensforschung (II), in: Neue Politische Literatur XXII, 3 (1977), S. 385–412, insbesondere S. 394–410.
62 Vgl. die schon in Anm. 20 genannten Arbeiten; außerdem Krell, Business Cycles and Defense Spending (Anmkg. 12).
63 Erwin Müller, Rüstungspolitik und Rüstungsdynamik: Fall USA. Zur Analyse der Rüstungsmotive einer Weltmacht und zur Theorie moderner Rüstungsdynamik, Baden-Baden 1985. Eine Zwischenbilanz war Gert Krell (Hrsg.), Die Rüstung der USA. Gesellschaftliche Interessen und politische Entscheidungen, Baden-Baden 1981.
64 Vgl. dazu jetzt Dieter Senghaas selbst, Die Zukunft Europas: Probleme der Friedensgestaltung, Frankfurt 1986.
65 Stratmann, Diskussionsbeitrag (Anmkg. 58), S. 204.
66 Vgl. Harro Honolka, Reputation, Desintegration, theoretische Umorientierungen: Zu einigen empirisch vernachlässigten Aspekten der Lage der Politikwissenschaft in der Bundesrepublik Deutschland, in: Klaus von Beyme (Hrsg.), Politikwissenschaft in der BRD: Entwicklungsprobleme einer Disziplin, PVS-Sonderheft 17/1986, S. 41–61, 53: „Die Umorientierungsphase von 1975 bis 1980 ist durch die starke Abwendung von der Kritischen Theorie wie auch von marxistischen Ansätzen charakterisiert."
67 Boulding (Anmkg. 6), S. 4.
68 Vgl. die Beiträge von Ursula Schmiederer und Wolf-Dieter Narr in: antimilitarismusinformation XVII, 4 (April 1987) unter dem Sammeltitel: Friedensforschung braucht Bewegung.
69 Zum Dialog mit der Friedensbewegung vgl. die Beiträge von HSFK-Mitarbeitern in: Reiner Steinweg (Red.), Die neue Friedensbewegung: Analysen aus der Friedensforschung, Friedensanalysen 16, Frankfurt 1982.
70 Süddeutsche Zeitung vom 31. 5. 1976.
71 Süddeutsche Zeitung vom 10. 8. 1978.
72 „CDU-Fraktion bekräftigt ihre Kritik an der Arbeit der HSFK", Veröffentlichung der Pressestelle der CDU im Wiesbadener Landtag vom 7. 4. 1977.

73 Wolf-Dieter Narr, Friedensforschung, Herrschaft und (Positiver) Friede: Zu Überlebenschancen und Verlegenheiten der Friedensforschung, in: ami (Anmkg. 68), S. III-38 bis III-45, hier S. III-39.
74 Egbert Jahn, Friedensforschung und Politik im gesellschaftlichen Spannungsfeld, in: Beiträge zur Konfliktforschung 3/1981, S. 97–111, hier S. 107.
75 Vgl. auch Senghaas, Einige Überlegungen (Anmkg. 28), S. 11: „. . . eine Friedensforschung kann ohne theoretisch fundierte, methodisch überzeugende und empirisch arbeitende Forschung weder eine gegebenenfalls ihren Ergebnissen zuwider handelnde Politik überzeugend kritisieren noch einer aufgeschlossenen Politik neue realisierbare Wege weisen noch ihrem pädagogischen Auftrag gerecht werden."
76 Christian Büttner / Ute Volmerg, Apocalypso now? Friedenspolitische Argumente in der Bewährungsprobe: Eine sozialpsychologische Analyse, in: Steinweg, Friedensbewegung (Anmkg. 69), S. 418–440, das Zitat S. 439; vgl. zu dieser Thematik auch Thea Bauriedl, Die Wiederkehr des Verdrängten: Psychoanalyse, Politik und der Einzelne, München und Zürich 1986.

Über die Autoren

Dr. iur. **Erhard Denninger**, geb. 1932, Professor für Öffentliches Recht und Rechtsphilosophie an der Johann Wolfgang Goethe-Universität a.M. seit 1967. Hauptarbeitsgebiete: Staatsrecht, Grundrechts- und Demokratietheorie, Polizeirecht, Wissenschaftsrecht, Datenschutz- und Umweltschutzrecht, Arzneimittelrecht, Veröffentlichungen u.a.: Staatsrecht, 2 Bd., 1973/79. Freiheitliche demokratische Grundordnung (Hg.), 2 Bd., 1977; Polizei- und Strafprozeß im demokratischen Rechtsstaat (zus. m. K. Lüderssen), 1978; HRG-Kommentar (Hg.), 1984.

Dr. **Frank Deppe**, geb. 1941, Professor für Politikwissenschaft an der Philipps-Universität Marburg. Arbeitsgebiete: Geschichte, Politik und Theorie der Arbeiterbewegung; politische Theorie; neuere Veröffentlichungen: Autonomie und Integration (1979); Ende oder Zukunft der Arbeiterbewegung (1984); Niccolò Machiavelli. Zur Kritik der reinen Politik (1987); Geschichte der deutschen Gewerkschaftsbewegung, 4. Aufl. (1988).

Dieter Emig, geb. 1949, Wissenschaftlicher Mitarbeiter am Institut für Politikwissenschaft der Technischen Hochschule Darmstadt. Veröffentlichungen zur Geschichte der deutschen Arbeiterbewegung und zur Vor- und Frühgeschichte der Bundesrepublik Deutschland.

Dr. **Wilhelm Frenz**, Professor für Didaktik der Gesellschaftslehre; Politikwissenschaft und ihre Didaktik an der Gesamthochschule – Universität Kassel. Neuere Veröffentlichungen: Bundesrepublik Deutschland – Deutsche Demokratische Republik: Vergleich der Wirtschaftssysteme, zwei Teilbände, Unterrichtsmodelle Politische Didaktik, Stuttgart 1987; Volksgemeinschaft und Volksfeinde. Kassel 1933–1945, Bd. 2: Studien, hrsg. zusammen mit J. Kammler und D. Krause-Vilmar, Fuldabrück 1987; Beschäftigungskrise, Arbeitslosigkeit, Jugendarbeitslosigkeit. Ursachen – Folgen – Gegenmaßnahmen, Paderborn 1986; Zur entwicklungspolitischen Situation in den 80er Jahren; Das Entwicklungsprogramm Polamazonia, beide in: Dritte Welt und Entwicklungspolitik, Schriftenreihe der Bundeszentrale für politische Bildung, Bd. 241, Bonn 1986.

Dr. phil. **Michael Th. Greven**, seit 1978 Professor für Politische Wissenschaft und Soziologie am Institut für Soziologie der Philipps-Universität Marburg; Habilitation (Paderborn), Gastprofessuren in Nigeria und Indien, Bücher: Systemtheorie und Gesellschaftsanalyse (1974); Parteien und politische Herrschaft (1977), Collected Essays on History and Policy of Science (1982) und Parteimitglieder (1987); daneben zahlreiche Aufsätze.

Dr. **Eike Hennig**, geb. 1943, seit 1981 Professor für Theorie und Methodologie der Politikwissenschaft an der Gesamthochschule Kassel/Fachbereich Gesellschaftswissenschaften. Arbeitsgebiete: Faschismus-/Rechtsextremismusanalyse, Politische Kulturforschung. Ausgewählte Veröffentlichungen: „Regionale Unterschiede bei der Entstehung des deutschen Faschismus", in: Politische Vierteljahresschrift (PVS), 21 (1980), S. 152–173; Hessen unterm Hakenkreuz, Hrsg. in Zusammenarbeit mit Herbert Bauch, Martin Loiperdinger, Klaus Schönekäs, Frankfurt 1983; „Politischer Wandel und parochial-partizipative Politische Kultur-Formen", in: Politische Kultur in Deutschland = PVS, Sonderheft 18/1987, S. 96–111; „Die Wahlentwicklung im Landkreis Kassel (1928–1933)", in: Zeitschrift des Vereins für hessische Geschichte und Landeskunde, 92. Bd, 1987, S. 205–245.

Dr. **Ernst-Ulrich Huster**, Privatdozent an der Universität Hannover, seit 1984 wissenschaftlicher Mitarbeiter bei der Ev.-luth. Landeskirche Hannovers. Arbeitsschwerpunkte: Sozial- und Wirtschaftspolitik, Regional- und Strukturpolitik, politische Ethik.
Veröffentlichungen: Die Politik der SPD 1945–1950 (1978); Gewerkschaften und Rentenpolitik in der Bundesrepublik (1981); Zur Ethik des Staates (1989) u.a.m.

Dr. **Jörg Kammler**, Professor für Politikwissenschaft an der Gesamthochschule Kassel; Arbeitsgebiete: politische Theorie, Nationalsozialismus. Veröffentlichungen u.a.: Politische Theorie von Georg Lukacs, 1974; „Ich habe die Metzelei satt und laufe über..." Kasseler Soldaten zwischen Verweigerung und Widerstand, 1985; (als Mitherausgeber und -autor) Volksgemeinschaft und Volksfeinde. Kassel 1933–1945, Bd. 1: Dokumentation, Bd. 2: Studien, 1984/1987.

Dr. **Otto Ernst Kempen**, Professor für Arbeitsrecht, Verfassungsrecht und politische Wissenschaft an der Akademie der Arbeit in der Universität Frankfurt am Main und Lehrbeauftragter für Verfassungspolitik am FB Gesellschaftswissenschaften. Zahlreiche Veröffentlichungen zum Arbeitsrecht und zur Verfassungspolitik (z.B. Sozialstaatsprinzip und Wirtschaftsordnung 1973; Kommentar zum Tarifvertragsgesetz, 1. Aufl. 1984, 2. Aufl. 1989).

Dr. phil. habil. **Gert Krell**, geb. 1945, geschäftsführendes Vorstandsmitglied der Hessischen Stiftung Friedens- und Konfliktforschung, Forschungsgruppenleiter für den Bereich „Internationale Rüstungsdynamik und Rüstungskontrolle". Veröffentlichungen zuletzt als Mitherausgeber und Mitautor: Friedensgutachten 1988 (Heidelberg: FESt, 1988).

Dr. phil. **Ingrid Langer**, Professorin am Institut für Politikwissenschaft in Marburg. Arbeitsschwerpunkte: Familien- und Frauenpolitik, Sozial- und Medienpolitik. Veröffentlichungen: Frau und Illustrierte im Kapitalismus. Die Inhaltsstruktur von illustrierten Frauenzeitschriften und ihr Bezug zur gesellschaftlichen Wirklichkeit. Köln 1971. – Familienpolitik. Tendenzen, Chancen, Notwendigkeiten. Ein Beitrag zur Entdämonisierung. Frankfurt/M 1980. –

Zwölf vergessene Frauen. Die weiblichen Abgeordneten im Parlament des Volksstaates Hessen. Ihre politische Arbeit-Ihr Alltag-Ihr Leben. – Zahlreiche Sammelbandbeiträge und Aufsätze.

Dr. **Arno Mohr**, geb. 1949, Studium der Politischen Wissenschaft, Geschichte und Soziologie an der Universität Heidelberg. 1986 Promotion im Fach Politische Wissenschaft. Zur Zeit freischaffend. Wichtigste Veröffentlichungen: Die Entstehung der Verfassung für Rheinland-Pfalz (1987); Politikwissenschaft als Alternative (1988).

Dr. **Theo Schiller**, seit 1974 Professor für Politikwissenschaft an der Philipps-Universität Marburg. Veröffentlichungen zu politischer Soziologie, politischen Ideologien, Verfassungspolitik und Politikfeldanalysen, bes. zur Sozialpolitik.

Dr. phil. **Hans-Gerd Schumann**, Professor für Politikwissenschaft an der Technischen Hochschule Darmstadt, Mitherausgeber der „Neuen Politischen Literatur" und der Schriftenreihe „Sozialwissenschaftliche Studien", Lehr- und Forschungsgebiete: Politische Theorie, Sozialstruktur und politisches System der BRD, Parteien und Verbände, Politische Kultur, Sprache in der Politik, Konservativismus.

Aus dem Programm Politikwissenschaft

Thomas Ellwein und Joachim Jens Hesse
Das Regierungssystem der Bundesrepublik Deutschland
6., neubearb. u. erw. Aufl. 1987. XIV, 829 S. Kart.

Das Standardwerk über das Regierungssystem der Bundesrepublik Deutschland erscheint in der 6. Auflage erstmals unter der gemeinsamen Autorenschaft von Thomas Ellwein und Joachim Jens Hesse. Umfassend überarbeitet und auf den neuesten Stand gebracht, vereinigt das allgemeinverständlich geschriebene Lehrbuch die Vorzüge einer kompakten Gesamtdarstellung mit denen eines Handbuches und Nachschlagewerkes. Der Text wird dabei durch einen umfangreichen Quellenteil ergänzt, der für die Entwicklung und Beurteilung des Regierungssystems zentrale Dokumente enthält.

Dirk Berg-Schlosser und Jakob Schissler (Hrsg.)
Politische Kultur in Deutschland
Bilanz und Perspektiven der Forschung.
1987. 484 S. 15,5 x 23,5 cm. (Politische Vierteljahresschrift, Sonderheft 18.) Kart.

„Politische Kultur in Deutschland" präsentiert Ergebnisse und Forschungsvorhaben des Arbeitskreises „Politische Kulturforschung" der „Deutschen Vereinigung für Politische Wissenschaft". Die mit diesem Band vorgestellten vielfältigen Aspekte deutscher politischer Kultur sind eine erste umfassende Bilanzierung. Zugleich weist der Band in die Zukunft: auf noch auszufüllende Forschungslücken und auf eine Intensivierung in der Beschäftigung mit bisherigen Fragen.

Carl Böhret, Werner Jann und Eva Kronenwett
Innenpolitik und politische Theorie
Ein Studienbuch.
3., neubearb. und erw. Aufl. 1988. XXIV, 492 S. 15,5 x 22,6 cm. Kart.

In dieser erweiterten und aktualisierten Neubearbeitung des Studienbuches wurde an der grundlegenden Konzeption nichts geändert: Ziel ist ein systematischer und gleichzeitig problemorientierter Überblick über aktuelle politikwissenschaftliche Analysen und Theorien als Orientierungshilfe für Studienanfänger und politikwissenschaftlich interessierte Leser. Das Werk ist in fünf Lernblöcke gegliedert: Ausgehend von einem allgemeinen Vorverständnis von Politik werden Grundlagen von Wirtschaft, Gesellschaft und Staat der Bundesrepublik Deutschland erörtert. Es folgen Problemanalysen zentraler Aspekte der Innenpolitik jeweils aus der Sicht unterschiedlicher politischer Theorien. Davon ausgehend werden Konzepte der Veränderung diskutiert und abschließend die wissenschaftstheoretischen Grundlagen dieser Positionen behandelt.

WESTDEUTSCHER VERLAG

Aktuelle Neuerscheinungen

Everhard Holtmann
Politik und Nichtpolitik
Lokale Erscheinungsformen Politischer Kultur im frühen Nachkriegsdeutschland. Das Beispiel Unna und Kamen.
1989. 447 S. 15,5 x 22,6 cm. Kart.

Die verbreitete Annahme einer unterschiedslos „apathischen" und politikfernen Grundhaltung im westlichen Nachkriegsdeutschland bedarf der Korrektur. Die vorliegende Fallstudie über lokale Ausprägungen im politischen Bewußtsein jener Jahre zeigt, daß auf örtlicher Ebene die Entwicklung differenzierter verlaufen ist. Aus sozialen Zusammenhalten und Aktionszonen der Ortsgesellschaft, die außerhalb der engeren Sphäre des Politischen liegen, haben sich damals politisch orientierte Kräfte entfaltet, die — trotz verbreiteter Passivität und Politikverdrossenheit — Teile aus den zeittypischen Erfahrungskollektiven der Kriegsgeneration und der Flüchtlinge den neuen Parteien angenähert haben. Im Windschatten von kommunaler „Sachpolitik" und „Aufbaukultur" wurde der noch unfertige demokratische Parteienstaat relativ gefestigt.

Dieter Grimm und Werner Maihofer (Hrsg.)
Gesetzgebungstheorie und Rechtspolitik
1988. 423 S. 15,5 x 22,6 cm. (Jahrbuch für Rechtssoziologie und Rechtstheorie, Bd. 13.) Kart.

Gesetzgebungstheorie und Rechtspolitik sind trotz wachsenden Interesses immer noch vernachlässigte Themen der Rechtswissenschaft. Der Band wendet sich unter Verzicht auf die entweder viel erörterten oder wenig erfolgversprechenden Fragen der Verbesserung des Gesetzgebungsverfahrens und der Gesetzestechnik einigen bislang zu kurz gekommenen Aspekten der Gesetzgebungswissenschaft zu und behandelt vier Themenkomplexe: Methodenfragen der Rechtspolitik; die Steuerungsfunktion des Gesetzes; Gesetzgebungsprobleme des Wohlfahrtsstaats und Gesetzgebung in der Parteiendemokratie, und zwar unter Beteiligung der Rechtswissenschaft und der Sozialwissenschaften sowie der Gesetzgebungspraxis.

Gert-Joachim Glaeßner (Hrsg.)
Die DDR in der Ära Honecker
Politik — Kultur — Gesellschaft.
1988. 689 S. 15,5 x 23,6 cm. (Schriften des Zentralinstituts für sozialwissenschaftliche Forschung der FU Berlin, Bd. 56.) Kart.

Führende Experten legen eine Bilanz der politischen und gesellschaftlichen Entwicklung der DDR in den 70er und 80er Jahren vor. Schwerpunkte der Analyse sind das politische System und die politische Kultur, die gesellschaftspolitische Strategie der DDR und soziale Problemlagen, das Verhältnis von Kultur und Gesellschaft und die deutsche Frage.

WESTDEUTSCHER VERLAG